高等院校学科教育学教材

教师教育国家级精品资源共享课配套教材

语文课程与教学新论

Yuwen Kecheng yu Jiaoxue Xinlun

（第3版）

主编 刘永康 张 伟

中国教育出版传媒集团

高等教育出版社·北京

内容提要

本教材是依托国家级精品资源共享课、教师教育创新平台西南地区高等师范院校共建共享课程"语文课程与教学论"建设的新形态教材。

本教材以2017年出版的《语文课程与教学新论》（第2版）为蓝本修订而成。全书由"语文课程标准与教材研究""语文教学设计与实施""语文教师"三编组成。本教材以教学观念突出创新性、教材建设突出前沿性、教学内容突出先进性、教学方法突出实践性、教学科研突出应用性为编写宗旨，以新的学科视野、新的课程理念、新的课程标准、新的技术发展动态和新的教材形态建构语文课程与教学的理论体系、实践体系和实训体系，做到理论与实践结合，学习与实训一体，纸质教材与数字资源融通。

本教材既可作为高等师范院校语文教育相关专业本科生与研究生的教材，又可作为中小学语文教师的专业读本和培训教材，还可作为语文教研员、语文教育研究者的参考用书。

图书在版编目（CIP）数据

语文课程与教学新论 / 刘永康，张伟主编. --3版. --北京：高等教育出版社，2024.12（2025.7重印）
　ISBN 978-7-04-061537-1

Ⅰ. ①语… Ⅱ. ①刘… ②张… Ⅲ. ①大学语文课-教学研究-高等师范院校-教材 Ⅳ. ①H193

中国国家版本馆CIP数据核字（2024）第020202号

策划编辑	路秋丽	责任编辑	贾玉玲	封面设计	李卫青	版式设计	李彩丽
责任绘图	杨伟露	责任校对	陈　杨	责任印制	张益豪		

出版发行	高等教育出版社	网　　址	http://www.hep.edu.cn
社　　址	北京市西城区德外大街4号		http://www.hep.com.cn
邮政编码	100120	网上订购	http://www.hepmall.com.cn
印　　刷	青岛新华印刷有限公司		http://www.hepmall.com
开　　本	787 mm×1092 mm　1/16		http://www.hepmall.cn
印　　张	21.25	版　　次	2011年9月第1版
字　　数	450千字		2024年12月第3版
购书热线	010-58581118	印　　次	2025年7月第2次印刷
咨询电话	400-810-0598	定　　价	46.00元

本书如有缺页、倒页、脱页等质量问题，请到所购图书销售部门联系调换
版权所有　侵权必究
物　料　号　61537-00

编委会

主　编：刘永康　张　伟

副主编：（按照汉语拼音排序）
　　　　陈元辉　付　煜　李华平　许书明　余　虹　张先华

委　员：（按照汉语拼音排序）
　　　　白燕萍　陈　岚　何夕林　胡　斌　李　茜　刘千秋
　　　　刘倩岚　沈媛元　叶　军　张　华　张逸佳　赵建明

目 录

绪论 ……………………………………………………………………… 1

上编　语文课程标准解读与教材分析 ……………………………… 13
　第一章　语文课程标准研究 …………………………………………… 15
　第二章　语文课程的性质、功能与目标 ……………………………… 45
　第三章　语文课程评价研究 …………………………………………… 62
　第四章　语文课程资源研究 …………………………………………… 78
　第五章　语文教材研究 ………………………………………………… 90

中编　语文教学设计与实施 ………………………………………… 111
　第六章　语文教学设计 ………………………………………………… 113
　第七章　语文课程的学习方式与教学方法 …………………………… 138
　第八章　识字与写字教学 ……………………………………………… 155
　第九章　阅读教学 ……………………………………………………… 171
　第十章　写作教学 ……………………………………………………… 206
　第十一章　口语交际教学 ……………………………………………… 227
　第十二章　语文基础知识教学 ………………………………………… 240
　第十三章　语文实践活动 ……………………………………………… 256
　第十四章　选修课教学 ………………………………………………… 269
　第十五章　中职学校的语文教育 ……………………………………… 279

下编　语文教师 ……………………………………………………… 291
　第十六章　现代语文教师的专业发展 ………………………………… 293
　第十七章　语文教师的教研与科研 …………………………………… 315

后记 ……………………………………………………………………… 330

绪 论

党的二十大报告提出"加快建设教育强国、科技强国、人才强国,坚持为党育人、为国育才,全面提高人才自主培养质量,着力造就拔尖创新人才"[①]等要求,高等教育是为国家培养高质量人才的重要阵地,语文课程与教学论是培养优秀语文教师的重要学科,是高等师范院校汉语言文学专业的主干课程。要落实党的二十大提出的相关要求,需要加强此课程的建设。四川师范大学文学院承担"语文课程与教学论"课程教学的教师团队,依托中国语言文学博士学位授权一级学科,依托文学院汉语言文学国家级特色专业以及"双核一体"的西部教师教育汉语言文学省级教学团队,奋力拼搏,初步实现了教学观念突出创新性、教材建设突出前沿性、教学内容突出先进性、教学方法突出实践性、教学科研突出应用性的奋斗目标。这些目标集中反映了本课程团队继往开来、与时俱进,立足基础、锐意改革的创新精神。2009 年,本课程团队教师承担的"语文课程与教学论"课程成为全国第一门"语文课程与教学论"国家级精品课程。同年,"语文课程与教学论"被批准为国家教师教育创新平台西南地区高师院校共建共享课程,课程由四川师范大学文学院牵头,联合我国西南地区十多所高等师范院校"语文课程与教学论"学科教师共同建设。2014 年 11 月,"语文课程与教学论"作为教育部批准的国家级精品资源共享课建设项目,在"爱课程"网以资源共享课的形式上线,面向全国所有教师、学生、社会人士开放。学习者在"爱课程"网注册后就可以在网上学习课程,开展在线交流等学习活动。

众所周知,课程建设的关键是教材建设,我们把为"语文课程与教学论"这门课程编写的教材命名为《语文课程与教学新论》。这本教材第 1 版于 2011 年由高等教育出版社出版,2017 年出版第 2 版,被全国多所高等师范院校选作语文课程与教学论课程教材,在多年的使用实践中,受到各方面的好评。2020 年 10 月,根据《国家教材委员会关于开展首届全国教材建设奖评选工作的通知》精神,四川师范大学文学院以《语文课程与教学新论》(第 2 版)为依托,荣获"全国教材建设先进集体"奖。随着基础教育课程改革的不断深入,教育部相继颁发《普通高中语文课程标准(2017 年版 2020 年修订)》和《义务教育语文课程标准(2022 年版)》。按照新的课程标准的精神,编写组对这本教材再次进行修订,即《语文课程与教学新论》(第 3

---

① 习近平. 高举中国特色社会主义伟大旗帜 为全面建设社会主义现代化国家而团结奋斗:在中国共产党第二十次全国代表大会上的讲话[M]. 北京:人民出版社,2020:33-34.

版)。下面就与教材相关的一些问题作出说明。

一、"语文课程与教学论"课程的性质、任务与学习方法

《语文课程与教学新论》(第3版)是根据"语文课程与教学论"这门课程的性质、任务与学习方法来编写的,使用这本教材学习"语文课程与教学论"课程,首先要明确这门课程的性质、任务与学习方法。

(一)性质

"语文课程与教学论"是高等师范院校汉语言文学专业教学的必修课程,是在教育学、心理学和汉语言文学等相关学科理论支撑的基础上,根据中小学语文课程设置的目的、内容和特点建立起来的,它是课程论与教学论在中小学语文教学中的具体化,主要揭示中小学语文教学活动过程的特点和方法。"语文课程与教学论"课程可以帮助中小学语文教师以及准备做中小学语文教师的高等师范院校汉语言文学专业的本科生、研究生理解、分析、处理各种语文教学的理论与实践问题,提高语文教学质量。

1. 以中小学语文课程及其教学为研究对象

本课程命名为"语文课程与教学论",是因为它以中小学语文课程及其教学为研究对象。课程与教学在实际教学活动中本是密不可分的,但由于历史文化传统的因素,在二者的关系上,中外学者众说纷纭。我们认为,二者虽有关联,但又有各自不同的研究领域。课程论以课程为研究对象,是教育学的一门分支学科。它强调每一个学生的学习范围,以课程设计、编制、实施、评价和改革的理论与实践为其研究领域。"语文课程论"是研究中小学语文课程设置的目标、结构、内容、教与学的方式、评价与考试改革以及课程管理和政策制度等方面的理论。目前,语文课程的研究要以 2001 年的基础教育课程改革的理念为指南,本次基础教育课程改革在转变课程功能,改革课程结构、课程内容、课程实施、课程评价、课程管理等方面提出了具体要求。基础教育课程改革实施以来,已在很多方面取得了新的突破,例如,新的改革理念得到学生、家长和学校的普遍认同,形成了良好的政策环境,营造了积极的社会舆论氛围,探索了有效的工作机制,创造了适用的实施策略,教学活动出现了许多新气象,实施工作正在有序地向纵深发展。但是,课堂教学的有效性、教材的适应性、核心素养的整体性、课程资源的适切性、专业指导与支持的紧迫性、考试评价制度改革的支持度等,这些与课程论相关的问题还需要从理论和实践层面进行理性、冷静和辩证的分析和研究,并作出及时、有效和科学的回应,以使课程改革顺利推进。上述这些问题是包括语文课程在内的整个基础教育课程改革需要认真思考并加以解决的理论与实践问题,"语文课程论"要把这些问题作为研究的主要目标。《义务教育语文课程标准(2022 年版)》和《普通高中语文课程标准(2017 年版 2020 年修订)》以及根据课程标准编写的教材,凝聚了语文课程论的基本理论。熟悉语文课程标准和教材,理解教材的编写逻辑和体系结构,能够正确处理课程标准与教材的关系,具有依据课程标准进行教学的意识和习惯,这些是语文课程论要解决的问题,也是语文课程标准解读与教材分析要解决的主要问题。

教学论以教学为研究对象，也是教育学的分支之一，以做好教学的理论依据以及提高教与学的合理性、有效性为其研究领域。它强调教学中教师与学生的行为。"语文教学论"是对"语文教学设计与实施"的研究，它既要坚持以语文教学理论研究为主要任务，不断提高语文教学理论成果的抽象概括水平，又要在已有语文教学理论原理的指导下，开展必要的应用研究，解决语文教学中一些带有普遍性的操作问题。

为了让学生更好地把握"语文课程论"与"语文教学论"，根据2011年教育部颁发的《教师教育课程标准（试行）》中"课程设置"的要求，我们在《语文课程与教学新论》（第3版）的编写过程中，对第2版的17章内容，按照事理关系作了重新排序，将其分为"上编　语文课程标准解读与教材分析""中编　语文教学设计与实施""下编　语文教师"。上编属于"语文课程论"范畴，中编属于"语文教学论"范畴。

2."语文课程与教学论"课程是实践性极强的应用性理论课程

"语文课程与教学论"课程在研究语文课程与语文教学方面，并非只是对教育学、心理学一般原理的演绎，更多的是对语文教学实践经验的总结、归纳、抽象、提升。理论的产生、形成和发展都紧紧地依赖语文教学的实践，而且又能指导语文教学实践。应该看到，处于中小学语文教学一线的教师遇到的一系列有关教学的实际问题，迫切需要得到理论回答，需要把教学和教育改革实践中的经验教训加以概括、升华，从中抽象出具有普遍意义的理论指导他们卓有成效地进行教学和教育改革。"语文课程与教学论"课程理论体系的构建，不在于框架上的大拆大卸或修修补补，而在于重新校正论述问题的出发点、着力点、落脚点，为本课程理论体系的构建奠"基"，这个"基"就是基础教育中的语文教学实践。本课程的所有理论，它们的根都深深地扎在中小学语文教学实践的土壤里。与本课程相对应的教材《语文课程与教学新论》，涉及全国各地中小学语文教学中的教学案例，无论是成功的，还是失败的，都来自中小学语文教师的教学实践。这些案例是本课程所有理论观点的支撑，是发现理论与运用理论的中介和桥梁。本教材运用教育学、心理学的相关理论和科学的方法论，运用与语文学科相关的专业理论知识研究这些案例，抽象理论观点，对成功的案例进行点评分析，分析失败案例，找出纠正办法，以帮助学习者对理论观点进行理解、掌握和运用。对这些案例的理性思考，是理论体系的主体工程，是连接教学体系的枢纽，也是理论体系建构的落脚点。这样建构出来的理论有利于引导学生从单纯寻找问题的答案，转变为掌握知识的形成过程，理解其产生的基础及与其他知识的相互联系。这样的教材才能较好地体现科学性与思想性相结合，理论性与实践性相勾连，基础理论知识与实用知识相联系的要求，可以确保"语文课程与教学论"这门课程的理论对指导语文教学实践的有效性。学习者掌握这样的理论后，可以提高语文教学实践的品位和效率。

（二）任务

1. 掌握语文课程与教学的专业理论

语文课程与教学论，是用于研究语文教学理论与实践的多门学科的综合体。做好语文教学，需要多方面的理论，如教育学、心理学，与语文相关的语言学、文字学、文章学、写作学、文艺学、修辞学、美学、逻辑学，乃至其他社会科学和自然科学的相关学科，但光凭这些理论，也是很难教好语文的。对"语文课程与教学论"这门课程而言，这些学科的理论就像是制造语文教学这部机器所需要的零件，而"语文课程与教学论"的专业理论才是运用各种零件对语文教学这部机器进行组装的理论。语文教学活动就是运用"语文课程与教学论"的相关理论，整合各方面的理论知识进行有效的语文教学的活动。

"语文课程与教学论"在语文教学活动中的作用是不可或缺的，它指引语文教学活动的正确方向，提升教学实践的经验，总结教学失败的教训，解决在教学实践中遇到的各种问题……如果离开了"语文课程与教学论"的专业理论知识，那么语文教学就成了无舵之舟，只能随波逐流，任意东西，很可能迷失方向，步入误区。在基础教育课程改革的过程中，一些语文教师把自主学习与自学画等号，把合作学习简单地等同于分组讨论，把接受学习不加区别地一概视为注入式，把尊重学生演变为迁就学生，把民主教学搞成信马由缰、放任自流的教学，把愉快教学庸俗化，把探究学习表面化，等等。产生这些教学误区的根本原因，是没有真正弄清语文课程与教学的专业理论，特别是没有真正弄清实施语文新课程的理论。可以说，没有哪一种语文教学的行为能离开"语文课程与教学"方面的专业理论。例如，在语文教学中，怎么调动与语文相关的其他学科知识来钻研教材以及合理有效地使用教材，怎么以点带面、巧妙预设、让目标意识凸显出来，怎么寻找有效教学的切入点，怎么以兴趣激发课堂活力，怎么让学生张扬个性、追求特色，怎么相机诱导、以良好的教育机智促进课堂生成，怎么分组使合作学习更有效，怎么牵手引领使探究学习更自主，怎么让课堂联系大千世界，怎么帮助学生在生活中学习语文、用语文搭建平台，怎么构建信息技术条件下的多彩课堂，怎么创设问题情境、激活学生的创新思维，怎么结合教学实践开展教育科研，等等，这些在语文教学实践中操作性较强的问题，其背后都要以正确的语文课程与教学理论为支撑。所以，要想上好语文课，就必须完成语文课程与教学理论的学习任务。

2. 培养从事中小学语文教育的实际能力

重新构建语文课程与教学的理论体系，用先进的语文课程与教学理论武装学习者，其目的是指导学习者如何更好地参与语文教学实践。在校期间，师范生要通过各种实践活动获得初步的教学能力和信心。在学习理论的过程中，必须把自己的思维活动由单纯获取知识引向运用知识解决教学实际问题的新境界，把运用知识的实践活动直接引入课堂，既学习理论又及时实践，当自己在实践中感受到"语文课程与教学论"有用、好用时，语文教学的能力就形成了。

（三）学习方法

语文课程与教学论的理论知识应用性较强，因此，所有的学习方法都应聚焦在一点上，那就是把发现理论与运用理论的两种实践活动渗透进"语文课程论与教学论"学习的每一个部分和步骤中，使理论学习尽可能联系实践，使实践训练常态化，并在训练中不断揭示矛盾，求得及时的重视、补救和解决。无论是发现理论的实践活动还是运用理论的实践活动，都是学生在教师引领下，以一种探究的态度充分发挥自己潜能并取得一定学习成果的活动，因而是一种创造性的学习活动。与之相适应的方法主要包括：

1. 联系案例学用理论

"语文课程与教学论"的理论知识一般不应由教师口授给学生，而是由教师创设问题情境，即把某种能够引发问题的教学案例引入课堂，然后引导学生从分析教学案例入手，抽象出语文教学的一般原理，完成从现象到本质、从实践到理论、从感性到理性的认识飞跃。由于不是被动地接受"灌输"，而是主动地参与"发现"，学生的学习积极性会空前高涨，思维会空前活跃，对知识的理解会更加深透，也更容易形成技能。

为达到此目的，《语文课程与教学新论》（第3版）结合中小学语文教学的实际案例，引导师范生主动关注基础教育一线的教育改革与教学实践，通过案例呈现，使师范生明确未来职业生涯可能面临的各种问题和挑战，实现理论知识和实践经验的结合。《语文课程与教学新论》（第3版）专门设计了"案例研习"栏目，包括"教例再现""案例点睛"两个部分。"教例再现"部分根据实现学习目标和呈现核心知识点与核心技能点的需要，引述具有典型性的案例。案例贴近中小学一线教学实际，具有鲜活性、现实性与启发性。本教材选用的案例全是统编语文教材的教学案例，力求增强案例的可读性。"案例点睛"部分根据学习目标、核心知识点和核心技能点的要求，结合陈述内容的需要点评案例。案例点评有利于启发学生的思考，引起学生阅读后文的兴趣，以此引导学生结合案例学习理论，能够运用所学的理论去分析点评案例。这样就把案例变成发现理论与运用理论的中介，完成从理论到实践的飞跃。案例学习法不仅改正了以往教材抽象说教、可读性差的缺点，而且克服了举例高不可攀、可学性差的弱点。

2. 师生互动重在研讨

我们提倡研究性学习。研究性学习就是在自主学习的基础上，教师按照教学设计的教学目标、教学范围、教学重点，围绕确定的主题引导学生学习，学习中重视师生互动研讨。研讨前，由教师明确提出要讨论的问题和具体要求。这些问题必须贴近中小学语文教学实际，具有实践性；还要充分考虑与学生研究能力和学习兴趣相适应，具有可操作性。研讨时，采取普遍发言与典型发言相结合的原则，鼓励学生相互质疑，思想交锋，在彼此碰撞中，迸射出智慧的火花。研讨后，教师及时总结，并让每个学生都形成书面研讨总结材料。这样的研究性学习能激发学生进行深刻思考，提高分析问题、解决问题的能力。这种方式有利于学生对知识深入地理解和把握，有针对性地获得与学习有效教学的知识量，以解决教学内容、知识容量与教师授课时间短的矛盾。

3. 强化实践，学以致用

学习本教材尤其要加强实践，让学生在教学实践活动中提升运用教材理论从事语文教学的实践能力。在强化学习的实践性方面，本教材有以下四个具体措施：

（1）教材体例突出实践

《语文课程与教学新论》（第3版）教材设计了"实践运用"栏目，包括"实践任务"和"实践指要"两个部分。"实践任务"是布置实践运用的任务，在核心知识点、核心技能点、学习目标中选择2～3个问题，设计两个任务供学生选择。"实践指要"是对学生的实践运用作精要提示，提示紧扣"案例研习"中的要点，并且联系中小学一线教学实际和师范生学习实际。教材还设计了"学习反思"和"自我调节"两个环节，引导学生对照学习目标反思本章学习的得失，并根据反思进行调整。教材采用这样的理论框架和编写体例，有利于把发现理论与运用理论的实践活动引入课堂，给学生提供学与用的训练机会，以强化学习者的实践意识，培养其运用所学理论的能力。

（2）利用网络拓展学习

强化学习的实践性要借助互联网。开展各种学习实践活动要借助大量的信息资料，互联网上的信息可谓是"取之不尽用之不竭"，互联网的出现凸显了传统课堂信息源的局限性，纸质教材体现的知识视野也显得十分狭窄。因此，我们可以通过互联网搜索下载有关语文课程与教学的相关资料，并对这些资料进行阅读理解、分析整理、概括综合，从中领悟从事语文教学的真谛。为加强本课程的网络学习，《语文课程与教学新论》（第3版）采用纸质文本和线上课程并行的编写思路，由纸质教材、数字资源（文字和视频）组成，实现纸质教材和数字资源相互融合、有机结合的目标以及纸质文本与线上课程的互动发展。二者有机衔接，为线上课程的建设铺垫基础，通过线上课程的建设，为学生进一步自主学习、互助学习提供资源及其使用的有效策略。

（3）借助微格训练能力

微格训练是一种有效的、学以致用的实践活动。微格训练是指在教师的指导下，运用微格教学的理论与方法系统训练从事语文教学的技能，如教学言语技能、导入技能、讲解技能、提问技能、结课技能、板书设计技能（含多媒体制作）、训练设计技能等。教师要引导学生在微格训练中，以传播理论与学习理论为基础，系统地探索、规划学习过程中诸要素的相互联系与合理组合。

师范生通过分析语文教学内容，确定学习目的、安排学习步骤、选择适当的学习媒体、进行教学实践，再根据评价分析加以改进，最终达到学习效果的最优化。通过微格训练，可以使教师运用语文基础理论对学生进行语文教学实践的指导达到可操作的水平。从单项技能的训练到完整课堂的实践，符合新教师成长的一般规律，目标明确和具体的技能训练便于学生观察模仿，减少教学的复杂程度；模拟的教学环境减轻了真实教学造成的心理压力，使师范生可以较顺利地迈出从学生到教师的第一步。

为了支持开展微格教学，在《语文课程与教学新论》（第3版）提供的视频资源中，有一线教师课堂教学的实录视频。根据教学需要，我们在中小学精选课堂实录，制作成视频，以二维码的方式进行链接，为模拟教学提供示范。学生在模拟教学之前，任课教师可以播放与模拟教学设计相关的优秀教师的讲课实录，以供学生揣摩借鉴。在进行模拟教学的过程中，任课教师相机指导。模拟课教学活动结束后，任课教师最好能把学生上过的课自己再上一遍，然后让学生把自己上过的课与任课教师的课作比较、找差距，通过反思进一步明确语文该怎么教。这样的学习实践方法给学生提供学以致用的训练机会，强化大家的实践意识，让学生在实践中感受语文课程与教学的理论有用，而且自己能用、会用，由此产生的成就感会强化学生学习这门课程的动机与兴趣，形成"学习—应用—再学习"的良性循环。学生的实践活动既有教材理论的指导，又有教师运用理论的教学示范，更有学生的亲身操作。在学生不断地"入格"与"出格"之中，语文教学的能力就可以逐步培养起来。

（4）见习实习循序渐进

在运用教材理论指导学生开展实践活动方面，除进行微格训练外，见习与实习也是重要的实践学习方式。见习与实习要从教材的学习中获得指导思想和理论原则，避免随意性和盲目性。见习与实习既要从实际出发，又不能降低要求，其中的经验得失可以丰富本课程的学习内容，为教学提供理论联系实际的依据。为了保证实践学习的有效性，学校要完善实践学习体系，打造"循序渐进"的系统化的实践学习平台，对学生实行不间断的训练。学校通过每个学期设置1周的"实践教学周"、三年级的"实践教学学习"和四年级的综合教育实习，形成大学四年教育实践连续不断地从"理论—实践—理论—实践"循环反复的教师教育实践教学体系，突出学生的积极参与和体验，培养学生"专业技能优+教师技能强"的复合型实践能力。

二、《语文课程与教学新论》的建设过程

《语文课程与教学新论》是根据以上论述的"语文课程与教学论"课程的性质、任务和学习方法的有关精神来编写的，编写组对其作了两次修订，也是为了更好地体现这些精神。

（一）《语文课程与教学新论》的产生过程与特点

长期以来，高等师范院校"语文课程与教学论"课程所使用的教材，不同程度地存在着与基础教育脱节、理论水平低、知识老化、内容陈旧、方法僵化等问题，需要认真解决。基础教育语文课程改革的全面启动和教师专业化发展的不断深入，直接影响着高等师范院校"语文课程与教学论"课程的教学，迫切需要编写反映时代要求和课程改革理念的新型教材。针对语文学科教育学教材普遍存在的问题，联系基础教育课程改革的实际，我们在语文学科教育学教材建设方面，作了许多探索性工作，取得了较大成绩。2001年7月，我们在天地出版社出版《中学语文教学论》，它是教育部批准立项的"面向21世纪高师汉语言文学专业主干课程教学内容与课程体系改革"项目的主干课教材。2005年8月，我们在高等教育出版社出版《语文教育学》，该教材被教育部评为全国教师教育课程资源"优秀资源"。

从21世纪培养和培训中小学语文教师的实际需要出发，在吸取原来编写《中学语文教学论》《语文教育学》等教材已有经验的基础上，我们于2011年编写出版了《语文课程与教学新论》，该教材以四川师范大学文学院语文课程与教学论教研室教

师为主体,联合省内外部分学校共同编写,还被列为国家级精品课程教材、国家教师教育创新平台教师教育系列教材,也是根据国家基础教育课程改革精神和语文新课程实施的现状编写的新一代"语文课程与教学论"教材。全书共25章,分别归入课程论、内容论、方法论、资源论、教师论五编之中,回答"为什么教语文""教什么样的语文""怎样教语文""靠什么教语文""谁来教语文"等问题,每章均由"核心提示""案例研习""讨论思考""理论概述""资源链接""实践运用"六个部分构成。教材采用网络课程和纸质文本并行的编写思路,网络课程(共有56节课的教学实录)侧重于将纸质文本的理论应用于研究语文教学实践,针对中小学语文常态课型提出教学要求、展示教学实录、针对实录点评,旨在体现理论性和实践性的统一,强化"玩转课堂"的教学能力,凸显"语文课程与教学论"作为应用理论课程的特色。

我们把与"语文课程与教学论"这门课程配套的教材命名为《语文课程与教学新论》,需要作两点说明:第一,教材名称中为什么没有加上"小学"或"中学"来限定?这是根据基础教育课程改革的理念以及高等师范院校学生就业与从事语文教学的实际需要,把小学和初中阶段的九年义务教育与高中教育作为基础教育的"整体"来考虑,使学生通过本课程的学习,能够把握从小学直至高中阶段语文教学的基本特点和基本规律,使学生既能从事从小学到初中阶段的语文教学工作,又能从事高中语文教学工作。第二,为什么在"论"前面加上一个"新"字,使之构成"新论"?这是针对"课程论"与"教学论"两方面而言的,意在表明"语文的课程论"与"语文的教学论"在融汇现有语文课程、教材、教法诸多优点的基础上,力求有所创新。这个"新"就是要体现基础教育课程改革的新理念,赋予课程、教材、教法"新"的时代特征和丰富内涵;用新的课程观构建与"语文课程与教学论"相适应的教材框架;用新的教育理念解读最新的课程标准;用新的手法体现理论与实践的联系;用新的思路探索教育改革的新途径;用新的成果指导语文课程改革。总之,我们是以新的学科视野和新的课程理念,为语文课程与教学论建构一套新的理论体系、新的教材编写思路和新的教育方法,力图有效地培养出新一代语文教师。

教材编写注意科学性与思想性的统一,理论性与实践性的统一,基础理论和实用性知识相结合,传统理论和现代理论相结合,确保教材体系的适用性、前沿性、概括性和客观性。

(二)对《语文课程与教学新论》作两次修订的意图及其修订重点

1. 第一次修订的意图及其重点

随着教师教育和基础教育改革的不断推进和信息化教学的发展,在政策研究、课程改革、内容组织、资源建设等方面不断呈现出新的发展变化。高等师范院校对教师教育课程资源的需求也在不断变化。创新课程理念、改革教学内容、开发优质课程资源,对教师教育类系列教材提出了明确的修订要求。为了推进学校教育教学改革,教育部发布关于"十三五"期间高校建设应用在线开放课程的意见。根据新的教学形式,纸质教材+在线课程/微视频等数字资源的模式应该是今后教学资源建设的主要形式之一。基于此,高等教育出版社拟通过对原有教材的修订,重新打造定位本科、兼顾专科，突出实践导向和师范生能力培养，文本教材与数字资源紧密结合，满足教师教育教学需要的优质立体化学习资源。根据这一精神的要求，高等教育出版社于 2016 年 1 月 16 日召开了新形态教材编写研讨会，确定将包括《语文课程与教学新论》在内的多部教材，通过修订打造为我国首批高校教师教育新形态教材。所谓新形态教材，是指纸质文本与数字资源（或数字课程）多种形态的教学、学习材料（文字、图表、图片、音频、动画、视频、案例等）有机融合的新型教学资源集合体。《语文课程与教学新论》教材的第一次修订工作是围绕打造新形态教材方向展开的，2017 年修订出版的《语文课程与教学新论》（第 2 版）成为我国首批高校教师教育新形态教材之一。

根据这一修订意图，确定了教材第一次修订的重点。

《语文课程与教学新论》教材第一次修订的重点主要是以下六个方面：（1）关注新中国成立以来第八轮基础教育课程改革的相关精神，特别是语文新课程实施过程中理论与实践方面的问题，并在修订中有所反映。（2）关注国家师资队伍建设与教师教育教学改革的新进展。（3）反映教育信息化对语文教学的影响（"互联网+"教育），如在线开放课程对语文教与学的影响，移动终端（智能手机、平板电脑等）和移动互联网在学习中的广泛应用。（4）将教育学、心理学、语文学科教学等学科的最新研究进展和成果反映在教材的修订中。（5）梳理提炼语文学科教学的关键点，实现内容与形式的有机统一，避免资源泛化和面面俱到，特别是在纸质文本资源与数字资源同步规划、按计划建设并进行有机整合与关联方面作开创性尝试。（6）加强实践内容设计，避免纯理论形态的内容呈现，原有纯理论形态通过引入教育情境案例、增加学习活动与实践操作（训练、应用）等实现较为成功的转变。例如，在正文前增设知识导图栏目、提出理论结合实践的学习要求；在正文中穿插合作、探究学习板块，引入教学一线案例及案例分析；增加实践训练比重（增设实践训练题，含实践训练要求、操作要点提示、参考案例）等。

2. 第二次修订的意图及其修订重点

根据这一修订意图，确定了教材第二次修订的重点。

这次修订是对高等教育出版社出版的《语文课程与教学新论》（第 2 版）的修订。第 2 版教材中的绪论和 17 章正文内容全部保留，每章的体例不变。根据《教师教育课程标准（试行）》的要求，便于教师在实际行动中更好地运用本教材，这次修订将第 2 版中的模块一"语文课程论"修改为"语文课程标准解读与教材分析"，作为本书的上编，供上学期使用。其中，"语文课程标准研究"一章是总纲，放在第一编的开头，其余几章如"语文课程的性质、功能与目标""语文课程评价研究""语文课程资源研究"等，是对语文课程标准中的几个主要问题作具体详尽的分析，体现了上编所说的"语文课程标准解读"要求；"语文教材研究"一章对应第一编中所说的"教材分析"。第 3 版教材的上编是"语文课程论"。《语文课程与教学新论》（第 3 版）将《语文课程与教学新论》（第 2 版）中模块二所含的"语文课程教学设计""语文课程的学习方式与教学方法""识字写字教学""阅读教学""写作教学""口语交际教学""语文基础知识教学""语文实践活动""选修课教学""中职学校的语文教育"等纳入"语文教学设计与实施",作为本教材的中编,供下学期使用,这是"语文教学论"。其中的"语文课程教学设计"一章是教学设计的基本原理,放在中编的开头,其余各章是"语文课程教学设计"这一基本原理在各项语文教学活动中的具体实施。第 3 版教材的下编"语文教师"和第 2 版教材的"模块三 语文教师论"保持一致,包含"现代语文教师的专业发展"和"语文教师的教研与科研"。

《语文课程与教学新论》(第 3 版)各章节均以教育部颁布的《普通高中语文课程标准(2017 年版 2020 年修订)》和《义务教育语文课程标准(2022 年版)》作为依据。抓准新旧课标之间的变化,把这个变化作为各章节修订的着力点,进行相应的增删。符合上述两个课标精神的内容尽量保留;与上述两个课标精神不一致的就删去,增加的内容主要体现课标的变化。

随着基础教育课程改革的不断深入,教育部相继颁发《普通高中语文课程标准(2017 年版)》《普通高中语文课程标准(2017 年版 2020 年修订)》《义务教育语文课程标准(2022 年版)》,其变化主要表现在以下五个方面:(1)强化课程育人导向,着力培养核心素养,体现正确价值观、必备品格和关键能力;(2)优化课程内容结构,设立跨学科主题学习活动,加强学科相互连贯,带动课程综合化实施,强化实践性要求;(3)研制学业质量标准,帮助教师把握教学的深度与广度;(4)增强指导性;(5)加强学段连接、依据学生从小学、初中、高中不同阶段在认知、情感、社会性等方面的发展,合理安排不同阶段的内容,体现目标的连续性和进展性。根据最新修订的课程标准和 2011 年教育部颁发的《教师教育课程标准(试行)》中的"课程设置"要求,结合高校"语文课程与教学论"课程的设置情况,按照高等教育出版社的要求,我们对《语文课程与教学新论》(第 2 版)进行修订,形成《语文课程与教学新论》(第 3 版)。意图是要更好地体现语文课程标准的精神和《教师教育课程标准(试行)》中"课程设置"的要求。

(三)《语文课程与教学新论》(第 3 版)的特点

根据新形态教材的内涵,《语文课程与教学新论》(第 3 版)体现"纸质教材+数字拓展资源+核心知识点、技能点微视频"的新形态教材编写思路,结合国家精品资源共享课建设的要求,引进相关研究的新成果,系统设计纸质教材内容,系统规划和拓展数字资源,整体布局和呈现核心知识点、技能点与微视频,力争具有语文教育教学改革、高校语文课程与教学论的教学改革和新形态教材建设的引领价值与"样板效应"。《语文课程与教学新论》(第 3 版)主要有以下三个特点。

1. 理念新

运用现代教育技术,支持教育从"传统教育三中心"向"现代教育三中心"转变过程中对资源的需要。"传统教育三中心"是教师、课堂、教材。教师是课堂主体,在课堂中教教材,学生是被动接受者。"现代教育三中心"是指学生、活动、经验。学生是学习的主体,在教师的引导下,通过主动活动获得自身经验的不断成长。"传统教育三中心"向"现代教育三中心"改变需要条件、环境的支持,通过改变教材形式,进而改变学习环境,最终为改变"中心"的要素功能提供支持。

2. 内容新

《语文课程与教学新论》（第 3 版）中的内容新主要体现在四个方面。一是先进性。《语文课程与教学新论》（第 3 版）尽量使经典理论简明化，引入新的政策要求与研究成果，更新教学实践案例，教材中使用的案例均为统编教材案例；同时调整和优化部分栏目，使教材内容更具示范性、前沿性、实践引领性和教学操作性。二是选择性。丰富的、合适的理论和案例进入教材，为不同层次和阶段的教与学提供了多种选择。三是生成性。在教学过程中生成的资源可以更加便利地整理、应用，为进一步深入、适切地开展教与学提供丰富而有效的资源。四是简洁性。修订后的纸制教材通过合并相关章节，进一步活化和精练语言，使《语文课程与教学新论》（第 3 版）更具可读性，更符合"语文课程标准解读与教材分析+语文教学设计"的学校课程模块要求，强化以学生的发展需要为中心的理念，帮助和引导学生学习掌握本领域的专业知识和能力，形成实践智慧并能有效运用。

3. 形式新

《语文课程与教学新论》（第 3 版）的形式新主要体现在三个方面。一是呈现形式新。第 3 版教材修订之后，使得单一文本教材变为"简明教程＋知识点教学录像＋丰富学习资源"的学习资源包，有利于促进教学方法改革，支持教师在保证课程基本教学质量的基础上加以提高和创新。二维码资源可以将文字、图片、图表等有机链接到文本中。二是表达方式新：（1）知识点明确清晰，强调栏目板块设计，支持学习从接受式转向自主、合作、探究式，语言简明、易懂；（2）体现教学设计的思想和教学实施的过程；（3）二维码中的微视频针对核心知识点、技能点进行讲解，与纸质教材内容互补，并进一步深化。三是资源整合途径新。运用现代信息技术，提供学习资源支撑、支架支撑，提供丰富的案例和教育情境。

《语文课程与教学新论》（第 3 版）所具有的以上三大特点，与传统教材进一步区别开来：在理论陈述上，本教材不再以体系性、系统完整性的学术理论为中心，而是以问题解决为中心，陈述简明扼要、具有条理性。在表达方式上，不再主要是体现学科逻辑的叙述式，而是主要运用演绎法，具有灵活多样的特点，呈现问题逻辑，多用归纳法。在资源方面，不再以单一的纸质文本为主，而是呈现为"简明教程＋知识点教学录像＋丰富学习资源"的学习资源包形式，支持和促进教学方法改革，支持教师在保证课程基本教学质量的基础上加以提高和创新。在开放性方面，支持师生互动，让学生在讨论、研习中培养独立思考、分析解决问题的能力。

上 编
语文课程标准解读与教材分析

第一章　语文课程标准研究

> 语文课程标准对语文学科的课程性质、基本理念、设计思路、课程目标、教学内容以及实施建议等都做了规定，是教材编写、教学实施、教学评估和考试命题的依据。[1]
>
> ——顾之川

知识导图

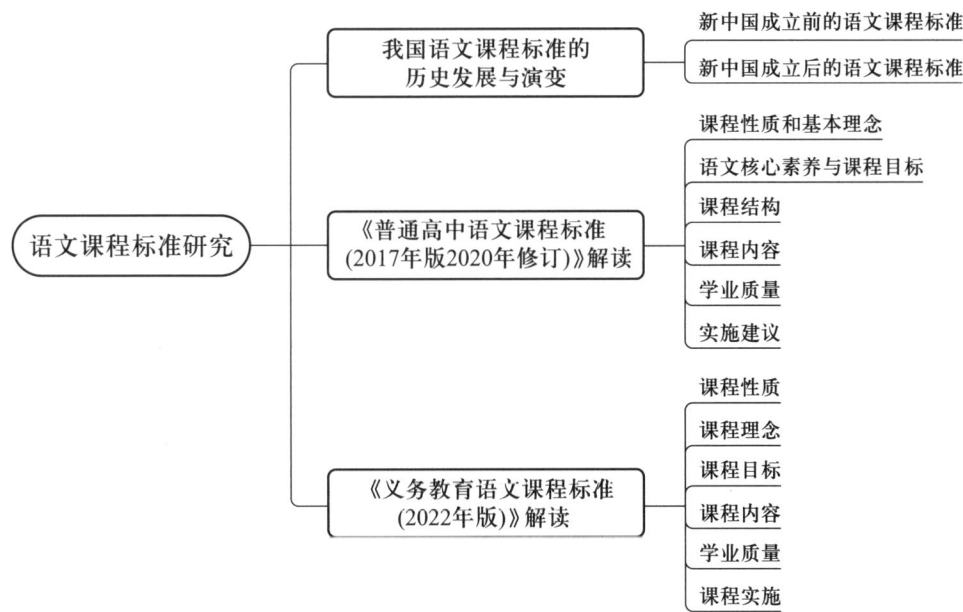

学习目标

1. 了解语文课程标准的发展与演变。
2. 理解语文课程的性质，并能分析语文教学案例。

---

[1] 顾之川. 顾之川语文教育新论[M]. 西安：陕西师范大学出版总社，2016：257.

3. 理解语文核心素养的基本内涵，并能分析和评价语文课堂教学。

4. 理解学习任务群的内涵与特点，能分析不同学习任务群之间的关系。

5. 掌握《普通高中语文课程标准（2017年版2020年修订）》和《义务教育语文课程标准（2022年版）》的基本内容与结构框架。

案例研习

教例再现

下面是肖培东老师执教的《关雎》课堂教学实录，探究诗歌语言特色这一教学片段中的部分环节如下：

师：这首《关雎》在语言表达和语言形式上有什么特点？同桌之间相互说一说。从《关雎》这首诗的语言表达和语言形式上面，你都看出了什么特点？好，你来说。

生4：这首诗一直在反复地写"窈窕淑女"。

师：唉，大家注意，他说的一个词很关键，"反复"！这首诗有反复出现的句子吗？你找找看。

生4：（读）窈窕淑女，寤寐求之。窈窕淑女，琴瑟友之。窈窕淑女，钟鼓乐之。

师：这三个句子结构相同，"窈窕淑女……"在诗歌中重复出现。嗯，顺着他的思维，大家看看还有哪些句子也是这样的形式？

生5：（读）参差荇菜，左右流之。参差荇菜，左右采之。参差荇菜，左右芼之。

师：嗯，这句诗只换用了"流""采""芼"三个字，其他都在重复。这样的反复会带来怎样的效果？我们再齐读一下，就以"参差荇菜"三句为例，把这三句诗读好，预备起。

生：（齐读）参差荇菜，左右流之。参差荇菜，左右采之。参差荇菜，左右芼之。

师：再齐读一遍，一起体会一下。

生：（齐读）参差荇菜，左右流之。参差荇菜，左右采之。参差荇菜，左右芼之。

师：读完这句诗后，大家有什么感觉？这样的重复，读后会带来怎样的效果？"参差荇菜，左右流之。参差荇菜，左右采之。参差荇菜，左右芼之。"（老师范读）你们感觉怎么样？你（生4）提出来的，先说一说。

生4：我感觉诗句的反复可能是在强调，表示作者要表达一种情感。

生：（杂）诗句的反复给人的感觉是很容易记忆。

师：嗯，有韵味，便于咏唱。先不谈表达的具体情感，但我们能感觉到这样一种反复好像是在表达某种情感，加强抒情效果。这种回环往复、一咏三叹，仿佛把我们带进一个很大的回声场。这叫作——

师：我们看一看课后的"思考探究"一，这里有提示，这种结构形式，是什么？

生：（杂）重章叠句。

师：(读"思考探究"一)《诗经》多采用重章叠句的形式，也就是上下两句或上下章基本相同，只是有几个字不同，造成回环往复的表达效果。这也形成了《诗经》篇章结构和语言上的一大特色。①

● 案例点睛 ●

肖老师在这一教学片段中突出语文课程的性质：语文课程是一门学习语言文字运用的综合性、实践性课程。并且他把语言运用与审美融为一体，在语言运用中审美，在审美中积累、丰富语言经验，体现核心素养综合发展的课程标准要求。在这一教学片段中，肖老师首先让学生直观地从语言的外在形式入手，初步体会诗歌在结构上具有"重复"的特点。在此基础上，肖老师指导学生通过诵读、品读诗句，进一步引导学生感知《诗经》"重章叠句"的形式特点，理解"重章叠句"的意义，最后再感受"重章叠句"的艺术表达效果。肖老师这一教学思路注重学生对文本语言的原初体验，关注学生语言经验的积累。同时，肖老师重视引导学生在诵读、品读中体验诗歌的语言文字之美，积累诗歌的审美经验。在整个教学活动中，肖老师始终把语言运用与审美鉴赏融合在一起，凸显语言与审美综合发展的教学取向，体现语文课程的综合性。同时，肖老师还采用朗读法和探究法。上述短暂的教学片段中，学生多次诵读，反复品读，不管是理解"重章叠句"的内涵、感受其艺术效果，还是赏析语言文字的美，都是在学生的学习活动中完成的，体现出语文课程的实践性特点。总之，以上教学片段展现出语文课如何紧扣文本语言，基于学生认知基础，在学生的语文实践活动中，综合提升学生语文核心素养的教学取向，体现出语文课程的综合性、实践性特点。

---

① 李思衡.细读慢品，解读"语言密码"，赏得诗歌三美：肖培东老师《关雎》课例品析[J].语文月刊，2023（3）：13-17.

 理论概述

一、我国语文课程标准的历史发展与演变

课程标准是由国家统一制定的规定某一学科课程性质、课程目标、课程内容的纲领性文件,是教材编写、教学实施与评估的依据,是国家管理和评价课程的基础。语文课程标准是国家对基础教育阶段语文课程进行基本规范的纲领性文件,是编写语文教材、组织语文教学、进行语文课程与教学评估的依据。语文课程标准规定了语文课程的性质与理念、目标与内容、学业质量及课程实施等内容。语文课程标准对不同学段学生语文核心素养的发展提出了基本要求。

课程标准的制定和变迁是社会政治经济发展的需要,不同的时代对语文课程的学习要求不同。自语文单独设科以来,语文课程标准经历了几次重大的改革和修订。了解语文课程标准的历史演变与发展,有利于加深对现有语文课程标准的理解,强化对语文课程的认识。梳理和分析语文课程标准的历史演变与发展,是教师教育课程的重要内容,有利于提升教师的理论素养和教学水平。

(一)新中国成立前的语文课程标准

1. 语文课程标准的产生

20世纪初,随着与其他国家的交流不断增多,近代西方的教育思想、理论和学说大量传入中国。清政府为了巩固统治地位,被迫实行"新政",提出"废科举、兴学校"。1902年,清政府颁布了《钦定学堂章程》,又称"壬寅学制",由于受当时社会环境的制约,再加上章程自身的局限性等,这个学制并没有真正实施。1904年初(旧历仍为癸卯年),清政府颁布由张百熙、张之洞等人奏拟的《奏定学堂章程》,又称"癸卯学制"。"癸卯学制"是中国近代第一个以教育法令公布并在全国实行的学制,它的颁布标志着语文成为一门独立学科。《奏定学堂章程》规定初等小学修业五年,高等小学修业四年,中学修业五年,开设"读经讲经""中国文学"等课程,并对相关课程的教学内容、教学要求、教学时间等作了说明。

2. 国民政府时期的语文课程标准

1912年,中华民国临时政府教育部颁布的《小学校令》和《中学校令》明确规定废除"读经讲经",并将"中国文字"和"中国文学"统称为"国文"。同年颁布的《中学校令施行规则》指出:"国文要旨在通解普通语言文字,能自由发表思想,并使略解高深文字,涵养文学之兴趣,兼以启发智德。国文首宜授以近世文,渐及于近古文,并文字源流、方法要略,及文学史之大概,使作实用简易之文,兼课习字。"①该文件对语文学科的性质作出明确定位。1923年颁布的《新学制课程标准纲要》分列小学课程纲要、初级中学课程纲要、高级中学课程纲要,并且提出了明确的学段要求,同时"国语"成为所学课程的名称。

1929年,国民政府教育部颁布的《初级中学国文暂行课程标准》和《高级中学

---

① 璩鑫圭,唐良炎. 中国近代教育史资料汇编:学制演变 [M]. 上海:上海教育出版社,1991:669.

普通科国文暂行课程标准》把"国文""国语"作为中学课程名称，课程标准文件都由目标、作业要项、时间支配、教材大纲、教法要点、毕业最低限度等部分组成，并对教材的选定、排列作出了规定，提出了不同学段不同学年语体文、文言文学习的重点。这份语文课程标准已趋规范，教材编选已开始走向科学化。

1940年，国民政府教育部先后颁布《修正初级中学国文课程标准》和《修正高级中学国文课程标准》。这两个课程标准基本沿袭前面课程标准的编写框架，但在内容上把"教学要点"改为"实施方法概要"，并且下设两方面内容：教材标准与教学要点。这样就把教材使用与教学内容、教学方法整合在一起，更为系统、详尽地阐述课程的具体内容与实施方法，显示出对语文课程内容更为全面、系统的认识。1941年，国民政府教育部颁布《六年制中学国文课程标准草案》。这一课程标准草案的内容，共分为目标、时间支配、教材大纲、实施方法概要四个部分。在内容的分项列述中，穿插了一些"注"，这在一般官方文献中是不多见的。这种"注"，除补充交代前列各项的相互关系外，更多的是补充交代原因。"在《课程标准》中加'注'，目的在于让教师（或教育行政部门的教材审查机构）既知其'然'，更知其'所以然'，把拟制者的意图和见解揭示得更清楚、更直接"①，这样的标注丰富了课程标准的内容，也有利于教师对课程标准的理解，体现出课程标准编制对读者的关注。但总体而言，正如叶圣陶先生在《论中学国文课程的改订》一文中所说："我国有课程标准，从民国十一年颁布《新学制课程标准》开始。以后历次修订，内容和间架都和第一次颁布的相差不远，没有全新的改造。"②

（二）新中国成立后的语文课程标准

新中国成立以后，语文课程标准改为"语文教学大纲"，2001年又改为"语文课程标准"。我国的语文课程标准（教学大纲）经历了多次历史演变，推动了我国语文教育的发展。了解这一阶段不同语文课程标准（教学大纲）的内容，理解语文课程标准（教学大纲）历史演变的重大原因，总结语文课程曲折发展的经验，对探索语文教育教学具有重要意义。

1. 整顿时期的语文教学大纲（1949—1955）

这个时期，我国的语文教育事业百废待兴，新旧更替，各种思想交错，人们对语文课程与教学还没有形成共识，因此国家没有编制统一的语文课程标准或教学大纲，而主要通过相关的教育指导文件与语文教材来指导和规范语文课程与教学。因此，对这个时期语文课程与教学的了解主要通过教育社论与教材分析获得。1949年，叶圣陶提出把中小学的"国文"和"国语"统称为"语文"的建议。1950年，发行了第一套以"语文"命名的教材《初级中学语文课本》和《高级中学语文课本》，这两套教材都由中央人民政府出版总署编审局编写。其中《初级中学语文课本·编辑大意》指出："语文课本的作用，在使学生阅读各种文章范例，并且就从阅读中同时

---

① 顾黄初. 中国现代语文教育百年事典［M］. 上海：上海教育出版社，2001：250.
② 叶圣陶. 叶圣陶语文教育论集［M］. 北京：教育科学出版社，2021：54.

养成听、说、读、写的能力。"[1]1951年，《人民日报》发表社论《正确地使用祖国的语言，为语言的纯洁和健康而斗争》，强调各级各类学校要重视语文学习，提高语文实际运用能力。这一社论对语文课程的认识、语文学习提出了实质性的要求，极大地推动了语文教育的发展。因此，1951年和1953年又分别对前面的两套教材进行了修订。这一时期的语文教育相关指导文件与教材强调政策和宣传教育的作用，思想政治教育意味浓厚，需要进一步加强对语文课程性质和目标的认识。

2. 学科调整时期的语文教学大纲（1956—1958）

从1956年汉语、文学分科时期到1958年中止汉语、文学分科时期为学科调整时期。20世纪50年代，我国受苏联教育的影响，主张语文课程要分科教学，于1956年颁布《初级中学汉语教学大纲（草案）》《初级中学文学教学大纲（草案）》《高级中学文学教学大纲（草案）》。这三个纲领性文件分别包括"说明""教学大纲"或"说明""学年学期教学大纲"两部分，明确了教学内容、教学任务、教学要求等相关内容，按照汉语知识和文学史的体系进行直线式编排，在编排上逻辑较为严密。分科教学纠正了过去重道轻文的偏向，对后来的汉语知识体系教学有很大借鉴意义。但是分科教学过分强调学科知识独立体系的建立，使语文课变成纯语言知识课和纯文学知识课，违背了语文学科"语言运用"的性质。同时课程的教学内容太多，学生读写之间相互脱节，不能做到学以致用，不利于学生语言应用能力的综合发展。

此外，1959年，全国范围内开展有关语文教育问题的讨论，主要围绕三个主题进行：语文教学的目的、任务；怎样教好语文课；如何指导和评价学生的作文。在这一大讨论中，大家对语文课程形成了基本共识，这次讨论为语文课程进一步发展指明方向。在此基础上，1963年，教育部公布了《全日制中学语文教学大纲（草案）》，大纲对语文学科的重要性进行阐述，提出"语文是学好各门知识和从事各种工作的基本工具"，明确"中学语文教学的目的，是教学生能够正确地理解和运用祖国的语言文字，使他们具有现代语文的阅读能力和写作能力，具有初步阅读文言文的能力"[2]。这是新中国成立以来第一次用教育文件的形式对语文学科的地位和目的作出明确规定。该大纲对语文教学的定位，反映了语文教育教学的规律和本质特点，不仅有利于提高当时的语文教学质量，还为后来的语文教学大纲制定打下了基础。

3. 探索发展时期的语文教学大纲（1978—1990）

1978年，教育部颁布的《全日制十年制学校中学语文教学大纲（试行草案）》，提出"思想内容好，语言文字好，适合教学"[3]的选材标准，对当时的拨乱反正起到了一定的积极作用。

1986年，国家教委颁布《全日制中学语文教学大纲》，指出："语文是从事学习

---

[1] 朱绍禹. 语文教育辞典[M]. 延吉：延边人民出版社，1991：281.
[2] 课程教材研究所. 20世纪中国中小学课程标准·教学大纲汇编：语文卷[M]. 北京：人民教育出版社，2001：415-416.
[3] 课程教材研究所. 20世纪中国中小学课程标准·教学大纲汇编：语文卷[M]. 北京：人民教育出版社，2001：438.

和工作的基础工具……是学习各门学科必须掌握的基础工具。语文学得好，对其他学科的学习会产生积极的影响，对于将来从事工作和继续学习也是十分必要的。语文学科对于提高学生的思想道德素质和科学文化素质，培养有理想、有道德、有文化、有纪律的社会主义公民，具有重要的意义。"① 1990年颁布的《全日制中学语文教学大纲（修订本）》在"加强思想政治教育""降低难度，减轻负担，明确要求"的原则下，对1986年的《全日制中学语文教学大纲》进行了修订，降低了写作、文言文教学的难度要求。在语文教材修订的基础上，开始建立听说读写和语言、文章、文学、文言文的课程体系。由于语文教育改革的不断发展，这一大纲成为九年义务教育初中语文教学大纲和与之相适应的高中语文教学大纲之间的过渡大纲。

4. 改革发展时期的语文教学大纲（1991—2000）

随着基础教育的发展，语文教学进入新的发展时期。1992年，教育部颁布《九年义务教育全日制小学语文教学大纲（试用）》和《初级中学语文教学大纲（试用）》。1994年，国家教委出台《关于印发中小学语文等23个学科教学大纲调整意见的通知》，对当时的各学科教学大纲进行调整，并于1995年开始实施新的教学大纲，这一大纲反映了人们对义务教育性质和任务的深入理解以及对语文教育教学的新认识。

1996年，国家教委颁布《全日制普通高级中学语文教学大纲（供试验用）》，该教学大纲由"教学目的""教学原则""课程结构和课时""教学内容和要求""评估和考试""教学设备"六个部分组成。② 2000年，教育部先后颁布《九年义务教育全日制小学语文教学大纲（试用修订版）》《九年义务教育全日制初级中学语文教学大纲（试用修订版）》《全日制普通高级中学语文教学大纲（试验修订版）》。继承发扬了1996年颁布的语文教学大纲的合理成分，同时又注入了新的思想，从以教师为中心转向以学生为中心，重视培养学生的自学能力；对写作和口语交际有了新的要求；强调了文学教育的重要性。

5. 21世纪以来的语文课程标准

随着我国的社会进步和经济发展，对中小学语文课程改革的呼声越来越高。基础教育课程标准的研制成为基础教育课程改革的核心工作。2001年6月，教育部印发《基础教育课程改革纲要（试行）》；同年7月，教育部正式颁布《全日制义务教育语文课程标准（实验稿）》，标志着我国基础教育语文课程改革进入新的阶段。这次颁布的语文课程标准不同于以往的语文教学大纲，内容上呈现出全新的课程理念和教育思想，结构上也发生了很大变化，分为前言、课程目标、实施建议三个部分。2003年，教育部颁布《普通高中语文课程标准（实验）》，这个高中课标基本承袭了《全日制义务教育语文课程标准（实验稿）》的理念、性质与结构。

为贯彻落实《国家中长期教育改革和发展规划纲要（2010—2020年）》，适应全面实施素质教育的要求，需要进一步深化基础教育课程改革，提高教育质量，教育

---

① 课程教材研究所. 20世纪中国中小学课程标准·教学大纲汇编：语文卷[M]. 北京：人民教育出版社，2001：477.
② 课程教材研究所. 20世纪中国中小学课程标准·教学大纲汇编：语文卷[M]. 北京：人民教育出版社，2001：535-540.

部组织专家对义务教育语文课程标准进行了修订，于 2011 年 12 月印发《义务教育语文课程标准（2011 年版）》，此次修订的课程标准，确立了语文课程的性质："语文课程是一门学习语言文字运用的综合性、实践性课程。"

随着核心素养培养要求的进一步明晰，语文课程开始强化语文核心素养的培养任务。2017 年，教育部颁布《普通高中语文课程标准（2017 年版）》，明确了"语文核心素养"的培养目标，体现了语文课程观的变化和语文课程体系的重构要求。语文课程观方面，"语文核心素养"的提出标志着语文课程从学科课程观转向全人发展课程观：语文课程从培养语文能力为核心的语文素养，到全面提升学生的综合素养，充分体现了其"育人"价值，以及对语文课程的全新认识。课程结构方面，以任务为导向、以真实情境为载体、以语文实践活动为主线的学习任务群，重塑了语文课程内容与结构。课程评价方面，学业质量标准的提出，为语文教学与评价提供了方向与依据，使语文课程的实施有标准可依。情境化命题，凸显了语文考评指向学生运用语文解决生活、学习问题的素养，强化了语文课程的实践性、综合性等，有利于语文课程"教—学—评"一体化，增强语文课程的结构化特征。2020 年，教育部组织专家对高中课程标准进行了调整，但主体内容与基本框架没有发生显著变化。2022 年，我国教育部颁布的《义务教育语文课程标准（2022 年版）》与《普通高中语文课程标准（2017 年版 2020 年修订）》的改革方向一致，同时结合义务教育阶段学生的学习特点，突出了语文课程的"奠基"作用。

我国语文课程标准经历了一个从无到有、逐步成熟的过程，这一过程既是我国基础教育课程改革的经验总结过程，也是语文教育发展的过程。课程改革是教育改革的核心，课程目标、课程内容、课程结构等都与学生的学习质量和教师的教育教学质量密切相关。课程改革已经成为当今世界各国教育改革的重点，课程标准的研究也成为新的焦点问题。语文课程标准具有时代性和发展性，在今后相当长的一段时间内，都要接受时代的考验和评价，这就意味着语文课程标准会在未来不断修订和完善，这既是社会政治经济发展的需要，也是我国基础教育发展的要求。

二、《普通高中语文课程标准（2017 年版 2020 年修订）》解读

为坚持党的正确领导，坚持社会主义办学方向，立足国情，培养德智体美劳全面发展的社会主义建设者与接班人，以及更好地应对经济发展的全球化、信息化对人才培养的挑战，2013 年，教育部启动了普通高中课程标准的修订工作。这次修订结合我国十余年的课程改革实践经验，借鉴国际课程改革成果，直面当前国际国内对人才培养的要求，以语文核心素养的培育为主要任务，调整了课程目标、内容与评价标准等，于 2017 年正式颁布《普通高中语文课程标准（2017 年版）》，为贯彻落实习近平总书记在全国教育大会上的重要讲话精神，2020 年教育部又组织课标修订组对高中语文课程标准进行了修订。新的高中语文课程标准在课程理念、课程目标、课程内容与课程评价等方面发生了较大变化，体现出新时代对人才培养的新要求。

（一）课程性质和基本理念

性质，是指一种事物区别于其他事物的根本属性。理念，是指信念、思想或观念。语文课程的性质和基本理念，反映了语文课程的根本属性、指导思想和价值追求。

1. 语文课程的性质

关于语文课程的性质，《普通高中语文课程标准（2017 年版 2020 年修订）》指出："语文课程是一门学习祖国语言文字运用的综合性、实践性课程。工具性与人文性的统一，是语文课程的基本特点。"其中包含两方面内容：语文课程性质定位与课程基本特点。

要理解语文课程性质定位，需要把握三个关键词：语言文字运用、综合性、实践性。语言文字运用是指，语文课程除了要学习语言文字知识外，重点是要学习语言文字在生活、学习、工作中的运用，要在真实的语言运用情境中，通过自主的语言实践活动，积累言语经验，把握祖国语言文字的特点和运用规律，加深对祖国语言文字的理解与热爱，培养运用祖国语言文字的能力。语言文字运用，是语文学习的途径，也是语言学习的目的，还是语文课程的核心内容。

《普通高中语文课程标准（2017 年版 2020 年修订）》明确指出："语言文字的运用，包括生活、工作和学习中的听说读写活动以及文学活动，存在于人类社会的各个领域。"语言运用的广泛性，决定了语文课程内容的综合性。同时，综合性还体现为语文课程培养目标的综合，即语文课程除要培养语言文字运用能力外，还要培养学生的思维能力与思维品质、文化传承与理解力、高尚的审美情趣与健康的人格等。语文课程的实践性源于"语言文字运用"的课程定位，语言运用存在于语言实践活动中，只有通过语言实践活动，在实践中加以运用，才能提高语言运用能力。

语文课程的基本特点是工具性与人文性的统一。《普通高中语文课程标准（2017 年版 2020 年修订）》认为："语言文字是人类社会最重要的交际工具和信息载体，是人类文化的重要组成部分。"这句话是对语文课程工具性与人文性的最好阐释。首先，从课程标准的阐述可见，语文的工具性可分为两个层次理解：第一，语言是交流的工具。列宁早在一百多年前就说过，"语言是人类最重要的交际手段"①。交际功能是语言文字的基本功能，语言文字的产生源于人与人之间交流沟通的需要，语言是人类最便捷、最常用的交际工具之一，人们借助语言文字进行日常交流与沟通，借助语言文字保存与传递文化成果。第二，语言文字是信息载体。语言文字承载着人们的思想、观念、意见、情感，人们常常通过语言文字了解自然、世界、社会以及自我。在信息时代，人们更离不开语言文字，微信、邮件等各种媒介，更是加快了语言文字传递信息的速度。尽管信息时代的传递媒介越来越多，图片、视频、动画等都可能成为信息载体，帮助人们传递信息，然而语言仍然是最主要、最便捷的传递手段之一。从不同媒介获取信息的能力成为现代人必备的关键能力。语文课程的工具性注重培养学生语言文字的运用能力，凸显语文课程的实用功能与实践性特点。

---

① 列宁. 列宁选集：第 2 卷 [M]. 北京：人民出版社，2012：370.

其次，语文课程的人文性是指语文课程具有通过语言文字的学习，理解与传承文化、促进学生精神成长的属性，即用中华民族及全人类优秀文化"化育"学生，促进学生情感、态度、价值观的健康成长以及学生人文素养的形成。语文课程的人文性包括：提升思维能力与品质；形成审美意识与高尚审美情趣；培养社会主义核心价值观；弘扬中华优秀文化；等等。人文性体现了语文课程的人文教化功能与综合性等特点。实用交际与文化陶冶功能是语言文字的基本功能，在信息社会，语言文字的信息媒介功能将日益凸显。语言文字的实用交际功能、文化陶冶功能与信息媒介功能并存，必然要求语文课程"工具性与人文性相统一"。二者的统一，要求语文课程的实施要以负载人文内涵的语言文字运用为核心，将思维训练、审美情趣、道德修养、价值观教育等融入语文实践活动之中，通过解决真实情境中的问题，完成情境任务，使价值观、必备品格与关键能力的培养融为一体。

2. 语文课程的基本理念

《普通高中语文课程标准（2017年版2020年修订）》从育人功能、核心素养、学习方式、课程构建四个方面提出了语文课程的基本理念。这四个基本理念显现出以学生为主体，促进学生全面发展的课程观。

（1）坚持立德树人，增强文化自信，充分发挥语文课程的育人功能

祖国语文是中华儿女的精神家园，语文课程对继承和弘扬中华优秀传统文化、革命文化、社会主义先进文化，培养文化自信，推动文化的创新发展，具有不可替代的优势。

普通高中语文课程，必须以习近平新时代中国特色社会主义思想为指导，坚持立德树人，弘扬民族精神，融入社会主义核心价值观教育，培养热爱中华文明、热爱祖国、热爱人民、热爱中国共产党的深厚感情，以及热爱美好生活和奋发向上的人生态度，使学生逐步形成自己的思想、行为准则，增强为中华民族伟大复兴而努力的历史使命感和社会责任感。坚持加强语文课程内容与学生成长的联系，引导学生积极参与实践活动，学习认识自然、认识社会、认识自我、规划人生，在促进学生全面而有个性的发展方面发挥应有的作用。

（2）以核心素养为本，推进语文课程深层次的改革

随着社会和教育事业的发展，语文课程更加强调以核心素养为本。要进一步改革语文课程的目标和内容，既要关注知识技能的外显功能，更要重视课程的隐性价值，还要关注语文课程在社会信息化过程中新的内涵变化；通过改革，让学生多经历、体验各类启示性、陶冶性的语文学习活动，逐渐实现多方面要素的综合与内化，养成现代社会所需要的思想品质、精神面貌和行为方式。

普通高中语文课程应继续引导学生丰富语言积累，培养良好语感，掌握学习语文的基本方法，养成良好的学习习惯，提高运用祖国语言文字的能力；语言文字运用和思维密切相关，语文教育必须同时促进学生思维能力的发展与思维品质的提升；语文教育也是提高审美素养的重要途径，要让学生在语言文字运用的学习中受到美的熏陶，培养自觉的审美意识和高尚的审美情趣，培养审美感知和创造表现的能力；语言文字的运用体现时代的发展状况和人的文化修养，语文课程应该引导学生自觉

继承中华优秀传统文化和革命文化，吸收世界各民族文化精华，积极参与中国特色社会主义先进文化的建设与传播。

（3）加强实践性，促进学生语文学习方式的转变

语文课程作为一门实践性课程，应着力在语文实践中培养学生的语言文字运用能力。学习运用祖国语言文字的资源和实践机会无处不在，应增强学生学语文、用语文的自觉意识，积极利用信息技术以及身边的各种资源和机会，通过阅读与鉴赏、表达与交流、梳理与探究等语文实践，积累言语经验，把握语文运用的规律，学会语文运用的方法，有效地提高语文能力，并在学习语言文字运用的过程中促进方法、习惯及情感、态度与价值观的综合发展。

语文课程还应当适应当代社会的发展需要，为培养创新人才发挥重要作用。要引导学生在语言文字运用的过程中发现问题，培养探究意识和发现问题的敏感性，探求解决问题和语言表达的创新路径。

（4）注重时代性，构建开放、多样、有序的语文课程

普通高中语文课程应适应社会对人才的多样化需求和学生对语文教育的不同期待，精选学习内容，变革学习方式，确保全体学生都获得必备的语文素养；帮助学生认识自己语文学习的已有基础、发展需求和方向，激发学习兴趣和潜能，在跨文化、跨媒介的语文实践中开阔视野，在更宽广的选择空间发展各自的语文特长和个性。

普通高中语文课程应具有相对稳定的结构和富有弹性的实施机制。应在课程标准的指导下，提高教师水平，发展教师特长，引导教师开发语文课程资源，有选择地、创造性地实施课程；把握信息时代新特点，积极利用新技术、新手段，建设开放、多样、有序的语文课程体系，使学生语文素养的发展与提升能适应社会进步新形势的需要。

（二）语文核心素养与课程目标

1. 语文核心素养

学科核心素养是学科育人价值的集中体现，是学生通过学科学习而逐步形成的正确价值观、必备品格和关键能力。

《普通高中语文课程标准（2017 年版 2020 年修订）》对"学科核心素养"的这一界定，可以从两方面理解：核心素养是由正确价值观、必备品质和关键能力构成的综合素养；核心素养形成于学生语文学习活动之中。

语文核心素养属于学科核心素养，可从两个方面加以理解。其一，语文核心素养的培养。"在积极的语言实践活动中积累与构建起来，并在真实的语言运用情境中表现出来的语言能力及其品质。"真实的语言运用情境，是核心素养形成的载体；积极的语言实践活动，是核心素养形成的途径。语言运用情境与语言实践活动，是核心素养形成的两个要素。其二，语文核心素养的培养内容。语文核心素养是学生"在语文学习中获得的语言知识与语言能力，思维方法与思维品质，情感、态度与价值观的综合体现"。语文学科核心素养包括四个方面：语言建构与运用、思维发展与提升、审美鉴赏与创造、文化传承与理解。

（1）语言建构与运用。语言建构，是指学生通过语言积累、梳理、整合等语文实践活动，逐步形成的"个体言语经验"。语言运用，是指学生"在具体语言情境中正确有效地运用祖国语言文字进行交流沟通的能力"。语言的建构和语言的运用在实际学习过程中是密不可分的，二者并非先建构好语言才能够加以运用，而是在语文的听说读写实践学习活动中紧扣教材、贴近生活，在运用中建构，在建构中运用。

（2）思维发展与提升。思维发展与提升是指在语文学习过程中，通过语言运用，发展思维能力，提升思维品质。思维能力主要包括：直觉思维、形象思维、逻辑思维、辩证思维和创造思维。思维品质主要包括：思维的深刻性、敏捷性、灵活性、批判性和独创性。

（3）审美鉴赏与创造。审美鉴赏与创造是指在语文学习中，通过审美体验、评价等活动形成正确的审美意识、健康向上的审美情趣与鉴赏品位，并在此过程中逐步掌握表现美、创造美的方法。

（4）文化传承与理解。文化传承与理解是指学生在语文学习中，继承和弘扬中华优秀传统文化、革命文化、社会主义先进文化，理解和借鉴不同民族和地区的文化，拓展文化视野，把传承中华文化与理解世界文化结合起来，从而提升文化自信。

四个方面的语文学科核心素养是一个整体。其中，语言建构与运用是语文学科核心素养的基础，在语文课程中获得思维发展与提升、提升审美鉴赏与创造能力、加强文化传承与理解，四者相辅相成，共同构筑起语文课程育人价值体系。

2. 课程目标

《普通高中语文课程标准（2017年版2020年修订）》中的课程目标是语文学科核心素养在高中阶段的发展目标。语言建构与运用、思维发展与提升、审美鉴赏与创造、文化传承与理解四个方面的核心素养，每一方面分为三项具体的课程目标，从而构建起高中语文课程的目标体系。

语言建构与运用的目标包括语言积累与建构、语言表达与交流、语言梳理与整合。《普通高中语文课程标准（2017年版2020年修订）》主张通过语言积累、梳理与整合活动，积累语言材料与言语经验，形成语感，梳理整合语言材料与知识，形成语文知识的结构化。这些都是语言建构与运用方面的课程目标。课程标准还规范了高中阶段在语言运用方面应该达成的具体目标：能根据不同情境与对象，恰当运用口头和书面语言得体地进行表达与交流；并能根据特定的交际语境、历史文化情境理解、分析和评价作品。

思维发展与提升设置了增强形象思维能力、发展逻辑思维能力、提升思维品质的目标。高中阶段重点聚焦增强形象思维能力与发展逻辑思维能力。形象思维能力，强调获得对语言和文学形象的直觉体验；强调在阅读与鉴赏、表达与交流、梳理与探究活动中运用联想和想象；强调丰富自己对现实生活和文学形象的丰富感受与理解。逻辑思维能力，强调对语言现象和文学现象的辨识、分析、比较、归纳和概括；强调有理有据地表达自己的观点和阐述自己的发现；强调运用批判性思维审视语言文学作品，探究和发现语言现象和文学现象，形成自己对语言和文学的认识等。

审美鉴赏与创造在增进对祖国语言文字的美感体验、鉴赏文学作品、美的表达

[微视频]
微课：审美鉴赏与创造

与创造三方面设置目标，具体表现为：强调感受祖国语言文字独特的美，增强热爱祖国语言文字的感情；注重感受和体验文学作品的语言、形象和情感之美，能欣赏、鉴别和评价不同时代、不同风格的作品，具有正确的价值观、高尚的审美情趣和审美品位；要能运用祖国语言文字表达自己的审美体验，表达自己的情感、态度和观念，表现和创造自己心中的美好形象，讲究语言文字表达的效果及美感，具有创新意识。

文化传承与理解在传承中华文化，理解多样文化，关注、参与当代文化三个方面确定了课程目标，分别体现为：通过学习运用祖国语言文字，体会中华文化的博大精深、源远流长，体会中华文化的核心思想理念和人文精神，增强文化自信，理解、认同、热爱中华文化，继承、弘扬中华优秀传统文化和革命文化；通过学习语言文字作品，懂得尊重和包容，初步理解和借鉴不同民族、不同区域、不同国家的优秀文化，吸收人类文化的精华；关注并积极参与当代文化传播与交流，在运用祖国语言文字的过程中，坚持文化自信，提高社会责任感，增强为中华民族伟大复兴而奋斗的使命感。

（三）课程结构

高中语文课程以中国特色社会主义理论体系为指导，落实立德树人的根本任务，从祖国语文的特点和高中生学习语文的规律出发，以语文学科核心素养为纲，以学生的语文实践为主线，以"语文学习任务群"为课程单位，整体设计、统筹安排，形成基础性与选择性相结合的课程结构。

高中语文课程分为必修、选择性必修、选修三类课程，三类课程都以学习任务群的形式呈现，分别安排7~9个学习任务群。中华优秀传统文化、革命文化和社会主义先进文化方面的内容始终贯串必修、选择性必修、选修。

1. 必修课程

高中生必须修习的课程共8学分。课程内容包括7个学习任务群："整本书阅读与研讨""当代文化参与""跨媒介阅读与交流""语言积累、梳理与探究""文学阅读与写作""思辨性阅读与表达""实用性阅读与交流"。这7个学习任务群构成普通高中语文课程内容的基本框架，体现高中阶段对每个学生基本、共同的语文素养要求。尤其是"文学阅读与写作""思辨性阅读与表达""实用性阅读与交流"三个学习任务群，涵盖了文学类、实用类、论述类三大语篇类型的学习，体现了高中语文必修课的基础性要求。

2. 选择性必修课程

选择性必修课程是学生根据个人需要和升学需要选择修习的课程，共6学分。课程内容包括9个学习任务群："整本书阅读与研讨""当代文化参与""跨媒介阅读与交流""语言积累、梳理与探究""中华传统文化经典研习""中国革命传统作品研习""中国现当代作家作品研习""外国作家作品研习""科学与文化论著研习"。其中，"整本书阅读与研讨""当代文化参与""跨媒介阅读与交流"穿插在其他学习任务群中，不单独设置学习单元，也不设学分。此外，选择性必修主要以"文化"为内核设计学习任务群，侧重对中华传统文化、革命文化、现当代文化与外国文化作品的研习。

3. 选修课程

选修课程是学生可自由选择学习的课程，共 6 学分。其课程内容的设计与选择性必修相似，设置了 9 个学习任务群："整本书阅读与研讨""当代文化参与""跨媒介阅读与交流""汉字汉语专题研讨""中华传统文化专题研讨""中国革命传统作品专题研讨""中国现当代作家作品专题研讨""跨文化专题研讨""学术论著专题研讨"。其中，"整本书阅读与研讨""当代文化参与""跨媒介阅读与交流"穿插在其他学习任务群中，不单独设置学习单元，也不设学分。其他学习任务群仍然以"文化"为线索设计，但与选择性必修相比，选修课的学习任务群侧重于对文化专题的深入研习。

在《普通高中语文课程标准（2017 年版 2020 年修订）》的课程结构中，必修课程体现高中语文课程的基础性，选择性必修和选修体现高中语文课程的选择性。从必修课程到选择性必修课程再到选修课程，体现了高中语文课程设计的层次性与差异性。

（四）课程内容

1. 学习任务群

《普通高中语文课程标准（2017 年版 2020 年修订）》从学习目标与内容、教学提示、构成要素、设计要求、学习方式、价值追求等几个方面对学习任务群进行阐述。

语文学习任务群，是指"以任务为导向，以学习项目为载体，整合学习情境、学习内容、学习方法和学习资源，引导学生在运用语言的过程中提升语文素养"的一种新的课程内容的组织与呈现方式。"学习项目"是构成学习任务群的基本单位，学习情境、学习内容、学习方法和学习资源都依托"学习项目"构成一个有机整体，学生在完成"学习项目"的过程中发展语文核心素养。

语文学习任务群"追求语言、知识、技能和思想情感、文化修养等多方面、多层次目标发展的综合效应，而不是学科知识逐'点'解析、学科技能逐项训练的简单线性排列和连接"。以项目为载体，以任务为导向的学习任务群，关注的是现实生活中真实问题的解决，以及学生在问题解决、任务完成的过程中知识、技能、思想情感等的综合发展。

语文学习任务群的设计，必须"以语文学科核心素养为纲，以学生的语文实践为主线"。学习任务群的学习在语言运用实践活动中进行，以提高学生的语文核心素养为根本目标。学习任务群以学生主动、积极的语文实践活动为主要形式，倡导自主、合作、探究的学习方式。在这一过程中，要处理好语篇与学习任务群的关系。"学习任务所涉及的语言学习素材与运用范例、语文实践的话题与情境、语体与文体等，覆盖历来语文课程所包含的古今'实用类''文学类''论述类'等基本语篇类型。"传统意义上的各类文本、语篇，是构成语文学习任务群的语言素材与语言运用范例，是进行语文实践活动的话题与情境，而不是语文课程内容本身。

2. 高中语文课程学习任务群的整体设计

高中语文课程内容由 18 个学习任务群构成，其中"整本书阅读与研讨""当代文化参与""跨媒介阅读与交流"贯穿三类课程之中，除必修课程外，其他两类课程不单独设计这三个学习任务群的学习，而是融合穿插在其他学习任务群的学习之中。另外，"语言积累、梳理与探究"是三类课程共有的学习任务群。除这四个综合性较强且三类课程共有的学习任务群外，必修课程按照文学、实用、论述三类语篇的学习设计学习任务群，体现出高中语文学习的基础性。选择性必修和选修则按照三大类"文化"设计学习任务群，凸显高中语文课程的"文化"取向。同样基于"文化"设计课程内容，选择性必修侧重各类文化作品的研习，强调文化学习的"面"；选修侧重于文化专题的探究，强调文化学习的"点"，"面""点"结合，体现了高中语文课程内容中文化广度与深度有机结合的要求。《普通高中语文课程标准（2017 年版 2020 年修订）》的课程结构及学分如表 1-1 所示。

表 1-1 《普通高中语文课程标准（2017 年版 2020 年修订）》的课程结构及学分

必修（8 学分）	选择性必修（6 学分）	选修（任选）
整本书阅读与研讨（1 学分）	（整本书阅读与研讨、当代文化参与、跨媒介阅读与交流在选择性必修和选修阶段不设学分，穿插在其他学习任务群中）	
当代文化参与（0.5 学分）		
跨媒介阅读与交流（0.5 学分）		
语言积累、梳理与探究（1 学分）	语言积累、梳理与探究（1 学分）	汉字汉语专题研讨（2 学分）
文学阅读与写作（2.5 学分）	中华传统文化经典研习（2 学分）	中华传统文化专题研讨（2 学分）
	中国革命传统作品研习（0.5 学分）	中国革命传统作品专题研讨（2 学分）
思辨性阅读与表达（1.5 学分）	中国现当代作家作品研习（0.5 学分）	中国现当代作家作品专题研讨（2 学分）
	外国作家作品研习（1 学分）	跨文化专题研讨（2 学分）
实用性阅读与交流（1 学分）	科学与文化论著研习（1 学分）	学术论著专题研讨（2 学分）

根据不同的学习目标与学习内容，高中语文课程可以划分为不同的学习任务群。每个学习任务群又从学习目标与内容、教学提示两方面进行描述。"学习目标与内容"就每个学习任务群的学习目的、具体目标、学习内容提出建议，明确了"学什么"；"教学提示"就每个学习任务群的学分、课时安排、学习活动、学习资源等提出建议，明确了"怎么学"。

（五）学业质量

学业质量是学生在完成本学科课程学习后的学业成就表现。学业质量标准是以本学科核心素养及其表现水平为主要维度，结合课程内容，对学生学业成就表现的总体刻画。

学业质量标准以语文核心素养的四个方面为考核维度，将学生的学习结果划分为五个级别的水平，一级为最低水平，五级为最高水平。水平一和水平二是必修课程学习的要求，水平二是语文学科高中学业水平考试的依据。水平三和水平四是选择性必修课程学习的水平，水平四是高校考试招生录取的依据。水平五是选修课程学习的要求，主要为对语文课程更有兴趣的学生所设的较高要求，修习情况可供高校或用人单位参考。

（六）实施建议

高中语文课程标准从教学与评价、学业水平考试与高考命题、教材编写、课程资源的利用与开发等方面提出了实施建议。

1. 教学与评价建议

教学建议主要集中在六个方面。一是发挥语文课程的独特功能，促进学生语文学科核心素养全面发展；二是充分理解学习任务群的特点，处理好学习任务群之间的关系；三是创设综合性学习情境，开展自主、合作、探究学习；四是整体把握必修和选修课程，加强课程之间的衔接和统整；五是探索信息化背景下教与学方式的转变；六是提高课程开发与设计的能力，实现教师与课程同步发展。

评价建议强化了五个方面的内容。一是评价要着眼于核心素养的整体发展。二是评价要全面把握学习任务群的特点。三是倡导评价主体的多元化。四是选用恰当的评价方式。五是明确必修和选修课程评价的重点和联系。

2. 学业水平考试与高考命题建议

测评与考试是语文课程评价的重要组成部分，应真实反映学生语文学科核心素养的发展过程与现有水平，准确判断学生核心素养发展过程中的问题及其原因，对高中语文教学改革发挥积极的引领和导向作用。语文学科核心素养是在具体的阅读与鉴赏、表达与交流、梳理与探究等语文实践活动中形成与发展，并通过具体、多样的实践活动表现、展示出来的。考试、测评题目应以具体的情境为载体，以典型任务为主要内容。

语文实践活动情境分为三类：个人体验情境、社会生活情境、学科认知情境。个人体验情境指学生个体独自开展的语文实践活动情境，如在文学作品阅读过程中体验丰富的情感，尝试不同的阅读方法以及创作文学作品等情境。社会生活情境指学生校内外具体的社会生活情境，强调学生在具体生活场域中开展的语文实践活动，强调语言交际活动的对象、目的和表述方式等。学科认知情境指学生探究语文学科相关的问题情境，并在此过程中发展语文学科认知能力。

典型任务是指为评价学生语文素养水平而选取的具有代表性价值的语文实践活动。学生通过典型内容的学习，体会典型的思维过程与方法，体验典型的思想情感，呈现典型的学习成果。典型任务要多样、综合、开放。考试材料的选择与组合要角度多样，视野开阔，为学生的思考与拓展留有足够的机会和空间。减少针对单一知识点或能力点的简单、碎片化的试题数量，应体现语文素养的综合性、整体性。可命制侧重阅读与鉴赏、表达与交流、梳理与探究某一方面的题目，也可命制整合了三个方面实践活动的综合性题目，让学生在复杂情境、多种角度和开放空间中充分展示其富有创造性的个性化的学习成果。

三类语文实践活动的考查重点各有不同："阅读与鉴赏"侧重考查整体感知、信息提取、理解阐释、推断探究、赏析评价等内容；"表达与交流"侧重考查叙述表现、陈述阐释、解释分析、介绍说明、应对交流等内容；"梳理与探究"侧重考查积累整合、筛选提炼、规整分类、解决问题、发现创新等内容。

3. 教材编写建议

在教材编写建议方面，除强调坚持立德树人的导向、体现对文化多样性的理解和尊重、适应高中学生的认知特点与身心发展的需要等要求外，还提出了以培养语文学科核心素养为纲，以语文实践活动为主线，落实18个学习任务群的教材编写要求，教材编写要有利于学生自主学习和个性化学习，有利于师生运用多种媒介和信息技术呈现学习内容，体现了教材编写的时代性、实践性等特点。

三、《义务教育语文课程标准（2022年版）》解读

与《义务教育语文课程标准（2011年版）》相比，《义务教育语文课程标准（2022年版）》发生了很大变化，主要表现在：不同于以往的语文课标以培养"语文能力"为核心的"语文素养"目标，《义务教育语文课程标准（2022年版）》的课程目标聚焦核心素养，突出语文课程的育人功能；不同于以往的语文课标以阅读、写作、口语交际等单一的语文活动划分课程板块，《义务教育语文课程标准（2022年版）》以更为综合的学习任务群为课程内容组织与呈现方式架构课程，研制学业质量标准，为教学与教材编写提供依据，细化评价与考试命题的要求，关注幼小衔接。

（一）课程性质

与《普通高中语文课程标准（2017年版2020年修订）》相比，《义务教育语文课程标准（2022年版）》把"祖国语言文字"改为"国家通用语言文字"。这一修改是对语言文字的进一步明确与规范，"国家通用语言文字"明确提出：语文课程学习的是普通话与规范汉字。

2000年10月，全国人大修订通过《中华人民共和国国家通用语言文字法》，该法案提出：国家推广普通话，推行规范汉字。语文课程标准中使用"国家通用语言文字"是对此法的一种响应，要求语文课程必须学习现代标准汉语——普通话，不能用方言上课，也不能把方言作为语文学习内容。同时还要求用规范汉字，即由国家以《简化字总表》与《通用规范汉字表》的形式正式公布的简化字与传承字，教师上课时不得使用繁体字、异体字等。除此之外，《义务教育语文课程标准（2022年版）》在功能和地位上，更加突出语文课程的"奠基"作用：为学生学好其他课程打下基础；为学生形成正确的世界观、人生观、价值观，形成良好个性和健全人格打下基础；为培养学生求真创新的精神、实践能力和合作交流能力，促进德智体美劳全面发展及学生的终身发展打下基础。

（二）课程理念

1. 立足学生核心素养发展，充分发挥语文课程育人功能

在课程目标方面，义务教育语文课程围绕立德树人根本任务，充分发挥其独特的育人功能和奠基作用，以促进学生核心素养发展为目的，以识字与写字、阅读与鉴赏、表达与交流、梳理与探究等语文实践活动为主线，综合构建素养型课程目标体系；面向全体学生，突出基础性，使学生初步学会运用国家通用语言文字进行交流沟通，吸收古今中外优秀文化成果，提升思想文化修养，建立文化自信，德智体美劳得到全面发展。

2. 构建语文学习任务群，注重课程的阶段性与发展性

在课程结构方面，义务教育语文课程结构遵循学生身心发展规律和核心素养形成的内在逻辑，以生活为基础，以语文实践活动为主线，以学习主题为引领，以学习任务为载体，整合学习内容、情境、方法和资源等要素，设计语文学习任务群。学习任务群的安排注重整体规划，根据学段特征，突出不同学段学生核心素养发展的需求，体现连贯性和适应性。

3. 突出课程内容的时代性和典范性，加强课程内容整合

在课程内容方面，义务教育语文课程突出内容的时代性，充分吸收语言、文学研究新成果，关注数字时代语言生活的新发展，体现学习资源的新变化。强调内容的典范性，精选文质兼美的作品，重视对学生思想情感的熏陶感染作用，重视价值取向，突出社会主义先进文化、革命文化、中华优秀传统文化。注重课程内容与生活、与其他学科的联系，注重听说读写的整合，促进知识与能力、过程与方法、情感态度与价值观的整体发展。根据"六三"学制和"五四"学制各自特点，合理组织与安排课程内容。

4. 增强课程实施的情境性和实践性，促进学习方式变革

在课程实施方面，义务教育语文课程实施从学生语文生活实际出发，创设丰富多样的学习情境，设计富有挑战性的学习任务，激发学生的好奇心、想象力、求知欲，促进学生自主、合作、探究学习；引导学生注重积累，勤于思考，乐于实践，勇于探索，养成良好的学习习惯；关注个体差异和不同的学习需求，鼓励自主阅读、自由表达；倡导少做题、多读书、好读书、读好书、读整本书，注重阅读引导，培养读书兴趣，提高读书品位；充分发挥现代信息技术的支持作用，拓展语文学习空间，提高语文学习能力。

5. 倡导课程评价的过程性和整体性，重视评价的导向作用

在课程评价方面，义务教育语文课程评价要有利于促进学生学习，改进教师教学，全面落实语文课程目标。课程评价应准确反映学生的语文学习水平和学习状况，注重考察学生的语言文字运用能力、思维过程、审美情趣和价值立场，关注学生学习过程和学习进步。根据不同年龄学生的学习特点和不同学段的学习目标，选用恰当的评价方式，抓住关键，突出重点，加强语文课程评价的整体性和综合性。注重评价主体的多元与互动，以及多种评价方式的综合运用，充分利用现代信息技术促进评价方式的变革。

（三）课程目标

义务教育语文课程目标体系由核心素养、总目标与学段目标构成。核心素养是课程目标的依据，课程目标是核心素养的具体体现。课程目标分为总目标与学段目标两部分。

1. 核心素养内涵

核心素养是学生通过课程学习逐步形成的正确价值观、必备品格和关键能力，是课程育人价值的集中体现。义务教育语文课程培养的核心素养，是学生在积极的语文实践活动中积累、建构并在真实的语言运用情境中表现出来的，是文化自信和语言运用、思维能力、审美创造的综合体现。

（1）文化自信。文化自信是指学生认同中华文化，对中华文化的生命力有坚定信心。通过语文学习，热爱国家通用语言文字，热爱中华文化，继承和弘扬中华优秀传统文化、革命文化、社会主义先进文化，关注和参与当代文化生活，初步了解和借鉴人类文明优秀成果，具有比较开阔的文化视野和一定的文化底蕴。

（2）语言运用。语言运用是指学生在丰富的语言实践中，通过主动的积累、梳理和整合，初步具有良好语感；了解国家通用语言文字的特点和运用规律，形成个体语言经验；具有正确、规范运用语言文字的意识和能力。能在具体语言情境中有效交流沟通；感受语言文字的丰富内涵。对国家通用语言文字具有深厚感情。

（3）思维能力。思维能力是指学生在语文学习过程中的联想想象、分析比较、归纳判断等认知表现，主要包括直觉思维、形象思维、逻辑思维、辩证思维和创造思维。思维具有一定的敏捷性、灵活性、深刻性、独创性、批判性。有好奇心、求知欲，崇尚真知，勇于探索创新，养成积极思考的习惯。

（4）审美创造。审美创造是指学生通过感受、理解、欣赏、评价语言文字及作品，获得较为丰富的审美经验，具有初步的感受美、发现美和运用语言文字表现美、创造美的能力；涵养高雅情趣，具备健康的审美意识和正确的审美观念。

核心素养的四个方面是一个整体。语言是重要的交际工具和思维工具，语言发展的过程也是思维发展的过程，二者相互促进。语言文字及作品是重要的审美对象，语言学习与运用也是培养审美能力和提升审美品位的重要途径。语言文字既是文化的载体，又是文化的重要组成部分，学习语言文字的过程也是学生文化积淀与发展的过程。在语文课程中，学生的思维能力、审美创造、文化自信都以语言运用为基础，并在学生个体语言经验发展过程中得以实现。

2. 总目标

总目标分为9条，除第1条外，其他8条都是语文核心素养的具体落实。

第1条从情感态度价值观角度提出，语文课程要培养学生的爱国主义、集体主义、社会主义思想道德，逐步形成正确的世界观、人生观与价值观，突出语文课程育人为本的理念。

第2条和第3条对应文化自信，强调从热爱国家通用语言文字、感受语言文字及作品的独特价值、认识和弘扬中华优秀文化、关心社会文化生活、感受多样文化等方面增强文化自信。

第 4 条和第 5 条对应语言运用,强调从发展语言运用能力与掌握基本的语文学习方法、形成独立阅读能力与初步表达能力两个方面提高语言运用能力。

第 6 条和第 7 条对应思维能力,关注提高形象思维能力,初步掌握简单的逻辑思维方法与辩证思考问题的方式,强调有理有据、负责任地表达自己的观点与养成实事求是、崇尚真知的态度。

第 8 条和第 9 条对应审美创造,一方面是审美鉴赏,包括能感受语言文字的美,感悟作品的思想内涵和艺术价值,丰富情感体验和精神世界;另一方面是审美表现,能借助不同媒介表达自己的见闻和感受,学习发现美、表现美、创造美,形成健康的审美情趣。

3. 学段要求

学段要求,是对每个学段学生学习语文的最低要求,依据"六三"学制设定,分为四个学段,每个学段从识字与写字、阅读与鉴赏、表达与交流、梳理与探究四个方面提出学习目标。

(1) 识字与写字要求

《义务教育语文课程标准(2022 年版)》中"识字与写字"的学习要求如表 1-2 所示。

表 1-2 《义务教育语文课程标准(2022 年版)》中"识字与写字"的学习要求

学段	第一学段	第二学段	第三学段	第四学段
"识字与写字"的学习要求	1. 喜欢学习汉字,有主动识字、写字的愿望。认识常用汉字 1 600 个左右,其中 800 个左右会写。 2. 学会汉语拼音。能读准声母、韵母、声调和整体认读音节。能准确地拼读音节,正确书写声母、韵母和音节。认识大写字母,熟记《汉语拼音字母表》。 3. 掌握汉字的基本笔画和常用的偏旁部首,能按基本的笔顺规则用硬笔写字,注意间架结构,初步感受汉字的形体美。努力养成良好的写习惯,写字姿势正确,书写规范、端正、整洁。 4. 学习独立识字。能借助汉语拼音认读汉字,学会用音序检字法和部首检字法查字典	1. 对学习汉字有浓厚的兴趣,养成主动识字的习惯。累计认识常用汉字 2 500 个左右,其中 1 600 个左右会写。有初步的独立识字能力。能用音序检字法和部首检字法查字典、词典。 2. 写字姿势正确,养成良好的书写习惯。能用硬笔熟练地书写正楷字,做到规范、端正、整洁。用毛笔临摹正楷字帖,感受汉字的书写特点和形体美。 3. 能感知常用汉字形、音、义之间的联系,初步建立汉字与生活中事物、行为的联系,初步感受汉字的文化内涵	1. 有较强的独立识字能力。累计认识常用汉字 3 000 个左右,其中 2 500 个左右会写。感受汉字的构字组词特点,体会汉字蕴含的智慧。 2. 写字姿势正确,有良好的书写习惯。硬笔书写楷书,行款整齐,力求美观,有一定的速度。能用毛笔书写楷书,在书写中体会汉字的优美	1. 能熟练地使用字典、词典独立识字,会用多种检字方法。累计认识常用汉字 3 500 个左右。 2. 写字姿势正确,保持良好的书写习惯。在使用硬笔熟练地书写正楷字的基础上,学写规范、通行的行楷字,提高书写的速度。临摹、欣赏名家书法,体会书法的审美价值

（2）阅读与鉴赏要求

《义务教育语文课程标准（2022年版）》中"阅读与鉴赏"的学习要求，如表1-3所示。

表1-3 《义务教育语文课程标准（2022年版）》中"阅读与鉴赏"的学习要求

学段	第一学段	第二学段	第三学段	第四学段
"阅读与鉴赏"的学习要求	1. 喜欢阅读，感受阅读的乐趣。学习用普通话正确、流利、有感情地朗读课文。学习默读。 2. 结合上下文和生活实际了解课文中词句的意思，在阅读中积累词语。认识课文中出现的常用标点符号，在阅读中体会句号、问号、感叹号所表达的不同语气。借助读物中的图画阅读。 3. 阅读浅近的童话、寓言、故事，向往美好的情境，关心自然和生命，对感兴趣的人物和事件有自己的感受和想法，并乐于与他人交流。诵读儿歌、儿童诗和浅近的古诗，展开想象，获得初步的情感体验，感受语言的优美。 4. 尝试阅读整本书，用自己喜欢的方式向他人介绍读过的书。养成爱护图书的习惯	1. 用普通话正确、流利、有感情地朗读课文。初步学会默读，做到不出声，不指读。学习略读，粗知文章大意。 2. 能联系上下文，理解词句的意思，体会课文中关键词句表达情意的作用。能借助字典、词典和生活积累，理解生词的意义。在理解语句的过程中，体会句号与逗号的不同用法，了解冒号、引号的一般用法。 3. 能初步把握文章的主要内容，体会文章表达的思想感情。学习圈点、批注等阅读方法。能对课文中不理解的地方提出疑问，乐于与他人讨论交流。 4. 能复述叙事性作品的大意，初步感受作品中生动的形象和优美的语言，关心作品中人物的命运和喜怒哀乐，与他人交流自己的阅读感受。诵读优秀诗文，注意在诵读过程中体验情感，展开想象，领悟诗文大意	1. 熟练地用普通话正确、流利、有感情地朗读课文。默读有一定的速度，默读一般读物每分钟不少于300字。学习浏览，扩大知识面，根据需要搜集信息。 2. 能联系上下文和自己的积累，推想课文中有关词句的意思，辨别词语的感情色彩，体会其表达效果。在理解课文的过程中体会顿号与逗号、分号与句号的不同用法。 3. 在阅读中了解文章的表达顺序，体会作者的思想感情，初步领悟文章的基本表达方法。在交流和讨论中，敢于提出看法，作出自己的判断。 4. 阅读叙事性作品，了解事件梗概，能简单描述印象最深的场景、人物、细节，说出自己的喜爱、憎恶、崇敬、向往、同情等感受；阅读诗歌，大体把握诗意，想象诗歌描述的情境，体会作品的情感。受到优秀作品的感染和激励，向往和追求美好的理想。 5. 阅读说明性文章，能抓住要点，了解文章的基本说明方法。阅读简单的非连续性文本，能从图文等组合材料中找出有价值的信息。尝试使用多种媒介阅读	1. 能用普通话正确、流利、有感情地朗读。养成默读习惯，有一定的速度，阅读一般的现代文，每分钟不少于500字。能较熟练地运用略读和浏览的方法，扩大阅读范围。 2. 在通读课文的基础上，理清思路，理解、分析主要内容，体味和推敲重要词句在语言环境中的意义和作用。对课文的内容和表达有自己的心得，能提出自己的看法，并能与他人合作，共同探讨、分析、解决疑难问题。 3. 在阅读中了解叙述、描写、说明、议论、抒情等表达方式。能区分写实作品与虚构作品，了解诗歌、散文、小说、戏剧等文学样式。 4. 欣赏文学作品，有自己的情感体验，初步领悟作品的内涵，从中获得对自然、社会、人生的有益启示。能对作品中感人的情境和形象说出自己的体验，品味作品中富于表现力的语言。 5. 阅读简单的议论文，能区分观点与材料（道理、事实、数据、图表等），发现观点与材料之间的联系，并通过自己的思考，作出判断。阅读新闻和说明性文章，能把握文章的基本观点，获取主要信息。阅读科技作品，还应注意领会作品中所体现的科学精神和科学思想方法。阅读由多种材料组合、较为复杂的非连续性文本，能领会文本的意思，得出有意义的结论。 6. 诵读古代诗词，阅读浅易文言文，能借助注释和工具书理解基本内容。注重积累、感悟和运用，提高自己的欣赏品位。背诵优秀诗文80篇（段）

续表

学段	第一学段	第二学段	第三学段	第四学段
"阅读与鉴赏"的学习要求	5. 积累自己喜欢的成语和格言警句。背诵优秀诗文50篇（段）。课外阅读总量不少于5万字	5. 阅读整本书，初步理解主要内容，主动和同学分享自己的阅读感受。6. 积累课文中的优美词语、精彩句段，以及在课外阅读和生活中获得的语言材料。背诵优秀诗文50篇（段）。养成读书看报的习惯，收藏图书资料，乐于与同学交流。课外阅读总量不少于40万字	6. 阅读整本书，把握文本的主要内容，积极向同学推荐并说明理由。7. 背诵优秀诗文60篇（段），注意通过语调、韵律、节奏等体味作品的内容和情感。扩展阅读面，课外阅读总量不少于100万字	7. 每学年阅读两三部名著，探索个性化的阅读方法，分享阅读感受，开展专题探究，建构阅读整本书的经验。感受经典名著的艺术，魅力，丰富自己的精神世界。8. 随文学习基本的词汇、语法知识，用以帮助理解课文中的语言难点；了解常用的修辞手法，体会它们在课文中的表达效果。了解课文涉及的重要作家作品知识和文化常识。9. 能利用图书馆、网络搜集自己需要的信息和资料，帮助阅读。学会制订自己的阅读计划，广泛阅读各种类型的读物，课外阅读总量不少于260万字

（3）表达与交流要求

《义务教育语文课程标准（2022年版）》中"表达与交流"的学习要求，如表1-4所示。

表1-4 《义务教育语文课程标准（2022年版）》中"表达与交流"的学习要求

学段	第一学段	第二学段	第三学段	第四学段
"表达与交流"的学习要求	1. 学说普通话，逐步养成说普通话的习惯，有表达交流的自信心。2. 能认真听他人讲话，努力了解讲话的主要内容。听故事、看影视作品，能复述大意和自己感兴趣的情节。能较完整地讲述小故事，能简要讲述自己感兴趣的见闻。与他人交谈，态度自然大方，有礼貌。积极参加讨论，敢于发表自己的意见	1. 乐于用口头、书面的方式与人交流沟通，愿意与他人分享，增强表达的自信心。2. 能用普通话交谈，学会认真倾听，听人说话时能把握主要内容，并能简要转述。能就不理解的地方向人请教，就不同的意见与人商讨。3. 能清楚明白地讲述见闻，说出自己的感受和想法。讲述故事力求具体生动	1. 听人说话认真、耐心，能抓住要点，并能简要转述。乐于表达，与人交流能尊重和理解对方。注意语言美，抵制不文明的语言。2. 表达有条理，语气、语调适当。参与讨论，敢于发表自己的意见，说清自己的观点。能根据对象和场合，稍作准备，作简单的发言	1. 注意对象和场合，学习文明得体地交流。耐心专注地倾听，能根据对方的话语、表情、手势等，理解对方的观点和意图。2. 自信、负责地表达自己的观点，做到清楚、连贯、不偏离话题。注意表情和语气，根据需要调整自己的表达内容和方式，不断提高应对能力，增强感染力和说服力。3. 讲述见闻，内容具体、语言生动。复述转述，完整准确、突出要点。能就适当的话题作即席讲话和有准备的主题演讲，有自己的观点，有一定说服力。讨论问题，能积极发表自己的看法，有中心，有根据，有条理；能

续表

学段	第一学段	第二学段	第三学段	第四学段
"表达与交流"的学习要求	3. 对写话有兴趣，留心周围事物，写自己想说的话，写想象中的事物。在写话中乐于运用阅读和生活中学到的词语。 4. 根据表达的需要，学习使用逗号、句号、问号、感叹号	能主动参与日常生活中的文化活动，根据不同的场合，尝试运用合适的音量和语气与他人交流，有礼貌地请教、回应。 4. 观察周围世界，能不拘形式地写下自己的见闻、感受和想象，注意把自己觉得新奇有趣或印象最深、最受感动的内容写清楚。能用便条、简短的书信等进行交流。尝试在习作中运用自己平时积累的语言材料，特别是有新鲜感的词句。 5. 学习修改习作中有明显错误的词句。根据表达的需要，正确使用冒号、引号等标点符号。课内习作每学年16次左右	3. 懂得写作是为了自我表达和与人交流。养成留心观察周围事物的习惯，有意识地丰富自己的见闻，珍视个人的独特感受，积累习作素材。 4. 能写简单的记实作文和想象作文，内容具体，感情真实。能根据内容表达的需要，分段表述。学写读书笔记，学写常见应用文。 5. 修改自己的习作，并主动与他人交换修改，做到语句通顺，行款正确，书写规范、整洁。根据表达需要，正确使用常用的标点符号。习作要有一定速度。课内习作每学年16次左右	把握讨论的焦点，并能有针对性地发表意见。 4. 多角度观察生活，发现生活的丰富多彩，能抓住事物的特征，为写作奠定基础。写作要有真情实感，表达自己对自然、社会、人生的感受、体验和思考，力求有创意。 5. 写作时考虑不同的目的和对象。根据表达的需要，围绕表达中心，选择恰当的表达方式。合理安排内容的先后和详略，条理清楚地表达自己的意思。运用联想和想象，丰富表达的内容。正确使用常用的标点符号。 6. 写记叙性文章，表达意图明确，内容具体充实；写简单的说明性文章，做到明白清楚；写简单的议论性文章，做到观点明确，有理有据；能根据生活需要，写常见应用文。能从文章中提取主要信息，进行缩写；能根据文章的基本内容和自己的合理想象，进行扩写；能变换文章的文体或表达方式等，进行改写。尝试诗歌、小小说的写作。 7. 注重写作过程中搜集素材、构思立意、列纲起草、修改加工等环节，提高独立写作的能力。根据表达的需要，借助语感和语文常识修改自己的作文，做到文从字顺。能与他人交流写作心得，互相评改作文，以分享感受，沟通见解。作文每学年一般不少于14次，其他练笔不少于1万字，45分钟能完成不少于500字的习作

（4）梳理与探究要求

《义务教育语文课程标准（2022年版）》中"梳理与探究"的学习要求，如表1-5所示。

表1-5 《义务教育语文课程标准(2022年版)》中"梳理与探究"的学习要求

学段	第一学段	第二学段	第三学段	第四学段
"梳理与探究"的学习要求	1. 观察字形，体会汉字部件之间的关系。梳理学过的字，感知汉字与生活的联系。 2. 观察大自然，热心参加校园、社区活动，积累活动体验。结合语文学习，用口头或图文等方式整理、表达自己在活动中的见闻和想法。 3. 对周围事物有好奇心，能就感兴趣的内容提出问题，结合其他学科的学习和生活经验交流讨论，尝试提出自己的看法	1. 尝试分类整理学过的字词。尝试发现所学汉字形、音、义和书写的特点，帮助自己识字、写字。 2. 学习组织有趣味的语文实践活动，在活动中学习语文，学会合作。结合语文学习，观察大自然，观察社会，积极思考，运用书面或口头方式，并可尝试用表格、图像、音频等多种媒介，呈现自己的观察与探究所得。 3. 能提出学习和生活中的问题，有目的地搜集资料，共同讨论，尝试运用语文并结合其他学科知识解决问题	1. 分类整理学过的字词，发现所学汉字形、音、义和书写的特点，发展独立识字能力和写字能力。 2. 感受不同媒介的表达效果，学习跨媒介阅读与运用，初步运用多种方法整理和呈现信息。 3. 初步了解查找资料、运用资料的基本方法。利用图书馆、网络等渠道获取资料，解决与学习和生活相关的问题。尝试写简单的研究报告。 4. 策划简单的校园活动和社会活动，对所策划的主题进行讨论和分析，学写活动计划和活动总结。对自己身边的、大家共同关注的问题，或影视作品中的故事和形象，通过调查访问、讨论演讲等方式，开展专题探究活动，学习辨别是非、善恶、美丑	1. 按照一定的标准分类整理学过的字词句篇等语言材料，梳理、反思自己语文学习的经验，努力提高语言文字运用能力，增强表达效果。 2. 学习跨媒介阅读与运用，体会不同媒介的表达特点，根据需要选用合适的媒介呈现探究结果。 3. 自主组织文学活动，在办刊、演出、讨论等活动过程中体验合作与成功的喜悦。关心学校、本地区和国内外大事，就共同关注的热点问题搜集资料，调查访问，相互讨论，能用文字、图表、图画、照片等展示学习成果。 4. 能提出学习和生活中感兴趣的问题，共同讨论，选出研究主题，制订简单的研究计划。能从书刊或其他媒体中获取有关资料，讨论分析问题，独立或合作写出简单的研究报告。掌握查找资料、引用资料的基本方法，分清原始资料与间接资料，学会注明所援引资料的出处

(四) 课程内容

《义务教育语文课程标准(2022年版)》从"中华优秀传统文化""革命文化""社会主义先进文化"三类文化中提炼主题，以学习任务群为课程内容的组织与呈现方式，形成了语文课程的内容体系。

1. 主题与载体形式：文化主题

人文主题及其承载这些主题的语言文字、作品、文物、遗址等共同构成语文课程的内容。汉字、语法，成语、格言警句，神话传说、寓言故事、历史故事、民间故事、中华民族团结一家亲的故事，古代诗词、古代散文、古典小说，古代文化常识、传统节日、风俗习惯等及其中内含的仁爱、民本、诚信、和合、大同等主题思想，构成中华优秀传统文化的课程内容；反映理想信念、爱国情怀、艰苦奋斗、无私奉献、顽强斗争和英勇无畏等革命传统的作品，革命圣地、革命旧址和革命文物等，构成了革命文化的课程内容；围绕社会主义核心价值观，确定社会主义先进文化内容主题，反映和谐互助、共同富裕、改革创新、劳动创造美好生活等方面的作品，构成社会主义先进文化的课程内容。三类文化内容占课程内容的 60%～70%。除此之外，反映世界文明优秀成果、科技进步、日常生活等主题的作品，如外国文学名著、科普科幻作品、实用性文章、中外优秀儿童文学占课程内容的 30%～40%。

2. 内容组织与呈现方式：学习任务群

（1）学习任务群

关于学习任务群，课程标准在两处有相关表述：

以生活为基础，以语文实践活动为主线，以学习主题为引领，以学习任务为载体，整合学习内容、情境、方法和资源等要素，设计语文学习任务群。

义务教育语文课程内容主要以学习任务群组织与呈现。设计语文学习任务，要围绕特定学习主题，确定具有内在逻辑关联的语文实践活动。语文学习任务群由相互关联的系列学习任务组成，共同指向学生的核心素养发展，具有情境性、实践性、综合性。

课程标准的以上表述对学习任务群的性质、构成要素、构成形式、目标指向、特点几个方面进行了介绍。

从性质看，学习任务群是语文新课程内容都组织与呈现方式，是一种新的课程形态；从构成要素看，学习任务群由学习主题、学习内容、学习任务、学习情境、学习活动等要素构成；从构成形式看，学习任务群是以学习主题为引领，以系列学习任务为载体，以结构化的语文实践活动为主线，整合学习内容、情境、方法、资源等要素而形成的一种综合性的课程组织形式；从目标指向看，学习任务是以生活为基础，以学生核心素养发展为目标，而非仅仅指向语文知识与技能的学习。

学习任务群的特点有以下三个：情境性、实践性与综合性。情境性，指学习任务群总是把学习任务置于具体的语用情境之中，它以生活为基础，以解决真实生活情境中的问题为导向，增强语文学习与生活的联系，也赋予语文学习相关意义；实践性，指学习任务群是以学生的语文实践为主线，通过识字与写字、阅读与鉴赏、表达与交流、梳理与探究等语文实践活动，完成学习任务，在完成任务的过程中，综合提升学生的语文素养；综合性，指学习任务群是以完成基于真实情境的任务为导向，为完成相应任务所采用的方法与策略是综合的，所应用的学习资源与材料是综合的，所运用的知识与技能是综合的，最后获得核心素养的综合性提升。

（2）义务教育语文课程学习任务群的设计

义务教育语文课程按照内容整合程度不断提升，分三个层面设置学习任务群。第一层设"语言文字积累与梳理"1 个基础型学习任务群；第二层设"实用性阅读与交流""文学阅读与创意表达""思辨性阅读与表达"3 个发展型学习任务群；第三层设"整本书阅读""跨学科学习"2 个拓展型学习任务群。每个学习任务群，课程标准都从该学习任务群的整体目标、各学段的学习内容、教学提示三个方面进行阐述。整体目标与各学段学习内容的设计，既凸显《义务教育语文课程标准（2022年版）》基于学习任务群的整体设计，又关注不同学段学生的学习特点，体现课程内容安排的层次性与递进性。教学提示根据学习任务群的特点提出学习活动建议，方便学习任务群的设计与实施。六个学习任务群按照三个层次进行结构化组织与安排，构成义务教育语文课程内容的基本结构框架。

《义务教育语文课程标准（2022年版）》学习任务群结构图如图1-1所示：

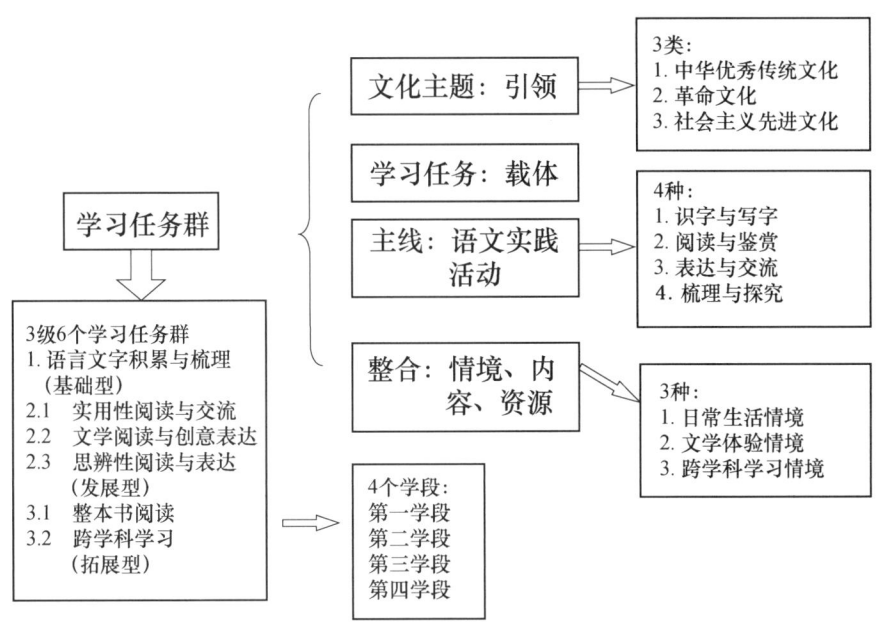

图1-1 《义务教育语文课程标准（2022年版）》学习任务群结构图

（五）学业质量

1. 学业质量的内涵

学业质量是学生在完成课程阶段性学习后的学业成就表现，反映核心素养要求。语文课程学业质量标准是以核心素养为主要维度，结合课程内容，对学生语文学业成就具体表现特征的整体刻画。

学业质量的内涵可以从以下三个方面理解：

第一，学业质量是学生阶段性学业成就的表现。义务教育分为四个学段，每个学段都有相应的学业质量考评标准，各学段学业质量标准相互衔接，表现出考评的阶段性与进阶性。

第二，学业质量标准的考评内容主要是核心素养。学业质量标准从核心素养的四个方面综合考评学生的语文学业成就，反映核心素养的目标要求与学段要求，不指向学生的语文知识与能力评价。

第三，学业质量标准是学生语文学业成就具体表现特征的整体刻画。由于语文核心素养是内隐的能力与品格，因此需要通过外显的行为活动表现出来，学业质量标准通过对学生在具体语用情境中的语言行为特征的具体描述，检测学生语文核心素养的发展情况。情境化试题是学业质量测试的重要手段。

2. 义务教育语文学业质量描述

《义务教育语文课程标准（2022年版）》分四个学段对学业质量进行描述，每个学段在日常生活、文学体验、跨学科学习三类语言运用情境中，整合识字与写字、阅读与鉴赏、表达与交流、梳理与探究四类语文实践活动，描述学生语文学业成就的关键表现。

例如，第一学段（1~2年级），"留心公共场所等真实社会情景中的文字，尝试认识标牌、图示、简单的说明性文字中的常用汉字""有意识地梳理在日常生活中学习的汉字、词语，并尝试进行分类；愿意整理自己的学习成果，并向他人展示"等，是基于日常生活情境把识字与写字、阅读与鉴赏、表达与交流、梳理与探究四类实践活动整合到一起，综合描述学生在语言运用方面的关键表现。又如第三学段（5~6年级），"独立阅读散文、小说、诗歌等文学作品，在阅读过程中能获取主要内容，用朗读、复述等自己擅长的方式呈现对作品内容的理解；能用文字、结构图等方式梳理作品的行文思路""能通过诵读、改写、表演等方式，表达自己对感人情境和形象的理解与审美体验"，这是通过文学体验情境，把文学阅读与鉴赏、表达与交流、梳理与探究等实践活动整合，描述学生在语言运用、审美体验与思维发展方面的具体表现。

（六）课程实施

《义务教育语文课程标准（2022年版）》从教学、评价、教材编写、课程资源开发与利用、教学研究与教师培训等五个方面提出建议。

1. 教学建议

《义务教育语文课程标准（2022年版）》从四个方面提出教学建议：其一，立足核心素养，彰显教学目标"以文化人"的育人导向；其二，体现语文学习任务群特点，整体规划学习内容；其三，创设真实而富有意义的学习情境，凸显语文学习的实践性；其四，关注互联网时代语文生活的变化，探索语文教与学方式的变革。

2. 评价建议

语文课程评价坚持过程性评价和终结性评价相结合。过程性评价贯串语文学习全过程，终结性评价包括学业水平考试和过程性评价的综合结果。《义务教育语文课程标准（2022年版）》对过程性评价内容和原则做出说明，对课堂教学评价、作业评价与阶段性评价提出建议。过程性评价重点考查学生在语文学习过程中表现出来的学习态度、参与程度和核心素养的发展水平，应依据各学段的学习内容和学业质量要求，广泛收集课堂关键表现、典型作业和阶段性测试等数据，有助于及时改进教与学。要统筹安排评价内容，体现多元主体、多种方式的特点，倡导学科融合，拓宽评价视野。

《义务教育语文课程标准（2022年版）》对学业水平考试的命题原则、命题规划与命题要求提出建议。命题原则强调素养立意、依标命题、科学规范。命题规划，要求明确学业水平考试命题的目标要求，规定内容范围与水平标准，倡导设计基于情境的探究性、开放性和综合性试题，充分展现学生在语文学习过程中形成的能力、方法以及情感态度与价值观的综合发展情况。考试命题应以情境为载体，依据学生在真实情境下解决问题的过程和结果评定其素养水平；命题材料的选取要具有时代性、典型性和多样性；问题或任务是题目的主体部分；题干设计应规范等。

3. 教材编写建议

对义务教育阶段的语文教材编写，《义务教育语文课程标准（2022年版）》提出"充分体现义务教育语文学习的基础性、阶段性特征，做好各学段之间的衔接""把整本书阅读作为教材的重要有机组成部分"等要求，教材编写分为"六三"学制和"五四"学制两种版本。

4. 课程资源开发与利用建议

《义务教育语文课程标准（2022年版）》从四个方面对课程资源的开发与利用提出建议：其一，坚持目标导向，精选优质课程资源；其二，调动多元主体，丰富课程资源类型；其三，建立合作开发机制，实现课程资源的共建和共享；其四，充分发挥课程资源的育人功能，优化教与学活动。

5. 教学研究与教师培训建议

《义务教育语文课程标准（2022年版）》对教师的专业发展提出建议：其一，坚持终身学习，提升专业素养；其二，立足教学实践，提高教研水平；其三，适应时代要求，提升信息素养；其四，聚焦关键问题，推进校本教研；其五，加强区域教研，推广典型经验；其六，发挥制度优势，推进研修融合。

实践运用

● 实践任务 ●

普通高中和义务教育两个语文课程标准已经学完，请你任选其中一个，梳理其结构，用思维导图进行直观表述，选择其中一个知识点，结合教例进行分析。

任务要求：1. 能正确反映课程标准的内容；2. 能清楚表述课程标准的结构；3. 语言精练、概括，言之成理即可。

● 实践指要 ●

独立完成上述任务后，与老师、同学一起研讨，分析自己所设计的方案的优点、不足，并根据提出的改进措施加以修改。

反思调节

● 学习反思 ●

请核对和填写表1-6，看看自己有哪些收获，哪些方面还需要继续努力。

表1-6 学习反思表

学习内容	实现程度			改进建议	备注
	未实现	实现	充分实现		
了解语文课程标准的发展与演变					
理解《义务教育语文课程标准（2022年版）》的结构、基本理念、目标与内容					
理解《普通高中语文课程标准（2017年版2020年修订）》的结构、基本理念、目标与内容					

备注：请在"实现程度"的相应地方画"√"，如果某一学习内容"未实现"，请简要记录改进建议。

● 自我调节 ●

根据改进建议，你将会_____
_____
_____。

推荐阅读

1. 余虹，邹玲琦. 正—反—合：语文教学中的辩证思维训练［J］. 语文建设，2023（8）：4-8.

2. 余虹. 文学的美育价值与美育方法［J］. 美育学刊，2021，12（4）：8-14.

3. 胡斌. 想象·视点·意境：从白描手法鉴赏说起［J］. 中学语文教学参考，2022（29）：78-79.

第二章　语文课程的性质、功能与目标

> 语文这个工具，作为信息的载体，在实际运用中总是承载着人们所要表达的情、意、理、趣的。因此，在语文学科中学习语文，同时也就学到了作者通过语文工具所成功表现出来的情、意、理、趣，这是语文学科中学习语文的重要特点。[1]
>
> ——顾黄初

知识导图

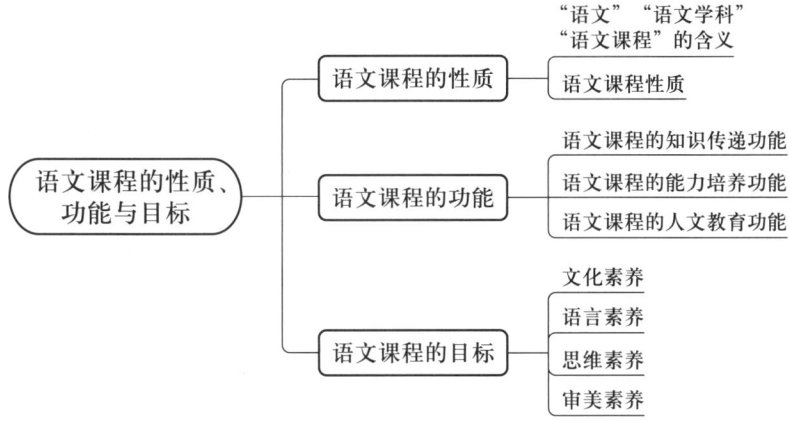

学习目标

1. 理解语文课程的性质。
2. 明白语文课程的功能体现在哪些方面。
3. 理解语文课程的核心素养发展目标。

---

[1] 顾黄初. 顾黄初语文教育文集［M］. 北京：人民教育出版社，2002：81.

案例研习

教例再现

苏轼的《赤壁赋》是一篇独具特色的"以文为赋"的上乘之作，它兼具魏晋南北朝骈赋和唐宋古文的双重特点，叙事、写景、抒情、议论相结合，语言精练优美，意蕴隽永深长，是宋代散文中文质兼美的代表作品。如何让学生在掌握古文知识的同时，理解苏轼辩证的哲学观及旷达的人生态度，是课文的重点也是难点。因为本文不仅是苏轼个人的思想展现，而且展现了古代文人对功业、命运的深刻思考。

鉴于此，一位教师在教学中确立了如下教学目标：（1）识记重点的文言实词、虚词和重要句式，了解"赋"这种文体，学习景情理交融的写作手法；（2）熟读并背诵课文，通过朗诵培养学生阅读和欣赏古代散文的能力；（3）理解作者的人生感悟，体会作者在文章中所表现的乐观旷达的胸怀和积极进取的精神，了解作者儒道兼济的思想。

此篇文言文的授课时间为两个课时。

第一课时：在上课之前教师布置了任务，让学生在课前搜集有关作者苏轼的资料以及写这篇赋的背景知识。上课伊始，第一步，先请几个同学介绍作者苏轼和写作背景，结果让教师吃惊的是，同学们搜集的资料丰富而精彩，不管是介绍作者还是写作背景都非常到位。第二步，运用多媒体让学生了解"赋"这种文体，然后让学生有感情地反复诵读，整体感知全文内容，在此基础上，理清文章的思路，疏通文意，遇到不懂的字词可以查工具书，也可以互相讨论，还可以问教师。第三步，学生疏通完文意后，教师在多媒体上放出备课时标出的重要字词和句式，标明它们的用法，并板书学生课堂上提出的一些不懂或难懂的字词及句子，当堂让学生弄懂并掌握。第四步，读中悟情，读中明理。把学生分成学习小组，让学生根据自己的理解提出问题，每个小组整理本组的问题，然后分任务自己课后搜集资料。

第二课时：教师将学生交上来的问题进行整理、归纳、完善，然后用多媒体播放出来。

（1）文章描写的是怎样的景？抒发的是什么样的感情？讲述了什么样的哲理？（2）作者苏轼在文中是如何阐发自己的人生感悟的？（3）面对眼前的景物，主客二人分别有怎样的看法？从中可以看出他们对待人生有什么不同的态度？主客是否为两个人？（4）评价作者苏轼的人生态度。

该课时重在研究性的讨论学习，以"自主、合作、探究"为教学理念，方法是研习探讨、个性鉴赏、教师启发点拨。把学生分成四个小组，每组负责一个问题，推荐代表发言。通过这种学习方式，学生能准确把握文章内容，体会作者对自然、人生的双重感悟，从而理解苏轼的人生态度。

● **案例点睛** ●

在以往的古文教学中，教师多注重古文知识这一目标维度，容易把文言文阅读课上成实词、虚词、句式的理解和翻译课，过程多是教师把重要知识点整理出来让学生记录，其他时间多是教师在讲课，使得课堂气氛相对沉闷，学生无精打采，教师也疲惫不堪。这样的课堂，会把一些文质兼美的文章肢解得支离破碎，毫无美感可言。在上述教学案例中，教师尽可能地突破以往的教学模式，充分相信学生的能力，让学生亲身参与活动，真正成为课堂的主人。当然，让学生成为课堂主体并不是不重视教师的作用。在上述教学案例中，教师的作用主要体现在"激活"上，不仅"激活"教学过程，还激活学生思维，提高课堂教学的有效性。同时，上述教学案例较好地落实语文课程"核心素养"的要求，关注语言运用、思维能力、审美创造和文化自信在课堂上的要求，以此设定的教学目标和教学过程，既体现语文课程的性质与功能，又为实现语文课程目标奠定基础。

理论概述

一、语文课程的性质

语文课程的性质和语文、语文学科、语文课程的含义密切相关,要明确语文课程的性质,需要首先了解语文、语文学科、语文课程的含义。

(一)"语文""语文学科""语文课程"的含义

1."语文"的含义

《现代汉语词典》(第7版)对"语文"的解释是:① 语言和文字;② 语言和文学。如果要把"语文"二字解释得更详细些,叶圣陶先生的话可以作为一个标准。叶圣陶先生在1960年1月21日答孙文才的信中说:"问我几个问题,我不能作满意之回答,只能说说个人的想法,供足下参考。'语文'一名,始用于一九四九年之中小学语文课本。当时想法,口头为语,笔下为文,合成一词,就称'语文'。自此推想,似以语言文章为较切。文谓文字,似指一个个的字,不甚惬当。文谓文学,又不能包容文学以外之文章。我个人想法如此。"①

1964年2月1日,叶圣陶先生在答滕万林的信中又说:"'语文'一名,始用于一九四九年华北人民政府教科书编审委员会选用中小学课本之时。前此中学称'国文',小学称'国语',至是乃统而一之。彼时同人之意,以为口头为'语',书面为'文',文本于语,不可偏指,故合言之……原意如是,兹承询及,特以奉告。其后有人释为'语言''文字',有人释为'语言''文学',皆非立此名之原意。第二种解释与原意为近,唯'文'字之含义较'文学'为广,缘书面之'文'不尽属于'文学'也。课本中有文学作品,有非文学之各体文章,可以证之。第一种解释之'文字',如理解为成篇之书面语,则亦与原意合矣。"②

从叶圣陶先生的两封回信来看,"语文"主要指语言文章;但从现代学校教育中的学科范畴来看,"语文"主要指学校教育中一门具体的学科名称。

2."语文学科"的含义

17世纪,捷克教育家夸美纽斯按照自然、社会、技艺等不同领域,对"普通知识"进行逻辑分类,形成"学科"概念。据此,"学科"可以简单地理解为知识分类。《现代汉语词典》(第7版)中对"学科"的解释是:① 按照学问的性质而划分的门类,如自然科学中的物理学、化学;② 学校教学的科目,如语文、数学;军事训练或体育训练中的各种知识性的科目(区别于"术科")。我国一般把在学校教育中设置的科目称为"学科"。"语文学科"是指关于"语文"的知识系统,也可指学校教学的相关科目。通常情况下,对"语文学科"的理解,以上两种含义兼有。

3."语文课程"的含义

《现代汉语词典》(第7版)对"课程"的解释是:学校教学的科目和进程。《辞

---

① 叶圣陶. 叶圣陶教育文集:第3卷[M]. 北京:人民教育出版社,1994:477.
② 叶圣陶. 叶圣陶教育文集:第3卷[M]. 北京:人民教育出版社,1994:506.

海》（第 7 版）对课程的解释为：广义指为实现各级各类学校的培养目标而确定的教育内容的范围、结构和进程安排；狭义指教学计划中设置的一门学科。一般认为，"课程"是指构成学科教学内容（包括所有教学活动）的动态体系。"语文课程"是指构成语文学科教学内容（包括一切语文教学活动）的动态体系。根据《中国大百科全书》对"课程"的解释，"语文课程"可以理解为语文教学科目，即学生在教师指导下在语文学科内各种活动的综合。我国传统的语文课程，属于学科课程或分科课程的类型。它以语文学科作为课程结构的基本成分，即根据教育的需要，分别从相关学科中选取一定的材料，组成语文学科，语文学科保持本身的逻辑系统，形成一定的语文课程体系。

（二）语文课程性质

《义务教育语文课程标准（2022 年版）》指出："语文课程是一门学习国家通用语言文字运用的综合性、实践性课程。工具性与人文性的统一，是语文课程的基本特点。"《普通高中语文课程标准（2017 年版 2020 年修订）》指出："语文课程是一门学习祖国语言文字运用的综合性、实践性课程。工具性与人文性的统一，是语文课程的基本特点。"

上述两个课程标准对语文课程性质的语言表述比较一致，都是突出语文课程性质的两个方面：一是语文课程的性质定位，即综合性、实践性；二是语文课程的基本特点，即工具性与人文性的统一。

1. 语文课程的性质定位

（1）语文课程的综合性

语文课程的综合性，是指语文学习，包括生活、工作和学习中的听说读写活动以及文学活动，存在于人类社会的各个领域。语文课程的综合性具体包括价值层面的综合性、内容层面的综合性和学习过程层面的综合性。

语文课程价值层面的综合性。语文课程的价值在于培养学生的文化、语言、思维、审美四个维度的核心素养，这些价值在语文课程标准中是分项列举的，但要加以实现，不能分割它们，必须将它们融为一体。《义务教育语文课程标准（2022 年版）》指出：核心素养的四个方面是一个整体。语言是重要的交际工具和思维工具，语言发展的过程也是思维发展的过程，二者相互促进。语言文字及作品是重要的审美对象，语言学习与运用也是培养审美能力和提升审美品位的重要途径。语言文字既是文化的载体，又是文化的重要组成部分，学习语言文字的过程也是学生文化积淀与发展的过程。在语文课程中，学生的思维能力、审美创造、文化自信都以语言运用为基础，并在学生个体语言经验发展过程中得以实现。

语文课程内容层面的综合性。语文课程中不同维度的学习内容，例如语言与技能、文体与章法、思想与情感、审美与文化等，它们同样是融为一体的。语文课程标准中的所有学习内容都是如此。所以，综合性的特点决定语文课程的内容不再是知识本位背景下的点状结构，而是融合基础上的整体认识。语文课程标准中对学习任务群的倡导，正是语文课程内容层面综合性特点的体现。

语文学习过程层面的综合性。任何事物的开展都有其相应的过程，语文学习目标的达成也需要一个过程。在这个过程中，同时实现不同维度的目标，不能每次语文课都只是培养语言能力或只是提升思维品质，事实上，语文课程也很难做到单一的目标实现。当然，在不同的学习过程中，针对不同的内容和要求，实施过程中语文学习目标的实现会有所侧重。①

（2）语文课程的实践性

关于语文课程的实践性，主要强调语文应"在真实的语言运用情境中，通过自主的语言实践"学习，包括对象层面的实践性、方法层面的实践性、效果层面的实践性。

语文课程学习对象层面的实践性。语文课程的实践性特点指向语文学习过程中的学习主体，强调语文课程实施是一个以学习者为主体的实践过程，并且这个过程要完成从主要关注"教"走向主要关注"学"的根本性转变。这一转变是由语文课程价值重构与语文课程内容重组的要求所决定的，而这样的学习一定是学习者作为学习主体在实践中才能完成的。

语文课程学习方法层面的实践性。语文课程的实践性特点指向语文学习的方法。语文学习并不仅仅是课本知识的掌握，更重要的是语言文字实践，既包括语言实践，例如朗读、会话、演讲等，又包括写作实践。如果教师只是传授语言、文章和写作的知识，学生虽然能够听懂，但是在真实的口头表达和下笔写作时会陷入困境，难以表达和写作，这就是知易行难。教师应当更多地引导学生进行语文实践，在实际的语言交流与阅读写作中，持续不断地提高学生的语言文字运用能力。"纸上得来终觉浅，绝知此事要躬行"即为此理。②

语文课程学习效果层面的实践性。语文课程的实践性特点指向语文学习的效果。语文课程学习效果问题本质是语文学习结果的评价问题，语文课程价值由知识、技能走向核心素养，语文课程内容由单一走向综合，包括学习任务群和整本书阅读等，这就决定语文学习不仅仅是一个识记或者理解的过程，而是要在识记和理解的基础上加以分析、综合、探究、评价、创新。因此对语文课程学习效果的评价，不单是对语文知识识记与理解的考查，更要强调对学生语文创新实践能力的考查。

2. 语文课程的基本特点

工具性与人文性的统一，是语文课程的基本特点。工具性指向语文课程的语言文字及其运用，主要对应"语言""思维"两个维度的核心素养；人文性指向语文课程的文化内涵，主要对应"审美""文化"两个维度的核心素养；"统一"强调二者的有机结合，即以"语言文字运用"为核心，在进行工具性教学的过程中，自然落实人文性教学。

（1）工具性着眼于语言运用的语文课程

关于语文课程的性质，最早提出"工具说"的是叶圣陶。1942年，针对当时国文教学"训练不切实，教学不得法"的现实，叶圣陶指出："国文，在学校里是基本

---

① 孙宗良，林秋雁，等. 义务教育语文课程标准（2022年版）案例式解读［M］. 上海：华东师范大学出版社，2022：3.
② 郑国明，李宇明. 义务教育语文课程标准（2022年版）解读［M］. 北京：高等教育出版社，2022：40.

科目中的一项，在生活上是必要工具中的一种。"①他批评旧式教育"不能养成善于运用国文这一种工具来应付生活的普通公民"②。这是叶圣陶首次提出"工具说"。此后，叶圣陶又多次主张语文课程的"工具说"。1963年，在"语文教学目的与任务"的大讨论中，叶圣陶说："语言是一种工具，就个人说，是想心思的工具，是表达思想的工具；就人与人之间说，是交际和交流思想的工具。"③因此，他认为"学语文为的是用，就是所谓学以致用。经过学习，读书比以前读得透彻，写文章比以前写得通顺，从而有利于自己所从事的工作，这才算达到学习语文的目的。"④1978年，叶圣陶再次强调："语文是工具，自然科学方面的天文、地理、生物、数、理、化，社会科学方面的文、史、哲、经，学习、表达和交流都要使用这个工具。要做到个个学生善于使用这个工具（说多数学生善于使用这个工具还不够），语文教学才算对极大地提高整个中华民族的科学文化水平尽了分内的责任，才算对实现四个现代化尽了分内的责任。"⑤可以看出，叶圣陶是从语文课程的根本目的和任务这一角度出发提倡"工具说"的，他认为语文课程的根本目的和任务在于培养学生使用语文这一"工具"的能力。

张志公是叶圣陶"工具说"的继承者和发展者。1963年，他在《说工具》一文中指出：语文是人们用来思维和交流思想的工具，学习科学文化知识和进行工作的工具。⑥"工具说"的思想还体现在语文教学大纲的相关表述中。1963年的《全日制语文教学大纲（草案）》、1980年的《全日制十年制学校中学语文教学大纲（试行草案）》、1986年的《全日制中学语文教学大纲》等都在肯定"语文是工具"的前提下，明确语文课程的目的和任务：对学生进行严格的语文训练，使学生能够正确理解祖国的语言文字，具有较强的听说读写能力。由此可见，工具性的本质就是言语能力性，即培养学生运用语言文字进行交流沟通、从不同媒介获取信息等能力的属性。

从教学应用的视角来看，语文课程的"工具性"意味着语文课程要重视语言文字的积累、理解、表达、交流、分享等方面的训练，以使学生具有适应实际生活需要的识字与写字能力、阅读与鉴赏能力、表达与交流能力、梳理与探究能力。这样的语文教学如何设计？语文教师在不同的课例中有着丰厚的积累，在对字、词、句意义的理解、品析、写作等各方面都有许多经验。例如，让学生品读和分析比喻句"叶子出水很高，像亭亭舞女的裙"。首先，学生要能说出这个句子是什么类型的比喻，比喻句中的本体、喻体以及它们之间的相似点；其次，学生要能说出用"舞女的裙"比喻"荷叶"有什么作用；最后，学生要能对这个比喻句仿写，并尽量通过想象写出美感，如"叶子出水很高，像美丽诱人的孔雀开屏，像雨中撑开的油纸伞，

---

① 叶圣陶. 叶圣陶教育文集：第3卷 [M]. 北京：人民教育出版社，1994：91.
② 叶圣陶. 叶圣陶教育文集：第3卷 [M]. 北京：人民教育出版社，1994：92.
③ 叶圣陶. 叶圣陶语文教育论集 [M]. 北京：教育科学出版社，2021：103.
④ 叶圣陶. 叶圣陶语文教育论集 [M]. 北京：教育科学出版社，2021：103.
⑤ 叶圣陶. 叶圣陶语文教育论集 [M]. 北京：教育科学出版社，2021：111.
⑥ 张志公. 张志公文集3：语文教学论集 [M]. 广州：广东教育出版社，1991：53.

又像盛夏绽放的喇叭花"等,这样的学习就达到语言建构与运用、思维发展与提升、审美鉴赏与创造、文化传承与理解的学科核心素养目标。

（2）人文性着眼于文化熏陶的语文课程

语文课程的性质,产生于20世纪90年代前后语文教育界关于科学主义与人文精神的大讨论。"人文说"认为,语言不仅仅是工具,更是人的精神活动、生命活动;语文教育不只是语言文字的技术训练,而是"人"的教育,学语文就是学做人。

语文和人的精神世界、生活世界的关系十分密切,语言本身具有人文性。各民族的语言不仅是一个符号体系,而且是该民族认识世界、阐释世界的意义体系和价值体系。语言反映人与世界的本质关系,人与世界的一切关系表现在语言之中,人的每一个有意义的行为方式都有语言基础。语言源于人的精神世界,是精神的某种映射,而人也是在语言中成长、发展的。

语文是人的生命意识的外化,语文学习不可能脱离人的精神、心灵而独立存在,"学习读写听说的过程就是语感生成的过程,同时也就是对积淀于言语中的人的生命、人的意志的体验过程,对表现于言语中的人的存在、人的生活的认同过程,也就是作为人类心声的言语对具体个别的心灵的同化过程"①。因此,在引导学生学习语文时,不要仅仅拘泥于语言符号的分析识记和技能技巧的反复操练,而应该把教语文和教做人结合起来,充分挖掘语言文字的人文内涵,让学生在学习语言文字的同时,感悟、品味其所蕴含的文化、思想、情感,以此拓展文化视野,提高思想认识,丰富情感世界,获得精神成长。

具体来说,语文课程的"人文性"主要通过优秀文化的熏陶感染,促进学生和谐发展,使他们提高思想道德修养和审美情趣,逐步形成良好的个性和健全的人格。在这方面,语文课程因其选入大量文质兼美的文本而有着天然的优势,在教学中重视引导学生关注文本中的人文内涵,尊重学生主体,引导学生开展多元对话,对于发展学生的个性和人格有积极作用。上文中所列举的"品析比喻句"的例子,学生在仿写之后,可进一步引导学生进行比较学习。首先,可与王昌龄的《采莲曲》"荷叶罗裙一色裁,芙蓉向脸两边开。乱入池中看不见,闻歌始觉有人来"进行比较,让学生分组讨论,展开交流,学生可以发现用裙子比作荷叶,古已有之,只不过二者视角不同,一个是颜色视角,从颜色方面写静谧之美,另一个是形状视角,从形状方面写动态之美。其次,还可以引导学生与他人仿写的比喻句进行比较和讨论,并在全班分享交流,看谁把比喻句写得更形象、更优美。这样,语文课程就把培养学生"文化""审美""思维"方面的素养自然地融合在一起。

（3）"统一"突出工具性和人文性自然结合的语文课程

"工具性着眼于语文课程培养学生语文运用能力的实用功能和课程的实践性特点;人文性着眼于语文课程对于学生的思想感情的熏陶感染的文化功能和课程所具有的人文学科的特点。"②换言之,语文课程既是一门以培养学生的语文能力、帮助

[微视频]
微课：语文课程的基本特点

---

① 王尚文. 语感论[M]. 上海：上海教育出版社,2000：372.
② 巢宗祺. 关于语文课程性质与基本理念的对话：一[J]. 语文建设,2002（7）：10-11,23.

学生掌握语文工具为根本目的和任务的"工具学科",又是一门对学生的精神世界、人格个性有着广泛而深刻影响的人文学科,学生在学习语言、掌握语言工具的同时,也会感受其中所蕴含的思想内容。因此,语文课程是工具性和人文性相统一的课程,二者不能割裂开来,或作机械的语言符号操练,或作孤立的人文说教。语文课程只有人、文同行,语言和精神一起成长,才能取得好的教育效果。

在实际的语文课堂教学中,工具性和人文性如何做到"统一"?即以"语言文字运用"为核心,在进行工具性教学的过程中,自然落实人文性的教学。例如,品析比喻句"叶子出水很高,像亭亭舞女的裙"。实际上,只要我们把理解、仿写、比较三个环节的教学衔接起来,就能够做到工具性与人文性的统一,达成关于核心素养的语言、思维、审美、文化四个维度的目标。

二、语文课程的功能

关于语文课程的功能,《义务教育语文课程标准(2022年版)》和《普通高中语文课程标准(2017年版 2020年修订)》有相应的解释。

《义务教育语文课程标准(2022年版)》指出:

语文课程致力于全体学生核心素养的形成与发展,为学生学好其他课程打下基础;为学生形成正确的世界观、人生观、价值观,形成良好个性和健全人格打下基础;为培养学生求真创新的精神、实践能力和合作交流能力,促进德智体美劳全面发展及学生的终身发展打下基础。语文课程在推广普及国家通用语言文字、增强凝聚力、铸牢中华民族共同体意识,建立文化自信、培育时代新人,实现中华民族伟大复兴等方面具有不可替代的优势。语文课程的多重功能和奠基作用,决定了它在九年义务教育中的重要地位。

《普通高中语文课程标准(2017年版 2020年修订)》指出:

普通高中语文课程,应使全体学生在义务教育的基础上,进一步提高语文素养,形成良好的思想道德修养和科学人文修养,为终身学习奠定基础,为传承和发展中华文化、增强民族凝聚力和创造力发挥独特的功能,为培养德智体美劳全面发展的社会主义建设者和接班人发挥应有的作用。

从语文课程性质和课程标准的要求来看,语文课程应充分发挥知识传递、能力培养、人文教育的功能。

(一)语文课程的知识传递功能

语文知识是学生语文素养的有机组成部分,语文课程应重视语文知识的学习,充分发挥语文知识的传递功能,全面提高学生的语文素养。语文知识包括汉语拼音知识、识字写字知识、词汇语法知识、修辞知识、文言知识、阅读知识、写作知识、口语交际知识、多元文化知识、语言思维知识、工具书使用知识、信息知识收集处理等。

语文是基础学科,语文知识的学习,直接影响其他学科的学习。毛泽东说:"如果一切课学了许多,但不算很多也不算很精,但学会了看书作文,那他们出校后的发展就有了一种常常用得的基础工具了。"①1980年12月，叶圣陶在中学语文教材改革第二次座谈会上发表讲话时说："语文是人与人交流和交际的必不可少的工具，不善于使用这个工具，就无法工作和生活，甚至可以说就不能做人。"②在某种程度上可以说，语文知识掌握得越好，语文素养越高，就越容易在其他学科的学习中取得更好的成绩。特别是人类进入信息时代，终身教育已成为现代教育的发展趋势，未来社会是学习型社会，教育正日益向着包括全社会和个人终身发展在内的方向发展。语文学科对于培养学生终身学习的意识和能力具有十分重要的作用，只有发挥语文课程的知识传递功能，学生才可能具备理解和运用国家通用语言文字的能力，为不断学习新知识提供可能性。

（二）语文课程的能力培养功能

语文能力就是理解和运用祖国语言文字的能力，要求理解所呈现的口头语和书面语的内容，并用口头语和书面语表情达意。③《义务教育语文课程标准（2022年版）》认为，语文能力要提高阅读、写作、口语交际能力，这些也是每个学生都需要具备的语文能力，即"使他们具有适应实际需要的识字写字能力、阅读能力、写作能力、口语交际能力"。

培养学生的语文能力是语文课程的重要任务之一，在信息时代，更应该加强学生语文能力的培养。张志公指出："信息社会，不仅要求我们重视口头语言表达，书面表达也不可忽视。不仅要很会说话，讲得准确、有力、优美，而且要求有很高的文字表达能力，下笔千言，写得准确、有力、优美。这就要求我们加强训练，加强语文能力的培养。"④

细言之，培养阅读能力主要是培养学生的认读能力、理解能力、吸收能力、速读能力、语感和鉴赏能力。培养写作能力主要是培养学生的审题能力、立意能力、搜集材料能力、选材和组材能力、语言表达能力和修改能力等。培养口语交际能力是提高倾听和说话能力，除具备一般的理解和表达能力外，还应该有较好的语音感知能力和运用体态语等辅助手段的能力。其中，倾听能力包括辨别语音能力、重组语言能力、理解语义能力和品评观点能力，说话能力包括组织内容能力、安排语脉能力、遣词造句能力、发音能力和使用体态能力。⑤

另外，语文课程也应注重学生思维能力的培养。"语言与思维的统一性决定了语文课程在思维能力培养上发挥着重要的功能。阅读、写作、口语交际等只是在语言和思维共同作用下所表现出的外在的言语行为能力，而最根本的则是运用语言进行的分析与综合、抽象与概括、比较与分类、想象与联想等思维能力。"⑥《义务教育语文课程标准（2022年版）》也特别要求，"在发展语言能力的同时发展思维能力，

---

① 毛泽东. 毛泽东书信选集 [M]. 北京：中央文献出版社，2003：45.
② 周纪焕. 现代作家语文教育思想论 [M]. 北京：语文出版社，2008：48.
③ 祝新华. 语文能力结构研究 [J]. 教育研究，1995（11）：54–60.
④ 张志公. 全社会都来重视语文能力的培养 [J]. 语文建设，1997（4）：29–30.
⑤ 祝新华. 语文能力结构研究 [J]. 教育研究，1995（11）：54–60.
⑥ 徐丽. 中学语文课程与教学研究 [M]. 武汉：武汉大学出版社，2015：12.

激发想象力和创造潜能""养成独立思考、质疑探究的习惯,增强思维的严密性、深刻性和批判性"。

(三)语文课程的人文教育功能

人文教育就是将人类优秀的文化成果通过知识的传授、环境的熏陶使其内化为人格、修养,成为人的相对稳定的内在品质。语文教材选文的人文性特征,决定了语文课程拥有人文教育功能的优势。语文课程的人文教育功能主要表现在文化教育、人格教育、审美教育等方面。

1. 文化教育

语文课程承担着传授祖国优秀文化和人类进步文化的任务,其本身也是人类文化的重要组成部分。在语文学习过程中,要认识中华文化的丰厚博大,吸收民族文化智慧;关心当代文化生活,尊重多样文化,吸取人类优秀文化的营养。

语文课程的文化教育功能,主要体现为继承与传扬中华优秀传统文化,培养学生的民族情感,吸取中华优秀传统文化所包含的强烈的文化向心力。因此,在很大程度上,语文课程的实施要使学生的文化情绪产生叠加和积淀,以此延续和发展中华优秀传统文化心理。语文课程是承载中华优秀传统文化的重要载体,义务教育阶段主要通过一系列的神话传说、民间故事、历史记载等了解祖国源远流长的文化;高中阶段主要通过中国历代的诗词歌赋、政论散文等阐释数千年来的中华优秀传统文化,通过学生的感受与鉴赏、思考和领悟,在学生的心理上留下中华民族独特的文化烙印。

2. 人格教育

从广义上讲,所谓人格,是指人的性格、气质、能力等特征的总和;从狭义上讲,人格是指个人的道德品质。一般情况下,我们是在广义上来认识和使用"人格"这个概念的。人格有好坏之分,人格教育中的人格是好的人格,也就是健全的人格,要学生学会做人,就是要培养学生健全的人格。所谓健全的人格,是真、善、美的统一,是理性、意志、情感的统一,是指人的个性朝着健康方面充分发展,从而形成良好的个性品质。健全的人格是理想的人格,就是健康的自我,其核心是形成正确的世界观、人生观、价值观、伦理道德观。

语文课程由于自身的目的、内容和形式等特点,能够有针对性地开展人格教育。语文根植于人文精神,语文教材中有许多反映人生价值取向的文章,有许多表现对生命本质意义的认识、对爱的感受和理解的文章,有弘扬科学精神的、强化环保观念的、倡导尊重多元文化观的内容;语文教材中有"捐躯赴国难,视死忽如归"的爱国精神,有"己所不欲,勿施于人"的仁爱之心,有"富贵不能淫,贫贱不能移,威武不能屈"的气节操守,等等。教学时,教师不失时机地用这些课文的内容对学生进行教育引导,带领学生认真品读这些课文,感悟作品的语言,与课文的作者进行精神的对话和心灵的交流,课文里的人文精神自然就会化为学生自己的精神营养,对正在成长中的学生产生精神上的潜移默化的影响,这种精神上的熏陶作用是中小学语文教育的优势所在,是其他学科难以做到的。这就可以增强学生的社会责任感和使命感，逐渐达成培养其健全人格的目的。①

3. 审美教育

语文课程具有重要的审美教育功能。语文美育，就是在语文教育教学过程中，通过语文审美活动，发展学生的审美能力，培养其创造性思维，使其形成健康的审美心理结构和良好的审美意识。

语文美育是以语文教育教学为媒介，从而实现美的教育的过程。在语文教育教学过程中，师生要基于语文之美，实现对语文课程内容的心领神会，自然生成语文的美育价值。语文之美，体现在言语的内容和形式上。审美是语文美育的出发点，也是语文美育的主要活动方式。教师通过引导和调控学生的感知和体验等审美活动，深化学生对美的认识，使学生在直观层面内化言语，达到对生命的体验和观照。这种审美活动方式，主要是审美主体对审美对象的直觉和整体把握，一般以情感体验的方式呈现。语文美育的目标具有双重性，它既要达成言语能力和言语智慧的培养目标，又要发展学生的审美能力。学生在语文美育中要发展基本的听说读写能力，提升言语智慧；还要养成高尚的审美意识，树立正确的审美观。

三、语文课程的目标

课程总目标是现代课程论的基石。在泰勒的经典课程体系中，课程目标居于核心地位。这是因为，这种有目的的活动是人类区别于其他生物之处……这种活动为我们人类提供了有意识创造还是摧毁的选择。②由此可见，课程目标在整个课程体系中意义重大。

课程目标与核心素养紧密相连。《普通高中语文课程标准（2017年版2020年修订）》围绕高中语文学科核心素养拟定课程目标。《义务教育语文课程标准（2022年版）》规定，语文课程围绕核心素养，体现课程性质，反映课程理念，确立课程目标。《义务教育语文课程标准（2022年版）》借鉴《普通高中语文课程标准（2017年版2020年修订）》的核心素养定位，进一步确定围绕核心素养建构课程目标体系、发挥核心素养对语文课程的统领作用。课程目标是核心素养的具体化，表现在文化、语言、思维、审美四个方面。

（一）文化素养

广义的文化是指人类在社会历史发展过程中所创造的物质财富和精神财富的总和；狭义的文化是指精神生产能力和精神产品。文化素养在语文课程标准中的表述和位置略有不同。《普通高中语文课程标准（2017年版2020年修订）》将其表述为"文化传承与理解"，放在学科核心素养的第四位；《义务教育语文课程标准（2022年版）》将其表述为"文化自信"，放在学科核心素养的首位。"文化自信是文化主体（主要指人）对身处其中作为客体的文化，通过对象性活动所形成的对自身文化确信

---

① 刘永康. 语文教育学[M]. 北京：高等教育出版社，2005：20.
② 多尔. 后现代课程观[M]. 王红宇，译. 2版. 北京：教育科学出版社，2015：175.

和肯定的稳定性心理特征"①，其本质是一种价值诉求。对学生而言，文化自信是指学生对国家和民族文化持积极和充分肯定的态度，标志着学生对国家和民族文化的价值取向认同和身份认同。

语文课程中的文化认知，除静态的文化知识学习外，还应该要有动态的文化生活体验。无论何种形式的文化认知，首先是对多样文化的自觉感受、理解和热爱；其次，可从文化现象入手把握文化背后的思想精神；最后，深刻把握自身文化环境，在中外文明互鉴中开阔视野，丰富弘扬中华文化，增强文化自觉、自强意识。从文化认知走向文化认同，最终建立文化自信，提升文化素养。

（二）语言素养

语言素养界定中的"语言"，指的是中华母语。中国几千年的语言不仅仅是语言形式，而是带着思想、负载情感、富有文化、凝聚美感的话语和篇章。"语言"不仅仅是社会的理性语言，更是语境中的言语和优质的母语语感。②言语是指人们的语言实践，即个人运用语言的过程和结果。索绪尔首创语言与言语相区别的学说，认为言语是人类语言活动的个人部分，是心理·物理现象，它区别于作为社会心理现象的语言，即言语活动的社会部分。语言和言语互为前提，个人要说话并使人理解，就必须使用语言，而语言的存在又必须体现在言语之中。

语言素养在语文课程标准中的表述和位置略有不同。《普通高中语文课程标准（2017年版2020年修订）》将其表述为"语言建构与运用"，放在学科核心素养的第一位；《义务教育语文课程标准（2022年版）》将其表述为"语言运用"，放在学科核心素养的第二位。语言运用既是语言素养养成的基础，又是语文课程其他核心素养养成的基础。语文课程的主要任务是通过母语的运用，有原则、有选择地继承和弘扬传统文化。语言建构是语文课独特的课程素养，它是语言学习中比语言运用更高级的目标。只有这一项是唯一或主要属于语文的。③语言建构离不开语言运用。语言运用是语言建构的实践途径，语言建构是语言运用能力提升的结果。

在现实生活中，人们表达思想的时候，会按照语言规则建构自己的话语。语言运用由场景、路径和目标三个部分构成。语言运用场景的设置是在丰富的语言实践中。语言运用路径的落实通过主动的积累、梳理和整合而达成，在积累的语言材料间建立有机的联系，将语言材料和学习的语文知识结构化。语言运用目标的理解可以从对语言的掌握、对语言的运用和对语言的感情三个层面把握：对语言的掌握侧重语感，即语言的感觉，学生要有良好的语感；对语言的运用包括具有正确规范运用语言文字的意识、在具体语言情境和不同对象中有效沟通交流的能力；对语言的感情指热爱国家通用语言文字。

教师可以引导学生注重语言的积累，提升学生语感的培养，增进学生对语言文

---

① 刘林涛. 文化自信的概念、本质特征及其当代价值[J]. 思想教育研究，2016（4）：21-24.
② 国家语言文字工作委员会. 中国语言政策研究报告：2017[M]. 北京：商务印书馆，2018：175.
③ 王宁. 语文核心素养与语文课程的特质[J]. 中学语文教学，2016（11）：4-8.

字的感情,加强语言素养的落实。例如,有教师在教学《小石潭记》时,请同学们观察"潭"字的甲骨文 ,根据其字形的组成元素推测"潭"字由水、溪流、鱼、(石)组成。再从课文中找到描写这些元素的句子,同桌互读,欣赏小石潭的自然风景。①上述教学案例,从字形出发让学生推测字义,调动学生的已有经验,也符合初中学生的认知水平,不仅让学生形象地了解"潭"字,而且在真实的语言情境中掌握《小石潭记》的内容。

(三) 思维素养

思维是在表象、概念的基础上进行分析、综合、判断、推理等认识活动的过程。思维是人类特有的一种精神活动,是从社会实践中产生的。课程标准将思维能力纳入语文课程培养的核心素养之中,《普通高中语文课程标准(2017年版2020年修订)》将其表述为"思维发展与提升",《义务教育语文课程标准(2022年版)》将其表述为"思维能力"。

在语文课程的学习过程中,文化自信的建立、语言运用能力的培养以及审美意识的形成,都离不开思维能力的支撑。作为语文课程培养的核心素养之一,思维能力的内涵主要包括思维方式、思维品质和目标达成。

思维能力是指个体运用各种思维方式的熟练程度,思维方式在课程标准中主要包括直觉思维、形象思维、逻辑思维、辩证思维和创造思维五种。直觉思维是根据对事物现象及其变化的直接感触而做判断的思维方式。形象思维借助形象反映生活,运用典型化和想象的方法塑造艺术形象,表达作者的思想感情,它的主要心理成分有联想、表象、想象和情感。②逻辑思维是遵循严密的逻辑规律,对概念进行逐步分析,层层推演,最后得出符合逻辑的结论的思维方式。辩证思维是指人们通过概念、判断、推理等思维形式对客观事物辩证发展过程的正确反映,即对客观辩证法的反映。创造思维是指应用独特的、新颖的方式解决问题的思维活动。以上五种思维归纳起来就是感性思维和理性思维。感性思维和理性思维在实践运用中常常相互交融、综合表现。

思维品质是指学生在语文学习活动中所表现的思维能力的特点,在语文课程标准中可归纳为敏捷性、灵活性、深刻性、独创性和批判性。语文思维品质的提升有赖于各种思维能力的均衡发展,而良好的语文思维品质又反过来促进思维能力的进一步发展。

思维发展和提升的目标达成是指学生要在学习过程中,有好奇心、求知欲,崇尚真知,勇于探索创新,养成积极思考的习惯等。罗素说过:"从学生的观点来看,教学的目的部分是为了满足他的好奇心……从教师的观点来看,教学的目的必须是刺激某种能产生丰硕成果的好奇心。"③在好奇和求知的过程中寻找、发现真相和真理,远比直接告知具体的结论有意义,这个过程有助于学生积极思考,达成崇尚求

---

① 范冠男.《小石潭记》教学设计[J]. 中学语文教学,2022(6):61-63.
② 朱智贤,林崇德. 思维发展心理学[M]. 北京:北京师范大学出版社,1986:22.
③ 罗素. 罗素论教育[M]. 杨汉麟,译. 北京:人民教育出版社,2009:161-162.

真创新的目标。

语文课程应当引导学生养成注重事实但又不拘泥于事实的思维习惯，善于从自己积累的材料和语言文字运用中，运用归纳和演绎的方法梳理理念、探究规律，使自己对现象的认识逐步具有自觉性。除此之外，还要学习优秀经典的文学作品，这些文学作品往往都有较强的内在逻辑和清晰的写作思路。

（四）审美素养

审美，是指感知、欣赏、评判美和创造美的实践、心理活动。审美是构成人对现实的审美关系，满足人的精神需要的自由的生命活动。它直接诉诸感性的形象，具有直觉性，无直接实用功利目的，同时又是理性的、思维的，伴随着联想、想象、判断、情感、意志活动。审美活动，是指人对美的事物的鉴赏活动，是人被美的事物所吸引，积极主动地鉴赏事物的美，并作出美学上的分析和判断。陆机在《文赋》中有这样一段描绘："遵四时以叹逝，瞻万物而思纷，悲落叶于劲秋，喜柔条于芳春。"在这里，劲秋落叶之美，芳春柔条之美，触动审美者的悲喜之情，由此产生了美感。①

《义务教育语文课程标准（2022年版）》与《普通高中语文课程标准（2017年版2020年修订）》对审美素养的提法比较一致，都有"审美创造"，只是普通高中语文课程标准多了"审美鉴赏"。作为语文课程培养的核心素养之一，审美（鉴赏与）创造的内涵包括审美对象、审美路径、审美能力、审美情趣、审美意识和审美观念等。语文的审美以语言文字为载体，通过感受、理解、欣赏、评价语言文字及其作品来实现，感受祖国语言文字独特的美、感知语言作品思想文化的美、借助不同的媒介表现美、创造美。

语文课程要提供适合的审美对象，有意识地引导学生进行审美体验，培养学生的审美能力，通过涵养高雅情趣，形成健康的审美意识和正确的审美观念，达到启迪心智、浸润心灵、陶冶高尚情操的目的。②如白居易的《琵琶行》、杜甫的《观公孙大娘弟子舞剑器行》、李贺的《李凭箜篌引》、傅雷的《蒙娜丽莎的魅力》等作品，分别是对乐曲、舞蹈、画作进行审美，是适宜的审美对象。教师既可以借助这些文字对艺术作品进行审美体验，又可以让学生把这种审美体验表现出来。这个过程既是表现美的过程，同时也是创造美的过程。

语文的四个核心素养是辩证统一的关系，四个方面有机交融。其中，语言运用是基础，学生的文化自信、思维能力和审美创造建立在这个基础之上，并在学生个体语言的经验发展中得以实现。只有强调语言运用的基础性地位，才能明晰并坚守语文学科的边界。语文核心素养四个方面的关系如图2-1所示：

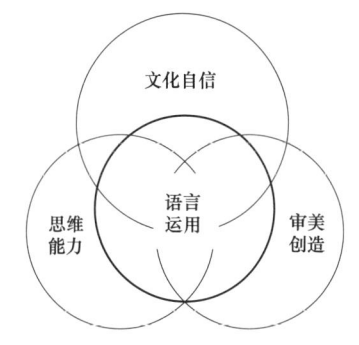

图2-1 语文核心素养四个方面的关系图

---

① 王一儒. 审美人格功能论［M］. 北京：国防大学出版社，2012：27.
② 郑国民，李宇明. 义务教育语文课程标准（2022年版）解读［M］. 北京：高等教育出版社，2022：70.

核心素养的提出，不仅落实国家"立德树人"的根本任务，而且适应教育改革的时代需要。以核心素养为主线设计语文课程的功能与目标，是语文课程在全球化、多元化的时代背景下，对"培养什么人，如何培养人"的价值追问和教育创新。[①]

实践运用

● 实践任务 ●

以下是一位语文教师设计的《春望》教学目标，请以语文课程标准为依据，分析这位语文教师在教学目标设计上所体现的核心素养。

教学目标
1. 借助"因为……所以……"这组关联词，理解诗歌。
2. 通过分析诗歌中的"反常"，品析重点词语和特殊手法。
3. 读好诗歌中的入声字，揣摩作者的特殊情感。
4. 通过"望见""失望""希望"三组词，理解意象，读懂忧国忧民的杜甫。

● 实践指要 ●

阅读《〈春望〉教学设计》[②]原文，独立思考之后，与同学、教师研讨，分析上述教学目标的设计意图，体会其蕴含的语文核心素养培养目标。

反思调节

● 学习反思 ●

请结合本章内容的学习，核对和填写表2-1，看看自己在哪些方面有收获，哪些方面还需要继续努力。

表2-1 自我反思能力表

学习内容	实现程度			改进建议	备注
	未实现	实现	充分实现		
明晰语文课程的性质					
了解语文课程的功能					
理解语文课程的目标					

备注：请在"实现程度"的相应地方画"√"，如果某一学习内容"未实现"，请简要记录你的改进建议。

---

① 梁砾文，王雪梅. 核心素养视野下的超学科语言课程群建构[J]. 天津师范大学学报（基础教育版），2017，18（2）：50-56.
② 向浩.《春望》教学设计[J]. 中学语文教学，2022（12）：58-60.

● 自我调节 ●

根据改进建议,你将会_____

_____

_____。

推荐阅读

1. 陆洁,杨元林,刘小芳,等. 找准语文阅读教学的"育人落点":以《林教头风雪山神庙》为例 [J]. 教育科学论坛,2022(19):5-16.

2. 张伟,贺丽霞. 小学语文统编教材中阅读教学若干策略分析 [J]. 小学生(上旬刊),2024(4):55-57.

3. 李敏. 学得通透,用得出来:指向深度学习的语文阅读教学 [J]. 语文教学与研究,2024(7):22-25.

第三章　语文课程评价研究

> 语文课程评价的根本目的在于全面提高学生的语文学科核心素养……语文课程评价要综合发挥检查、诊断、反馈、激励、甄别、选拔等多种功能。
> ——《普通高中语文课程标准（2017年版2020年修订）》

知识导图

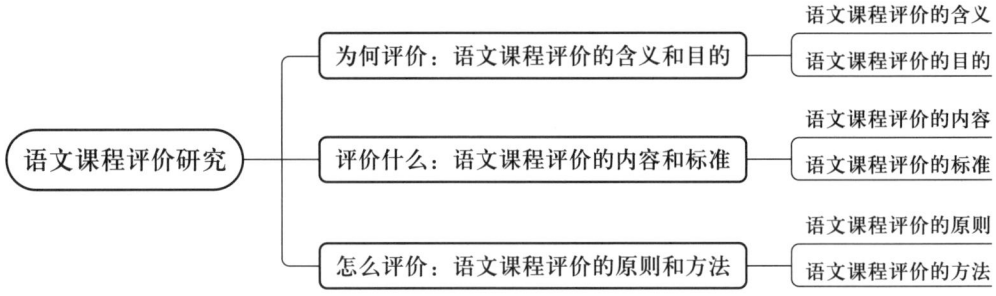

学习目标

1. 了解语文课程评价的含义和目的。
2. 理解语文课程评价的内容和标准。
3. 掌握语文课程评价的原则和方法。

案例研习

● 教例再现 ●

　　某位语文教师给自己学生的一篇作文打了 60 分。但是，他不是直接给这篇作文写上 60 分，而是标注了一个算术式"95－20－15＝60"，并在旁边作了说明："构思新颖，得 95 分；字数太少，扣 20 分；书写不工整，扣 15 分。"作文本发下去后，这个学生自觉地把作文重写了一遍，然后拿去问教师：字数够了没有？书写工整不工整？教师说："字数够了，书写也工整了。"这个学生趁机追问："那我的这篇作文应该得多少分？"教师很爽快地说："95 分。"然后在这篇作文上写了 95。

● 案例点睛 ●

　　在实际教学中，一些语文教师给学生作文的评阅结论或是 A、B、C，或是甲、乙、丙，或是优、良、中，或是棒、很棒、棒极了，或只是一个分数。作文本发下去后，学生关心一下自己作文的等级或分数就结束了。这样的评价是低效，甚至是无效的，它很难起到促进学生进步的作用。如果案例中的这位教师也像某些语文教师一样，直接在作文旁写上 60 分，学生便无法从 60 这个数字中感受这篇作文的精彩，也无法知道这篇作文的得失所在，难以实现评价的教育价值。值得肯定的是，这位语文教师十分讲究策略，不是只简单地进行定量评价，而且加上定性评价，在作文旁标注了一个算术式，并作了说明。学生一看就知道自己作文的得失所在，便自觉重写了作文。这就实现了评价的教育价值。

理论概述

一、为何评价：语文课程评价的含义和目的

为何评价？评价什么？怎么评价？这是本章的三个基本问题。其中，为何评价是逻辑起点，我们可以从对语文课程评价的含义和目的的探讨中找到答案。

（一）语文课程评价的含义

语文评价与语文考试既有联系，又有区别。语文评价包括语文考试，语文考试是语文评价的重要形式，但不是唯一形式。我们可以从语文评价与语文考试的联系与区别中把握语文课程评价的含义。

1. 语文评价

评价，即评估价值，是运用一定标准对一定事项作出价值判断的过程。语文评价可以在较为广阔的时空内采集一个人的语文素养信息，如与父母的一次谈话、课堂的发言、平时的留言条、网络聊天记录、竞选演讲录像、电话通话录音等一切言语实践情况。评价内容可以涉及语文核心素养的方方面面，如语言建构与运用、思维发展与提升、审美鉴赏与创造、文化传承与理解等。把这些信息作为语文评价依据，对一个人语文素养的评价会更客观、更全面、更真实，信度也就更高。语文评价比语文考试有更大的灵活性，可随机进行。在语文课堂的交流互动中，师生可以随机就某一学生此时的语文表现进行评价。除此之外，语文考试的对象是人，评价的对象既可以是人，又可以是其他行为或内容。判断一个学生的语文水平，可以采用考试的形式；判断语文课程的实施情况，或判断一个地区、一个学校的语文教育水平，评价（或评估）的可信率更高。

在以学生为中心的教育理念下，语文课程评价主要是评价学生语文核心素养的发展。对教师教学的评价及对语文课程编制与实施的评价，都必须以学生语文核心素养的发展为基点。

语文考试不等于语文评价，我们不能把语文考试当作语文评价的唯一形式，滥用语文考试，而要发挥语文评价全面、多元、灵活的优势，通过评价提高语文课程与教学质量。由于一些语文教师把语文考试等同于语文评价，所以没有积极地把评价引进教学过程，也没有发挥好评价对教学的引导作用。①

2. 语文考试

考试，是指评定学习者或其他人员学业水平或业务能力的基本方式之一。考试有水平测定与选拔两种功能。考试包括口试与笔试，开卷考试与闭卷考试，期中考试、学期考试、学年考试与毕业考试及升学考试等多种形式与类型。语文考试，是一种严格、严肃的语文素养评价形式。语文考试是语文评价的一种形式，具有一定的局限性，不能频繁、多角度、长时间地进行。语文考试判断的依据有限，考试结果只能反映学生的部分素养水平而不是全部，难免有所疏漏。语文考试的内容也是

---

① 李庆坤，徐广良. 考试不等于评价：语文评价与教学的关系初探［J］. 语文教学之友，2006（12）：33-34.

有限度的，局限于基础知识和基本技能。尽管作为选拔性考试的中考、高考在命题上要在核心素养发展目标方面对语文教学作出导向，但许多素养却很难通过考试划分等级，口语和听力也很难用书面考试来评判。总之，语文考试难以真实、全面地判断一个人的语文核心素养。在"目标—手段（内容和方法）—评价"的课程评价模式中，如果学生没有达到评价的要求，那么主要有三个方面的原因：目标不适当；教学内容和方法有问题；评价方案（考试）不够完整。

我国当前的素质教育与应试教育的矛盾在某些地方仍然存在。一部分人对考试有偏见，认为存在考试、分数、升学的教育就是应试教育。其实，我们不应将考试、分数、升学与素质教育对立。古今中外，考试、分数、升学一直都存在。应试教育需要考试，素质教育也需要考试，只要有考试，就会有应试，但"应试"不等于"应试教育"。衡量一种教育形态是素质教育还是应试教育，不是看其是否考试，而是要从其出发点、培养对象、培养目标三个方面来考量。从教育的出发点来看，素质教育是一切为了学生，不带任何功利性；应试教育为"三要"而施教，"学生要分，教师要绩，学校要名"，明显地具有功利性。从教育的培养对象来看，素质教育面向全体学生，为了一切学生的发展；应试教育多数情况下重点关注升学有望的学生，教学的内容方法、训练的深度难度都以这部分学生为主，对学困生采取放任的态度。从教育的培养目标来看，素质教育是为了学生德智体美劳全面发展；应试教育多为应试而施教，相对德体美劳等教育，更注重智育，以考试为中心。因此，衡量一种教育形态是素质教育还是应试教育不能以是否考试为标准。简言之，按照素质教育的理念进行考试，也是素质教育的一种，不按照素质教育的理念进行考试，就有可能滑进应试教育的泥潭。素质教育也要考试，严肃的考试是实现社会公平、和谐、正义的重要手段和保障。考试具有局限性，存在一些问题，但不能因此废除考试，而应加以改革。《国家中长期教育改革和发展规划纲要（2010—2020年）》指出："以考试招生制度改革为突破口，克服一考定终身的弊端，推进素质教育实施和创新人才培养。"

因此，语文考试必须有利于促进学生语文核心素养的发展。改革开放以来，我国的语文考试不断联系生活实际，创设语用情境，注重语言运用，重视创新能力考查，优化内容板块，适当增加选做题和开放性题目，有利于体现学生个性，展现学生智慧，鼓励学生发挥和创造。但是，语文考试的科学性亟待加强，关键是必须坚持考试理念与考试命题的内在统一，考试结果与学生实际语文素养的内在统一，生活中的读写情境与考试中读写情境的内在统一。①

（二）语文课程评价的目的

语文课程评价是依据学生表现出的语文素养信息，对学生的语文素养进行客观、全面、真实的评估判断。语文课程评价的根本目的是提高学生的语文核心素养。语文课程评价包括语文教学效果评价和语文核心素养发展评价两个方面。

---

① 倪文锦. 语文考试的科学性亟待加强[J]. 语文教学通讯，2015（31）：66-69.

1. 语文教学效果评价

语文教学效果评价是一种非功利性评价,与学生的发展相联系。语文教学效果评价具有检查、诊断、反馈、激励、改善和发展等多种功能,其根本目的是考察语文课程目标的实现程度,对语文课程实施情况作出真实的评判,检验学生的语文学习和教师的语文教学,让学生、教师、学校清楚地"认识自己",发现问题与不足,了解状况与过程,判断水平与需求,以便制订随后的教学策略,改善课程设计,完善教学过程,从而有效地全面提高学生的语文核心素养。

在语文教学效果评价中,学习者保持自己的身份,追求更好的学习;没有压力、杂念和舞弊,处于一种放松、单纯、真实的状态中。因此,语文教学效果评价要淡化评价的功利性,将其与学生的评优、教师的奖金、学校的质量脱钩。只有这样,学生、教师、学校才能坦诚地展示语文课程实施的阶段性效果,语文教学效果评价才能获得真实的信息,才能发挥评价的诊断功能,语文课程也才能改进。语文教学效果评价相对自由,可以是随堂检测,也可以是月检测、期中检测等。

[拓展阅读]
普通话等级规定

2. 语文素养水平评价

语文素养水平评价,是对被评者是否已经具备获得某种资格的语文素养水平的评估判断。语文素养水平评价具有甄别和选拔功能。中考和高考中的语文考试就是典型的语文素养水平评价,其目的是评判应试者是否具备进入高一级学校学习的语文核心素养。中考和高考是选拔性考试,要有一定的区分度,因而增加适当的难度。普通话水平测试是语文素养水平的单项评价,评判被评者是否具备获得某种资格的普通话水平。

语文素养水平评价关系一个人的前途,关系一个人能否获得进入高一级学校学习的资格。由于功利性的驱动,长期以来,我国的语文素养水平评价被重视,而语文教学效果评价却在一定程度上被忽视。许多人认为评价的作用只是甄别和选拔,评价的目的是片面的。语文素养水平评价虽然在一定程度上能评价语文教学效果的差异,但毕竟不是以评价语文教学效果为目的的。因此,不能简单地把语文素养水平评价的结果当作语文教学效果的评价结果。

评价具有导向功能,能够体现社会导向和教学导向。不管是语文教学效果评价,还是语文素养水平评价,都要非常严肃、慎重,否则就容易产生误导。语文素养水平评价影响语文教学效果评价,语文课程评价必须导向全面提高语文素养水平上。语文课程评价要综合发挥检查、诊断、反馈、激励、甄别、选拔等多种功能,不宜片面强调评价的甄别和选拔功能。

语文课程学业水平考试属于语文教学效果评价,语文中考、高考属于语文素养水平评价,目前二者的指向正在趋向一致。语文课程学业水平考试,既检验学生语文素养的发展水平,为评价区域和学校教学质量、改进教学提供参考,又为更高一级学校的招生录取提供依据。

二、评价什么:语文课程评价的内容和标准

语文课程评价的内容随着语文教育改革和社会需求的变化而变化。语文课程评

价要以语文课程实施及学生的语文实践和表现为依据，以《义务教育语文课程标准（2022年版）》和《普通高中语文课程标准（2017年版2020年修订）》中的学业质量标准为参照，对学生的学习过程、素养发展水平进行全面、客观的评价。

（一）语文课程评价的内容

1. 义务教育语文课程评价的内容

义务教育语文课程评价，重点考察学生在识字与写字、阅读与鉴赏、表达与交流、梳理与探究等语文实践活动中，表现出来的语言文字运用能力、思维过程、审美情趣和价值立场；表现出来的学习态度、参与程度和核心素养的发展水平；表现出来的沟通、合作和创新能力等。同时，要拓宽评价视野，倡导学科融合，把学生参与社会实践、志愿服务和跨学科主题活动的表现纳入评价范畴，着重考察学生在真实情境中表现出来的情感态度和语言能力；倡导校内外评价结合，关注学生在家庭生活和社会生活中的语言发展情况。

过程性评价要关注学生语文学习的过程性表现，如日常写字、读书、习作、讨论、汇报展示、朗读背诵、课本剧表演等；要关注学生的学习过程和学习进步、学习态度和个性特点，考察其内在学习品质的发展；要紧密结合四个学段的课程内容，关注内容之间的进阶关系和横向联系。

评价课堂教学时，教师要注意观察小组成员的分工方式、讨论程序和对不同意见的处理，关注学生在发言和倾听发言时的规则意识和交际修养。课堂互动中，教师要关注学生在知识基础、认知过程、思维方式、态度情感等方面的表现。

作业评价除写字、阅读、日记、习作等作业外，还应紧密结合课堂所学，关注学生校内外个人生活和社会发展中的热点问题，设计主题考察、跨媒介创意表达等多种类型的作业，培养学生自主学习和综合学习的能力。

各学习任务群的评价内容如表3-1所示。

表3-1 义务教育学习任务群的评价内容

学习任务群	评价内容
语言文字积累与梳理	考察学生认清字形、读准字音、掌握汉字基本意义的情况，在具体语言环境中运用汉字的能力，借助字典、词典等工具书查检字词的能力，帮助学生养成写规范字的习惯，减少错别字。第一学段和第二学段应多关注学生主动识字的兴趣，第三学段和第四学段要重视考察学生独立识字的能力。写字评价要考察学生对要求"会写"的字的掌握情况，重视书写的正确、端正、整洁，在此基础上，逐步要求书写流利。语文知识的概念不作为考试内容
实用性阅读与交流	注重学生在真实生活情境中运用语言的实际表现，围绕个人生活、学校生活、社会生活中阅读与交流的实际任务，评价学生实用性阅读与交流的能力。在评价过程中，应引导学生注意实用性阅读与表达的目的、对象、情境以及交流效果，注意内容明确、条理清晰、语言简洁明了，及应用文的基本格式和行文规范

续表

学习任务群	评价内容
文学阅读与创意表达	围绕学生阅读文学作品的过程性表现进行评价。第一学段关注阅读兴趣，通过朗读和想象等，侧重考察学生对作品情境、节奏和韵味的整体感受；第二学段在阅读全文的基础上，侧重考察学生对重要段落和语句的理解，以及对作品语言和形象的具体感受；第三学段和第四学段，侧重考察学生对语言、形象、情感、主题的领悟程度和体验，评价学生对文学作品的欣赏水平，关注研讨、交流以及创意表达能力
思辨性阅读与表达	关注学生在问题研究过程中的交流、研讨、分享、演讲等现场表现，以及活动过程中产生的文字、表格、统计图、思维导图等学习成果，要特别关注学生的思考过程和思维方法
整本书阅读	注意考察阅读整本书的全过程，以学生的阅读态度、阅读方法和读书笔记等为依据进行评价。教师可以围绕读书的主要环节编制评价量表，制作阅读反思单，引导学生从阅读方法、阅读习惯等方面进行自我反思、自我改进
跨学科学习	主要以学生在各类探究活动中的表现，以及活动过程中完成的方案、海报、调研报告、视频资料等学习成果为依据进行评价。教师可以针对主要学习环节和内容制订评价量表，邀请相关学科教师、家长、社会人士参与评价。评价要关注学生综合运用多学科知识思考问题、解决问题的态度和能力。评价要以鼓励为主，既充分肯定学生的发现和创造，又引导学生提升自我反思，不断提高跨学科学习的质量

2. 普通高中语文课程评价的内容

语文学科核心素养是在具体的阅读与鉴赏、表达与交流、梳理与探究等语文实践活动中形成与发展，并通过具体、多样的实践活动表现出来的。因此，普通高中语文课程评价应围绕阅读与鉴赏、表达与交流、梳理与探究等学习活动进行。"阅读与鉴赏"侧重考查整体感知、信息提取、理解阐释、推断探究、赏析评价等内容；"表达与交流"侧重考查叙述表现、陈述阐释、解释分析、介绍说明、应对交流等内容；"梳理与探究"侧重考查积累整合、筛选提炼、归整分类、解决问题、发现创新等内容。评价不仅要关注学生外在的学习结果，而且要关注学生内在的学习品质。考试、测评题目应以典型任务为主要内容。

《普通高中语文课程标准（2017年版2020年修订）》对必修课程和选修课程的评价内容如下：

必修课程评价应立足于共同基础，考查学生在不同学习情境和实践活动中学习和运用语言文字的基本能力；重点考查学生语文学习过程中的体验和感受、学习策略，以及梳理、探究能力，尤其是基于社会情境的阅读、表达与交流的能力，读写活动中的思维表现以及不同体裁文学作品的审美感知、评价欣赏、独立创作情况；还要考查学生对多样文化的理解，对当代文化现象的关注和评析，以及对未来文化发展的思考和展望等。

选择性必修和选修课程评价，要在关注共同基础的前提下，突出差异性和层次性，以促进学生的个性发展。

选择性必修的评价应该更加关注学生语文学习内容"面"的广度。评价重点包括：语言积累、梳理与迁移运用能力；在独立研习古今中外经典作品过程中阐释文本阅读体验的能力；语言实践中的逻辑推理能力和实证意识，以及运用科学思想方法解决实际问题的能力；古代文化遗产的辨别，中外文化要义的理解，以及对科技文化的理解与反思等。

选修课程的评价应更关注学生语文学习内容"点"的深度。评价要注重学生在专题研讨中对语言运用现象和规律的探究，对学术论著语言特点的把握，语文实践活动中思维的严密性、深刻性和批判性；注重学生个性化地理解古今中外经典作家作品及其思想内涵、艺术价值；注重学生的多样文化认知，跨文化理解，文化批判、反思和创造等。

必修课程评价要明确与选修课程评价的区别和联系，选修课程评价要注意与必修课程衔接，在衔接中呈现体系和梯度。尤其是"整本书阅读与研讨""当代文化参与""跨媒介阅读与交流""语言积累、梳理与探究"四个学习任务群，它们贯串必修课程和选修课程，在两类课程中有不同的广度、深度和难度。评价要注意区分重点和层次，考查学生完成不同难度的学习任务时语文学科核心素养发展的不同表现。

（二）语文课程评价的标准

语文课程评价以其学业质量标准为基本依据。

语文课程学业质量标准是以核心素养为主要维度，结合课程内容，对学生语文学业成就具体表现特征的整体刻画。语文课程学业质量标准，是每个学段结束时学生核心素养应该达到的水平。语文课程学业质量标准是语文课程进行阶段性评价、学业水平考试和升学考试命题的基本依据。

1. 义务教育语文课程评价的标准

《义务教育语文课程标准（2022年版）》对不同学段学生语文学业应达到的质量水平进行详细具体的描述，构成义务教育语文课程学业质量标准，这也是义务教育语文课程评价的基本依据，其具体内容详见《义务教育语文课程标准（2022年版）》中的"学业质量描述"部分。

2. 普通高中语文课程评价的标准

《普通高中语文课程标准（2017年版2020年修订）》将学生语文核心素养的发展结果划分为五个水平，每个水平又从语言建构与运用、思维发展与提升、审美鉴赏与创造、文化传承与理解四个方面对学生语文学业应达到的质量水平进行详细具体的描述，构成普通高中语文课程学业质量标准。这是普通高中语文课程评价的基本依据，其具体内容详见《普通高中语文课程标准（2017年版2020年修订）》中的"学业质量水平"部分。在五个水平层次中，水平一和水平二是必修课程学习的要求，水平三和水平四是选择性必修课程学习的要求，水平五是选修课程学习的要求。水平二是语文学科高中学业水平考试的依据，水平四是高校考试招生录取的依据，水平五则是为对语文课程更有兴趣的学生所设的较高要求，修习情况可供高校或用人单位参考。

三、怎么评价：语文课程评价的原则和方法

（一）语文课程评价的原则

语文课程评价要发挥评价的多种功能，实现评价的目的，需要遵循教育性、发展性、情境性和规范性四条原则。

1. 教育性

从理论上讲，有怎样的教育，就应有怎样的评价（考试），教育指导评价，评价以教育为中心，这样的教育才能健康发展。但长期以来，我国存在"有怎样的评价（考试），就有怎样的教育"，评价指挥教育，教育围着评价转的情形。这样的教育容易被扭曲、被异化，成为评价的奴隶。教育部在《基础教育课程改革纲要（试行）》中明确提出，要建立促进学生全面发展的评价体系，建立促进教师不断提高的评价体系，建立促进课程不断发展的评价体系。评价是手段，目的是促使学生获得更好的教育。

[拓展阅读]
评价与素质教育

同时，评价的过程既是教师教学的过程，又是学生学习的过程。教师既可以通过评价及时发现学生学习的个性特点和具体问题，又可以通过对学生的作业进行跟踪评价，梳理学生作业发展变化的轨迹，并及时提出有针对性和操作性的建议，引导学生学会学习，自觉提升语文核心素养。学生可以通过多主体、多角度的评价反馈，处理好语文学习和个人成长的关系，发掘自身潜能，学会自我反思和自我管理。

语文教学中的评价也是教育资源之一。语文教师不能简单应付、轻描淡写地对待学生的语文表现，而要把评价作为一种教育，分析其好在哪里。教师可以在每节课或每个板块结尾，引导学生对教学进行总结、评价和交流，谈自己的感悟、收获和困惑，并把这些作为教育资源，与班级中的其他同学共同分享，帮助学生更好地认识语文学习与个人发展之间的关系，学会自我监控和管理，引导学生通过评价反馈，调整学习进程，梳理学习方法，确立学习目标，制订学习规划。

2. 发展性

评价的过程是教师完善教学的过程，也是学生改进学习的过程。教师依据评价结果反思日常教学的问题和不足，优化教学内容，改进教学设计，调整教学策略，完善教学过程，为学生语文核心素养的发展提供有力支持。

[拓展阅读]
评价即改善

因此，课程评价要做到两点：（1）着眼于学生的发展。注意各学段学生的特点，科学确定评价起点；尊重学生的个性差异，关注学生个体的进步程度；注重鼓励学生，激发学生的学习热情和学习动力，保护学生的自尊心和学习兴趣。（2）促进教师的发展。教师在对自己教学行为的分析与反思中发现自己，了解自己，提升自己；在以自评为主，校长、教师、学生、家长共同参与的评价中获得信息，总结经验和教训，不断提高教学水平。

3. 情境性

语文学科的特点决定了语文课程评价必须坚持情境性原则。语言运用总是在一定的情境中进行的，是一定情境的需要和产物。

第一，语言运用情境是语文核心素养表现的路径。《义务教育语文课程标准（2022年版）》在"课程目标"部分指出：义务教育语文课程培养的核心素养，是学生在积极的语文实践活动中积累、建构并在真实的语言运用情境中表现出来的，是文化自信和语言运用、思维能力、审美创造的综合体现。《义务教育语文课程标准（2022年版）》在"学业质量描述"的"第四学段（7～9年级）"部分指出：能根据具体情境要求，选择合适的文本样式记录经历、见闻和体验，表达感受、认识与观点。这就进一步强化了语文评价的情境性。

第二，语言运用情境是语文素养水平评价的路径。对语文素养水平的评价，也离不开相应的情境。《义务教育语文课程标准（2022年版）》在"评价建议"的"学业水平考试"部分强调：考试命题应以情境为载体，依据学生在真实情境下解决问题的过程和结果评定其素养水平。考试命题情境可以分为命题情境、日常生活情境、文学体验情境和跨学科学习情境。

命题情境可以从日常生活、文学体验、跨学科学习，也可以从个人、学校、社会等角度设置。日常生活情境指向真实具体的社会生活，关注学生在生活场景中的语言实践，凸显语言交际活动的对象、目的和表述方式。文学体验情境侧重强调学生在文学作品阅读中体验丰富的情感，尝试用不同的方式进行创意表达；强调参与当代文化生活，关注学生对社会主义先进文化、革命文化、中华优秀传统文化的体认。跨学科学习情境侧重强调学生综合运用多门课程知识和思想方法解决实际问题。

4. 规范性

语文课程评价，特别是语文测评与考试，必须要规范。题目表述简明、规范，材料选取具有典范性和多样性，评分标准有效反映学生核心素养发展水平，确保测试目的、测试内容、测试形式和评分标准的一致性。具体包括理念规范、标准规范、载体规范、材料规范和题干规范。

第一是理念规范。语文课程评价要依据课程标准，体现课程理念。课程标准既是教学的依据，也是评价的依据。语文课程评价要紧紧围绕语文课程标准中的学科核心素养进行，体现最新的课程理念。

第二是标准规范。语文课程评价要严格遵照学业质量标准，避免用评价结果的简单横向比较衡量学生的学业表现，避免过度评价和无序评价，避免评价结果的消极影响和干扰日常教学。

第三是载体规范。考试命题应以情境为载体，命题情境的选择和表述要规范，能鲜明地体现情境性。

第四是材料规范。命题材料的选取要具有时代性、典型性和多样性，充分体现语文课程特点。

第五是题干规范。主观题题干要简洁、明确，便于学生捕捉问题的核心信息；客观题题干要注意信息的科学性和准确性。

（二）语文课程评价的方法

《义务教育语文课程标准（2022年版）》指出：语文课程评价包括过程性评价和

终结性评价。过程性评价贯串语文学习全过程，终结性评价包括学业水平考试和过程性评价的综合结果。

1. 过程性评价

过程性评价重点考察学生在语文学习过程中表现出来的学习态度、参与程度和核心素养的发展水平，应依据各学段的学习内容和学业质量要求，广泛收集课堂关键表现、典型作业和阶段性测试等数据，体现多元主体、多种方式的特点。

（1）课堂教学评价建议

课堂教学评价是过程性评价的主渠道。教师应树立"教—学—评"一体化的意识，科学选择评价方式，合理使用评价工具，妥善运用评价语言，注重鼓励学生，激发学习积极性。

在小组合作、汇报展示过程中，教师应提前设计评价量表、告知评价标准，引导学生合理使用评价工具，形成评价结果；要注意观察小组成员的分工方式、讨论程序和对不同意见的处理，关注学生在发言和倾听发言时的规则意识和交际修养，借助评价引导学生反思学习过程。组织学生互相评价时，教师要对同伴评价进行再评价，提出指导意见，引导学生内化评价标准、把握评价尺度，在评价中学会评价。

课堂互动中，教师要关注学生知识基础、认知过程、思维方式、态度情感等方面的表现，深入分析这些表现及其影响因素，及时给予有针对性的指导。

（2）作业评价建议

作业评价是过程性评价的重要组成部分，作业设计是作业评价的关键。教师要以促进学生核心素养发展为出发点和落脚点，精心设计作业，做到用词准确、表述规范、要求明确、难度适宜。要合理安排不同类型作业的比例，增强作业的可选择性，除写字、阅读、日记、习作等作业外，还应紧密结合课堂所学，关注学生校内外个人生活和社会发展中的热点问题，设计主题考察、跨媒介创意表达等多种类型的作业，培养学生自主学习和综合学习的能力。随着学段升高，作业设计要在识记、理解和应用的基础上加强综合性、探究性和开放性，为学生发挥创造力提供空间。教师要严格控制作业数量，用少量、优质的作业帮助学生获得典型而深刻的学习体验。教师要认真批改学生作业，针对学生素养水平和个性特点提出意见，及时反馈和讲评，激发学生的学习热情，保护学生的自尊心，尊重学生的个性差异；要对学生作业进行跟踪评价，梳理学生作业发展变化的轨迹，及时反馈不同阶段作业质量的整体情况。

（3）阶段性评价建议

阶段性评价是在教学关键节点开展的过程性评价，旨在考察班级整体学习情况和学生阶段性学习质量，是回顾、反思和改进教学的重要依据。阶段性评价应秉持素养立意，紧密结合各学段的课程内容，关注内容之间的进阶关系和横向联系，合理设计评价工具。阶段性评价可以根据不同情况灵活选择评价手段，可以采取纸笔形式，也可以设计综合的学习任务，如诵读、演讲、书写展示、读书交流、戏剧表演、调查访谈等。纸笔测试要注意与日常教学的融合，增强测评题目的科学性、多样性，发挥阶段性评价的诊断、调节功能，避免消极影响和干扰日常教学；非纸笔

［拓展阅读］
魏书生让学生出题

测试要整体设计测评内容,科学制订评价标准,合理规划实施时间,并对学生个体作出及时反馈和有效指导。

教师应关注整本书阅读和跨学科学习的阶段性评价,采用读书笔记、读书报告会、读书分享会等方式引导学生高质量完成整本书的阅读;教师可通过观察报告、实验报告、研究报告等,评价学生跨学科学习的阶段性成果。

2. 终结性评价

过程性评价的综合结果,是综合一系列过程性评价结果得出的结论。在强调过程性评价的基础上,《义务教育语文课程标准(2022 年版)》和《普通高中语文课程标准(2017 年版 2020 年修订)》对学业水平考试提出了明确要求。

《义务教育语文课程标准(2022 年版)》中对"学业水平考试"的说明如下:

学业水平考试的目的主要是通过学生的学业质量表现检验学生在义务教育阶段结束时核心素养的发展水平,为高一级学校招生录取提供依据,为评价区域和学校教学质量、改进教学提供参考。

(1)命题原则

坚持素养立意。以核心素养为考查目标,通过识字与写字、阅读与鉴赏、表达与交流、梳理与探究等语文实践活动,全面考查学生核心素养的发展水平。

坚持依标命题。体现课程标准的理念,严格依据学业质量要求命题,保证命题框架、试题情境、任务难度等符合学业质量要求。

坚持科学规范。题目表述简明、规范,材料选取具有典范性和多样性,评分标准有效反映学生核心素养发展水平,确保测试目的、测试内容、测试形式和评分标准的一致性。

(2)命题规划

重视命题规划,明确学业水平考试命题的目标要求,规定内容范围与水平标准;系统设计考试形式,一般采用纸笔测试,有条件的地区可以考虑逐步引入基于信息技术的考试形式。科学设计试卷结构,明确规定主观性和客观性试题的比例,倡导设计基于情境的探究性、开放性、综合性试题。对题型设计、题量和难度、评分标准等方面提出基本要求,充分展现学生在语文学习过程中形成的能力、方法,以及情感态度与价值观的综合发展情况。

(3)命题要求

考试命题应以情境为载体,依据学生在真实情境下解决问题的过程和结果评定其素养水平。命题情境可以从日常生活、文学体验、跨学科学习,也可以从个人、学校、社会等角度设置。日常生活情境指向真实具体的社会生活,关注学生在生活场景中的语言实践,凸显语言交际活动的对象、目的和表述方式。文学体验情境侧重强调学生在文学作品阅读中体验丰富的情感,尝试用不同的方式进行创意表达;强调参与当代文化生活,关注学生对社会主义先进文化、革命文化、中华优秀传统文化的体认。跨学科学习情境侧重强调学生综合运用多门课程知识和思想方法解决实际问题。命题应贴近学生生活经验和情感体验,抓住社会生活中常见但又值得深思的真实场景,创设新颖、有趣、内涵丰富的情境,设计多样的问题或任务,激发学生的内在动机和探究欲望。

命题材料的选取要具有时代性、典型性和多样性，充分体现语文课程特点。命题材料要能够体现问题或任务的对象、目的与要求，能够启发学生调动既有知识和资源解决问题、完成任务，能够为学生解决问题、完成任务提供背景材料或知识支架。

问题或任务是题目的主体部分。根据语文实践活动的不同类型，问题或任务设计可以侧重阅读与鉴赏、表达与交流、梳理与探究中的某一方面，也可以设置综合型题目，让学生在复杂情境中充分展示核心素养的发展水平。阅读与鉴赏类问题或任务要立足文本信息的提取、归纳、概括，考查学生对作品思想内容、篇章结构、表现手法、语言风格的理解和把握，引导学生对作品的创作动机、表达效果作出合理评价。表达与交流类问题或任务要注重调动学生已有的知识积累和学习经验，记述生活经历，表达情感体验，就语言、文学、文化、生活等现象发表自己的看法。要在与学生实际生活经验密切关联的交际语境中，考查学生的语言文字运用能力，思考问题的立场、观点和态度，以及思维发展水平。梳理与探究类问题或任务要从具体的文本材料出发，拟定有育人价值和探究空间的活动，考查学生提取信息、筛选分类、比较概括、归纳总结等思维能力；问题或任务设定要关注探究结果的合理性，关注学生思维品质的发展。综合型题目或任务要充分体现阅读与鉴赏、表达与交流、梳理与探究的整合，在命题材料和社会生活实际之间找到结合点，引导学生围绕话题或现象，深入思考探究，综合分析解决问题，在学以致用的过程中展现正确的世界观、人生观、价值观。

题干设计应规范。主观题题干要简洁、明确，便于学生捕捉问题的核心信息；客观题题干要注意事实性信息的科学性和准确性。试题形式力求创新，鼓励增加开放性试题比例，以避免导向新的应试模式。要健全主观性、开放性试题的评分标准，根据学生的认知发展水平，对简单结构作答和复杂结构作答实行分级赋分。

《普通高中语文课程标准（2017年版2020年修订）》中关于"学业水平考试与高考命题建议"的说明如下：

测评与考试是语文课程评价的重要组成部分，应真实反映学生语文学科核心素养的发展过程与现有水平，准确判断学生核心素养发展过程中的问题及其原因，对高中语文教学改革发挥积极的引领和导向作用。

语文学科核心素养是在具体的阅读与鉴赏、表达与交流、梳理与探究等语文实践活动中形成与发展，并通过具体、多样的实践活动表现、展示出来的。考试、测评题目应以具体的情境为载体，以典型任务为主要内容。

（1）以具体情境为载体。真实、富有意义的语文实践活动情境是学生语文学科核心素养形成、发展和表现的载体。语文实践活动情境主要包括个人体验情境、社会生活情境和学科认知情境。个人体验情境指向学生个体独自开展的语文实践活动，如在文学作品阅读过程中体验丰富的情感，尝试不同的阅读方法以及创作文学作品等。社会生活情境指向校内外具体的社会生活，强调学生在具体生活场域中开展的语文实践活动，强调语言交际活动的对象、目的和表述方式等。学科认知情境指向学生探究语文学科本体相关的问题，并在此过程中发展语文学科认知能力。

（2）设计典型任务。典型任务是指为评价学生语文素养水平而选取的具有代表性价值的语文实践活动。学生通过典型内容的学习，体会典型的思维过程与方法，体验典型的思想情感，呈现典型的学习成果。典型任务要多样、综合、开放。考试材料的选择与组合要角度多样，视野开阔，为学生的思考与拓展留有足够的机会和空间。减少针对单一知识点或能力点的简单、碎片化的试题数量，应体现语文素养的综合性、整体性。可命制侧重阅读与鉴赏、表达与交流、梳理与探究某一方面的题目，也可命制整合了三个方面实践活动的综合性题目，让学生在复杂情境、多种角度和开放空间中充分展示其富有创造性的个性化的学习成果。

（3）命题指向。"阅读与鉴赏"侧重考查整体感知、信息提取、理解阐释、推断探究、赏析评价等内容；"表达与交流"侧重考查叙述表现、陈述阐释、解释分析、介绍说明、应对交流等内容；"梳理与探究"侧重考查积累整合、筛选提炼、归整分类、解决问题、发现创新等内容。

3. 命题和阅卷原则

（1）以语文学科核心素养为考查目标，依据高中学生语文学业质量标准相应水平要求，通过阅读与鉴赏、表达与交流、梳理与探究等语文实践活动，呈现核心素养的发展过程与现有水平。

（2）以情境任务作为试题主要载体，让学生在个人体验、社会生活和学科认知等特定情境中完成不同学习任务，以呈现学生语文素养的多样化表现。

（3）以综合考查作为命题导向，通过综合性语言实践活动，考查学生语文学习的能力和水平。避免以单纯的知识点和能力点设计考题，避免死记硬背。倡导综合性的测试形式，可围绕情境选择相关材料，设置一组有内在联系的、指向核心素养的问题或任务。

（4）选用的语言材料要具有时代性、典型性和多样性，贴近学生生活，充分体现语文学科特点，避免出现偏题、怪题。要重视中华优秀传统文化材料的选用，引导学生从中获得对当代文化问题的思考。

（5）测试形式要创新，多设置可供学生选择的题目，体现学生个性；多设置主观性、开放性的题目，展现学生智慧，鼓励学生发挥和创造。试卷结构和测试形式不应固化，以避免形成新的应试模式。

（6）学业水平考试和高考的指向应保持一致。都应健全主观性、开放性试题的阅卷标准，逐步建立语文学科学业水平考试和高考阅卷人资格制度。

总之，终结性评价的形式要创新，多设置可供学生选择的题目，体现学生个性；多设置主观性、开放性强的题目，展现学生智慧，鼓励学生发挥和创造。终结性评价要反对追求语文教学的短期效应，防止单纯以纸笔测验的分数高低来评价学生的语文学习和教师的教学成效，尽可能多地采取过程性评价的方式，努力增强评价的科学性和有效性。

实践运用

● 实践任务 ●

任务一：下面是一位语文教师执教《春联》的教学片段。

对学生的语文素养表现，教师作了激励性评价。你认为这样的评价实际效果如何？假如你来上这堂课，会怎样改进下面的评价？

师：各种各样的春联，美得就像一座万紫千红的百花园，文中说："诵读着这些春联，你会感到生活中充满了幸福和希望。"请同学们读一读这些春联，并用这样的句式表达自己的体会。

生："又是一年芳草绿，依然十里杏花红。"这副春联描绘了美丽的春光。

师：说得好。

生："勤劳门第春光好，和睦人家幸福多。"这副春联歌颂了劳动人民幸福美好的生活。

师：说得很好。

生："梅开春烂漫，竹报岁平安。"这副春联表达了人们对新一年的美好祝愿。

师：说得棒。

生："春回大地千山秀，日照神州百业兴。"这副春联展现了祖国欣欣向荣的景象。

师：说得棒极了。

任务二：下面是一位语文教师在开始上课时了解学生课文预习情况的教学片段。不过，这个片段把教师的话进行了省略，省略的话是这位教师针对学生的表现进行的评价。假设你是这位老师，在省略处打算对学生的表现如何评价？为什么要这样评价？

师：同学们，你们预习过课文吗？在预习过程中都做了些什么呢？

生 1：我把课文读了三遍。

师：……

生 2：我先看了预习提示，然后根据预习提示中的问题去读课文。

师：……

生 3：我把预习中遇到的问题都写了下来。

师：……

生 4：我借助字典、词典解决了预习中不懂的问题。

师：……

生 5：我边读边想有什么问题，还想了课文每一自然段的意思。

师：（小结）……

● 实践指要 ●

任务一：语文教师做出的"好、很好、棒、棒极了"之类的评价，针对性弱，没有实际上的改进效果。评价要中肯、具体，分析"好"在哪里，给"好"一个理由，揭示其规律，点评学生回答问题时的态度与情感，这样才有利于改善，达到教育的目的。

任务二：语文课程评价要紧扣学生的语文核心素养，关注思维过程，多追问"为什么"，鼓励学生的自我评价和相互评价，让不同的观点在评价中更强烈地碰撞，并记录学生的课堂表现，客观真实地揭示和描述学生的语文素养。

反思调节

● 学习反思 ●

请核对和填写表 3-2，看看自己有哪些收获，哪些方面还需要继续努力。

表 3-2 学 习 反 思

学习内容	实现程度			改进建议	备注
	未实现	实现	充分实现		
了解语文课程评价的含义和目的					
理解语文课程评价的内容					
把握语文课程评价的标准					
掌握语文课程评价的原则和方法					

备注：请在"实现程度"的相应地方画"√"，如果某一学习内容"未实现"，请简要记录你的改进建议。

● 自我调节 ●

根据改进建议，你将会_____
_____。

推荐阅读

1. 胡斌，冯小琼. 高考语文全国卷写作命题特点、趋势及教学对策 [J]. 语文建设，2023（21）：53-57.

2. 张华，姜敏. 2022年高考语文全国甲卷情境化试题的测查方向、命题特点与教学启示 [J]. 教育科学论坛，2023（2）：25-29.

3. 张伟."中国革命传统作品研习"任务群学习质量评价的三个维度 [J]. 中学语文教学，2020（1）：25-31.

第四章 语文课程资源研究

> 教育智慧成就教育使命,课程资源凝聚教育力量——出色的教育工作既讲究教育智慧的捕捉与彰显,又讲求课程资源的利用与开发。
>
> ——钱丽霞

知识导图

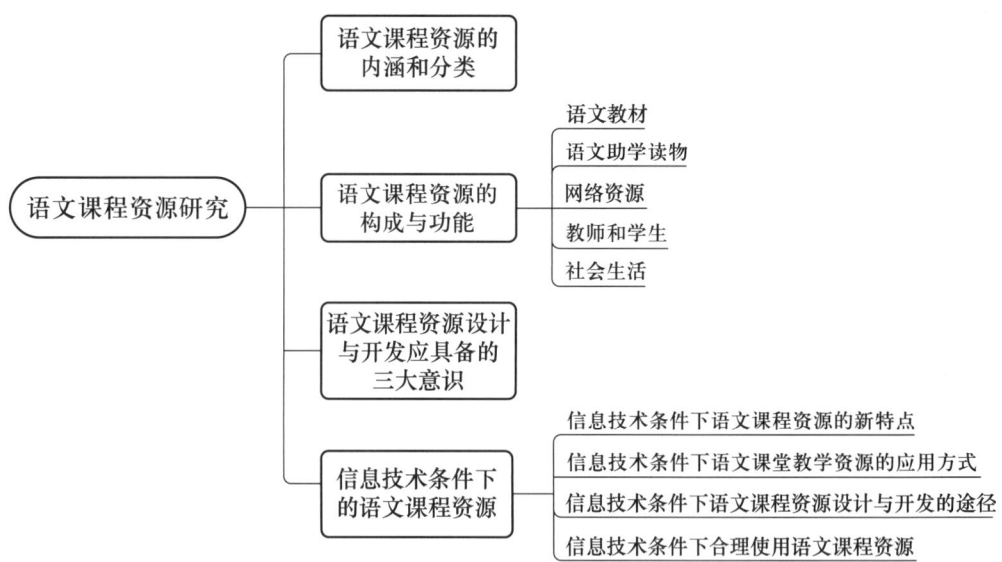

学习目标

1. 了解语文课程资源的内涵与分类。
2. 掌握信息技术条件下语文教学资源的应用方式。
3. 掌握课程资源设计与开发 ADDIE 标准化流程。
4. 能运用 ADDIE 标准化流程,设计与开发语文教学资源。

案例研习

教例再现

本案例是余映潮老师执教的统编语文教材七年级下册第五单元的课文《假如生活欺骗了你》。余老师以诗歌的吟咏背诵为主线,以交响曲的表达方式——三个乐章加序曲与尾声构成一个完整的教学设计。

教学目标:让学生了解诗歌作者及创作背景,朗读并背诵诗歌,理解诗歌的内容与主旨及作者的精巧构思。在此基础上,使学生学会面对人生挫折,并坚信未来的美好,能联系自己的生活体验,体会和感悟诗人的情感等。

教学基本设计如表 4-1 所示。

表 4-1 《假如生活欺骗了你》教学基本设计

学习环节	教师活动	学生活动	媒体呈现
序曲	简单导入; 播放 PPT; 教师谈读诗体会	学生齐读 PPT 内容	序曲 ① 他是俄国诗人,他的创作对俄国文学和语言的发展影响很大; ② 他的一生创作了近 800 首优秀的抒情诗篇; ③ 他的诗歌像太阳一样照耀着 19 世纪的文坛,他被誉为"诗歌的太阳"; ④ 他的说理诗《假如生活欺骗了你》问世后,成为许多人激励自己的座右铭; 他就是诗人普希金
第一乐章	教师提出教学目标,提供写作背景,指导学生用劝慰别人的方式朗读诗歌,之后教师范读; 教师进一步提出诗歌的价值:发表后成为后人的座右铭; 教师提出再以内心独白鼓励自己的方式朗读诗歌,之后教师范读	学生自由朗读诗歌; 学生第二次朗读,以谈心方式朗读诗歌,体会劝慰他人的语气; 学生第二次朗读,体会内心独白,以鼓励自己的方式朗读诗歌	第一乐章 1. 吟诵这首诗歌 2. 自由地背诵诗歌 3. 抒发朗读诗歌之后的感受
	鼓励学生在自由朗读的前提下尝试背诵	学生尝试背诵诗歌	

续表

学习环节	教师活动	学生活动	媒体呈现
第一乐章	引导学生用关键词抒发情感，推荐德国诗人海涅的《我的心，你不要忧郁》	学生书写情感关键词，自由发言、讨论；师生对话，学生根据教师和多媒体的引导再次朗读诗歌	这首诗给我们的启迪是：要乐观坚强。假如生活欺骗了你（男生合读：舒缓地），不要悲伤，不要心急（女生合读：亮丽地）！忧郁的日子里须要镇静（男生合读：沉稳地）；相信吧，快乐的日子将会来临（男女齐读：乐观地）。心儿永远向往着未来；（男生合读：平稳深沉地）现在却常是忧郁：一切都是瞬息（女生合读：响亮亲切地），一切都将会过去；而那过去了的（男女齐读：乐观稳重地），就会成为亲切的怀恋
第二乐章	提供新材料 拓展主题 组织学生讨论	学生自由朗读，围绕话题展开讨论	第二乐章 《假如你欺骗了生活》 1. 自由朗读 2. 话题讨论 假如你欺骗了生活 宫玺 假如你欺骗了生活， 以为神鬼不知，心安理得。 且慢，生活并没有到此为止！ 有一天，它会教你向它认错： 大地的心是诚实的， 孩子的眼睛是诚实的。 人生只有一步一个脚印， 才会有无憾地付出无愧地收获！ 这首诗给人的启迪：做人要诚实、踏实
第三乐章	教师再次提供新材料，向学生推荐并导读	学生品读美文	第三乐章 假如生活重新开头（节选） 邵燕祥 假如生活重新开头， 我的旅伴，我的朋友—— 还是迎着朝阳出发， 把长长的身影留在背后。 愉快地回头一挥手！ 假如生活重新开头， 我的旅伴，我的朋友—— 依然是一条风雨的长途， 依然是不知疲倦地奔走。 让我们紧紧地拉住手！ …… 时间呀，时间不会倒流， 生活却能够重新开头。 莫说失去的很多很多，

续表

学习环节	教师活动	学生活动	媒体呈现
第三乐章	教师再次提供新材料,向学生推荐并导读	学生品读美文	我的旅伴,我的朋友—— 明天比昨天更长久! 这首诗给人的启迪:要自信、自立、自强
尾声	教师赠言	学生聆听	赠言: 生活就像大自然,总是有风雨伴随着我们的生命 我们要珍视生命,珍惜青春,珍爱生活

● **案例点睛** ●

上述课例是余映潮老师的经典名课,这堂课在教学资源与学习资源的设计上都非常精当。余老师在海量的信息中筛选关键信息,让学生了解作者普希金的相关信息,同时为教学提供主线。在教学过程中,余老师巧妙地增加信息和丰富诗歌,让教学资源与学习资源同步推进,相互融合:诗歌的创作背景引出学生的第一次情感体验——谈心与劝慰;诗歌的影响力引出学生的第二次情感体验——内心独白与自我激励。在两次体验的基础上,通过阅读不同的诗歌丰富学生的内心体验,达成教学目标。

理论概述

一、语文课程资源的内涵和分类

（一）语文课程资源的内涵

资源是指生产资料或生活资料的来源，包括自然资源和社会资源。课程资源是指形成课程的要素来源和实施课程的必要而直接的条件。前者包括知识、技能、经验、活动方式与方法、情感态度与价值观以及培养目标等，后者包括与课程实施有关的人力、物力和财力，以及时间、场地、媒体、设备、设施和环境等。

语文课程资源是指语文课程与教学信息的因素来源，或一切对语文课程和教学有用的物力和人力资源。凡是有利于实现语文课程目标的条件，如语文教材、教学挂图、师生的知识技能、经验智慧、情感态度、价值观念以及教学场地、媒介、设备，乃至自然和社会资源等都可以称为课程资源。一切负载着语言文字信息且有利于学生语文素养提升的素材与条件都可以成为语文课程资源。

《义务教育语文课程标准（2022年版）》在"课程资源开发与利用的建议"部分指出：

"语文课程资源既包括纸质资源，也包括数字资源；既包括日常生活资源，也包括地域特色文化资源；既包括语文学习过程中生成的重要问题、学业成果等显性资源，也包括师生在语文学习方面的兴趣、爱好和特长等隐性资源。"

《普通高中语文课程标准（2017年版2020年修订）》在"课程资源的利用与开发"部分提出更加明确的要求：

为满足普通高中语文课程多样化和选择性的需要，必须增强课程资源意识。语文课程资源形式多种多样，可以是纸质文本，也可以是多媒体资源、网络资源。各地区都蕴藏着自然、社会、人文等方面的语文课程资源，应积极利用和开发。自然风光、文物古迹、革命传统、风俗民情、国内外的重要事件、学生的家庭生活，以及日常生活话题等，都可以成为语文课程的资源。

课程资源建设和学生的学习活动关联密切，既是师生动态运用资源的过程，也是不断生成资源的过程。应通过学习活动的设计，营造语言文字运用的情境，引导学生结合资源进行自主、合作、探究式学习。语文学习过程中随时生成的各种话题、问题、拓展材料以及学生成果等，也是非常有意义的课程资源。

（二）语文课程资源的分类

按功能特点与空间分布的不同，语文课程资源可以有不同的分类。

按照功能特点不同，语文课程资源可以分为素材性语文资源和条件性语文资源。素材性语文资源，是指在语文教学中可以直接使用的相关知识、技能、经验、感受、创意、问题、困惑及与语文相关的活动方式与方法，包括相关的情感态度、价值观以及培养目标等。条件性语文资源，是指在语文教学中决定课程实施的媒介、设备、设施和环境氛围，包括人力、物力、财力等。两类资源相互依存，互为补充，不存在绝对的界限。

按照空间分布不同，语文课程资源可以分为校内资源和校外资源。校内资源包括校内一切软硬件资源，既可以是用于语文课程的场所，如图书馆、语言实验楼、专业教育教室、信息中心等，又可以是构成语文学习的各类主体要素，如教师群体、师生互动、班级管理、社团活动、校园文化等。校外资源包括广阔的校外自然与社会环境等一切可以用于语文课程的资源。校内资源与校外资源相辅相成，为语文教学提供了丰富的土壤。

二、语文课程资源的构成与功能

（一）语文教材

语文教材是语文课程的基本资源，它与语文课程相伴相生，在语文课程中具有非常重要的作用，有助于学生历练语言、育德启智、积淀文化和扩展知识（在后文有详细阐述）。

（二）语文助学读物

与一般读物相比，语文助学读物最独特的价值就体现在其"助学"方面。它是对语文教材的配合、演绎、强化与延伸，是学生学习的良师益友，是教师提高语文教育教学质量的得力助手。针对家长群体的语文助学读物，是更新家长教育观念、提高家庭教育水平的良好阅读材料。好的语文助学读物能够凸显五种功能。

1. 目标细化功能

新课标出台以后，为了给师生提供更宽广的思维与视野空间，不论是课文阅读、习作还是综合性学习，其目标要求都更加宏观开放。但语文学习中的核心素养目标如何落实，语文助学读物应理所当然地发挥辅助功能，为师生细化学习目标提供参考。

2. 知识拓展功能

语文是一门综合性很强的学科，其涉及的知识点与能力训练点非常多，这些知识点往往又比较分散。语文助学读物编者可以组织有经验的专门人才，帮助工作繁忙的教师完成知识的归类整理工作，方便学生查阅和掌握。

3. 能力强化功能

不论是言语习得还是思维发展，都需要大量语言材料作为辅助，经过反复训练才可以得到循序渐进的发展。好的语文助学读物所具有的集中性、全面性、高强度性、科学性等，可以为语文能力的培养助一臂之力。

4. 方法点拨功能

在终身学习的时代背景下，教给学生学习方法尤为重要。好的语文助学读物包含方法的指引和思路的点拨，让学生通过有代表性的练习材料和阅读材料，在语文学习中能够触类旁通，拓展思路，收到事半功倍的效果。

5. 文化陶冶功能

语文课程具有鲜明的人文性，优秀的语文助学读物非常注重人文内涵，使学生在读写实践和同步训练中感受情感的触动、文化的熏陶和人格的培养，通过与语文助学读物对话，获得思想的启迪和胸襟的扩展，激发想象力和创造力。

（三）网络资源

《基础教育课程改革纲要（试行）》明确提出："大力推进信息技术在教学过程中的普遍应用，促进信息技术与学科课程的整合。"信息技术的应用与普及，打破了语文课堂教学的时空局限，丰富的网络资源为教师和学生提供了更大的知识平台和更加便捷的互动平台。网络信息丰富、快捷、互动的特点，为建立语文学习资源库、实现资源共享等提供了可能。"互联网＋"不仅代表着一种新的经济形态，而且是一种崭新的教育存在方式，直接影响着语文课程资源。"互联网＋"时代的语文课程资源建设要凸显六个特征：一是"互联网＋"时代的语文课程资源是多学科、多领域的融合；二是"互联网＋"时代的语文课程资源为教学创新提供了驱动力；三是"互联网＋"时代的语文课程资源有利于重塑语文课程的结构；四是"互联网＋"时代的语文课程资源更加尊重学习者的个性；五是"互联网＋"时代的语文课程资源更具有开放性；六是"互联网＋"时代的语文课程资源是语文课程与广阔社会的连接。如何开发和利用网络资源，是语文课程资源开发和利用面临的新的重大课题。

（四）教师和学生

语文教师不仅是语文校本课程资源的开发者和使用者，决定着语文校本课程资源的鉴别、开发和利用，而且其自身也是重要的校本课程资源之一。教师个体的教育理念、教学风格、个性特长以及人格素养等都是有效的课程资源。从某种程度上讲，语文教师的个体素质决定着语文校本课程资源的来源范围和开发水平。语文校本课程的校本性、生活性和实践性，决定了语文教师是语文校本课程开发的主力军。同时，就语文教师个体而言，他们都有自己的爱好和特长，有的擅长朗读，有的擅长表达……他们的特长、兴趣和教学风格本身就是宝贵的语文校本课程资源。

学生不仅是校本课程开发的出发点和落脚点，而且是语文校本课程开发的资源之一，学生的个性、兴趣、爱好和特长可以转化为语文校本课程资源。就学生个体而言，他们的特长不同，例如，有善于写诗作文的，有善于演讲辩论的，有善于朗诵和讲故事的，还有擅长绘画、音乐、舞蹈的……这些都是宝贵的语文校本课程资源。学校可以开发一系列诸如诗歌欣赏与创作、演讲与辩论、朗诵艺术以及艺术欣赏之类的选修课程，使语文校本课程能更进一步促进学生个性特长的发展。学生的需要和爱好同样是开发语文校本课程的重要内容。语文校本课程开发的基本前提是学生的需要。尊重学生的需要是指，在开发语文校本课程时，要确立以学生为中心的教育思想，依据学生的需要、兴趣和爱好决定语文校本课程开发的内容。

（五）社会生活

学校是教育的主阵地，学生的大部分时间都在学校中度过，因此学校的一切资源，包括有形的、无形的、素材性的和条件性的资源都是重要的语文校本课程资源。学校的办学理念、办学特色和校园文化在开发语文校本课程的过程中发挥着指导思想的作用。随着教学条件的改善，目前许多学校都设置图书馆（室）、（电子）阅览室、实验室等专用教室，这些都是进行校本课程开发的来源。

开发和利用语文课程资源，还包括充分利用校外各种有利于提高学生语文素养的设施和学习场所，如图书馆、博物馆、科技馆、少年宫、青少年活动中心、工厂、农村、部队、高等院校等，同时还包括学校所处地区的人文资源和自然资源，如文化古迹、历史遗址、风景名胜、民俗民风、乡土文化等。

三、语文课程资源设计与开发应具备的三大意识

（一）学段意识

语文课程资源是教学的素材，它的第一要求是符合教学的需求，而学段是体现教学需求的第一要素。《义务教育语文课程标准（2022年版）》和《普通高中语文课程标准（2017年版2020年修订）》把语文教学分为五个学段，即小学三个学段、初中及高中各一个学段。每一个学段都有一个阶段性的目标和内容，如在小学第一学段（1~2年级），语文课程资源要多图少字，同时还要偏向于为学生的识字与写字服务。

（二）文体意识

在设计与开发语文课程的助学资源时，必须充分考虑文学文体与非文学文体的区别，以及文学文体中各类体裁文体的特点。

（三）文本意识

语文学科的目标达成是对文本的解读与生成，因此，在设计与开发语文课程资源时，要充分关注语言文字的运用，强调资源所提供的内容与文本的关联，真正达到助学的价值。

四、信息技术条件下的语文课程资源

（一）信息技术条件下语文课程资源的新特点

信息技术条件下的语文课程资源主要具有如下五个特点：一是多媒体化，文本与简单挂图以更新的方式显示，增加更丰富的内容，形成文本、图形/图像、视频、音频、动画等多种媒体综合运用的格局；二是非线性化、超文本方式的运用，让知识以网状方式呈现，使学习的多样性与可选择性得以实现；三是交互性，为教学的双向性提供可能，有利于充分发挥主体的控制与反馈意识；四是教学过程的智能化，实现了资源的实时监控、分析及帮助，有助于教学过程中的个性化教学；五是信息结构的动态性，实现了教学资源的适时重组，让主体（教师、学生）按照自己的教学（学习）需求重构资源并实现实时记录。

（二）信息技术条件下语文课堂教学资源的应用方式

信息技术条件下的语文课堂教学资源主要有四种应用方式：一是教学演示，此类资源主要帮助学生进行学习，也可以帮助教师创设课堂教学情境，展示学生需要了解的相关信息，演示复杂的事实。二是个性化指导，此类资源能够帮助学生理解认知内容，根据学习者的不同需求实现差异化教学。三是测评练习，此类资源主要用于评估学生的学习效果，无论是过程性评价还是总结性评价都可以实现。四是支持新型学习方式，《义务教育语文课程标准（2022年版）》明确指出："应重视信息

---

① 简单挂图指的是教师在课堂上使用图片或者海报等教学资料时的一种挂图方式。它可以将教学资料以清晰、直观的方式展示给学生，加深学生对所学知识的理解和掌握。

化环境下的资源建设,关注语文学习过程中生成性资源的整理和加工,运用课程资源促进学习方式的转变。"

(三)信息技术条件下语文课程资源设计与开发的途径

1. 课程资源设计与开发的通用法则——ADDIE 法则[①]

ADDIE 法则本为教学设计的整体性法则,在课程资源设计方面同样适用。ADDIE 代表五个环节:即分析(analysis)、设计(design)、开发(development)、实施(implementation)和评估(evaluation)。这五个环节之间不是简单的线性程序,而是以评估为核心的循环性结构,如图 4-1 所示。

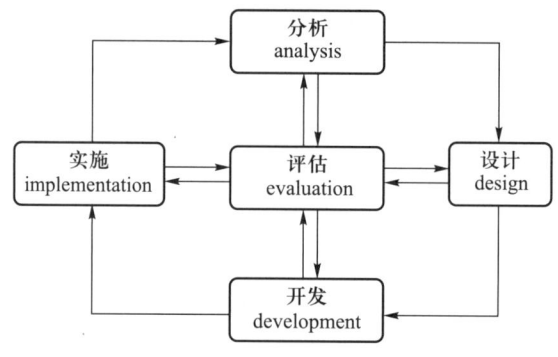

图 4-1 ADDIE 法则

(1)分析阶段

本阶段作为教学资源设计的初始阶段,需要确定教学的起点,即进行前期的需求分析,包括学习者特征分析、学习需要分析、教学目标分析、教学内容分析。它的评估效果直接决定整个产品的价值。

(2)设计阶段

本阶段是在前期需求分析的基础上,选择教学方法和教学策略,确定教学流程和教学序列,并结合每个教学环节的需要,选择合适的教学媒体,对所要使用的教学资源的内容和呈现方式进行具体的设计,完成教学设计、脚本设计、接口设计、信息设计,最终形成如图 4-2 所示的设计蓝图。

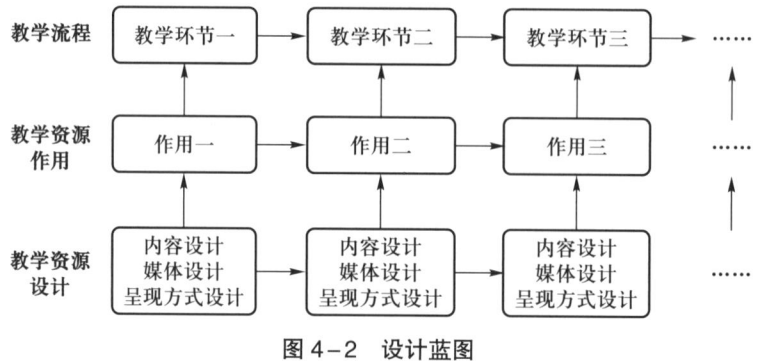

图 4-2 设计蓝图

---

① 余胜泉. 教学资源的设计与开发[M]. 北京:中央广播电视大学出版社,2011:12-14.

（3）开发阶段

本阶段是在分析阶段的基础上，具体选用恰当的媒体素材，按设计阶段的规划生成具体的教学资源产品，调用平台、处理素材、形成产品，是资源开发的关键流程。

（4）实施阶段

本阶段是将开发的产品具体运用到教学中，在教学过程中反馈效果，在评估的基础上进一步修订，并重新使用，反复评测。

（5）评估阶段

本阶段分为形成性评估和总结性评估，贯穿教学资源设计的每一个环节，为修订产品提供依据，并确保最终的教学效果。

语文课程资源的设计与开发过程与文章的创作过程相似，ADDIE 五个环节也与文章创作的五个要素——感思、立意、吸材、谋篇、表达有异曲同工之妙，在语文教学的实际运用过程中可以借鉴与模仿。

2. 语文课程资源的设计与开发

（1）教学资料的设计与开发

教学资料既是教学的内容，又是重要的资源形式。在网络信息技术条件下，大量教学资料以新的存在方式出现在教师与学生的选择视野中，不再是单一的纸质载体，更不囿于图书馆等特定场所。它以两种层级的展开方式为课程资源的开发提供思路：可以是原始的素材库，包括文字、图形/图像、音频、视频、动画等多种形式；也可以是集成的资源库和系统的网络课程，如语文新课程资源网、中学语文教学资源网、人教小语资源网等。语文课程的特殊性使其对信息资料的需求更加具体，无论是在认知目标、能力目标还是情感目标的达成方面，相关教学资料的设计都非常重要。例如，入选统编语文教材的李清照的三首词——《如梦令·常记溪亭日暮》（初中八年级上册）、《渔家傲·天接云涛连晓雾》（初中八年级上册）、《声声慢》（普通高中必修上册），在网络上有大量的配图与配音朗读，为课件制作准备了大量素材，还有大量的教学设计样例和网络视频可供借鉴等。

（2）教学支持的设计与开发

教学资料是课程资源的基础，教学支持是课程资源的实现形式。语文课程作为母语课程，其中人的因素非常重要。语文课程中的两大主体——教师和学生——不仅是两大资料来源，而且是资源支持的主体：既是使用多媒体的主体，又是课程资源的设计者、操作者和受益者，还是教学资料直接进入教学的前提和条件。

（3）教学环境的设计与开发

教学环境不是一个简单的场所概念，更是一个情境概念，它是一个由人与环境构成并生成学习效能的"场"，是一个由教学资源、教学支持组合的系统，是语文课程资源的最终成果，也是语文课程资源最具价值的部分。

（四）信息技术条件下合理使用语文课程资源

互联网给语文教学提供了先进的信息技术，为教师的教学和学生的学习带来了极大的方便。但师生双方都要理性地对待信息技术。信息技术始终是教学的辅助手段，在语文教学的过程中，要注重实效，不要画蛇添足、喧宾夺主，一味追求表面的热闹，把课堂搞得华而不实。面对互联网上的各种信息，千万不能抱有投机取巧的心态，不加取舍地照抄照搬。要围绕语文教学目标，依据语文教学内容，紧扣语文教学的环节，为师生互动完成教学任务而合理地使用语文课程资源。这就需要有一个师生对语文课程资源理解、分析整理、概括综合的研究过程，这也是对语文课程资源的识别、筛选、加工、改造、重新组合甚至再生的过程。在教学中，不能用"人机对话"取代"师生对话""生生对话""师生与文本的对话"。滥用信息技术，把语文课变成影视观看课、美术欣赏课、现代教育技术展示课的做法，都是错误的，它会削弱语文教师在教学中的主导地位和学生在学习中的主体地位，使教师沦为影视和美术欣赏课的"放映员"和"技术员"，把学生变成缺乏情感、意志和创新能力的"现代机器人"。

实践运用

● 实践任务 ●

运用 ADDIE 的相关理论设计与开发语文教学资源，用于统编高中语文教材选择性必修下册第二单元第 6 课《再别康桥》的教学。要求：（1）收集相关图片素材、朗读音频及关于这首诗的网络文本及超文本；（2）指导阅读相关语文助学读物，拓展阅读相关人物的传记，如《徐志摩评传》《林徽因传》以及相关人物的作品集；（3）设计制作教学课件，体现 ADDIE 法则及三大意识。

● 实践指要 ●

可以采用小组合作的方式，共享收集到的素材；也可以在他人做好的课件中提取相关素材，如在音频材料的选用中考虑采取演唱的方式和选取一些新歌手的演唱片段。

反思调节

● 学习反思 ●

请核对和填写表 4-2，看看自己有哪些收获，哪些方面还需要继续努力。

表 4-2 学 习 反 思

学习内容	实现程度			改进建议	备注
	未实现	实现	充分实现		
了解语文课程资源的内涵与分类					
掌握课程资源设计与开发 ADDIE 标准化流程					

续表

学习内容	实现程度			改进建议	备注
	未实现	实现	充分实现		
能运用 ADDIE 标准化流程，设计和开发语文教学资源					

备注：请在"实现程度"的相应地方画"√"，如果某一学习内容"未实现"，请简要记录你的改进建议。

● 自我调节 ●

根据改进建议，你将会_____
_____
_____。

 推荐阅读

1. 管贤强，孙时倩. 核心素养背景下语文课程资源的开发［J］. 中学语文教学，2022（10）：10－13.

2. 黄师晴，卢军. 中学语文课程资源的开发与利用［J］. 基础教育研究，2022（18）：20－22.

3. 周群. 关于整合语文课程资源的一些想法和建议［J］. 语文建设，2022（16）：8－11.

第五章　语文教材研究

> 使用统编教材，改革我们的语文教学，必须立足于各自的学情，根据自身条件，在原有基础上去逐步调整、改进和更新。①
>
> ——温儒敏

知识导图

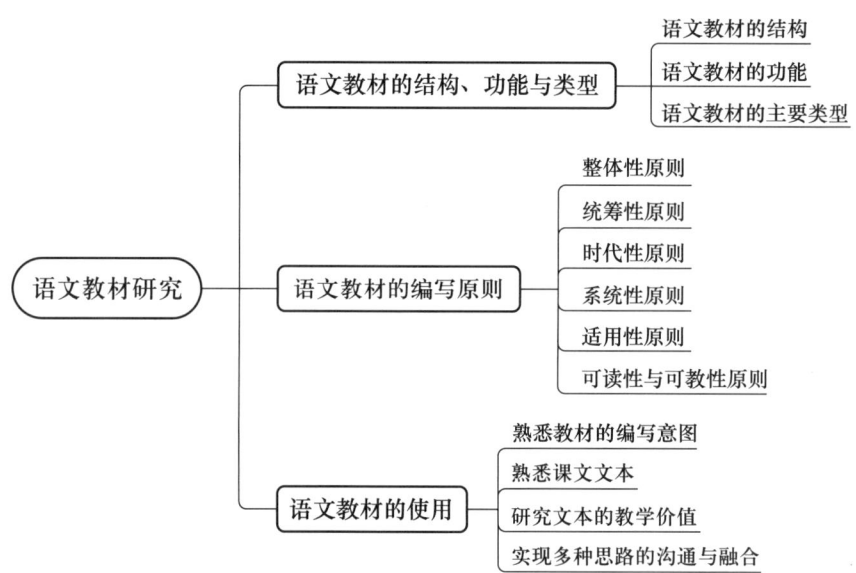

学习目标

1. 认识语文教材的功能。
2. 掌握语文教材的结构与类型。
3. 理解语文教材的编写原则。
4. 把握统编语文教材的编写理念、特点与使用要求。
5. 学会高效、合理地使用语文教材。

---

① 温儒敏. 守正创新用好普通高中语文统编教材［J］. 人民教育，2020（17）：51-57.

案例研习

● 教例再现 ●

下面是成都嘉祥学校的廖翙教师对统编高中语文教材必修上册第一单元第8课时"读写融通"一课的教学设计（节选）。

【任务群学习内容与目标】

一、单元学习内容

本单元属于高中语文必修课程"文学阅读与写作"学习任务群，作为该任务群的第一个单元，以"青春激扬"为人文主题，围绕诗歌、小说的阅读鉴赏，共选编词一首、新诗四首、诗化小说两篇，并提供单元提示、学习提示和单元任务等栏目，引领学生开展语文实践活动，提升学生的语文学科核心素养。

二、单元学习目标

1. 领略不同作家笔下的青春诗味，引发学生对青春价值的思考与憧憬。
2. 学习从语言、形象、情感特点等角度欣赏作品，提高文学鉴赏能力。
3. 感受诗歌意象、诗歌语言的张力，尝试进行诗歌创作并与同伴分享。
4. 比较诗歌和小说创作手法与艺术风格的异同，体会不同文体的魅力。

【单元整体设计思路与任务框架】

本单元整体设计思路与任务框架如表5-1所示。

表5-1 单元整体设计思路与任务框架

学习活动		学习任务内容及目标	教材篇目	课时安排
学习活动一：鉴赏青春诗义	诗歌阅读与鉴赏	1. 围绕"意象"和"诗歌语言"揣摩作品意蕴和情感。 2. 学习欣赏诗歌的方法，尝试写作诗歌鉴赏和文学评论。	词一首、新诗四首	3课时
	小说阅读与鉴赏	1. 聚焦"描写"对小说进行批注评点，探究描写手法的艺术价值。 2. 体会诗化小说的诗意美，能品鉴小说的文学价值与思想魅力。	诗化小说两篇	2课时
	比较阅读与鉴赏	1. 比较五首诗歌的异同，领略不同风格作品的艺术张力。 2. 比较诗歌和小说的异同，体验不同文体形式的独特魅力	所有文本	1课时
学习活动二：思考青春价值		1. 查找作者资料及写作背景，梳理背景资料，加深对作品意旨的理解。 2. 围绕"青春的价值"展开讨论，通过班级活动进行观点分享与交流	所有文本	1课时

续表

学习活动	学习任务内容及目标	教材篇目	课时安排
学习活动三：抒写青春诗篇	1. 触发创作欲望，以"青春"为主题创作诗歌作品。 2. 评鉴诗歌作品，全班合作汇编一本《青春诗集》	无	1课时
学习活动四：吟咏青春序曲	1. 有感情地诵读作品，通过朗读表达对本单元中自己喜爱的文学作品的理解。 2. 以"青春的对话"为主题，开展文学作品朗诵活动，展示自己的诗歌	优秀诗歌作品、学生原创诗歌	1课时

【第8课时教学目标】

1. 通过回顾研读，感悟青春情怀，理解青春价值。
2. 通过诵读品评，思考青春内涵，表达青春态度。
3. 通过推敲重构，锤炼诗歌语言，提升写作品质。

【第8课时教学过程】

一、回顾研读——他们是怎样的青年

教师抛出本环节的主要问题：本单元哪部作品展现的"青春魅力"最让你感动？通过对本单元作品的回顾，学生积极分享多彩的"他人青春"感受，教师在点评中引导学生感悟青春情怀，理解青春的价值。

二、抒发建构——我是一名怎样的青年

通过对三首优秀的学生原创青春诗歌作品进行展示和品评，引导学生欣赏同伴创作的诗歌，在对同龄人优秀青春诗歌的品读和鉴赏中相互激励，共同成长。同时引导学生珍惜自己的一词一句，理解"立言即立人"的道理，在分享中再次思考"青春"的价值。

三、推敲反思——怎样增添青春的"诗味"

通过对教材"学写诗歌"的梳理，制订诗歌创作评估量表（如表5-2所示），为学生写作能力的提升提供切实有效的路径，引导学生对标评估量表进行自我评估和他评。

表5-2 诗歌创作评估量表

序号	评估项目		水平等级			说明
			优秀	较好	一般	
1	诗歌情感	生命体验				
		社会思考				
2	诗歌意象	数量				
		组合方式				
		独特性				

续表

序号	评估项目		水平等级			说明
			优秀	较好	一般	
3	诗歌音乐	韵律				
		节奏				
4	诗歌语言	凝练含蓄				
		联想想象				
		个性化				

四、修改重构——写好我们的青春之歌

通过对诗歌进行当堂修改重构（如表 5-3 所示），实现学生的课堂生长，引导学生挑战自己语言表达的极限，感受作品不断丰厚带来的乐趣，并在推敲表达中反思自我的生命状态，继续叩问青春价值。

表 5-3 修 改 重 构

序号	评估项目		修改维度	修改前	修改后
1	诗歌情感	生命体验			
		社会思考			
2	诗歌意象	数量			
		组合方式			
		独特性			
3	诗歌音乐	韵律			
		节奏			
4	诗歌语言	凝练含蓄			
		联想想象			
		个性化			

【作业设计】

全班分小组合作汇编《青春诗集》。

"汇编"既涉及诗歌的写作和选择，又涉及诗歌的编排并找到恰当的编排顺序。诗歌汇编既要反映写作成就，又要吸引读者，同时还要符合"青春"主题。全班可从内容编排、栏目设置、排版设计、撰写前言或后记、最终呈现形态和媒介等任务进行分工合作，完成诗集汇编任务。

● **案例点睛** ●

　　廖老师从教材确定的单元主题入手，分析教材所选篇目的主要特点和提出的学习任务，以此确定单元学习目标，建构任务群学习的展开框架。根据任务群学习的基本框架，设计第 8 课时的教学方案。第 8 课时是在学生完成前两个活动任务，开始自由创作"青春"诗歌的基础上展开的。为了引导学生以诗歌的方式更好地表达自己的青春，廖老师要求学生梳理教材中有关诗歌创作的要求，形成诗歌评价的基本要点。学生根据这些要点评析和修改诗歌，用好用活教材，有利于更好地解决任务群学习中读写融合的教学难题，提高任务群学习的质量。

 理论概述

语文教材是对学生进行母语教育、培养学生正确理解与运用国家通用语言文字的材料和信息载体。它是根据语文课程标准（或语文教学大纲）的相关要求而精心编写的，是学生获取语文知识、培养语感及语文能力、形成与发展语文核心素养的重要依据。

语文教材有广义和狭义之分。广义的语文教材包括教科书、教学参考书、课外读物、音像资料等；狭义的语文教材专指语文教科书。本书所说的语文教材，专指语文教科书。

一、语文教材的结构、功能与类型

语文教材的不同功能需要不同的教材结构来实现，因为教材结构决定了教材功能，要研究语文教材，首先需要分析教材的结构。

（一）语文教材的结构

语文教材的结构，是指语文教材各个组成部分的排列、组合及搭配序列等。语文教材尽管在不同时代有不同的编写特色，也存在版本的差别，但其基本结构具有相似性。综观 21 世纪初新课程改革以来的语文教材，大致包含课文系统、助学系统、知识系统、作业系统等相互联系的基本结构系统。这四个系统相互配合、相互交织，形成了丰富多样的语文教材的结构形态。

1. 课文系统

课文也称范文。在较长时间内，语文教学研究中没有把语文教材内容和语文课文内容科学地区分开。课文是大多数语文教材的主体部分，但不是语文教材的全部内容。把课文作为教材的主体内容并视为一个独立的系统，是语文教材区别其他学科教材的一个显著特征。其他学科的教材，大都以知识系统为主，并辅之以作业系统。但语文教材除知识系统、作业系统以外，还必须有课文系统，以此作为学生理解知识、训练能力、扩展视野、涵育情感、发展思想的来源。语文教材课文系统以范文为主干，主要起举例和学习的作用。

2. 助学系统

助学系统，是教材编写者对整套教材、一册课本、一个单元、一篇课文的学习目的、学习要求、学习重点、学习难点、学习方式以及学习方法等所做的简要提示。统编教材的"助学系统"主要包括五个方面的内容。

（1）学习提示。主要用"单元导语（单元说明）"等形式，引导学生把握单元内容、任务群学习目标和学习重点，据此选择任务群的学习方法。例如，统编语文教材七年级上册第一单元的"单元导语"为："日月经天，江河行地，春风夏雨，秋霜冬雪。大自然生生不息，四时景物美不胜收。本单元课文用优美的语言，描绘了多姿多彩的四季美景，抒发了亲近自然、热爱生活的情怀。学习本单元，要重视朗读课文，想象文中描绘的情景，领略景物之美；把握好重音和停连，感受汉语声韵之美。还要注意揣摩和品味语言，体会比喻和拟人等修辞手法的表达效果。"这段文字

既有对本单元课文内容的介绍，又有文章写作特征的概括，还以此为基础提出学习要求与建议。

（2）预习指导。主要是引导学生提前自学教材的助读设计，目的在于引导、铺垫、提高学生的阅读兴趣。一般而言，"预习指导"兼有助读和作业的双重功能，或激发学生的阅读兴趣；或调动学生的阅读期待；或与学生的经验、以前所学的内容进行勾连；或提供必要的文本解读所需要的背景知识；或照应单元重点，提示必要的阅读方法；或指出阅读中需要思考的问题；等等。

（3）旁批。旁批是文章助读的一种重要方式，义务教育阶段的语文教材采用了旁批的助读形式。旁批随文设置，内容丰富，形式多样，或针对课文的关键处、文笔精华以及写作技法作精要点评；或以问题形式呈现，启发学生思考。旁批强调启发性和引导性，避免结论的直接呈现。

（4）注释。注释是对书籍或文章背景、作者、语汇、内容、引文作介绍或评议的文字，包含内容广泛。中小学语文教材的"注释"形式相对简单一些，除背景、作者、语汇、内容、引文外，主要从文与道两个方面抓住重点、难点作注，以帮助学生自读课文。其深浅详略要顾及课文特点与年级特点，要讲求科学性与简约性的统一。注释有脚注、篇末注、夹注等形式，语文教材的注释一般列于正文当页之下，称脚注，也称本面注。全书注释的编排形式一般要求统一，以便于读者查找。

（5）插图。安排插图的依据是直观性教学原则。带有插图的教材既能吸引学生的注意力，激发学生的学习兴趣，又能帮助学生形象理解、深入阅读。就插图的应用范围而言，有课文插图、练习插图等；从插图的展现内容来看，有人物插图、物品插图、景色插图、地形插图、情节插图、线路插图等。插图对学生的自主学习具有一定的促进作用。优秀的语文教材大都重视插图，并将插图配置得较为恰当，做到图文并茂。

3. 知识系统

语文教材的知识系统包括读写知识、口语交际知识、现代汉语知识、古代汉语知识、文学常识等。读写知识除文章知识外，还包含读写方法指导、任务群学习指导的知识；口语交际知识，是培养学生日常口语交际基本能力，在各种交际活动中学会倾听、表达与交流，学习文明地进行人际沟通和社会交往并发展学生合作精神的相关知识；现代汉语知识，包含语音、文字、词汇、语法、修辞、标点符号等；古代汉语知识，包含常见的文言实词、虚词和句式；文学常识包含作家作品、文学理论与文学史等。此外，还有与课文内容相关的多元文化知识以及思维知识。任务群学习方法指导，是以单元文本情境为载体，指导学生完成单元学习任务的程序性知识。

语文教材基础知识的编写，一般采用集中与分散相结合的方法：或集中写成短文，或分散编入"思考和练习""单元学习任务"与注释中，或以"补白"的形式形成一个知识系统。无论采用哪种方式，注意知识自身的系统与知识之间的联系以及知识与课文、练习的相互配合，是语文教材建构知识系统的重要追求。

4. 作业系统

作业系统是为了培养语文核心素养而设计的一系列实践活动的总称。作业系统能够帮助学生巩固和运用学过的知识并检验学生的学习效果，通过实践发展自身的语文能力；也有助于教师检测教学效果，了解学生的学习状况。语文教材中的作业类型多种多样：有关于范文阅读的，也有关于知识理解与运用的，还有关于语言表达训练的……它们都有利于促进学生语文能力的形成和发展。随着核心素养和学习任务群的进一步强化，作业系统中语文实践活动所占的比重会越来越大。

（二）语文教材的功能

语文教材主要具有历练语言、育德启智、积淀文化、扩展知识等功能。

1. 历练语言

从课程与教学的角度出发，语文是以培养学生听说读写能力为主要教学目标和主要内容的文化基础课程，语文教材是达成这种教学目标的凭借。语文教材中所选的各类课文，在语言运用上都是学生学习的范本，学生学习和探究这些选文的语言特色、写作方法，可以培养语感，获得语言体验和语言运用智慧，这就是语言历练。《义务教育语文课程标准（2022年版）》要求：语文课程应引导学生热爱国家通用语言文字，在真实的语言运用情境中，通过积极的语言实践，积累语言经验，体会语言文字的特点和运用规律，培养语言文字运用能力。这就需要发挥语文教材历练语言的功能，培养学生的语言运用和文字获得能力，感受不同文章的美感。

2. 育德启智

人的言语行为与思想品德密切相关，从某种程度上说，语文教育也是言语智慧教育。"育德"是在语言、文学、文化等教学活动中，培养学生与他人、与社群和谐相处的能力，使学生学会生存、学会发展。语文教材中的优秀选文，反映了作者的世界观、人生观和审美观。阅读这样的语言作品，不仅可以提升学生的言语能力，而且有助于磨砺学生的思维品质，开发学生的智力。《义务教育语文课程标准（2022年版）》强调：语文课程致力于全体学生核心素养的形成与发展，为学生学好其他课程打下基础；为学生形成正确的世界观、人生观、价值观，形成良好个性和健全人格打下基础；为培养学生求真创新的精神、实践能力和合作交流能力，促进德智体美劳全面发展及学生的终身发展打下基础。教材编写要以马克思主义为指导，坚持立德树人，体现社会主义核心价值观；坚持面向现代化、面向世界、面向未来。依据课程标准编写的教材要体现时代特点和现代意识，要适应学生的认知特点和身心发展水平，密切联系学生的经验世界和想象世界；要有助于激发学生学习兴趣，培养创新精神，发展实践能力，将教材的育德功能与启智功能有机结合起来。

3. 积淀文化

学好语文的一条重要路径是熟读记诵，这是我国教育传承下来的行之有效的宝贵经验。熟读、背诵一部分名篇佳作，其作用并不仅仅在于记诵这些名篇佳作本身，还在于通过记诵培养学生的语言感受能力，使学生掌握的字、词、语、句日益丰富，化为自身的言语经验，丰富思想感情，有效地传情达意。《普通高中语文课程标准（2017年版2020年修订）》中"学习任务群8　中华传统文化经典研习"强调，"引

[微视频]
微课：语文教材的基本结构

导学生通过阅读中华传统文化经典作品，积累文言阅读经验，培养民族审美趣味，增进对中华优秀传统文化的理解，提升对中华民族文化的认同感、自豪感，增强文化自信，更好地继承和弘扬中华优秀传统文化"。《义务教育语文课程标准（2022年版）》强调，语文课程应"发展思维能力，提升思维品质，形成自觉的审美意识，培养高雅的审美情趣，积淀丰厚的文化底蕴，继承和弘扬中华优秀传统文化、革命文化、社会主义先进文化，增强对习近平新时代中国特色社会主义思想的理解和认识，全面提升核心素养"等，这些都要求语文教材发挥积淀文化的作用。

4. 扩展知识

语文课程具有很强的综合性，语文教材应该扩展学生的知识视野。就语文学科来说，语文教材既有丰富的语文知识，又有关于社会各个领域的百科知识。大量优秀语言作品所承载的百科知识，往往比普通文章显得更加生动、形象，能激起学生强烈的学习兴趣，使学生关注不同的学习领域和生活领域。《义务教育语文课程标准（2022年版）》要求："语文课程要突出内容的时代性，充分吸收语言、文学研究新成果，关注数字时代语言生活的新发展，体现学习资源的新变化……注重课程内容与生活、与其他学科的联系，注重听说读写的整合，促进知识与能力、过程与方法、情感态度与价值观的整体发展。"因此，语文课程与教学实践，需要精心选择学习主题和内容，组织策划多样的学习活动。教会学生掌握问题探究的步骤方法，培养学生综合运用多学科解决实际问题的能力。因此，语文教材需要拓展学习资源，为学生扩展知识提供必要的学习内容支持。

[微视频]
微课：语文教材的功能

（三）语文教材的主要类型

教材类型体现着其结构特征。语文教材编写受编写理念支配，编写理念不同，编排方法就不同。我国百余年来语文教材的结构类型，大致可分为以下几种情况：根据形式的不同，可分为综合型与分编型；根据内容的不同，可分为文选型与知识型；根据发展进程的不同，可分为文体型、训练型与主题型；根据组织形式的不同，可分为单篇型与单元型。

1. 综合型教材与分编型教材

综合型教材，也称合编型教材，是指把阅读教材、写作教材、听说教材、基础知识教材综合编成一套教材，主要采用选文章、组单元、做注释、配练习、附短文的方式组织教材内容。综合型教材采用复合结构的方式编排，内容包含课文系统、助学系统、知识系统与作业系统，主要以板块形式组合，每个单元都是课文、相关知识与素养训练的复合体。课文是主体，也是语文实践活动的事例与载体；知识是实践活动的先导，能力是实践活动的核心。每个单元安排了一个或几个知识点与活动点；各个单元相互连接，形成了知识线与活动线。综合型教材的优点是易于把握，有利于建构学习任务群，促成听说读写能力的整体发展。教师使用一本教材，容易从整体上处理教学内容，取得较好的综合教学效应。综合型教材的主要缺陷是，把各种训练或活动内容综合编排在一起，不容易体现系统性，编排不合理会使教材看上去眉目不清、头绪芜杂，容易导致语文训练或活动的失序。

例如，统编初中语文教材可以视为综合型教材。这本教材按照双线组织单元结构，意在强化语文学习的综合性和实践性。所谓双线组织单元结构，就是用"人文主题"与"语文要素"双线组织单元。所谓人文主题，就是体现语文的人文性的主题，即课文选择大致按内容类型进行组合，如"修身正己""挚爱亲情""科学探索""人生之舟"等，力求形成一条贯穿全套教材的显在线索。所谓语文要素，即将与语文素养有关的各种基本"因素"，包括基本的语文知识、必备的语文能力、适当的学习策略和学习习惯，分解为若干个知识和能力训练点，由浅入深，由易及难，分布在不同的教学单元和教学内容中。双线组织单元结构，既强调语文与生活的联系，重视主流文化与传统文化的渗透，促进学生形成正确的世界观、人生观、价值观，体现语文学科的人文性，又保证语文综合素养的基本训练，每一课都有所得，使教学有一条可以大致把握的线索，也有层级序列较为清晰的梯度结构，从而体现语文学科的工具性。这种按双线组织单元结构的编排意图，体现了工具性与人文性的统一，符合课程标准对语文学科性质的定位。

分编型教材，是指把语文教学内容按不同的性质分别编制成几种教材，如文言和白话分编、文学和汉语分编、阅读和写作分编等。除此之外，还有读本和练习册分编、课内读本与课外读本分编等。人民教育出版社1978年出版的初中、高中实验教材，是典型的分编型教材。初中实验教材分编为《阅读》与《作文·汉语》两种，高中实验教材分编为《文言读本》《现代文选读》《文学读本》《文学作品选读》《文化读本》《文化著作选读》《写作》七种。分编型教材分门别类，眉目较清楚，序列较分明，系统性较强，在促进语文教材科学化、序列化方面具有一定的优势；其局限在于，教学时要使用多套教材，难以求得教学上的综合效应和整体效应，在读写配合与教材分量的匹配上容易失当。

[微视频]
微课：语文教材的基本类型

2. 文选型教材与知识型教材

文选型教材，是以文选系统为主体的教材。它以讲读为主要方法，要求在讲读选文的过程中，适当配以一定的作业，使学生学有所得，逐步培养与提高语文能力。文选型的教材体系，是我国语文教材的传统体系。编辑文选型教材，简便易行，有一定的合理性，能收到一定的效果。但这类教材体系由于缺乏严密的科学性，因而在教学和学习过程中，效率不够明显。

知识型教材，是以知识系统为主体的教材。以学习和运用语文基础知识为主的教材，往往以知识系统为主体，即把语文基础知识分解成若干方面，每个方面又分出许多项目，然后以此为纲选编相应的范文。例如，曾经有语文教材在初中第一册开始就学习文字知识、汉字造字法（旧时称"六书"），同时学习各种常用字典的查检法；选读范文，侧重点为识字辨形、学会独立查检字典以解决阅读中遇到的生字难词，等等。在此基础上，顺次学习语音、词汇、语法、修辞、文章作法等各种语文知识。由于知识本身可以显示出鲜明的系统，因而知识型教材往往序列清楚，训练目标集中。知识型教材并不多见，效果有待于实践检验。

3. 文体型教材、训练型教材与主题型教材

文体型教材，是根据选文的文体特点，按照记叙文、说明文、议论文等类别分单元循环安排、螺旋式递进的语文教材。文体型教材的编选体系在1963年初步形成，

并于20世纪80年代得以确立。文体型教材比较符合学生从形象思维逐渐过渡到逻辑思维的心理发展过程，因而20世纪80年代以来曾一度成为语文教材的主流。有研究者认为，教材的编选按照记叙、说明、议论的方法安排，虽注意到读写之间的联系，有利于练习写作各种常用文章，但读与写各有特点，训练内容不同，如果完全按文体安排，那么不仅难以兼顾，而且读、写训练都容易受到限制。同时，这种安排忽视了口头训练，听话、说话训练在教材中很难落实。以这个顺序为主线来确定各年级阅读教学要求，并按照这个线索编选语文课本，不能有效地培养学生实际运用语言文字的能力。

训练型教材，是以训练系统为主体的教材。这类教材的基本特征是，根据明确的训练目标和周密的训练计划，确定适当的教学内容和教学方法；通过严格的系统训练，切实有效地培养学生的各项语文能力。人民教育出版社于1982年开始编写、1985年秋季开始使用的重点中学高中语文实验课本就是这一类型的教材。该套教材的指导思想是：贯彻"三个面向"精神，以全面提高语文能力和提高教学效率为主要目标，坚持科学化与民族化统一的原则。编者运用现代科学的系统方法，结合高中语文教学的特点，采用知识分类、能力分层、训练分步、教材分编等做法，力求体现训练目标的明确性、训练计划的整体性、训练内容的系统性和训练方法的科学性，使各项训练在纵向的发展和横向的配合上，都有相对合理的内在联系，构成一个比较严整的语文训练体系。①

目前的语文教材打破了文体界限，以"内容主题"设计单元和学习任务群，把相似"主题"内容的诗文编入一个单元，若干不同主题的单元组合在一起，形成教材，被称作"主题型教材"或学习任务群教材。这种教材在同一单元中，既有散文、诗歌、记叙文，又有议论文或说明文等。

4. 单篇型教材与单元型教材

单篇型教材，是按一定的顺序（如时间）把不同时代、不同作者、不同内容的文章编辑而成的语文教材。单篇型教材选文虽然具有较大的灵活性，但每篇文章各有特点，教学目标较难定位，教学效率不够理想。

单元型教材，是把若干篇体裁相同、内容相近，或者主题相似的文章组织成一个特定的教学单位——单元进行教学。单元型教材通过具有相关性的单元组织教学内容，教学目标容易定位，可以使语文课程内容与教学内容之间形成一定的序列，体现一定的层次，从而避免教学内容的支离破碎。

当前语文教材的组织形式一般以"单元"为基础，把单篇课文和"单元"进行统筹安排，形成一个学习任务群，以提高语文教学效率。所以"单元"是一个复合型结构，它按一定的目的把助学系统、课文系统、知识系统和作业系统组合在一起。实施单元教学时，教师既可以把教材设计的每一个单元作为一个整体，统筹设计教与学，又可以打破教材原有的组织方式，根据学情组织单元，统筹实施单元教学，重构学习任务群，以提高整体教学效率。

---

① 韩雪屏. 中国当代阅读理论与阅读教学［M］. 成都：四川教育出版社，1998：290.

二、语文教材的编写原则

教材编写原则，是编写教材应遵循的基本理念与准则，它是教材编写规律的体现。了解教材的编写原则，可以把握教材的基本规律，加深对教材的认识和理解，能够更加科学、有效地从事语文教学，提高语文教学质量。

（一）整体性原则

整体性原则，是指编写语文教材时，要把语文教学思想、语文教材与语文教学方法作为一个整体考虑。编写语文教材，首先要有明确的教学思想。学生语文能力的形成，离不开教学思想、教材、教法三种因素的整体作用。在编写语文教材时，必须整体考虑各因素之间的关系。语文的运用是凭借言语进行的，语文教材的选文一般都是文质兼美的典范言语作品。要学好语文，必须对言语作品进行认真阅读、品味和体验，研究课文怎样表情、达意和载道，怎样对学生的思想情感产生潜移默化的影响等问题。语文教材编写需考虑读写听说等多方面内容的联结，使它们相互作用、相互影响、相得益彰。语文教材编写还需要注意教法、学法的协调，注意义务教育各学段与高中阶段教材内容的联系、衔接与平衡。

[微视频]
微课：语文教材的编写原则

（二）统筹性原则

语文教材是一个庞大的系统工程，教材编写需要妥善处理教材各系统之间的关系，这是统筹性原则的基本要求。具体而言，统筹性原则主要表现在以下两个方面。第一，要处理好语文学习与德、智、体、美、劳的关系，不能偏废。编写语文教材，一方面应立足于充分发挥语文教育的作用，培养学生的语文素养，为学生德智体美劳的发展创造有利条件；另一方面，语文教材不能片面增加分量，加大深度与难度，增加学生的课业负担，损害学生的身心健康。第二，要处理好语文学科与其他学科的关系。语文具有综合性，编写语文教材不仅涉及政治、历史等社会科学的内容，而且涉及数学、物理、化学、生物等自然科学的内容。编写语文教材，还需考虑语文与现代科技、文化之间的联系。

（三）时代性原则

语文是学生理解和掌握科学文化知识、形成学习能力、培养审美情趣和文化修养的基础。语文作为从事学习和工作的基础工具，其工具性主要体现在为现实服务上，如果不能很好地服务现实，那么其重要性就不能充分体现出来。每个时代都有不同的审美趣味和文化符号。所以，语文教材必须结合时代的需求，从学生的生活实际出发，准确把握时代的节律，适应学生的现实发展，强化学科的时代性特点，这是语文教学的时代性原则。语文教材要选择反映现代科技生活与文化生活、富有时代精神的作品，只有这样才能适应学生不同的兴趣与爱好，提高学生的思想、文化素质，促进其智能、个性的发展。

（四）系统性原则

语文教材应该有一定的科学体系。无论是文选型教材、主题型教材，还是文体型教材、训练型教材，都要遵循系统性原则。语文教材一般都以培养学生的读写听说能力为线索安排教学内容，这条线索由阅读、写作与口语交际三条分线索组成。

与此相联系的是基础知识线索，它是由读写知识、语法知识、修辞知识、文言语法知识、文学知识等若干条分线组成的，各条线索之间应该紧密配合。

（五）适用性原则

教育不能只考虑社会发展的需要，还要考虑个人的发展需求。《义务教育语文课程标准（2022年版）》在"教材编写建议"中明确指出：教材应具有开放性和选择性。在合理安排基本课程内容的基础上，关注不同区域教育实际，给地方、学校和教师留有调整、开发的空间，也给学生留出选择和拓展的空间，满足不同学生学习和发展的需要。随着课程改革的不断深入，在课程标准的引领下，越来越多的学校教师和广大教育工作者已经清醒地认识到，应从关注学生和学校的差异性、特殊性出发用好用活教材，增强语文教材使用的适用性。

（六）可读性与可教性原则

一般情况下，语文教材的可读性与可教性是统一的，但有些语文教材宜于阅读，并不适宜教学。语文教材的可读性，不仅体现在文质兼美的课文中，而且反映在精要、好懂、实用的语文知识与新颖别致的作业设计上。可读性强的语文教材，能给读者以充实、深刻、新鲜的感受，使读者在思想上、知识上、艺术上得到满足。可教性强的语文教材，可选择丰富的教学内容，为教师确定教学目标提供多种选择，为教师确定最优的教学目标创造有利条件，有助于提高教学质量。

三、语文教材的使用

研究语文教材是为了更好地认识和使用语文教材。语文教材的使用质量，取决于语文教师对该套教材的整体把握程度和研究深度。语文教师要有效地使用语文教材，应该注意以下四个方面。

（一）熟悉教材的编写意图

了解和熟悉教材的编写意图，对用好教材十分重要，教师可以从以下三个途径获得相关内容。

第一，查阅教材的"教材简介"。任何一套语文教材的编写、出版和推广，都有相应的教育理论和编写理念作基础。教材出版后，教材编写者通常都会发布一份全面阐述教材编写的指导思想、编写理念、教材结构、教材各部分的关系、怎样使用教材的"产品说明书"。阅读它是语文教师使用教材前的基本要求。

第二，阅读"编写说明"或教材"前言"。教材的编写意图，通常会在语文教材的"编写说明"或"前言"中体现出来。一般而言，"编写说明"或"前言"是对整套教材的编写理念、编辑体例和教材使用方法的简要说明，其目的是帮助师生认识、理解和使用这套教材。阅读"编写说明"或"前言"，可以使我们更快地了解教材的编写理念，认识蕴含在教材中的教育教学理论，熟悉教材基本结构，把握教材特征，从而更科学地使用教材。

第三，研究教材的"助学系统"。教材编写者的意图常常通过"单元说明""阅读提示""写作导引"等助学系统体现出来。分析这些内容，可以进入教材内部，从教材的具体内容深入认识教材的编写意图。

（二）熟悉课文文本

想要较好地使用教材，必须熟悉组成教材的课文文本，比较全面、深刻地把握文本及其相关重要信息。

要走进文本内部，除知人论世，了解文本相关的重要信息外，还需要倾听和揣摩作者的写作意图。通过阅读文本，与文本作者产生同理心、同情心，从而与作者产生相似的情感体验。这样才有可能对文本有较深入的认识，把教师自身对文本的深刻理解传达给学生，引发学生进入文本，与文本对话。

（三）研究文本的教学价值

教师研究文本的教学价值，在于明确文本的可教性，根据所教班级学生的学习情况，确定适宜的教学目标。研究文本教学价值的过程，既是确定文本教学目标的过程，又是与学生共同辨析和评价文本优劣的过程。研究文本的可教性，选择重要的学习内容，确定明确的学习目标，是语文教师必备的语文教学能力。

（四）实现多种思路的沟通与融合

对选入教材的文本，作者有自己的创作目的和写作思路，教材编写者有自己的编写目的和编写思路，语文教师有自己的教学目的和教学思路，学生有自己的学习目的与学习思路。语文教师的教学思路，受作者创作目的和写作思路、教材编写者编写目的和编写思路及学生学习目的和学习思路所制约。语文教师确定自己的教学目的和教学思路，不能脱离其他主体的目的和思路。要有效发挥语文教材的多种功能，语文教师应该努力实现多种思路的沟通与融合。

四、统编语文教材

统编语文教材是教育部根据新时代的育人需要组织编写的，包括义务教育语文教材和普通高中语文教材。统编语文教材强调学生核心素养的培育和十二年一贯的整体设计，其突出特征是落实学习任务群要求，致力于学生核心素养的整体提升，以学生生活为基础，以语文实践活动为主线，创设丰富多彩的学习情境，设计有意义的学习任务，引导学生自主学习、主动积累和积极探究。因此，以培养语文学科核心素养为纲，以语文实践活动为主线，以促进学生在自主读写中提高语文学习的能力为主要任务，是统编语文教材的编写与使用纲领，分析统编语文教材的编写特点及使用这套教材时，要用好用活这一纲领。

（一）统编语文教材的编写理念与主要特点

根据上述纲领，统编语文教材的编写力求体现新时代的育人要求、核心素养的发展规律、语文课程性质和语文学习活动的特殊性。为了同时满足这些要求，统编语文教材形成了自身的编写理念，强化了与培育核心素养要求高度一致的特征。统编语义教材总主编温儒敏在介绍义务教育小学统编语文教材的编写理念时强调了四点：一是强调立德树人，却又避免做表面文章，努力做到润物无声。二是"'接地气'，希望有新理念，又不挂空，能实用好用。三是"守正创新"，在以前各个版本教材的基础上去创新。四是力图贴近当代中小学生的"语文生活"，体现时代性。①在这四个方面的理念中，立德树人是前提和根本，是语文教材"接地气""守正创新"与贴近学生生活的基本遵循；传承已有教材的优良传统，根据时代变化和学生生活的最新需要进行守正创新，是为了更好地立德树人。换言之，义务教育小学统编语文教材的一切变化，都是为了在立德树人的基础上，更加有效地发展学生的核心素养。

温儒敏在介绍普通高中统编语文教材的编写理念时，强调以下内容：一是编写的立意更高，遵循中央提出的"立德树人"指导思想，通过"整体规划，有机渗透"的设计，结合语文学科特点去落实社会主义核心价值观教育；二是贯彻高中语文课程标准的精神，更新教育观念，改进教学方式，有针对性地改变目前语文教学存在的一些偏误；三是借鉴世界上母语教学先进的经验，关注信息环境下的教育教学改革，让教材更加符合语文教育的规律，也更加适合新时代公民基础教育的需要。②立德树人、润物无声，紧跟时代、贴近生活，继承传统、守正创新，是普通高中统编语文教材的重要编写理念。根据上述这些理念，统编语文教材呈现出三个方面的特征。

第一，在选文方面，兼顾经典性、适宜性、时代性和文质兼美等特征。

为了进一步凸显选文的经典性，义务教育统编语文教材减少了课文总量，提升了体现中华优秀传统文化的课文比例，增加了古诗文篇目，增补了传统教材中的经典课文；普通高中统编语文教材的古诗文数量大幅增加，不仅保留了原有教材中的经典课文，而且让一些经典课文重回教材。为了体现选文的适宜性、时代性和文质兼美等特征，统编语文教材增加了不少与时代贴近的新课文，这些课文具有鲜明的时代特征，体现了新时代的育人要求和语文课程改革的整体趋势。如普通高中统编语文教材的"人文主题"的设计，充分考虑新时代高中生人格和精神成长的需要，涉及面宽，但聚焦在"理想信念""文化自信"和"责任担当"三个方面。每个单元的"人文主题"都会突出其中某一方面③，以体现时代性和适切性的选文要求。

第二，进行课型分类，以"学习任务"建构学习单元。

统编语文教材强调"任务组元"的单元编排方式，每一个单元内的课文往往具有不同的功能，不同功能的课文需要以不同的课型来推进。义务教育统编语文教材在组织单元选文时强化了"课型分类"的特征：小学主要分为精读课和略读课两种类型；初中分为教读课、自读课和课外阅读三种课型。不同课型相互配合，共同构成了统编语文教材的选文体系。由于不同课型的选文具有不同的功能，因此要求师生以不同的方式处理。小学的精读课相当于初中的教读课，其核心任务是读懂、学通，形成阅读方法，积累阅读经验，所以"精读课主要是老师教，一般要求讲得比较细、比较精，就是举例子、给方法、激发读书的兴味；而略读课主要让学生自己读，把精读课学到的方法运用到略读课中，自己去试验、体会，很多情况下，略

---

① 温儒敏. 如何用好"统编本"小学语文教材［J］. 课程·教材·教法，2018，38（2）：4-9，17.

② 温儒敏. 统编高中语文教材的特色与使用建议：在统编高中语文教材国家级培训班的讲话［J］. 课程·教材·教法，2019，39（10）：4-9，18.

③ 温儒敏. 守正创新用好普通高中语文统编教材［J］. 人民教育，2020（17）：51-57.

读课就是自主性的泛读。课型不同，功能也不同，彼此配合进行，才能更好地完成阅读教学"①。

小学、初中和高中都有课外阅读，并推荐了相应的课外阅读书目，这些书目构成了中小学生的课外阅读内容体系。课外阅读的重要目的，是"鼓励'海量阅读'，鼓励学生读一些'闲书'，也就是和考试甚至和写作并不一定'挂钩'的书，鼓励读一些'深'一点的书，可以'似懂非懂'地读，'连滚带爬'地读。只有这样，才能培养起读书的兴趣"②，提高学生的语文核心素养，所以统编语文教材提倡采用"1+X"的方式组织课文与课外阅读素材："1"主要是指课文中的精读篇目或教读篇目；"X"主要是课外泛读篇目。只有两者结合，才能在日积月累中提高学生的语文核心素养。

除课文的不同功能所形成的不同课型外，统编语文教材还强调文体的课型意识，对不同文体的教学重点和方法进行提示，避免课堂教学的千篇一律。普通高中统编语文教材依据课程标准规定的学习任务群来编写，通过学习任务群组织选文、建构单元。两册必修和三册选择性必修教材中的每一个单元，各自对应课程标准规定的相应学习任务群。普通高中语文学习任务群采用人文主题和学科能力双线并进的思路建构，除人文主题这一线索外，"每个单元都设计若干指向语文核心素养的学习任务，保证语文工具性的落实"③。因此，一个单元就是一个学习任务群，不同单元之间相互作用，构成了统编语文教材的任务集群。

第三，构建核心素养发展的"潜在"体系。

"潜在"体系是指统编语文教材的编写虽然指向核心素养的系统发展，但其选文、编排体例和栏目名称并不与核心素养直接对应，而是将核心素养隐含在选文、单元、课型或学习任务群中，通过教材的体系化建构，隐性地促进学生核心素养的整体发展。正如温儒敏所说："统编本"语文教材已经在努力重建中小学的语文核心素养的体系，这是"隐在"的体系，不是"显在"的。④不能把每一课型或学习任务群都与核心素养一一地机械对应，而应从整体上分析选文、课型或任务群的一体化结构，通过一体化的任务实施，逐步实现语文核心素养培育的课程目标。

为了构建核心素养培育的"潜在体系"，统编语文教材对局部内容做了调整，增加了不少栏目，例如，在识字与写字方面，继续遵循"认写分流，多认少写"的理念，但在具体内容的安排上有了一定调整。第一是先认字后学拼音，然后"将拼音教学与认字教学结合起来，学拼音结合认字，彼此融通"⑤。第二是强调"多元认字"的方法，除拼音认字外，还要求教师引导学生通过字形、结构、偏旁、猜读、构字规律等方法认字。又如小学语文教材中增设"和大人一起读""快乐读书吧"等栏目。"和大人一起读"是"让孩子先和大人一起读，慢慢过渡到自己读"⑥；"快乐读书吧"

---

① 温儒敏. 如何用好"统编本"小学语文教材[J]. 课程·教材·教法，2018，38（2）：4-9，17.
② 温儒敏. 如何用好"统编本"小学语文教材[J]. 课程·教材·教法，2018，38（2）：4-9，17.
③ 温儒敏. 守正创新用好普通高中语文统编教材[J]. 人民教育，2020（17）：51-57.
④ 温儒敏. 如何用好"统编本"小学语文教材[J]. 课程·教材·教法，2018，38（2）：4-9，17.
⑤ 温儒敏. 如何用好"统编本"小学语文教材[J]. 课程·教材·教法，2018，38（2）：4-9，17.
⑥ 温儒敏. 如何用好"统编本"小学语文教材[J]. 课程·教材·教法，2018，38（2）：4-9，17.

的"目的是让学生接触各种文体类型,有基本的文体知识,激发他们阅读各种类型读物的兴趣,有意识地让他们去掌握一些读书方法"①。普通高中语文教材中设置单元学习任务,目的是提示师生准确把握学习任务群的主题与学科训练点,把阅读文本与完成任务结合起来,不同学习任务群相互匹配,共同构成普通高中阶段的语文核心素养培育体系。

(二)统编语文教材的使用思路与策略

上述编写理念与教材特点,要求统编语文教材的使用除注意前文论及的各项要求外,还需要强化以下三个方面的内容:

第一,强调读书方法的指导。统编语文教材要求阅读教学不仅要引导学生"读懂",更要教学生"会读"。要通过精读、略读或讲读、自读等课型,教会学生深读、细读、快读、浏览、跳读、猜读、群读、检索阅读等,以此为基础,引导学生积累不同文体的阅读方法。例如,小学语文教材设置"快乐读书吧"的重要目的,是引导学生积累不同文体的阅读方法,在开展"快乐读书吧"活动时,"不要将这种课处理成一般的课文学习,老师可以举一反三,讲一点相关的读书常识,包括书的类型和阅读方法,主要是引发兴趣,让学生自己找书来读"②,在自主阅读中积累阅读方法,丰富阅读经验,保持阅读兴趣。引导学生阅读整本书时,不要把每位学生都变为专业读者,而应引导学生体验阅读整本书的乐趣,探索适合自己的整本书阅读方法,学会自主阅读整本书。

第二,强化诵读和想象感悟。义务教育统编语文教材大幅度增加古诗文数量,教好这些古诗文的重要方法是引导学生诵读,并在诵读中进行想象、感悟。正如温儒敏所强调的:"最好的办法就是反复诵读,读得滚瓜烂熟,不用进行过多的阐释,也不要太多活动,宁可多读几遍、多读几篇。"③为了强调这一点,他特别列举《春晓》的教学例子:"给一年级学生讲《春晓》,讲春天到来的感觉以及那种发现,让孩子大致懂得写了什么,发挥他们的想象力,就可以了,不要让孩子去记什么'抒发了诗人热爱春天、珍惜春天的美好心情'之类,因为'珍惜春天的美好心情'之类,不是一年级孩子能理解的。"④诵读既包括集体朗读,又包括个人诵读与吟咏等,不同的诵读方式具有不同的优势与功能,不能片面强调某一诵读方式而忽视其他方式。温儒敏强调:"不要以集体朗读来代替个人的阅读和吟诵。朗读和吟诵不太一样,朗读往往是读给别人听的,而吟诵,摇头晃脑也好,闭目陶醉也好,都是读给自己听的。朗读不能替代自主性的阅读和吟诵,老师应该留一些时间让孩子自己读,给他们一定的空间去品味。"⑤只有以多种方式促进学生诵读涵泳,才能发挥统编语文教材扩展文言诗文的价值。

第三,优化任务群学习的指导策略。实施"任务驱动",不等于布置任务之后就

---

① 温儒敏. 如何用好"统编本"小学语文教材[J]. 课程·教材·教法, 2018, 38(2): 4-9, 17.
② 温儒敏. 如何用好"统编本"小学语文教材[J]. 课程·教材·教法, 2018, 38(2): 4-9, 17.
③ 温儒敏. 如何用好"统编本"小学语文教材[J]. 课程·教材·教法, 2018, 38(2): 4-9, 17.
④ 温儒敏. 如何用好"统编本"小学语文教材[J]. 课程·教材·教法, 2018, 38(2): 4-9, 17.
⑤ 温儒敏. 新课标、新教材、新高考与语文教学改革的几个关键点[J]. 写作, 2022, 42(1): 5-9.

完全由学生自己去学，①而应是教师指导学生有效地学习。因此，有效推进任务群学习的关键是教师的有效指导，只有不断优化任务群学习的指导策略，才能提高统编语文教材的使用效益。优化任务群学习的指导策略，首先要改变"课"的观念。实施"学习任务群"单元教学时，"课"的构成原则也发生了变化，不再以单篇课文或者课时作为"课"的基本构成单位，而是根据"任务"来设"课"。②教师在设计任务群学习的方案时，要转变原有的课时观念，根据教材单元的人文主题和课程标准提出的训练点，结合教材中的单元导读、学习提示、单元学习任务和文本的主要特征，设计单元学习任务，把"任务"细化为教学的目标、要点、难点，以"任务"统领和分配课时，形成教学方案，突破单篇阅读精讲细析的固定模式，让学生在自主的语文实践中学会学习，建构语文核心素养。③

在优化任务群学习的指导策略时，可以强化两个方面：一方面，创设任务情境。把单元学习任务置于一定的语文实践情境中，引导学生在特定的情境中完成任务。另一方面，优化活动过程。任务群学习是在语文实践活动中开展的学习，学习任务设计的本质是实践活动的设计，统编语文教材的单元学习任务一般设计3～4个"活动"。其中一个"活动"是凸显单元人文主题的，另外两个"活动"略有分工，从不同层面引领思考、探究和交流，还有一个"活动"指向写作④，备课时应当认真研究"单元学习任务"，要把这些"任务"转化为问题和学习的方法，让学生在"活动"中去解决问题，学会学习。⑤但要注意的是，任务群学习虽然强调"活动"这一要素，但不能为了活动而活动。实施"任务群"教学，旨在让学生多读书、多思考、多练笔，最终目的是提升学生的语文核心素养。因此，不能把时间和精力浪费在那些脱离语文本质的"活动"上。"活动"切忌形式主义，表面上热热闹闹、轰轰烈烈，却没有"干货"，⑥否则就会降低任务群学习的效益。优化活动过程时，要给学生的个体阅读留足空间，在设计"任务驱动"时不能"一边倒"，要尊重学生个性化的阅读，留给学生更多感受和理解的空间，避免被"任务"捆绑。⑦

在使用统编语文教材时，虽然要"尊重新教材，理解新教材，用好新教材"，但也不能"把新教材看作不容置疑的教学标准与蓝图"⑧，要以质疑的精神发现教材的不足，提出修改建议，为用好用活与完善统编语文教材作出贡献。

---

① 温儒敏. 守正创新用好普通高中语文统编教材［J］. 人民教育，2020（17）：51－57.
② 温儒敏. 守正创新用好普通高中语文统编教材［J］. 人民教育，2020（17）：51－57.
③ 温儒敏. 守正创新用好普通高中语文统编教材［J］. 人民教育，2020（17）：51－57.
④ 温儒敏. 统编高中语文教材的特色与使用建议：在统编高中语文教材国家级培训班的讲话［J］. 课程·教材·教法，2019，39（10）：4－9，18.
⑤ 温儒敏. 守正创新用好普通高中语文统编教材［J］. 人民教育，2020（17）：51－57.
⑥ 温儒敏. 守正创新用好普通高中语文统编教材［J］. 人民教育，2020（17）：51－57.
⑦ 温儒敏. 守正创新用好普通高中语文统编教材［J］. 人民教育，2020（17）：51－57.
⑧ 温儒敏. 如何用好"统编本"小学语文教材［J］. 课程·教材·教法，2018，38（2）：4－9，17.

实践运用

● 实践任务 ●

综合本章内容,请你在初中或高中的统编语文教材中任选 1—2 个单元,分析统编语文教材是如何体现课程标准中的任务群学习要求的。举例说明如何使用教材中的单元教学内容,更好地实现任务群学习目标。

● 实践指要 ●

1. 先进行独立思考,然后在小组或全班范围内分享。
2. 运用本章的有关知识进行深入分析。
3. 可针对目前的统编语文教材,提出教材使用建议。

反思调节

● 学习反思 ●

请核对和填写表 5-4,进行学习反思,看看自己有哪些收获,哪些方面还需要继续努力。

表 5-4 学 习 反 思

学习内容	实现程度			改进建议	备注
	未实现	实现	充分实现		
掌握语文教材的结构和类型					
理解语文教材的编写原则					
把握统编语文教材的编写理念、特点与使用要求					
学习高效合理地使用语文教材					

备注:请在"实现程度"的相应地方画"√",如果某一学习内容"未实现",请简要记录你的改进建议。

● 自我调节 ●

根据改进建议,你将会_____

_____。

推荐阅读

1. 叶军."出门人"的自我救赎:浅论《祝福》的叙述者"我"[J]. 语文教学与研究,2020(15):20-23.

2. 赵建明，周颖. 统编教材"思辨性阅读与表达"单元学习任务评析及建议：以高中语文必修上册第六单元为例［J］. 教育科学论坛，2023（32）：8－13.

3. 叶军."路"在何处：王勃《滕王阁序》对"人生之路"的探讨［J］. 中学语文教学，2020（2）：47－49.

中 编
语文教学设计与实施

第六章 语文教学设计

> 教学通常是有计划的,这就意味着,教学是以某种系统的方式设计的……仔细设计的教学旨在激励或支持个别学生的学习。无论是在师生一对一的情况下、或在课堂、在成人的兴趣小组内或者在工作情景中,只要教学发生,这一目的就决定了它的特征。帮助学生的学习必须是有计划的而不是随心所欲的,它所帮助的学习应使每一个学生更接近于最适当运用自己的才能、享受生活和适应物质和社会环境的目标。①
>
> ——加涅

知识导图

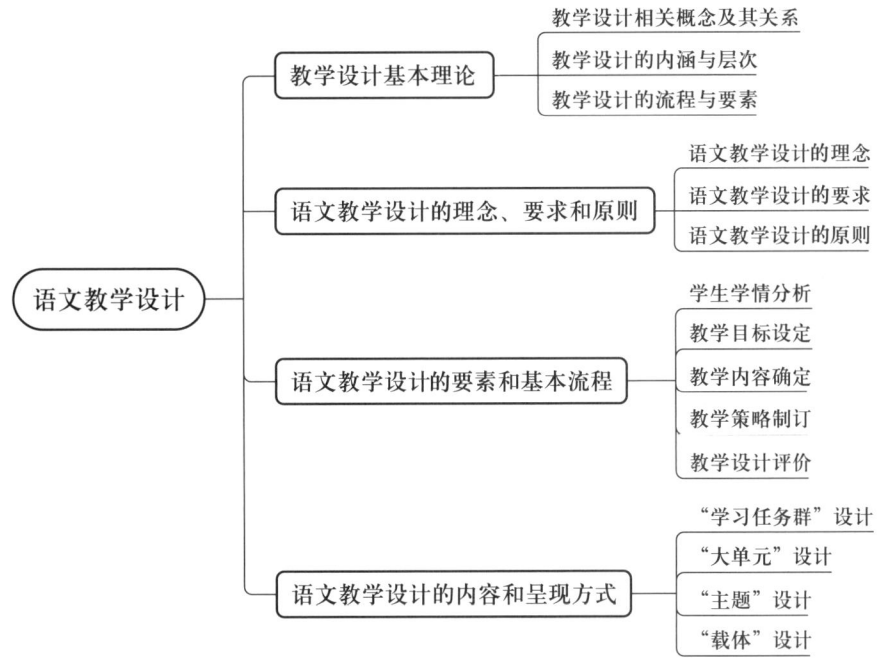

---

① 加涅,布里格斯,韦杰.教学设计原理[M].皮连生,庞维国,等译.上海:华东师范大学出版社,1999:3-4.

学习目标

1. 理解教学设计和语文教学设计的基本理论。
2. 掌握语文课堂教学设计的基本流程。
3. 掌握语文课程教学设计的呈现方式。

案例研习

教例再现

下面是四川师范大学附属中学岳湘溢老师设计的《乡土中国》整本书阅读指导方案。

《乡土中国》的文字协奏曲
——议题1：现代人的乡土基因

【教学目标】

1. 理解乡土基因的内涵和特质，并能在历史语境下对乡土社会的转型和变化进行审视。

2. 运用厘清概念和制作思维导图的方法，把握文章的观点和逻辑思路，并尝试建立整本书阅读的经验与方法。

【教学过程】

（一）环节一：梳理文本基本内容

1. 原初阅读（厘清概念，把握观点）

问题一：浏览文本，思考《乡土本色》中"从基层上看去，中国社会是乡土性的"这句话中的"乡土性"有什么特点？

问题二：略读《文字下乡》，明确作者论述的核心对象，体会作者对这一对象的真实态度。

问题三：精读《文字下乡》，思考作者是如何得出上述问题答案的，画出文章思维导图，梳理作者的论证过程。

上面三个问题，从厘清概念入手，把握作者的学术观点，在此基础上，梳理作者的论证思路。教师在这一过程中，注重指导学生的阅读方法：

（1）精读、略读、浏览相结合。学生初次阅读学术著作，容易采用精读的方式，希望作品中的每句话都读懂，这其实不利于整体行文思路的把握，教师在指导精读的同时，需要提示学生将精读与略读、浏览相结合。

（2）勾画关键句。学生在阅读文学作品时，一般会对重点信息比较敏感。但在阅读学术类著作时，由于内容比较抽象，因此对表达观点、提示关系的词句不够敏感，教师需要提示学生注意在梳理篇章关系时，关注段首、段尾、过渡句等。

2. 文本精读（理解关键，建立关联）

问题一：《乡土中国》中的第二章和第三章对语言内涵的论述，反复提到"象征体系""特殊语言"的概念。联系课文《哦，香雪》中第22自然段—第38自然段的内容，寻找熟人社会中用作象征体系的原料，并对这些原料传情达意的效率进行排序。

问题二：每个家庭、学校、班级，甚至寝室中，都有这种或用语言，或用神态，或用动作交流的特殊语言。你与熟人交流时有没有这样的"行话"？你们是怎样用"行话"交流的？请联系生活实际，进行 100 字左右的片段描写。（要求：写出使用特殊语言交流的场景。）

这一过程与教材不同单元的内容进行整合，调动学生的元认知、直接生活经验和间接阅读经验，建立已知和未知之间的关联。在情境化阅读中消化、运用，实现学术类著作和文学类文本的相互佐证，促进阅读体会和生活经验的相互勾连。

（二）环节二：分析篇章关联

问题：作者通过《文字下乡》一文，已经明确了文字不能盲目下乡，那为何作者还要写《再论文字下乡》呢？请结合作品的第一、二、三章，明确两者之间的关联。

学生容易把握第一章是总论乡土性特点，后续章节从不同方面论证这一特质。但在第二章和第三章内部关联方面的思考不够明确，第三章是对第二章的补充说明，还是解释澄清，或是其他？这需要对两章的论证思路有一个完整统一的梳理，绘制思维导图是较好的方法。

（三）环节三：作者告诫，乡土社会的发展态势

问题：研读文本，如何从"我决不是说不必推行文字下乡，在现代化进程中，我们已开始抛离乡土社会"这句话中理解中国的乡土基因？"抛离"一词表现了作者的何种情感态度？

出示材料：

活的乡村教育要有活的方法，活的方法就是教学做合一：教的法子根据学的法子，学的法子根据做的法子。事怎样做，就怎样教；怎样学，就怎样教。活的乡村教育要用活的环境，不用死的书本。它要运用环境里的活势力，去发展学生的活本领——征服自然改造社会的活本领。它其实要叫学生在征服自然改造社会上去运用环境的活势力，以培植它自己的活本领。

——陶行知《中国乡村教育之根本改造·节选》

（四）环节四：追问时代，乡土社会保留的流弊及抛离的阵痛

问题一：作者说"只有中国社会乡土性的基层发生了变化，文字才能下乡，"从历史语境看，我们的基层乡土社会发生了什么变化？

这一问题旨在引导学生思考一些社会变迁现象：20 世纪 40 年代，在中国的乡土社会中，文字下乡难以推行；而进入 80 年代后，九年义务教育逐渐深入普及；但如今许多村小急速消失，甚至县城中学也面临着生源师资严重流失的考验。

问题二：现代化进程中，我们丢失了太多传统，我们的文化财富和根脉在哪儿？对这些文化财富和根脉应该坚守还是发展？如何坚守或发展？

这里可以给学生出示一些乡土文学文本,引导他们展开思考:《锄》(2016年全国Ⅰ卷高考题)和《老柿树》(陈敏)。《锄》中反复提到主人公"六安爷"在即将被征用的土地上锄地"过瘾",《老柿树》讲述柿树被砍伐与否的命运发展,都体现了对我们文化根脉的思考:中国是一个重稳定的社会,有安土重迁、落叶归根等情结。这两篇文本的阅读旨在让学生领悟,在发展改造乡土社会的进程中,要保留我们的生命根基,无论世事如何变迁,都应该寻找精神的家园,珍视我们心灵的栖息地。

● **案例点睛** ●

整本书阅读既是新课程标准的一大亮点,又是新课程标准实施的一大难点。如何设计整本书阅读的指导方案,岳湘溢老师为我们提供了一种操作方式。在上述案例中,岳老师以学习任务群的设计思路,设计了环环相扣、步步深入的一系列问题,这些问题围绕"乡土性"这一关键概念展开,把整本书阅读与普通高中必修语文教材上册中的《哦,香雪》整体关联,既迁移运用了整本书阅读的成果,又有利于学生加深对《哦,香雪》这篇文章的理解。同时,岳老师把过去乡村和目前乡村的变化联系起来,引导学生利用整本书的阅读成果分析今天的社会现实,发挥了整本书阅读的多方面效益。岳老师将层层关联的问题组建成一个问题任务群,引导学生在问题解决的过程中完成任务群的学习,这种设计思路值得品味和借鉴。

理论概述

一、教学设计基本理论

教学设计分为宏观和微观两个层次。规模大的项目如课程开发、培训方案的制订等属于宏观层次的教学设计；对具体的一门课程、一个单元、一堂课甚至一个媒体材料的设计，属于微观层次的教学设计。

（一）教学设计相关概念及其关系

1. 教学设计与教学论的关系

PPT：教学设计与课堂教学

教学论是对教学本质和教学的一般规律进行研究，确定优化学习的教学条件与方法，利用研究所得到的理论指导解决实际问题。教学设计则是以教学论所得到的教学理论、学习理论为指导，运用系统方法对各个教学环节进行具体设计，并将理论运用于实践。从源头看，教学论是从"教育"或"教育学"分化乃至演绎出来的，而"教学设计"则是"教育技术学领域中很重要的一个分支"。[①]

教学理论研究呈现出两种取向，分别为哲学取向和心理学取向。哲学取向流派称"教学论"，心理学取向流派称"教学理论"。哲学取向的教学论主要研究教学的一般规律，这也是教育技术及其学科的理论依据之一。心理学取向的教学理论以追求实现教学的最优途径为最终目标，以有效性作为它是否适合的评判标准。所以，教学论（教学理论）既是一门理论的科学，又是一门应用的科学。

2. 教学设计与教育技术的关系

教育技术学是教育学科中的一门学科，教学设计是从教育技术领域中发展起来的一种教学系统方法。教育技术是教育实施过程中所运用的各种操作手段，教学设计是指在实施教育教学前根据教学目标需要而制订具体的实施方案。

受美国心理学取向的规范性、实践性的教学理论的发展启示，中国出现了心理学取向的教学理论，这种教学理论从属于广义教育技术的范畴。施良方认为，教学理论必须建立在学习理论的基础上，而且还需要把焦点对准教学实践。这就是说教学理论一定要在更大程度上关心教学的程序与技术方面。

3. 教学设计与课堂教学的关系

课堂教学是教学的主要形式，教学设计是课堂教学成功的关键。研究课堂教学设计，首先必须认识什么是课堂教学，教师对课堂教学的认识在某种程度上制约着教学设计。教学的本质是促进学生的有效学习，要强调和突出学习者在学习活动中的主体地位，这是一种具有革命性意义的教学观。这种教学观直接带来教师课堂教学质量评价标准的根本转变。

课堂教学本质强调三个方面的内容。一是强调教师的教和学生的学相结合或统一，即教师的教和学生的学是同一活动的两个方面，二者是辩证统一的。"教"离不

[①] 李秉德."教学设计"与教学论[J]. 电化教育研究，2000（10）：11–13.

开"学","学"也离不开"教",在教学过程中"教"与"学"彼此依存,相辅相成。教指向学并与学成为一体,成为学的一个导向部分。"教"以"先知"的角色为"学"引路,架桥导航,给"学"装上罗盘、配上加速器,使"学"可以迅速地抵达"未知"的彼岸,在速度和质量上得以优化。由此可知,"教"的本质不在于输出信息,也不在于它是一个信息源,而在于为"学"提供了一种"道路""方式"和"方法"。因此"教"之法与"学"之法必然是一个"法"。如果将"教"的实施者——教师比作向导,将"学"的实行者——学生比作大军,那么向导所带的"路",也必然是大军所行的"路"。教师的教学思路,一般也是学生的学习思路。课堂教学是师生双向活动所造成的发展运动。任何教学规律,都是师生共同活动的规律。从教的角度研究学和从学的角度研究教,就其活动宗旨而言是一回事。试分析一下教师备课时的倾注点:在某种程度上,教的重点不就是学的重点吗?教的难点不就是学的难点吗?教的弱点不就是学的弱点吗?教的关键不就是学的关键吗?作为教学备课心血的结晶——"教案"不就是学生的"学案"吗?因此必须把教师的教与学生的学放在一起统一研究。不能离开学生的学孤立地研究教师的教,教学设计如果不考虑学生的实际情况,那么这样的教学设计就会导致以教代学。教师的教要立足于学生的学,从学生"怎么学"的角度研究"怎么教"。在学生与教学内容之间架设一座认知桥梁,即在已知与未知之间、在两种心理发展水平之间架设桥梁,这就是以学论教。二是明确教师教的主导作用和学生学的主体地位。在教学过程中,教师主导教学活动的方向和性质,学生是学习活动的主人,教师指导学生学习而不是代替学生学习。三是指出教学对学生全面发展的促进功能。课堂教学不仅要使学生掌握一定的知识技能,而且要在学生身心发展和思想品德形成的各个方面起到积极的促进作用。

(二)教学设计的内涵与层次

教学设计的理论基础是学习理论、教学理论和传播理论,教学设计的方法论基础是系统科学理论。教学设计的依据是对学习需求(教学系统内部和外部的需求)的分析,教学设计的任务是提出解决问题的最佳方案。教学设计包括对象、目标、内容、策略、评价五个基本要素,具体内容包括调查、分析教学中的问题和需求;确定目标;建立解决问题的步骤、选择相应的教学活动和教学资源;评价其结果。

1. 教学设计内涵解读

教学设计的实质,是将教学成效建立在教师工作的规范化、程序化、技术化等基础上,对教学内容加以个体创造性的整合。换句话说,教学设计应当是"科学与艺术的结合体",这是教学设计的学科属性定位。关于教学设计的内涵,可从两个方面解读。

(1)教学设计是一个问题求解过程。教学设计过程所涉及的是教学领域中的问题。与一般学科问题的求解过程一样,教学问题也要明确起始状态和目标状态,即用反映教学问题本质特征的若干特征变量描述教学问题的状态。教学问题的解决，要运用反映学习规律的理论知识和有科学理论基础的教学模式。

传统备课与教学设计之间的主要区别在于，备课的主要任务是备教材，教师对教学状态的描述主要凭直觉，解决问题的方法主要依靠个人经验。其最大的缺陷是，教师个体不能充分利用人类对教育教学所积累的丰富知识，教师职业能力的提高主要凭借个人的摸索。教学设计的重要职能是课堂教学的活动设计，教材只是教学活动的载体和媒介。教学设计运用系统方法，将学习理论与教学理论的原理转换为对教学目标、教学内容、教学方法、教学评价等要素进行具体的设计实施和评价。传统备课与教学设计的区别详见表6-1。

表6-1 传统备课与教学设计的区别

比较项目	传统备课	教学设计
主线	教师中心，以教代学，主要强调教的设计	学生中心，以学论教，主要强调学的设计
对象	主要备教材：备课基于对教材知识点的传授，教案是教学实施的脚本	主要备学生：立足于学生的实际需要，着眼于学生的全面发展
依据	以教师的教学经验为备课依据	以科学的教育理论和学习理论为指导，在分析具体教学需要的基础上设计
变通性	备课相当于课前的教学准备，它的内容是预设的、静态的，课堂教学强调对教案的忠实执行	教学设计的主体工作需要在课前完成，但需要在教学过程中不断调整，教学设计贯穿课前、课中和课后
教材观	"权威化"的教材观：将重心放在分析教材、梳理知识、强化考点等方面，教师主要是"教教材"，其重要职能往往是实现和强化教材、教育与其他教学辅助资料的权威功能和诠释功能，缺失自己的教学创意	"材料式"的教材观：教材只是教学活动的载体和媒介，是课堂教学中可供利用的一种教学工具，是与学生进行交往活动的载体。教师在课前的主要准备任务是策划如何有效利用这一载体、媒介和工具，是"用教材教"，其重要职能是课堂教学的活动设计

（2）教学问题解决对象。教学设计所面对问题的目标状态，是根据课程标准的要求和教材中的教学内容本身的性质，以及教学对象的特征所决定的。教师在进行教学设计时，首先要分析课程标准，因为课程标准体现了社会大系统对教学系统的要求，是教学所必须实现的。分析课程标准的目的是明确某一知识点的教学任务，一定的教学任务会对教学设计的各个步骤起制约和导向作用。分析教材是站在教师教学或从人类已达到的知识认识水平的角度，分析这部分教学内容的知识逻辑、获得这一知识时所应遵循的认识过程和完成这一学习过程所需要的认知与情感。与一般问题的目标状态不同，课程标准分析和教材分析所得到的不是一个状态，而是一个理想的学习结构。

教学设计所面对的问题起始状态，是根据学生的状态所决定的。某一新的知识内容，或多或少总要与学生原有的认知结构存在一定的联系，与之完全没有联系的知识内容是不能用于教学的。学生的特征分析不仅要了解学生具有哪些影响学习的一般因素，学习某一具体的新知识所需要的初始知识技能，而且还要分析学生将会怎样用原有的认知结构认识新知识。与一般问题的起始状态不同，学生的特征分析得到的不是一个状态，而是学生关于新知识内容的原有学习结构。消除学生原有的学习结构与理想的学习结构之间的差距，就是教学活动所要实现的目标，这样产生的教学目标，是以实现学生认知结构的新发展为目的的。

教学问题的解决不仅要明确教学的目标和初始状态，而且要采取一定的措施实现目标。因此，在教学设计中还要制订教学策略和选择教学媒体。所谓制订教学策略，就是依据前面的分析材料，选择和调整教学模式，设计具体的教学过程，形成可实施的教学结构。媒体的选择，就是根据教学内容和教学目标，选择记录和储存教学信息的载体（软件），直接介入教学活动过程，用来传递和再现教学信息，把教学信息转化为有效刺激学习者的感官的信号的教学设备（硬件）。

一个完整的教学设计系统，还包括对整个教学设计过程的评价和对教学实施效果的评价。只有通过教学评价及时获得反馈信息，对教学过程作必要的调控，才能实现教学过程的最优化。

2. 教学设计层次划分

教学设计是一个问题解决的过程，那么根据教学中问题范围、大小的不同，教学设计也相应地具有不同的层次，即教学设计的基本原理与方法可用于设计不同层次的教学系统。

（1）以"系统"为中心的层次。系统，是指同类事物按一定的关系组成的整体。按照系统的观点，课堂教学和与教学有关的载体都可以看作教学系统，但这里的"系统"是特指比较大、比较综合和复杂的教学系统。例如，个别化的学习系统、一所学校的课程设置、一门课程的大纲和实施计划等。这一层次的教学设计，通常包括系统目的或目标的确定，实现目标的方案的建立、试行、评价和修改等，涉及内容面广，设计难度较大。而且，系统设计一旦完成，就要投入范围较广的特定场合去使用和推广。因此，这一层次的设计需要由教学设计人员、学科专家、教学行政管理人员，甚至相关学生组成的设计小组共同完成。

（2）以"课堂"为中心的层次。这个层次的设计范围是课堂教学，它是在规定的课程标准下，针对一个班级的学生，在固定的教学设施和教学材料条件下进行教学设计。其教学设计的工作重点是充分利用已有的教学设施和选择或编辑现有的教学材料来完成目标，而不是开发新的教学材料（产品）。如果教师掌握教学设计的有关知识与技能，那么整个课堂层次的教学设计可由教师自己来完成，有需要时也可由教学设计人员辅助进行。

（3）以"产品"为中心的层次。教学设计的最初发展是从以"产品"为中心的层次开始的，它把教学中需要使用的媒体、材料、教学包等当作产品进行设计。教学产品的类型、内容和教学功能常常由教学设计人员和教师、学科专家共同确定，有时还吸收媒体专家和媒体技术人员参加，对产品进行设计、开发、测试和评价。

系统、课堂、产品三个层次都有相应的教学设计模式，在具体的教学设计实践中，可以按照自己面临教学问题的层次，使用相应的教学设计模式。前面说教学设计分为宏观和微观两个层次，只是划分标准的不同，其外延是相互交叉的。例如，课堂教学和教学产品都可看作教学系统，只是"系统"有广义和狭义之分，课堂教学也是一个系统（狭义），课堂教学设计属于微观教学设计。

（三）教学设计的流程与要素

完整的教学设计需要解决好四个基本问题：现在在哪里（起点）；要去哪里（目标）；如何去那里（途径方法）；是否到达那里了（评价）。这是一个完整教学设计的四个环节，也是相互联系、相互制约的四个逻辑序列，而且每个序列又由许多要素构成。

1. 现在在哪里（起点）

这一环节是教学设计的一个逻辑基点，是进行课堂教学设计的预备阶段和基础，需要做好对学生的分析。对学生的分析，首先要分析学生的学习需要，目的是发现学生在学习中存在的问题。要分析问题产生的主要原因，确定在课堂教学时解决该问题的方法和途径；分析现有的教学资源及约束条件，以论证解决该问题的可能性；分析问题的重要性，以确定优先解决的课堂教学的重点和难点。其次是教师应该充分注意每个学生在参加学习时所具有的一般特点和起点能力，应根据学习者的起点能力进行实际的课堂教学设计。

2. 要去哪里（目标）

这一环节是在上一环节的基础上生发起来的教学方向，实际是课堂教学目标设计。课堂教学目标设计是对课堂教学活动的预期结果进行规划，它对课堂教学的发展起着调整和控制的作用，制约课堂教学设计的方向。教学目标一般可分为课程目标、单元目标和课时目标。随着我国课程改革的进行，教学目标经历"双基目标""三维目标"后，当前进入"核心素养目标"时代。教师应充分认识语文课程工具性与人文性统一的特点，从培养核心素养出发，把握四个方面整体交融的特点，在设定教学目标时既有所侧重，又融为一体。注意在识字与写字、阅读与鉴赏、表达与交流、梳理与探究的过程中，整体提升学生的核心素养。除此之外，教师还要注意教学目标之间的关联，避免将核心素养四个方面简单罗列。

3. 如何去那里（途径方法）

这一环节是课堂教学设计的核心，主要包括以下五个方面的内容。一是课堂教学内容设计，即对根据教学目标选定的教学内容进行恰当的安排，使之既符合学科知识本身内在的逻辑序列，又符合学生认识发展的顺序，从而把教材的知识结构和学生的认知结构较好地结合起来。二是课堂教学组织形式设计，即课堂教学采取的是合作式、探究式、讲授式、活动式或是其他组织形式等。三是课堂教学方法和媒体的选用设计。四是课堂教学环境设计,即考虑如何为学生创造一个良好的课堂教学环境。五是课堂教学管理设计,即如何应对和控制课堂上的突发事件,如课堂上学生的问题行为等。

4. 是否到达那里了(评价)

这一环节是对课堂教学的评价设计,主要目的是了解课堂教学目标是否达到,并为课堂教学设计的修正和完善提供依据。

上述四个环节相互联系、相互制约。课堂教学设计的其他环节,都是在四个基本环节的构架上建立起来的,具体如图6-1所示。

PPT：语文教学过程设计

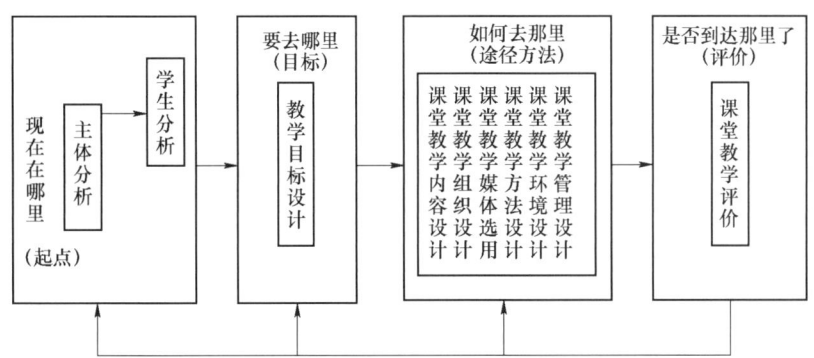

图6-1 课堂教学设计流程图

二、语文教学设计的理念、要求和原则

语文教学设计,应在现代学习理论、教学理论、教育传播学、教学媒体论以及系统科学等相关学科的理论和方法指导下进行,应是新课程改革背景下最具实效性的教学改革行动。[①]语文教学设计理念体现设计者的思想、观念,教学设计要求体现课程改革的精神、内涵,教学设计原则是设计者必须遵守的规则、规范。语文教学设计的理念、要求和原则,对教学设计起到定向、定位和定准的作用。

(一)语文教学设计的理念

教师的有效教学,是学生实现有效学习的前提。有效的教学设计,要关注学生学什么和怎么学,关注教师怎么教,关注师生生命成长。

1. 关注学生学什么

从语文课程性质看,教学设计要关注学生学什么。《义务教育语文课程标准(2022年版)》从"主题与载体形式""内容组织与呈现方式"两个方面,对义务教育阶段语文课程内容作出规定,首次以具体内容描述的形式明确了"教什么"和"学什么"。《义务教育语文课程标准(2022年版)》沿用《普通高中语文课程标准(2017年版2020年修订)》的策略和思路,以六个不同的学习任务群厘清课程内容,这是教学设计必须高度关注的。

---

① 许书明.语文有效课堂教学设计与实施[M].北京:中国社会科学出版社,2011:3.

2. 关注学生怎么学

从学生学习看，教学设计要关注学生怎么学。德国教育家第斯多惠说："教学艺术的本质不在于传授，而在于激励、唤醒、鼓舞。"语文课堂教学要做到合理、有效，教学设计就必须激励、唤醒每个学生的自主学习意识，努力转变学生的学习方式，引导学生学会反思性学习，自觉评价学习的效果。只有这样的语文教学设计才能获得语文课堂教学的高效益。

3. 关注教师怎么教

从教师教学看，教学设计要关注教师怎么教。理想的课堂教学，是师生共同参与，实现教学相长的动态过程。在这个动态过程中，每一位学生都是课堂上主动求知、探索的主体，教师是创设者、组织者、引导者和合作者。语文课堂教学是丰富生动的，教师除要不断更新自己的教学观念外，还必须在教学设计中做到善于引导学生自主学习，重视课堂的互动生成，创设最佳的教学情境，精讲精练，落实"素养核心"目标，达成教师教得生动，学生学得活泼，实现轻负担、高质量的教育。

4. 关注师生生命成长

从课堂文化看，教学设计要关注师生生命成长。语文课堂教学设计要倡导民主和谐的课堂文化，在教学环节安排、教材处理、课堂导入、教学策略、指导学习、平等对话等课堂设计中，体现对教师、师生、生生的人文关怀，关注师生的生命成长。

（二）语文教学设计的要求

语文教学设计必须适应课程改革的需要。新课程由以知识本位、学科本位转向以培养"全面发展的人"为核心，聚焦"核心素养"，因此，语文教学设计应反映学生核心素养的形成过程，依据核心素养的内涵和不同学段的主要表现，结合课程目标及内容要求、学业要求和学业质量标准，全面分析主题、单元和课时的特征，将培养学生正确的价值观、必备品格和关键能力落到实处。

1. 落实新课程教学理念，提高教学设计的有效性

新课程是一场以教育价值观转换为特征的教育改革，其核心理念为"以学生发展为本""师生在教育中共同成长"；在课堂教学中，强调"核心素养"的课程目标在语文教学设计各个环节中的具体落实。通过转变教与学的方式，在课堂上赋予学生精神成长的意义，以提高教学的有效性。

新的课程标准围绕语文学科核心素养设计了"语文学习任务群"。高中语文课程由必修、选择性必修、选修三类课程构成，三类课程分别安排7—9个学习任务群。义务教育语文课程既要与普通高中语文课程相衔接，又要突出自身的基础价值、阶段特征，这些要求体现在《义务教育语文课程标准（2022年版）》"核心素养"的内涵阐释中。义务教育语文课程根据学习内容的侧重点不同，划分6个学习任务群，包含语言文字积累与梳理、实用性阅读与交流、文学阅读与创意表达、思辨性阅读与表达、整本书阅读、跨学科学习。根据课程内容整合程度的区别，将6个学习任

务群分成三个不同的层面：基础型学习任务群、发展型学习任务群、拓展型学习任务群。

语文学习任务群以任务为导向，以学习项目为载体，整合学习情境、学习内容、学习方法和学习资源，引导学生在语言运用的过程中提升语文素养。语文学习任务群是突破学科育人困境的重要载体，在语文学习任务群引领下的大单元教学设计，要站在语文育人的高度上，凝练单元主题，整合目标内容，解决"只见工具，不见人文"的问题；要设计具有真实意义的情境任务，建立儿童、语文与生活的联系，解决"学用疏离"的问题；要设计以学习为主线的实践活动，支持儿童创造性学习，解决"灌输式""模式化"等教学问题；要探索以具体情境为载体、以典型任务为内容的测评方式。

2. 了解教学设计理论新发展，探索教学设计新模式

教学设计作为一门新兴的、综合性的、具有技术特性的教育科学，始于20世纪50年代。到了80年代，"第一代教学设计理论"已逐步成熟；90年代以来，"第二代设计理论"开始崛起，目前正处于新的发展阶段。随着相关学科的迅速发展，一方面，新的教育理论不断涌现，如"建构主义学习理论""后现代主义课程观""多元智能理论""情境学习论"等，这些理论为新课程教学设计理论和实践的创新提供了研究基础。另一方面，现代教学设计论的流派纷呈并发展迅速，已经形成了相当丰富和系统的成果，而这些成果由于种种原因，较少应用于课堂教学实践。新课程教学需要积极建构与新课程教学实践相适应的教学设计理论和操作体系，为教师实施有效教学提供专业支持。

基于学习任务群的教学设计，要能够重建学生整合式的语文学习生态，将不同类型的文本、不同的学习方式引入教学，设计那些有助于问题解决，以及能够引发学生阅读行为、多样化阅读策略的教学过程，以往的讲解式、分析式的文章教法自然会发生变化。

3. 转变语文教师角色，创造性设计课堂教学

新课程实施需要教师从教材的"忠实执行者"转变为课程教学的"创新设计者"。因此，创造性设计课堂教学的能力已成为教师专业素养的重要方面。目前，在教师专业培训中较为注重理论知识学习或某些专业技能的培训，对教学设计方面的培训重视不够。在新课程教学实践中，部分教师缺乏教学设计方面的培训指导，课堂教学设计仍停留在传统意义上的"学科本位"，教"课本知识"的设计层面，缺乏对学习主体经验和需要、学习者建构过程、课程资源、学习情境、学习方式、教师角色、学习群体等多种因素的综合考虑，使得在课堂教学实践中核心素养的发展目标难以整合，教学质量和效益难以提高，课程资源不能有效利用，学生学习的主动性未能有效激发。如何从关注教师的"教"转向学生的"学"？如何从知识教学迈向素养教学？如何从传统教学走向现代教学？当今的课堂教学改革正在围绕解决这些问题展开。

（三）语文教学设计的原则

教学设计是优化语文课堂教学的重要手段，体现了教学理论对教学实践的指导意义，具有前瞻性。"为学习者设计教学"是语文教师进行教学设计的出发点和归宿。语文教学设计的原则主要有以下四个：

1. 整体性原则

语文教学设计的整体性原则需注意以下两点。一是把握教学目标的整体性。任何教学设计都是为总体目标服务的，在语文教学设计中，要兼顾不同层面的目标：总目标和阶段目标（学段目标和学年目标）；每册教材确定的教学目标；具体教学过程目标，如一个单元、一篇课文、一课时的教学目标。二是形成整体教学思路。要综合课文作者的写作思路、教材编辑的设计思路、学生的语文学习思路，设计出适合学生理解与掌握的整体教学思路。

2. 生成性原则

生成性的教学设计，要按照课堂教学所具有的现场生成性的基本规律，相机诱导、及时处理，并留下最大的弹性空间和应变余地。首先，在教学结构上，教师要根据学情和教材专题的特点，对文本内容及解读顺序作一定的取舍和调整，以符合学生的认知规律，满足学生自主探究、愿望生成和合作发展的内在需求。其次，教师要在内容上选好生成点，留出足够的解读空间，充分挖掘、丰富、充实、创新教学情境中现有的有利于解读的资源，既让教学显得清晰，又能让学生把自主解读的过程真正变成不断获得自由、走向解放、展示作为人的本质力量的过程，成为自觉建构生命形态，培养自由、自主、自觉的文化主体的过程。

3. 个性化原则

教学设计的个性化是达成文本解读个性化的重要桥梁。如果说文本解读的个性化应体现新颖性、独特性、创造性，那么教学设计的个性化能体现教师的教学风格、教学魅力。语文教学要能够让师生一起享受语文，解读文本应成为师生享受思考过程、享受思考成果、享受自我超越的过程。语文教师在进行语文阅读教学设计时，要扬己之长、避己之短，抓住文本特质，寻觅解读生发要点、新异点，并洞悉解读指向，充分发挥自己的主观能动作用，运用已有的文本解读经验和教学经验，选准易于展示自己个性色彩又能够驾驭之处，点铁成金，让学生豁然开朗。同时，要避免"执一己之见，囿于一孔之得"的偏见，尊重文本，尊重学生在学习过程中的独特体验。

4. 有效性原则

语文教学设计必须把学习和学习者作为焦点，以帮助每一位学习者进行有效学习为目的。要注意语文资源的优选和重构，教学内容要恰当、充实，做到重点突出、难点分散、疑点明确。教师所组织的教学活动本身应具有建构性、多样性和选择性，以满足不同层次学生的需求。同时，在实施过程中注重方法和策略，善于觉察学生认知结构的状况，随时给予辅助和疏导，并促成其新的认知结构的建立。追求有效性的教学设计应该是"实""活""美"的设计，也是处处体现教学智慧的设计。

总之，语文课堂的教学设计离不开教学理论的支持和指导，随着现代教育教学理论和认知心理学理论的应用和发展，学习者、教学媒体与教学情境的相互作用成为教学设计关注的焦点，尤其强调教学设计诸要素的整体性、变化性与交互性。

三、语文教学设计的要素和基本流程

语文教学设计可细分为：课程教学设计（总体规划）、学段（或学期、学年）教学设计、单元（课题）教学设计、课时教学设计。

语文教学设计一般遵循如下基本流程：（1）学生学情分析——分析为了什么而教（学）；（2）教学目标设定——设定教学（结果）是什么；（3）教学内容确定——确定教（学）什么；（4）教学策略制订——制订怎么教（学）；（5）教学设计评价——评价教（学）得怎么样。在实际的语文教学设计中，教师要从教学系统的整体功能出发，保证学情、目标、内容、策略、评价五要素的一致性，使各个要素相辅相成，产生整体效应。

1. 学生学情分析

所谓"学情"，是指学习者在某一个单位时间内或某一项学习活动中的学习状态，包括学习兴趣、学习习惯、学习方式、学习思路、学习进程、学习效果等诸多要素。"准确地说，是了解这一班（至少针对'这一班'）学生乃至这一组、这一个学生的学情。所关注的应该是学生在现场的学习情况。"[①]

学情分析是伴随现代教学设计理论产生的，是教学设计系统中"影响学习系统最终设计"的重要因素之一。现代教学设计理论主张"为学习设计教学"，强调任何教学活动都要以满足学习者的学习需要为出发点和落脚点，为学习者服务，以教学引导和促进学习者学习；教学设计必须把学习和学习者作为焦点，以帮助每一位学习者有效地进行学习。

学情分析是教学设计的起点，也是教学设计的焦点要素，它包括学习需要分析、学习内容分析和学习者特征分析等内容。学情是教学的立足点和出发点，教学设计必须把学习和学习者作为焦点，以帮助每一位学习者有效地进行学习。

明晰学情，是确定教学内容的前提。新课程背景下，教学设计要从学情开始，课堂调控要以学情为准，课后反思要从学情切入，教学评价要围绕学情展开。

2. 教学目标设定

教学目标是教学设计的关键，它标示着课堂教学的方向，既是教师教学思想、教学价值观的具体反映，又是评价每一次教学是否有效的直接依据。

教学设计要有明确的目标，语文教学目标必须系统科学。从纵向看，语文教学目标有其严格的体系，包含四个层次：课标意识——总目标；年级要求——阶段目标；单元要求——单元目标；课文要求——达成目标。在教学中达成目标是必须落

---

① 王荣生. 语文教材与教学内容 [J]. 福建教育，2004（4A）：59.

实的具体目标,要紧扣单元目标,体现阶段目标,关联总目标。在制订课堂教学目标时,必须双向往复,自下而上,全局在胸,步步紧扣,避免教学目标的盲目性、随意性,避免出现"一节课主义",或是"铃声一响,走进课堂,要讲什么,等我来想"的局面,而是运用系统原理正确解决部分与整体的关系。

从横向看,语文教学目标应达成的"核心素养"表现为四个维度:语言建构与应用、思维发展与提升、审美鉴赏与创造、文化传承与理解。其中,"语言建构与运用"是语文学科核心素养的基础和根本,"思维发展与提升"是语文学科核心素养形成的关键,"审美鉴赏与创造"是语文学科核心素养的综合应用,"文化传承与理解"是语文学科核心素养的宗旨。语文核心素养的本质就是语言能力和品质,要引导学生正确理解和运用国家通用语言文字,就是让学生对文、情、理进行理解和运用,实现语言与意义的双向转换;从他人的语言文字中理解其意义,是为了接收信息;把自己的想法变成语言文字并表达出来,是为了阐明内容。语文教学目标的横向范围,体现了语言、文字、思想的一致性;读书、作文、做人的一致性;知识、能力、习惯的一致性。教学目标为学生学习定向,因此需要有分寸、分层次。教师要为学生掌握内容而教,运用反馈策略,不断缩小学生学习现状与教学目标之间的差距,谋求教学目标的达成。

制订语文教学目标,必须依据语文教学目标体系的纵向层次和横向范围精心考虑,在纵横的交叉点上提炼出科学的教学目标,使之明确、扎实、有效果,既具有结合课文特点和学生实际的针对性,又体现纵观全局、以点驭面的整体性;既有具体描述,便于检测评定的明确性,又有实施达成,在教学中实现、落实的可行性。

3. 教学内容确定

教学内容是教学设计的重点。教学内容与学习内容、教材内容有密切联系,但它们并不是一回事。"在语文课里,我们面对的是一篇篇课文,而课文又并不是我们的教学内容,它只是教学内容的载体,真正的教学内容是隐含在课文里的。在语文课里,老师和学生在正式开始教学之前明白的只是一件事,就是今天学哪一篇课文;但通过这篇课文老师'做什么',学生'学什么',事实上都是未定的,老师在备课之前是不明确的,学生在学这篇课文之前也是不知道的。"所以,"语文老师接到语文教材的第一步,就是'设计'每一单元、每一篇课文到底用它来'做什么':让学生学会什么,我们具体教什么",这种"语文教学内容的未定性",更加凸显"教学设计对语文课具有非常重要的意义"。①确定语文教学内容,可依据以下三个方面:

(1)依据文本的特征。一般来说,选入语文教材的作品和文章,都是具有典范性的作品或有典型意义的文章。课文内容十分丰富,但作为教材,它并不要求把课文内容的每一个方面都教给学生;需要教给学生的,是它具有典范性或典型意义方面的内容。例如,《智取生辰纲》一文,有江湖的内容,有民俗的内容,正

---

① 李海林. 教学设计与教学实施的区别与关联[J]. 中学语文教学,2008(8):4-7.

义和邪恶、智慧与愚钝并存,但就这篇课文而言,其典范性就在于它的叙事艺术。因此,教师根据《智取生辰纲》的典范性特征教这篇课文,就是教会学生鉴赏《智取生辰纲》的叙事艺术。

(2)依据学生的需要。从根本上来说,文学作品教学主要做两件事情:一是解决学生"读不懂"的问题,叫"解读";二是解决学生"不喜欢"的问题,叫"鉴赏"。"解读教学"具体教"课文主要表达了什么""表达的这些意味着什么""作者为什么要表达这些内容、为什么要这么表达";"鉴赏教学"具体教"你喜欢课文吗""你觉得课文什么地方好""这些地方为什么好"。例如,汪曾祺《端午的鸭蛋》一文,大部分学生是完全能够读得懂的,它的主题是怀念故乡,教师在教学时,应该进行"鉴赏教学",让学生喜欢上这篇课文。又如,鲁迅《雪》一文,大部分学生可能较难读懂,教师在教学时,应该主要进行"解读教学",当然,让学生读懂这篇课文的过程,也是一个鉴赏的过程。这样进行教学设计,课堂教学就会是有效的、高效的。

(3)依据编者的意图。任何一篇课文,既有它的原生价值又有它的教学价值。所谓原生价值,即课文发表时为社会提供的信息价值;所谓教学价值,即把它选入教材时想用以实现的语文教学目标。在教学设计时,主要考虑语文教学目标。同样的课文,被选在不同的教材里,安排在不同的地方,虽然它的原生价值可能是一样的,但教学价值可能完全不同。

语文课程有自身的教学设计思路和程序。面对一篇课文,首先要考虑的是文本有什么内容可以用于教学,还要考虑这是不是文本的典范性所在。但并不是文本有什么可以用于教学的内容就教什么,还要考虑学生需要学什么内容,只有既是文本所有的,又是学生所需要的,才是"教什么"的最好选择。"在这个过程中,当然要考虑教材想让我们教什么,如果根据前两项所确定的内容与教材的意图一致,那最好不过;如果不一致,优秀的教师往往对教材进行重新组合,以适应自己教学设计的需要。"①

4. 教学策略制订

教学策略,是指建立在一定理论基础之上,为完成特定的教学目标而采用的教学活动的程序、方法、形式等要素的总体考虑。教学策略具有指示性和灵活性,好的教学策略可以发挥教学理论具体化和具体教学活动方式概括化的作用。没有任何一种单一的教学策略能够适合所有条件下的教学活动,最好的教学策略是在一定的具体情况下达到特定教学目标最为有效的方法论体系。

教学策略的制订需要考虑诸多因素,必须创造性地开展教学设计工作,遵循"低耗高效"的原则,灵活地安排教学活动,巧妙地设计各个环节,合理地安排各种因素,使之形成一个优化的结构,以发挥整体功能,求得最大效益。

---

① 李海林. 教学设计与教学实施的区别与关联[J]. 中学语文教学,2008(8):4-7.

教学策略主要包括教学过程设计、教学方法选择和教学媒体选用。它们是实现课堂教学设计的重要手段和要素，具有确定教学顺序、建立教学活动程序、选择教学组织形式、选择和运用教学媒体、构造教学结构、推进教学过程等功能和作用。

（1）教学过程设计。语文课堂教学过程具有开放性、灵活性的特点，因为教学过程是一个动态过程，涉及的各个要素，如环境、学习者、教师、信息、媒体等也都处于变化之中，因此在使用教学设计模式时，要充分掌握教学设计过程的相关要素，根据不同的情况要求，决定从何处着手设计，重点解决哪些环节的问题，创造性地开发个性化模式，因地制宜地开展教学设计工作。

语文教学过程设计一般遵循感知——理解——巩固——运用等阶段。在进行教学设计时，要制订合理的教学思路，充分调动学生的智力因素和非智力因素，通过师生双方和谐一致的协同活动，多层次、多通道、多角度地进行教学信息的传递和反馈，充分调动学生学习的积极性和主动性，切实提高教学效果。

传统教学过分强调静态教案的预设而相对忽视动态思维的生成，因而不利于学生个性和创造力的发展。新课程在教学过程中强调课程的及时生成、动态生成，所以在编制教案时要贯彻"学生是学习的主体和发展的主体"的理念，突出"教师活动"和"学生活动"（前者服从于后者）两条线索，以引发、探讨、回答学生的问题为重要内容，准备一种或多种设计思路，为教学过程的动态生成创设条件，力求把课堂还给学生，把创造还给学生，建立以学生为中心的课堂教学过程。

设计教学过程时，先要确定教学过程所需的课时数，再预设一个课时中每个教学步骤所需的学习时间。时间安排既不过多过松，又不过少过紧。

[微视频]
微课：
《桂林山水》

（2）教学方法选择。一种好的教学方法总是因课文内容、学生和教师的特点和教学目标不同而有所变化。因此，语文教学方法的选择依据，也应从这几个方面考虑。

课文内容不同，应采取不同的教学方法。例如，记叙文泛指叙事、记人、写景、状物一类的文章，也可以包括日记、谱表一类文字。教学记叙文，就是要指导学生理清事情脉络，了解记叙过程，在此基础上理解、分析文章所体现的中心思想。而诗歌教学要更多地注重情绪的感染，多朗读、多背诵，体味诗歌的意境与情感。

教学对象不同，教学方法也不同。一般而言，如果教学目标偏重知识传授，教学难度较大，学生年龄较小、基础水平较低，那么应选择以讲授法、谈话法、演示法为主的教学方法；如果教学目标偏重技能的训练、能力的培养，教材难度较大，学生年龄较大，基础水平较高，那么可偏重选择讨论法、指导练习法、指导阅读法等教学方法。

每个教师都有不同的教学经历、知识结构、教学能力和性格特点。在选择教学方法时，要选择那些能够或容易发挥自己特长、施展自己才华的教学方法进行教学。也就是说，教师本身的个性不同，应选择不同的教学方法。

不同的教学目标也要求使用不同的教学方法。如《故乡》一文，如果以学会记叙一个连贯动作为教学目标，那么可以突出"雪地捕鸟"的内容，运用读写结合的教学方法；如果以学习描写人物外貌为教学目标，那么可以闰土少年和中年的外貌描写为范例，训练学生描写人物肖像；如果以掌握对比手法为教学目标，那么可抓住几组人物和景物加以对比，进行讲解分析。

（3）教学媒体选用。教学媒体是指教学过程中获取、存储、处理、传输或呈现教学信息的载体（含设备与材料）。它是教师与学生之间信息传递的中介物，教师只有借助教学媒体，准确、快速地传递、表达一定的信息，才能提高教学效率，达到整体功能的最优教学效果。

教学媒体的选用是教师根据教学设计的要求，综合考虑教学媒体的特性，合理地选择和使用教学媒体的决策过程。[①]教学媒体的选用依据是教学目标、课程内容、教学对象和教学条件。

教学媒体的选择过程一般可以分为两个阶段：一是根据教学设计的整体规划作出教学媒体的初步选择；二是在前一阶段的基础上，综合考虑选用教学媒体的影响因素，作出教学媒体的最佳选择。

5. 教学设计评价

教学设计评价可以提高教学设计的有效性，它不仅是为了考查学生达到学习目标的程度，即结果评价，而且是为了检验和改进学生的语文学习和教师的语文教学，改善课程和教学设计，完善教学策略和过程，从而有效地促进学生的发展。

（1）教学设计评价的内容。教学设计评价的内容是语文课堂教学设计的成果，主要有教学方案、学习方案、网络教案等。

一是教学方案。教学方案既是教学设计的书面成果，又是课堂教学的主要依据，常常简称为"教案"。根据使用者的需要和习惯，语文教案可以有多种形式，例如篇章式教案、表格式教案、提纲式教案、符号式教案等。根据教案设计的繁简程度，语文教案大致可以分为详细教案、简明教案和微型教案等类型。

[微视频]
微课：
《声声慢》

上述几种教案可以单独使用，也可配合进行。一般来说，新教师在教学初期常设计详细的教案，随着教师水平和经验的积累，语文教案的设计也会经历由繁到简的过程，甚至达到"心中有案，手中无稿"的个性化教学境界。

二是学习方案。学习方案简称"学案"，又叫导学案或讲学稿。它是指教师依据学生的认知水平、知识经验，为指导学生进行主动的知识建构而编制的学习方案。学案实质上是教师用以帮助学生掌握教材内容、沟通教与学的桥梁，也是培养学生自主学习和建构知识能力的重要媒介，具有"导读、导听、导思、导做"的作用。

学案和教案既有联系，又有区别。学案和教案的区别主要表现为二者立足点和出发点不同。学案的着眼点在于**学生学什么和如何学**，"以学习为中心"，既反映学

---

① 王天平. 教师有效选用教学媒体的决策过程［J］. 中国教育学刊，2010（11）：73–75.

习结果,又体现学习过程。通俗地说,学案是专门给学生看和用的教案,特别强调的是"学"。新课程强调改变学生的学习方式,重点培养学生的自主探究学习能力,而学案教学正符合这一课程理念。

三是网络教案。网络教案是在网络环境下利用文字处理与演示文稿等软件,在计算机上编写的图文并茂的教案。网络教案是信息技术应用的产物,也是新课程理念所倡导的。网络教案必须是适合学生自主学习的学案,并且能够满足学生的好奇心与发展需要。制作网络教案的主要步骤是:第一步,收集素材,网络资源非常丰富,可以从中获取相关的资料,或利用现成的各种图片或录像,或自己拍摄图像资料;第二步,设计与制作教案;第三步,对教案进行美化和加工。

(2)教学设计成果评价量规制作。评价量规是一种真实性评价工具,它是对学生的作品、成果、成长记录袋或者表现进行评价或者等级评定的一套标准。同时也是一种有效的教学工具,是连接教学与评价的一个重要桥梁。

第一,教学设计评价量规的要求。

首先是评价指标的确定,每个指标项必须具有可预测性、独立性、全面性和可比性。其次是权重系数的确定,每个指标项在整个体系中的重要程度不同,因此必须根据实际情况确定其权重系数。再次是评价标准与等级的确定,为了便于比较、量化,通常采用等级划分的方法,如四级等级(优/良/中/差)等。为确定评价内容属于哪个等级,还必须确定一个比较的基准,即评价标准。

第二,教学设计评价量规的表示方法。

对不同的评价内容,可采用不同的评价标准表示方法,常见的有三种:一是描述式标准,即用文字说明各个等级的情况,并赋予每个等级分值。描述式标准要求进行描述的各要素明确合理,并有利于鉴别。二是用期望式评语表示标准,即根据目标要求,写出期望达到的要求,同时把该项指标分为若干个等级,赋予不同的分值,由判断者打分。三是客观量化的等级标准,即以客观的、可数的定量数值作为标准。

教学设计评价是教学设计过程中始终进行的环节,是教师在教学开始之前、教学进行期间、教学结束之后都要做的重要工作。通过评价获得各方面的反馈信息,以不断修正、完善教学设计。教学设计评价既是了解教学是否实现预期目标的根本措施,又是修正教学设计的实际依据。

四、语文教学设计的内容和呈现方式

课程标准从"内容组织与呈现方式"和"主题与载体形式"两个方面,对语文课程内容作出规定,首次以具体内容描述的形式明确了"教什么"和"学什么"。

《义务教育语文课程标准(2022年版)》沿用《普通高中语文课程标准(2017年版 2020年修订)》的策略和思路,以六个不同的"学习任务群"厘清课程内容。义务教育语文课程与普通高中教育语文课程都是以"学习任务群"的形式体现课程内容。

1."学习任务群"设计

"学习任务群"是语文课程内容的一种组织方式。语文学习任务群的设计融合了课程设计与教学设计的若干元素,其目标、内容、教学与评价体现了新的价值导向。语文学习任务群是核心素养的产物,是素养型目标的课程组织形式和教学方式。以语文学科核心素养为纲设计语文学习策略,改变了原有的语文教学设计思路。这种改变不仅体现了教育教学改革的趋势,而且体现了我国语文教育传统与语文教育改革发展的内在要求。

《义务教育语文课程标准(2022年版)》指出:"设计语文学习任务,要围绕特定学习主题,确定具有内在逻辑关联的语文实践活动。语文学习任务群由相互关联的系列学习任务组成,共同指向学生的核心素养发展,具有情境性、实践性、综合性。"根据课程内容整合程度的不同,《义务教育语文课程标准(2022年版)》将义务教育语文课程内容划分为三个不同层面的6个学习任务群:整合程度较低的"语言文字积累与梳理"属于基础型,整合程度相对高一点的"实用性阅读与交流""文学阅读与创意表达""思辨性阅读与表达"属于发展型,整合程度较高的"整本书阅读""跨学科学习"属于拓展型。

课程标准要求教师明确学习任务群的定位和功能,准确理解每个学习任务群的学习内容和教学提示。在此基础上,综合考虑教材内容和学生情况,设计不同类型的学习任务,依托学习任务整合学习情境、学习内容、学习方法和学习资源,安排连贯的语文实践活动。注重语文与生活的结合,注重听说读写的内在联系,追求语言、知识、技能和思想情感、文化修养等多方面、多层次目标发展的综合效应。

下面以统编语文教材五年级下册第五单元为例,谈谈如何设计学习任务群。

统编语文教材五年级下册第五单元以"形形色色的人"为主题,安排了《人物描写一组》《刷子李》两篇精读课文,《我的朋友容容》《小守门员和他的观众们》两篇习作例文,其间穿插"交流平台""初试身手"两个栏目。这些内容紧密联系,协同一致地指向提升学生"具体地表现一个人的特点"的习作能力。从课程内容看,这个单元主要属于拓展型的"文学阅读与创意表达"学习任务群。

经过对本单元各篇课文教学目标的整合和提炼,明确"初步运用描写人物的基本方法,具体地表现一个人的特点"的核心目标。针对这个核心目标,可以设计以下核心学习任务,并举办"班级里的那些人"专栏作品发布分享会。

基于核心任务,可以将其分解为线索清晰的四个子任务:

子任务一:结合两篇精读课文和两篇习作例文中描写人物的相关语句,说出这些人物的特点,并谈谈你最喜欢哪个作家笔下的人物,以及喜欢他(她)的原因。

子任务二:仔细阅读两篇精读课文和两篇习作例文,思考和讨论这些文章分别运用了哪些描写人物的方法。结合"交流平台"栏目与其他同学交流,并总结描写人物的基本方法。

子任务三:选取班里的一个同学,观察他(她)的特点,选择典型事例,运用学习过的描写方法,将这个人物写下来。

子任务四：举办"班级里的那些人"专栏作品发布分享会，选出你心目中的最佳作品。

任务确定后，可以对应每一个子任务板块进行教学设计。

2."大单元"设计

"大单元"是语文课程的呈现形式，也是实施"学习任务群"的教学方式。大单元教学设计是指以大单元为整体，从宏观上考虑知识的内在联系、能力和素养上的逻辑关系并进行统一规划，设计教学程序与教学方法，以期达到学生对单元或主题深刻而完整的认知，并形成基于单元知识能力和素养的整体提升。

大单元是融合了目标、内容、教学与评价的"课程细胞"。[①]大单元教学设计与单元教学设计之间存在区别，它们之间的路径是：大单元—单元—课堂。在使用统编语文教材的背景下，大单元教学可以作为一种教学理念渗透在单元教学的设计和实施中，以大单元的教学方式开展学习活动。

核心素养导向下的大单元教学设计，要求教师良好地建立学科核心素养与学科核心内容之间的关系，依据课程标准和教材，选择有利于培养学科核心素养的教学内容和情境素材，制订学习目标、选择学科内容、设计学习活动、开展课堂教学、进行学习评价，环环紧扣，使学科核心素养能够具体化，并可培养、可干预、可评价。

这里的"单元"不是强调跨学科、跨学段、综合性的"大单元"，而是指基于学科核心素养、学生认知规律和学科知识逻辑体系建构的最小学科教学单位，"大单元教学"主要体现在对学科教学单元内容进行的二度开发和整体设计上。

下面以统编语文教材五年级下册第六单元为例，谈谈如何设计大单元教学。

本单元以"思维的火花"为主题，编排了三篇课文《自相矛盾》《田忌赛马》《跳水》，习作主题为"神奇的探险之旅"，要求能编写一个惊险刺激的探险故事。对这个单元的学习，可进行"大单元教学"设计。

学习目标：

1. 自主学习生字词。

2. 根据故事的起因、经过、结果了解其内容。探索人物的思维过程，梳理故事情节，制作思维导图，根据思维导图讲故事。

3. 阅读探险故事和图书，能根据课内思维导图，梳理自己感兴趣的"遇险—求生"的故事情节。在阅读中积累求生方法和书写具体情节的语言材料。

4. 能根据思维导图列习作提纲，并据此编写一个惊险刺激的探险故事。对人物的语言、动作、神态、心理等进行描写，把故事写具体。

这样的大单元教学目标设计，考虑学生没有真实的探险经历，在选择探险情境、探险装备、探险伙伴后，创设合理的探险情节和求生办法有很大难度。但无论是课文还是习作都是与故事和思维有关的，都要去探索"发生了什么？""用了什么办

[①] 崔允漷. 如何开展指向学科核心素养的大单元设计［J］. 北京教育（普教版），2019（2）：11-15.

法?""结果如何?"而在课文中探索的"他是怎么想的?"这个问题可以用到习作中对情节合理性的自我反思。

3."主题"设计

"主题"是"大单元"设计的关键环节,"主题"是指"大单元主题"。大单元主题不是以前的内容主题,而是体现核心素养的主题。在进行大单元设计时,需要努力发掘与单元各项有关的人文价值与工具价值,以及彼此间的有机联系,把诸多因素统一起来。

例如,组织学生学习《一个人的遭遇(节选)》(肖洛霍夫)、《流浪人,你若到斯巴……》(海因里希·伯尔)、《琴与箫》(孙犁)、《辛德勒名单(节选)》(史蒂芬·蔡利安)等一组关于第二次世界大战的作品,主题可以确定为"和平的祈祷",并设计"触摸永远的伤痛""战争中的人性画卷""奏响和平的旋律"几个连续的学习任务。这不仅是引导学生阅读经典作品,在感受形象、品味语言、体验情感、激活想象中提升文学鉴赏能力,而且让学生在阅读鉴赏的过程中感知战争的正义与邪恶,理性认识人性的美丑,培育他们的人类视野和世界情怀,让他们从心灵深处萌发和平的种子,用诗歌或其他文学样式表达和平的愿望,祈祷世界的和平。"和平的祈祷"这一主题,不仅是文本内容的提炼,而且融入学生精神生长的因素与学习的行为。

"家园之思"和"战争与和平"一样,是人类文学作品永恒的主题,但是相对来说,较难引起高中生的共鸣。对青春期的高中生常常期盼着离开家乡,出门远行,寻找新的生活。乡愁是人类共同的情感,古往今来,有不计其数怀念家乡、回望故土的文字。家园对我们每个人究竟意味着什么?它是地理意义上的某个地方,还是人的精神寄托,或是其他?不同时代、不同地区、不同的人,或者是一个人在不同的年龄阶段,都会有不同的答案。教师可以"乡关何处"为主题,既选择《想北平》《肖邦故园》等对人与故乡的关系和情感进行叙述的作品,又选择《前方》《今生今世的证据》等对故乡情结进行意义理解和深层追问的作品,引导学生通过阅读与交流共同关注这一文化主题的不同情感内核、与人们现实生活的关系,以及文学表达上的差异,并尝试对这一主题进行自我建构与表达,最终完成"我心中的家园"主题短文,编制"乡关何处"的阅读地图。这样的主题的提炼不仅关注到人,而且是学习者——高中生,是当下具体的人。①

4."载体"设计

学习任务群的设计以任务为导向,以学习项目为载体,改变了以往单篇文本分段分层教学、单个知识点反复训练的分析型教学模式,改变了琐碎、零散、被动、机械、浅表化的学习现象,让学生的学习发生在真实的情境与任务中,学生能够更加积极、主动地学习。

---

① 陆志平.语文大单元教学的设计思路[J].语文建设,2020(17):40-43.

"项目"是"学习任务群"的"载体"。学习任务群设计以核心素养为纲，但每个"项目"并不是与某一核心素养简单对应。《普通高中语文课程标准（2017 年版 2020 年修订）》指出："语文学科核心素养的四个方面是一个整体。语言是重要的交际工具，也是重要的思维工具；语言的发展与思维的发展相互依存，相辅相成。语言文字是文化的载体，又是文化的重要组成部分；学习语言文字的过程也是文化获得的过程。语言文字作品是人类重要的审美对象，语文学习也是学生审美能力和审美品质发展的重要途径。语言建构与运用是语文学科核心素养的基础，在语文课程中，学生的思维发展与提升、审美鉴赏与创造、文化传承与理解，都是以语言的建构与运用为基础，并在学生个体言语经验发展过程中得以实现的。"《普通高中语文课程标准（2017 年版 2020 年修订）》中的 18 个学习任务群不是与四个方面的核心素养一一对应的，每一个学习项目着重指向核心素养的某一个方面，但是在进行教学设计时绝不可能只关注某一个方面。

语文学习任务群的设计是一种富有挑战性、创造性的教学活动，以学习项目为载体的语文学习是一种富有挑战性、创造性的学习活动。这是一种新的语文学习生活，能够引导我们走向理想境界的语文学习生活。

实践运用

● 实践任务 ●

任务一：根据教学设计的基本理念和原则，基于对八年级学生的学情分析，为统编语文教材八年级上册第六单元第 24 课《愚公移山》编写一份学案（导学案）。

任务二：按照教学设计成果评价量规的要求和方法，编制一份语文教学设计评价量规，并对上述学案进行评价。

任务三：基于对大单元教学及主题设计的理解，请你为统编语文教材八年级上册第五单元设计大单元教学目标，提炼单元主题，并围绕主题设计至少 3 个任务。

● 实践指要 ●

独立完成任务后，与老师、同学一起研讨，分析自己编写的导学案和大单元主题设计的优点、不足，并根据提出的改进措施修改设计方案。

［拓展阅读］
实践指要 2.6

反思调节

● 学习反思 ●

请核对和填写表 6–2，看看自己有哪些收获，哪些方面还需要继续努力。

表6-2 学习反思

学习内容	实现程度			改进建议	备注
	未实现	实现	充分实现		
理解教学设计的基本理论					
运用语文课堂教学设计的基本流程					
明确教学设计的内容和呈现方式					
探索任务群及大单元教学设计					

备注：请在"实现程度"的相应地方画"√"，如果某一学习内容"未实现"，请简要记录你的改进建议。

● 自我调节 ●

根据改进建议，你将会_____

_____

_____。

🍃 推荐阅读

1. 余虹. 高中语文学习任务群的项目化设计：以统编教材必修上第一单元为例[J]. 教育科学论坛，2023（31）：5-10.

2. 张伟. 整本书阅读指导的百年经验与启示[J]. 教育科学论坛，2019（22）：5-10.

3. 李华平，何夕林. 教学内容的精心提炼与结构化[J]. 中学语文教学，2022（6）：30，33-37.

第七章　语文课程的学习方式与教学方法

> 　　国文教学悬着明晰的目标：养成阅读书籍的习惯，培植欣赏文学的能力，训练写作文章的技能。这些目标是非达到不可的，责任全在教师身上；而且所谓养成，培植，训练，不仅对一部分学生而言，必须个个学生都受到了养成、培植、训练，才算达到了目标。因此，教学方法必须特别注重。如果沿袭从前书塾里的老法子，只逐句讲解，就很难达到目标。[①]
>
> ——叶圣陶

知识导图

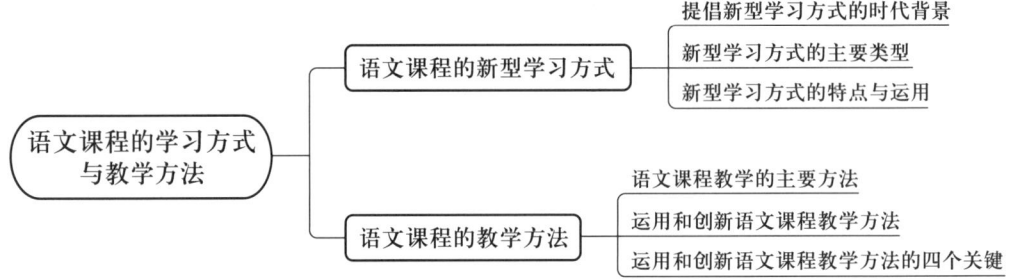

学习目标

1. 了解提倡新型学习方式的时代背景。
2. 理解三种新型学习方式的内涵与特点。
3. 掌握新型学习方式及与之匹配的教学方法的共同特点。
4. 学会运用新型学习方式及与之匹配的教学方法。

---

① 叶圣陶. 叶圣陶语文教育论集［M］. 北京：教育科学出版社，2021：48.

案例研习

教例再现

成都彭州石室白马中学陈岚老师在引导学生学习统编语文教材高中必修下册第一单元时,根据《子路、曾皙、冉有、公西华侍坐》《齐桓晋文之事》《庖丁解牛》《烛之武退秦师》《鸿门宴》的文章内容特点与教材设置的学习任务,设计了以下教学方案。

一、学习任务群的学习目标与内容

1. 反复诵读,整体把握文意,借助工具书,进一步提高独立阅读文言文的能力;分析对比,领会诸子散文在说理方面的不同特点和史传散文在叙事写人方面的艺术手法。

2. 体会文章所表达思想的不同特点,把握先贤对社会和人生的不同看法,从不同角度思考其深层意蕴,并结合当下的社会文化生活思考其现代意义。

3. 在学习文化经典的过程中吸取思想养分,滋养理性精神,发展思辨能力,学习论说方法,围绕比较重要的社会话题鉴古观今,学会阐述自己的观点。

4. 深化对中华优秀传统文化的认识,领悟前人的智慧,形成对优秀传统文化的理性热爱,自觉维护和发扬中华文明之光,增强文化自信。

二、设计思路

以整合的思路设计该单元的学习任务,创设任务情境,启发学生思维,引导学生有效运用自主、合作、探究的学习方式。

三、学习过程

(一)环节一:通读单元文本,理解语意和文意,梳理、讨论和把握难点字词句(课前)

任务1:通读本单元的五篇文章,标注借助注释依然不能理解的字词句,通过小组讨论尝试解决,整理不能解决的问题,师生在课堂上讨论后加以解决。

任务2:本单元所有课文中的对话,你最欣赏的是哪些?为什么?请至少列举三处并说明理由。

(二)环节二:细品所列举的对话,分析对话的精彩之处,比较不同对话隐含的作者思想有何差异(课中)

任务1:整理环节一的阅读成果,任选三篇文章中的对话,填写表7–1。

表7–1 文本细读与整理表

所选篇目与对话段落	对话的巧妙之处	对话体现的作者思想

任务2：比较所选文章或段落在运用对话技巧方面的异同，总结古人有效交际的智慧。

任务3：语言是思想的载体，对话是思想的交锋或互动。从你所选的对话中，能否看出儒道思想有何异同？

任务4：熟读五篇文章中的对话部分，进一步理解其文意和对话智慧。

（三）环节三：细读五篇文本，分析史传作品中对话描写的特点（课中）

任务1：整体阅读《齐桓晋文之事》《烛之武退秦师》《鸿门宴》三篇史传作品，分析史传作品的对话特征。

任务2：整体阅读《子路、曾皙、冉有、公西华侍坐》和《庖丁解牛》，概括其中对话的共同特征。

任务3：比较三篇史传作品和另外两篇文章在对话上的异同。

任务4：再次熟读对话段落，进一步巩固对字词句的理解，并领悟古人对话的智慧和儒道思想的异同。

（四）环节四：鉴古观今，古为今用（课中）

任务1：在选课走班时，你的想法是根据自己的兴趣选择科目，可父母却要求你选择考试能够得高分的科目。如果要说服父母，你打算运用本单元学习的哪些对话技巧与儒道思想？

任务2：根据你选用的对话技巧与儒道思想，写一段300字左右的劝说片段。

任务3：小组中进行同伴分享并提出修改建议。

任务4：修改自己的劝说片段。

（五）环节五：单元学习小结与反思（课后）

进行单元学习小结和自我反思，并填写表7-2。

表7-2 单元学习自我反思表

反思项目	主要收获	难点问题	学习启示	自我改进设想
难点字词句的把握与文意理解				
对话技巧的概括与运用				
儒道思想的分析与运用				
史传作品的对话特征				

● **案例点睛** ●

　　陈老师用学习任务群的设计思路统筹安排本单元的学习任务，以不同环节的具体任务为引领，促进学生的自主学习与合作探究，综合运用多种学习方式，由表及里地分析儒道思想的异同及其对今天的影响。她的教学设计，课前强调自主学习方式的运用；课中既重视自主学习成果的展示，又强调学习伙伴在合作学习中的有效提升，更是通过有深度的任务设置，引导学生不断探究；课后在单元学习反思的活动中再一次强化自主学习方式的运用。陈老师在单元学习中引导学生运用多种学习方式，既有利于提高学生参与学习活动的积极性与有效性，又为学生进行文化传承、加深文化理解、提升文化自信提供有力支撑。

理论概述

一、语文课程的新型学习方式

语文课程的学习方式，是指学生在语文学习的过程中，为完成特定的学习任务而选用的学习形式及相应学习方法的综合体。新型学习方式，针对传统学习方式而言，是根据教育教学变革的需要而采用的有别于传统的学习形式与方法。课程标准所强调的新型学习方式，主要有自主学习、合作学习和探究学习三种学习方式。

（一）提倡新型学习方式的时代背景

课程标准要求促进学习方式变革，提倡自主、合作、探究的学习方式。语文学科核心素养的培育任务，对语文教学所应秉持的知识观、过程观与学习范式等提出了新的要求。

[微视频]
微课：知识类型与学习方式

1. 促进核心素养发展的知识观对学习方式的新要求

知识观是人们关于知识问题的总体认识和基本看法。[①]传统的知识观把知识当成静止不变的规则与原理，学习知识就是理解、记忆和运用这些规则与原理，采用的学习方式主要是接受式学习。但从有利于学生核心素养发展的视角看，知识应是与人和社会紧密联系的综合体；知识获得的过程，应是学生围绕教材展开对话，并积极内化、主动生成和形成新意义的过程。[②]只有这样的知识获得过程，才能把知识变为素养，成为学习、工作与生活的力量。因此，促进核心素养发展的知识观及其对知识获得过程的要求，需要学生采用主动探究、自主发现的学习方式。

2. 促进语文核心素养形成的语文教学过程观对学习方式的新要求

语文教学过程观，是对语文教与学过程的功能、任务、特征和展开方式等的整体认识。不同的语文教学过程观呼唤不同的教与学方式。新中国成立后的十余年中，我国主要采用凯洛夫的五环节教学法——"组织教学—复习旧课—讲授新课—巩固新课—布置作业"，其教与学过程主要是传授和接受知识的过程。这样的教与学过程，要求学生采用听讲、记录、记忆等接受式学习方式，但相对来说，难以提高学生的语文核心素养。要把教与学过程变为学生语文核心素养的发展过程，需要教师把知识"授—受"般的教学展开过程，转向师生和生生互鉴共长的素养形成过程。这样的教与学过程，"具有预设和生成的双重属性。'预设'突出的是过程的计划性、预期性和规范性"，在"预设"的基础上，要"不断产生新的结果、新的经验、新的体验、新的观念、新的价值"，才能提升核心素养的生成意义。[③]促进语文学科核心素养形成的语文教学过程观，既要求学生独立自主地学习，又要求学生在合作交流与深入探究中创生新的观点与作品，这就对自主学习、合作学习与探究学习等新型学习方式提出了要求。

---

① 潘洪建. 当代知识观及其对基础教育改革的启示 [J]. 教育研究，2004（6）：56-61.
② 潘洪建. 当代知识观及其对基础教育改革的启示 [J]. 教育研究，2004（6）：56-61.
③ 郭元祥. 论教育的过程属性和过程价值：生成性思维视域中的教育过程观 [J]. 教育研究，2005（9）：3-8.

3. 学习任务群的学习范式对学习方式提出的新要求

构建语文学习任务群，以学习任务群的设计与实施要求展开语文教学，是课程标准提出的基本的语文学习范式。学习任务群，是整合语文学习任务形成的单元整体学习任务集群。学习范式是关于学习的理性认识与实践框架，包括学习是什么、学什么、怎么学等内容，不同的学习范式需要不同的学习方式来支撑。学习任务群的学习范式，是以学习任务为载体，整合学习内容、情境、方法和资源等要素的学习理念、方式与方法等。学习任务群的学习范式，力求引导学生深度参与语文实践，在多样化的语文实践活动中发展语文核心素养。学习任务群的学习范式，要求教师在社会实践中进行探究性学习，采用社会参与等方式，提高语文知识的运用水平。学习任务群的学习范式，要求学生既要在自主学习中提高语文学科的认知能力，又要把语文学科和社会生活联系起来，在合作探究中提高语言实践能力，只有多管齐下，才能提高语文核心素养。

（二）新型学习方式的主要类型

新的知识观、语文教学过程观和学习范式，要求学习者学会使用自主、合作、探究的学习方式。

1. 自主学习

自主学习，是学生发扬自身的主体能动性，积极、主动、独立地投入学习活动的方式与方法。首先，自主学习是一种主动学习，主动性是自主学习的基本特征，主要表现为"我要学"；其次，自主学习是一种独立学习，独立性是自主学习的核心特征，主要表现为"我能学"；最后，自主学习是一种元认知监控的学习，学习者能制订语文学习计划，并根据实际情况不断调整和反思，主要表现为"我会学"。只有"我要学""我能学""我会学"三者并进，才能提高学生的自主学习水平。

自主学习具有五个基本特征。第一，学习者参与学习目标、进度与评价标准的设计，清楚学什么、怎么学、学到何种程度，这是自主的前提。第二，学习者主动投入、积极思考，尽全力理解和完成学习任务，这是自主的态度。第三，学习者能主动把知识与自我、生活联系起来，转识成智，促进自身核心素养的发展，具有自主的收获。第四，学习过程有内在动力的支持，学习者能从学习中获得积极的情感体验，具有持续自主的内在动力。第五，学习者能在学习过程中对自己的学习活动进行监控和调整，具有自主反思的意识与能力。

2. 合作学习

合作学习，是指为了完成共同任务，团队成员分工、合作，共同推进学习活动、协作完成学习任务的互助性学习。合作学习有如下五个特征：第一，小组成员有共同的任务和明确的分工；第二，小组成员既能独立完成自己的任务，又能相互支持与配合；第三，小组成员相互信任，并能进行有效沟通；第四，能在小组成员个人成果的基础上，形成小组的集体成果；第五，小组的集体成果能帮助个人获得更好的发展。

选用合作学习这一方式时要注意以下三点：第一，小组成员对学习目标要有清晰的认识，能够围绕学习目标进行一致性的行动；第二，小组成员要有互补性，可根据成员的个性特点分配学习任务；第三，小组成员能共同应对学习困难，共享学习成果。

3. 探究学习

探究学习，是在自主、合作的学习活动中发现问题、分析问题、解决问题，从中获取新的知识、能力与体验的学习形式。探究学习具有以下三个特征：第一，问题性。探究学习是以问题为中心的学习，提出问题是探究学习的关键。第二，过程性。探究学习强调学生探索新知的经历与获得新知的过程性体验。第三，开放性。探究学习的目标、过程和评价都具有开放性，学生可以从不同的角度提出不同的问题，用不同的办法解决相同的问题，或用不同的方式呈现解决问题的成果等。

（三）新型学习方式的特点与运用

上述学习方式虽然表现各异，但它们都受到新的知识观、语文教学过程观和学习范式的影响与制约，因而具有如下五个共同特点：

第一，突出学生的主体地位。无论是自主学习、合作学习，还是探究学习，都把学生置于教与学的核心地位。只有突出学生的主体地位，发挥学生的能动精神，才能充分发挥各种学习方式的作用。

第二，以任务群学习为载体。要引导学生逐步从单篇课文的自主、合作、探究学习转向单元整体的自主、合作、探究学习。要引导学生在独立了解、理解和把握单元学习任务的基础上，独立或合作完成单元任务。对开放性较强的单元任务，要引导学生采用探究学习的方式，形成自己的认识、体验与具有个性色彩的学习成果。

第三，注重核心素养的生成。自主学习、合作学习、探究学习三种学习方式都体现了语文核心素养的生成性要求，自主学习强调学习者个体素养的生成，合作学习强调学习者素养发展的相互影响，探究学习强调学习者素养的突破与发展。

第四，强调素养发展的过程性。自主学习要求学生在独立学习的过程中，生成自己的观点与作品；合作学习要求学生在利用小组或团队优势促进彼此素养的共同发展；探究学习强调学生在学习过程中素养的积累与丰富。

第五，语文核心素养发展的有效性。无论何种学习方式，最终都指向语文核心素养发展的有效性。自主、合作、探究学习，是学生发展语文核心素养的有效途径，这三个途径相互作用，形成发展学生语文素养的有效合力。

自主、合作、探究学习，不仅是外在的学习方式，而且是学生内在精神与品质在学习活动中的体现，对学生主体意识的磨炼、发展和提高具有重要作用。但这些学习方式的运用，是以教师的正确引导为前提的。教师的引导作用主要表现在以下五个方面：一是引导学生养成良好的学习习惯；二是提高学生的学习能力，特别是语文学科的元认知学习能力；三是为学生的自主、合作、探究学习创造良好条件；四是为学生的自主、合作、探究学习提供载体，如基于任务群的学案、学习单、学习卡等；五是要在学习过程中加强指导，促进学生不断提高任务群学习水平。教师的这些引导作用，不仅不会束缚学生自主、合作、探究学习的手脚，反而会使学生提高运用新型学习方式的成效。

（四）新型学习方式的误区

目前，在学习方式的转变中也存在一些误区，主要体现在如下三个方面：

1. 自主学习成为"随心所欲"的学习

第一，片面强调学生自己主导的学习，认为教师的"讲授"看上去成为灌输，在某种程度上等于学生的"被动接受"。有人甚至主张"语文老师要管住自己的嘴巴，每节课讲的时间不能超过十分钟"，其实这是一种误解，我们反对的只是用教师的讲授代替学生的感受，并不反对教师必要的讲解。在教学过程中，质疑激思需要讲解，点拨开窍需要讲解，答疑解惑需要讲解，纠正错误需要讲解，端正方向需要讲解，总结提升需要讲解。当学生个体获取传授的知识有困难时，教师要进行及时的讲解。为学生的自主学习适当地创造条件、搭建平台、提供机会、营造氛围、指点迷津，这些都离不开教师的讲解。心理语言学的实验证明，讲授法要求以学生复杂、积极的心理活动为基础，所以，奥苏贝尔所说的传统的讲授法，并不等同于机械被动的接受学习，它能够以言语呈现为主要方式激活学生的内部学习动机，保持意义学习的心理倾向，并能促成新旧知识的联系与转化，这种有意义的接受学习和自主学习一样，都注重学生的主体作用及教师的主导作用，只不过在"主导"的方式上各具特色，但二者都有必要，而且殊途同归。

第二，"学生想学什么就学什么""学生喜欢怎么学，老师就怎么教"，教学一切唯学生是从，满足学生所有的要求。从表面上看，这是教师将学习的主动权交给了学生，看似体现了教学民主，体现了充分尊重学生的学习兴趣和爱好，体现了"以人为本"。但在这些现象背后隐含的疑问是：面对文本，学生有没有自我选择、自我取舍的能力？教师到底在文本与学生面前扮演一种什么样的角色？如何保证学生想学的内容聚焦于教学的重点和难点？对这一系列问题，部分教师实际上是缺乏思考的，他们不加区别、一味地满足学生，这样就把教学民主推向了极端，放弃了教学中的主导作用。

第三，在"学生自己做主"这一片面思想的影响下，教师的手脚被束缚。教师确定教学目标、考虑教学内容、安排教学环节、设计课堂提问等正常教学行为被视为无视学生主体性的"预设"，而预设则在反对之列。有人提出"无教案教学法"，但是这样一来，就会使得教师再也不敢进行教学设计，于是教学就成为一盘散沙，很难找到凝聚中心的内核。有的教师在进行教学设计时，从备课、上课到作业批改全由学生轮流进行，希望以此体现学生的主体地位。这种淡化教师作用的"唯自主化"课堂看似充分体现了学生的主体性，实际上却因为教师作用的缺失，使学生主体作用的发挥受到他们自身水平的限制，从而导致其认识水平在原有层次上徘徊。

2. 形式主义的合作学习

就现在某些课堂上被广泛采用的合作学习而言，变成只要在教学时进行了分组，就被认为是在培养学生的合作意识和合作能力，这样的理解同样是肤浅的。令人感到担忧的是，有的教师热衷于频繁使用合作学习的方式，哪怕一些无关痛痒的问题也会分小组进行交流，并鼓励学生对此热烈讨论，导致课堂上真正引导学生钻研教材的时间不多，思考不深，学生并没有真正学到知识。实际上合作学习的时机是否恰当，小组内个人承担的责任是否明确，个人竞争意识转化为小组竞争意识是否有效，尤其是个人完成学习任务经小组合作加工后的质量是否有可靠保证，总而言之，合作学习是否真正实现使每一位学生个体都得到相应的发展，这一值得考虑的问题容易被表面热闹、喧嚣的假象所掩饰或吞没。正因为如此，合作学习的实效就只剩下分组学习这样一件外衣了。合作学习必须要根据学生的实际需要，而不能只是为了上课而合作，为了合作而小组，为了小组而讨论。

3. 探究学习层面的浅尝辄止

当前的探究学习也存在表面化倾向，有的课堂教学常常满足于教师或学生提出一两个疑难问题，然后让学生进行分组讨论，即使在小组内部，成员们对彼此的观点有一点质疑，甚至思想交锋，最终还是教师"一锤定音"。这就使得课堂缺乏实践性、开放性，学生的问题性与参与性也不强。一个有质量的探究学习过程，或是教师精心策划而成，或是教师密切关注学生的学习活动，及时抓住易于激发学生探究的愿望和行为契机，带领学生进入探究的情境。

二、语文课程的教学方法

语文课程的教学方法，是语文教师在教学过程中指导学生学习语文、全面提升语文核心素养的办法、步骤、手段或技术等。语文课程的教学方法多种多样，本节重点探讨与新型学习方式相匹配的语文教学方法。

（一）语文课程教学的主要方法

许多优秀语文教师探索出的语文教学方法，都体现了自主、合作、探究的学习精髓。在众多优秀的语文课程教学方法中，下面列举三例，供大家研习。

1. 情感教学法

情感教学法，是情感派语文课堂教学采用的主要方法。情感派语文课堂教学，"追求的是一种教无定法、学无定式的变化美……常将讲、思、答、议、评有机结合，常取启发式、导学式、自学式等有效模式之长而自成风格，独为一体。这也是一种'没有模式的模式'"[①]。情感派教学的代表主要有于漪、欧阳代娜等。于漪的著作《语文教苑耕耘录》于1984年出版，标志着情感派语文课程教学方法的诞生。

于漪认为，语文教育要直面于"人"，植根于"爱"，发轫于"美"，着力于"导"，作用于"心"。情感派语文课堂教学体现出如下三个特点：一是构建立体化多功能效应，创建多项新的师生关系以及灵活无恒的课堂教学模式，创设情境常采用巧引、美读、精讲、趣溢等多种教学手段。二是积极追求文化精神，运用古诗词营造文化氛围，引用文论、诗评强化文化底气，用历史、哲学、音乐、美术、戏剧表演等相关知识来拓展文化领域。三是教学语言追求生动亲切，追求词采丰美，追求鲜明和

---

① 于漪. 于漪与教育教学求索［M］. 北京：北京师范大学出版社，2006：95.

谐的语言节奏，追求纯净严谨、富有逻辑性①。情感派语文课程教学主张把引导学生"思"放在重要位置，于漪认为，语文教学应该引导学生"生疑—质疑—解释—再生疑—再质疑—再解释"。于漪的以上语文教学主张，切合自主学习、探究学习的要求，符合学生阅读、理解文学作品的规律，有利于在语文学科中落实自主、合作、探究的学习方式。

2. 导读教学法

导读教学法是针对语文教学中长期沿袭的"讲读"提出来的。"导"是指语文教学中教师的指导、引导、辅导、因势利导；"读"是指学生在教师指导下的阅读实践。"导"和"读"构成了语文学习活动中的"师生互动"②。语文课程导读教学法的创立者是钱梦龙，其代表人物还有黎见明、蔡澄清等。1985年，钱梦龙的著作《语文导读法探索》出版，标志着语文课程导读教学法的形成。

钱梦龙在《语文导读法探索》中系统阐述了导读法教育理论——"三主四式"，后又在《钱梦龙与导读艺术》中将其改为"三主三式"。"三主"即教师为主导，学生为主体，训练为主线；"三式"即循序展开的三种课式：自读课、教读课、复读课。钱梦龙提出了教师由"讲"变为"导"，把学习的主动权交还学生的主张。"自读课"是在教师指导下的阅读实践，操作流程为"初读感知—辨体析题—定向问答—深思质疑—复述整理"。"教读课"不是着重于"教课文"，而是着重于"教会学生自读"。"教读课"的基本原则是"能级相应"；"教读课"的基本方法是"指点一下"；"教读课"的基本策略是铺设台阶："设标—达成—引发成就感—再设标—再达成—再引发成就感"。"复读课"不是简单的复习，而是一种综合阅读评价训练，一般是以单元为单位进行整体复读，或把相关的课文组成一个组合单元进行对比复读。导读法的语文课程教学追求教学的人性化、教学的民主化、教学的科学化、教学的艺术性等。③

3. 思维教学法

语文课程的思维教学法主张发扬孔子的"愤""启"思想，反对在教育活动中"唯书""唯师"的倾向，"主张在语文教学中以培养学生创造性能力为主旨"④。思维教学法的代表人物是宁鸿彬，其著作《面向未来，改革语文教学》于1989年正式出版，标志着思维教学法的诞生。

语文课程的思维教学法的主张有未来教育观、创造性思维教育理论和宁式教学三原则等。未来教育观主张教育应有预见性，要从未来社会对人才的要求着眼，要求教师在培养学生时注重以下三个方面：知识结构要实、博、专、新，能力结构要包括语言能力、自学能力、思维能力、创造能力、实践能力等，心理品质要注重顽强意志、谦虚勤奋、谨慎细致、独立性等。创造性思维教育理论，主张语文教学应

---

① 丁漪. 丁漪与教育教学求索 [M]. 北京：北京师范大学出版社，2006：60.
② 钱梦龙. 钱梦龙与导读艺术 [M]. 北京：北京师范大学出版社，2006：86-108.
③ 钱梦龙. 钱梦龙与导读艺术 [M]. 北京：北京师范大学出版社，2006：59-72.
④ 张正君. 当代语文教学流派概观 [M]. 北京：中国社会科学出版社，2000：158.

指导学生创造性地学习语文，特别要注意处理好求同思维与求异思维能力培养的关系。"宁氏教学三原则"即"三不迷信""三个欢迎"和"三个允许"。"三不迷信"指不迷信古人，不迷信名家，不迷信教师；"三个欢迎"指欢迎质疑，欢迎发表与教材不同的见解，欢迎发表与教师不同的意见；"三个允许"指允许出错，允许改正，允许保留意见。①

宁鸿彬认为：文章要由学生自己读懂；疑问要由学生自己提出；问题要由学生自己分析解决；知识要由学生自己发现获取；规律要由学生自己去概括掌握，教师只在"指导"上下功夫。他据此提出了"通读—质疑—理解—概括—实践"五步阅读教学法。

（二）运用和创新语文课程教学方法

在传承优秀语文教师教学经验和教学方法的同时，还要借鉴、运用和创新与新型学习方式相匹配的教学方法，只有这样，教师才能在灵活选用语文课程教学方法的过程中帮助学生提高语文核心素养。

1. 任务群教学法

任务群教学法，是以任务群为载体设计教学方案、推进教学过程和检验教学成效的教学方法。《义务教育语文课程标准（2022年版）》要求教师综合考虑教材内容和学生情况，设计不同类型的学习任务，以任务群方式开展教学活动。《普通高中语文课程标准（2017年版2020年修订）》要求教师充分理解学习任务群的特点，处理好学习任务群之间的关系，提高任务群的学习质量。要落实课程标准有关任务群的教学要求，语文教师需要探索和使用任务群教学法，在聚焦单元核心任务、设置单元问题群、促进单元读写转换等方面细化教学法。

首先是聚焦单元核心任务。目前的语文教材，主要以任务群学习为主线精选课文，设置学习内容和任务。教师在教学某一具体单元时，可引导学生综合分析单元学习提示、单元学习任务和本单元文章的总体特征，结合前后单元的学习内容与自身学习需求，取舍单元学习内容，突出单元学习重点，将"一课一得"扩展为"一单元一得"，形成单元学习主题和核心任务，避免平均用力和任务分散，为建构单元学习任务群创造条件。

其次是设置单元问题群。单元问题群是以单元核心任务为依托设置的具有高度关联性的问题。可以说，一个问题就是一个任务，高度关联的问题构成相互衔接的任务群。单元任务群的设置，一般采用主问题加子问题的方式展开。单元主问题，是以单元核心任务为依托设计的具有单元统整能力或能够统领单元学习任务的问题。子问题是对主问题的分解，具有细化和支撑主问题的作用。子问题之间或环环相扣，或相互补充，共同完成主问题需要解决的任务。单元问题群的结构与整体质量，决定了单元学习或任务群学习的质量。

最后是促进单元读写转换。任务群学习的重要特征是读写结合与读写转换。读写结合，是把阅读和写作联系起来设置学习任务；读写转换，是把阅读内容或

---

① 张正君. 当代语文教学流派概观［M］. 北京：中国社会科学出版社，2000：163-169.

阅读成果等转换为写作素材或经验，或把自身的写作经验转化为阅读文本的前知识或隐性知识，以提高阅读效益等。基于核心素养的任务群学习，既强调读写结合，也强调读写转换。在设计单元学习的核心任务与问题群时，只有以读写转换为主线取舍和聚焦学习任务，才能促进学生在读写转换的语文实践活动中提高语文核心素养。

教师在引导学生解决单元问题、完成单元任务时，要督促和帮助学生综合使用自主、合作、探究的学习方式。课前重在引导学生在自主学习和自主探究中完成任务；课中以合作探究为主，引导学生形成相应任务的学习成果；课后引导学生自主反思和改进。

2. 项目学习指导法

项目学习，是指要求学生通过项目研究的方式来获得知识、形成解决问题能力的一种教学方式。项目学习指导法，是指导学生有效开展项目学习活动，并不断提高项目学习质量的教学方法。课程标准设置的每一个学习任务群，都可以被视为一个学习项目，教师可以指导学生运用项目学习的方法开展学习活动。特别是《义务教育语文课程标准（2022年版）》强调的跨学科学习，更需要教师采用项目学习指导法，引导学生自主学习、合作研讨、深入探究。教师在运用项目学习指导法时，要根据学生开展项目学习活动的需要，相机点拨、因势利导，不断引导学生解决项目学习问题、突破项目学习难点、完成项目学习任务，其指导可集中在以下三个环节：

第一个环节是项目设计。项目设计，是学生在开展项目学习活动前，对项目学习目标、任务、内容、方式、过程与结果等进行整体谋划，并据此制订项目学习方案的过程。项目设计的好坏，直接决定项目实施过程及其结果的质量。教师指导学生设计项目学习方案时，要强调四个方面的内容：一是聚焦问题、明确任务。指导学生明确此次项目学习要解决的核心问题，根据要解决的问题明确项目学习的主要任务。二是围绕目标细化活动内容、方式与过程。指导学生根据此次项目学习要解决的主要问题和需要完成的任务，确定学习目标，根据学习目标选择学习内容和方式，并据此设计项目研究的基本流程、时间安排、每一时间段需要完成的学习任务与呈现的主要成果等。三是指导项目学习成果与评价。指导学生设计项目学习成果的内容、形式、呈现方式与评价标准，帮助学生提高项目学习的问题、任务、内容、方式、成果、评价等的一体化设计水平。四是论证和修改项目学习方案。指导学生论证项目学习方案是否有价值，是否符合任务群学习和项目学习的要求，是否体现了语文课程的性质和语文实践活动的要求，是否具有科学性与可行性等，促进学生根据论证结果修改和完善项目学习方案。

第二个环节是项目实施。在这一环节中，教师要指导学生根据事先确定的项目学习方案开展学习活动，要引导学生在语文实践活动中，联结课堂内外、学习内外，拓宽语文学习和运用领域；要围绕学科学习、社会生活中有意义的话题，开展阅读、梳理、探究、交流等活动，在综合运用多学科知识发现问题、分析问题、解决问题的过程中，提高语言文字运用能力。为了实现这一目标，教师在项目实施过程中要强化三个方面的内容：一是引导学生综合运用自主、合作、探究的学习方式。项目学习离不开学生的自主与探究学习，但更加需要团结协作、群策群力，在相互启发中突破难点。二是指导学生运用任务群学习成果，将课内的学习成果迁移至课外，实现课内课外相得益彰与螺旋发展。三是根据需要调整项目学习方案。既要指导学生"按图施工"，又要指导学生根据项目学习的实际需要，灵活调整事先设计的方案，使之更有利于促进项目学习的深入开展。

第三个环节是成果分享。项目学习的重要环节是成果分享。项目学习的成果包括学生作品，学生个体的认知结构、价值观念、阅历视野、情感体验、新的学习经验与感悟，学生群体的学习氛围、合作探究的积极状态、相互鼓励、支撑与促进合作的学习技能等。教师在指导学生分享成果时，既要帮助学生根据事先确定的成果分享方案和评价标准梳理、提炼和展示成果，引导学生把在项目学习过程中的零星收获或分散的成果整合起来，形成自己或团队的新发现；又要引导学生分享自主、合作、探究的学习感受及其存在的困惑，丰富综合运用多种学习方式的经验，为进一步提高项目学习质量打下基础。

3. 发现教学法

发现教学法也称探究法。发现法是以发展创造性思维为目的，以学科的基本结构为内容，以不断发现为步骤的一种学习方法。①

PPT：内生式
语文教学法

发现法的基本做法是：教师创设一定的情境，使学生在这个情境中产生矛盾；教师或学生提出要研究的课题，教师提供一定的学习材料，引导学生自己分析和综合，提出假设；学生从理论或实践上检验假设；根据实验获得的相关材料或结果，在仔细评价的基础上得出结论。这与任务群学习和项目式学习的基本操作流程极为相似，从某种意义上说，发现法就是任务群学习法或项目学习法，需要综合运用自主、合作、探究的学习方式。

发现法虽然强调学生在学习过程中自主发现和解决问题的重要性，但为了提高学生"发现"的有效性，强调教师提问的重要意义，并对教师提问提出如下六个要求：第一，要精心准备和设计问题，提出的问题要明确、有思考价值、难易适当；第二，要善于启发学生运用已有知识和经验，因势利导，发现新知识，解决新问题；第三，要做好归纳和总结，帮助学生发现和纠正错误认识与做法；第四，要调动所有学生积极参与提问、回答、补充和评价；第五，当学生基本知识和经验不足而影响学习进程时，及时为学生提供帮助；第六，要掌握好提问的时机，留给学生思考的时间。教师提问的基本原则是注重发展智能、对准重点难点、考虑学生差异、具体而又实在、形成逻辑序列、引导发现问题等。实践这些原则的具体方法包括迂回问、分解问、点式问、语境问、类比问、对比问、暗中问、正反问、推溯问等。教师提问切忌让学生一味按照教师的思路思考，把学生的思维纳入教师的既定轨道，"削学生的足，适教师的履"。

---

① 田本娜. 外国教学思想史[M]. 2版. 北京：人民教育出版社，2001：462.

4. 情境教学法

我国长期坚持运用情境教学法改进教学的代表教师是李吉林。情境教学法，是指在教学过程中，教师有目的地引入或创设具有一定情绪色彩的、以形象为主体的生动具体的场景，以引起学生一定的态度体验，从而帮助学生理解教材，并使学生的心理机能得到发展的教学方法。李吉林将情境教学法促进儿童发展的五个要素概括为："以培养兴趣为前提，诱发主动性；以指导观察为基础，强化感受性；以发展思维为核心，着眼创造性；以激发情感为动因，渗透教育性；以训练语言为手段，贯穿实践性。"①

情境教学法的基本步骤是：创设情境—参与各类活动—总结转化。创设情境，即根据教学目标，通过生活再现、实物演示、图画再现、音乐渲染、表演体会、语言描述等手段，创设生动形象的场景，激起学生的学习兴趣。参与各类活动，是指学生通过参与游戏、唱歌、听音乐、表演、谈话、操作等活动，在特定的气氛中，主动积极地从事各项活动，在潜移默化中学习。总结转化，是指教师通过启发、总结，使学生领悟所学内容，做到情与理的统一，并使学到的知识、经验转化为指导行为的准则。

如在设计"中国现当代作品研习"任务群的学习任务时，可创设以下情境设计研习任务：高二年级语文教研组和历史教研组将结合"中国现当代作家作品研习"和中国现当代历史的学习内容，开展"文学与历史"的跨学科项目学习，探索文学与史学的关系，明确历史与文学的异同，并引导学生提高以史为据的文学创作能力。为此，全年级学生将在本学期完成以下任务。

复习中国现当代史，研习本单元作品，回忆阅读过的现当代文学作品，补充阅读《狂人日记》《子夜》《暴风骤雨》《茶馆》《雷雨》《平凡的世界》等现当代文学作品，根据不同的项目要求做好资料卡片。整理和使用资料卡片参加如下活动：

活动一：主题演讲。以"中国现当代作家作品的文学使命与社会担当"为主题，在《阿Q正传》《边城》《大堰河，我的保姆》《茶馆》《秦腔》《平凡的世界》等作品中任选三部（篇）作为例子，写一篇不少于500字的演讲词，阐明你对中国现当代作家、作品与社会变革的内在联系的认识。小组内分享和修改后，在全班演讲。

活动二：作品推介。选择你在记录资料卡片时印象最深的一部作品，推介其在文学想象上的独到之处及艺术价值。

活动三：创作分享。运用上述活动成果，以党的二十大后中国的发展为背景，选取一个点展开想象，创作一篇不少于1 000字的小说或散文，或不少于50行的现代诗歌，或演出时间不少于20分钟的戏剧片段。②

上述任务以语文实践情境为统领，整合多种学习方式，有利于促进学生在语文实践活动中提高语文学科核心素养。

---

① 李吉林. 李吉林与情境教育［M］. 北京：北京师范大学出版社，2006：56.
② 张伟. "中国现当代作家作品研习"的课程功能与实现策略［J］. 语文建设，2023（7）：4—9.

5. 有意义的讲授教学法

有意义的讲授教学法，是指在教师讲授的过程中，引导学生根据自己讲解的内容不断建构新的知识、能力、经验、情感、价值结构等的教学方法。这一方法的核心首先是教师的讲授，即传统的讲授法。讲授法是教师运用口头语言向学生传授知识的教学方法，包括讲述、讲解、讲读和讲演四种方式。讲述是教师把事情或道理讲出来；讲解是教师向学生解释、解说具体的教学内容；讲读是教师在讲述、讲解过程中，指导学生结合教学内容进行阅读的一种教学方式；讲演是教师对学生讲述有关某一事物的知识或对某一问题的见解，并在此基础上得出科学的结论。讲述和讲解虽然各有侧重，但在教学中常常结合使用。运用讲授法的基本要求是：讲授的内容应该具有科学性、系统性、思想性；讲授要富于启发性，要自觉培养学生的思维能力；讲授的语言要清晰、准确、简练、通俗、生动、有趣，适合学生的年龄和心理特点；讲授中要恰当地使用板书和教具；讲授法要与其他教学方法相结合。教师在使用讲授教学法时，必须引导学生调动已有的认知经验，自觉主动地把教师讲授的内容纳入自己已有的知识、能力、经验、价值等结构，使之形成新的认知结构，只有这样，讲解才会变得有意义。

美国教育家奥苏贝尔认为：传统的讲授法和接受学习并非一定是机械的，发现学习的方法也不一定是有意义的，接受学习在适当条件下完全可以产生有意义的过程和结果。学生的知识主要来自接受学习，而不是自动和独立发现得来的。由于这些知识主要是用言语呈现的，儿童在没有非言语解决问题活动的经验的情况下，所呈现的言语材料要能够同学生已有知识结构或认知结构建立实质性的和非任意的联系，并且学生具有内部的学习动机或意义学习的心理倾向，致力于新旧知识间的联系和转化。这样，言语接受学习就能产生有意义的过程和结果。

奥苏贝尔所言及的传统的讲授法，并不等同于机械被动的接受学习，它能够以"言语呈现"为主要方式激活学生内部的学习动机，保持意义学习的心理倾向，并能促成新旧知识的联系与转化，这种有意义的接受学习和自主学习一样，都看重学生的主体作用，重视教师的主导作用。因此，新课程提倡的自主、合作、探究学习不能排斥有意义的接受学习，二者应该密切配合，相辅相成。

古今中外的教学方法不胜枚举，上面只介绍了与实施新课程相匹配的几种教学方法。教学方法的多元性、相容性、殊途同归性，使其呈现出百花齐放的格局，为教师多法兼用提供了有利条件。尽管教学方法丰富多彩，但没有任何一种可在任何时间、任何场合，适用于任何教师和任何学生的万能教学法。因为教学任务的完成、教学质量的提高，是多种因素、多种方法所产生的合力效果，而不是单靠某一种方法，每种教学方法有利有弊，合理性与局限性并存，因此应该多种教学方法兼用，形成合力。教学方法的多样性服务于一致性，即完成教学任务、实现教学目标。教师在使用多种教学方法时，要发挥统一的整体作用。

叶圣陶先生说过，"教学有法，教无定法，贵在得法"。如果说后两个"法"指的是教学方法，那么，前一个"法"则是选择确定教学方法的依据，也就是教学规律，它是与各门学科的特点和学生心理特点相契合的。所谓遵循教学规律、确定教学方法，就是要抓住教学方法与教师、学生、教学目标、教学内容的内在本质联系来确定教学方法。这些联系就是：教师支配教学方法、学生影响教学方法、教学目标决定教学方法、教学内容制约教学方法。总之，教学方法的运用与教师、学生、教学目标、教学内容之间有着不可分割的本质联系，只有找到这种本质联系，才能找到选择与确定教学方法的科学依据。

（三）运用和创新语文教学方法的四个关键

运用与新型学习方式相匹配的教学方法，需要认真领悟新的知识观、语文教学过程观和任务群学习对教师角色、教学理念和教学行为的要求，只有以此为指导，才能有效运用和创新教学方法。教师在日常教学中运用和创新语文教学方法时，要注意四个关键：一是唤醒。要充分发挥不同教学方法对学生学习积极性、内在学习动力、已有学习经验等的唤醒功能，从多方面唤醒学生，只有以此为基础，才能提高学生自主、合作与探究的学习能力。二是整合。要利用恰当的教学方法整合语文内部各要素、语文与生活、语文与其他学科、课内与课外等资源，形成语文学习合力，为学生的自主、合作、探究学习创造良好条件。三是转化。要帮助学生把语文知识和能力转化为语文素养，把蕴含在字里行间的情感要素和价值取向转化为学生的人文情怀与积极的人生态度，发挥语文学科的实用价值和育人价值。四是内生。运用内生性语文教学法和现代教育技术等手段，促进学生激发自身的语文学习潜能，运用养成性语文素养创生新观点与新作品，为可持续、高效益地学习语文奠定基础。

实践运用

● 实践任务 ●

选择下列任务中的其中一项设计教学方案与学习活动方案，要求：① 综合运用新型学习方式；② 选用与新型学习方式相匹配的教学方法；③ 体现"唤醒""整合""转化""内生"等语文教学方法的运用与创新要求。

任务一：运用新型学习方式和与之匹配的教学方法，为"身边的文化遗产"（统编语文教材八年级上册第六单元"综合性学习"）设计学习活动方案。

任务二：运用新型学习方式和与之匹配的教学方法，为《林教头风雪山神庙》（统编语文教材高中必修下册第六单元第13课）设计课堂教学方案。

● 实践指要 ●

独立完成任务后，与教师、同学一起研讨，分析教学方案或学习活动方案的优点、不足，并根据提出的改进建议修改方案。

反思调节

● 学习反思 ●

请核对和填写表 7-3，看看自己有哪些收获，哪些方面还需要继续努力。

表 7-3　学　习　反　思

学习内容	实现程度			改进建议	备注
	未实现	实现	充分实现		
了解提倡新型学习方式的时代背景					
理解三种新型学习方式的内涵与特点					
掌握新型学习方式及与之匹配的多种教学方法的共同特点					
能运用新型学习方式及与之匹配的教学方法					

备注：请在"实现程度"的相应地方画"√"，如果某一学习内容"未实现"，请简要记录你的改进建议。

● **自我调节** ●

根据改进建议，你将会_____
_____
_____。

推荐阅读

1. 胡斌. 单元学习任务前置教学模式中课的教学设计：以高中语文统编教材文学阅读与写作任务群为例［J］. 课程·教材·教法，2022，42（5）：73-79.

2. 张伟. 在语文实践活动中培育学生脚踏实地的文化自信［J］. 中学语文教学参考，2023（22）：17-21.

3. 叶军. 生成秩序哲学观观照下的语文合作性学习［J］. 语文学刊，2016（12）：139-140.

第八章　识字与写字教学

> 在识字教学中，学用结合是开启儿童心扉的好办法。识了字就要用。用多了，用熟了，就能"生巧"。这个"巧"，就是智力。从这个意义上说，识字和听说读写应是一体，不能人为地把他们分割开来。[①]
>
> ——斯霞

知识导图

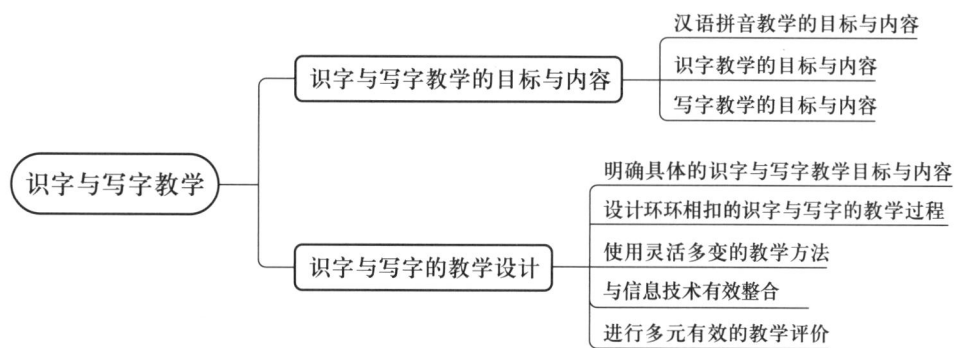

学习目标

1. 了解《义务教育语文课程标准（2022年版）》对识字与写字教学的要求。
2. 了解识字与写字教学设计的内容。
3. 能正确设计识字与写字教学的目标与内容，掌握其中体现的语文核心素养。
4. 了解并学会使用常见的识字与写字教学方法，并明白这些教学方法的特点。
5. 学会在识字与写字教学中运用信息技术。
6. 掌握在识字与写字教学中实施多元有效教学评价的方法。

---

① 斯霞. 我的识字教学观[J]. 小学语文教学，2010（3）：16-18.

案例研习

● 教例再现 ●

一位小学语文教师在教学识字课《日月明》时设计了如下方案。①

教学目标

1. 认识"明""力""尘"等11个生字，会写"木""林"等5个生字，感受识字、写字的乐趣。
2. 初步了解会意字的构字特点，猜想会意字的意思，培养初步识字的主动性。
3. 趣味化朗读儿歌，懂得人多力量大的道理。

教学过程

活动一　初识会意，以想促说

一、勾象形，温故知新

出示象形字，让学生朗读和口头组词，比比谁组的词多。

二、想画面，初识会意

板书"日""月""明"，让学生发挥想象分别看到了什么，并指出"明"字的写法：左边先写谦让的日字旁，右边挨着一个又高又瘦的"月"，标注后鼻音，领读两遍，指出会意字的造字方法。

【设计意图】象形字是汉字基础的构字方式之一。象形字的温习可以启发学生根据自身的学习和生活体验，采用前后勾连的策略为会意字的学习埋下伏笔。直观的板书可以调动学生的视觉、听觉和想象。

活动二　巧妙归类，以读促说

一、巧归类，发现规律

教师范读《日月明》的韵文，学生自由朗读并认读分组出示的汉字。

第一组，力、木、条；第二组，尘、林、森、心；第三组，从、双、众。

二、多形式，朗读韵文

通过指名朗读、师生合作朗读、分角色朗读、男女生交换读、打节拍跟教师读等多种形式朗读课文。

【设计意图】重视朗读是我国传统语文教学中的宝贵经验。运用多种朗读形式可以提升阅读趣味，让学生在反复朗读中培养语感，激发学生对语言文字的热爱之情。

活动三　创设情境，以认促说

一、多情境，猜说字义

学生自由圈画课文中像"明"字一样的会意字，边圈边想这些字的意思。教

---

① 刘琴. "说为主线"识字教学实探：一上识字9《日月明》教学设计［J］. 小学语文教学，2023（3）：55-58.

师讲解会意字里暗藏的故事：（一）文化渗透，演绎字义；（二）联系生活，触摸字义；（三）看图想象，理解字义。

通过学生演一演、说一说、猜字谜、析字源的学习过程，教师总结识字的新方法：会意字识字法。

二、观画面，猜说意象

教师引领学生观看书本中的插图，指名学生说出插图画面中的内容，让学生理解识字韵文的意义。

【设计意图】表意是汉字的一个重要特点。教学中让学生根据儿歌记忆字形，借助看图片、猜谜语、演一演、联系生活等方法使学生能够明图意、悟字形、晓字义。

活动四　巩固会意，以写促说

一、精读帖，说说发现

出示独体字"木"，教师示范，边写边念"木"的儿歌：横微斜竖要直，撇有尖捺有角，撇捺拉长要舒展。出示"林"字，让学生观察左右结构的"林"字，学习"土""力"和"心"。

二、细临帖，评价书写

让学生观看正确的写字姿势图片，调整好握笔姿势和坐姿，在学生写每个字之前，教师先念字的笔顺，并把生字小口诀嵌入书写，让学生按照正确的笔画顺序先描红、再仿影、最后临帖。课堂上及时实物投影学生的书写，师生共同点评，然后调整和修改写得不好的字，使学生形成良好的书写习惯。

【设计意图】教师先让学生读帖，仔细观察生字结构和偏旁变化、笔画的长短穿插；然后让学生主动说出自己的观察结果，彼此分享更多的观察方法；学生仔细倾听教师创编的生字小口诀，教师在写字教学中指导描红临帖，在正确、端正书写的基础上让学生感悟祖国汉字的形美。

活动五　追根溯源，以用促说

引导学生将两个象形字编成一个新的会意字，编出"休""鲜""看""岩"，并让学生猜这些会意字的意思，学生课后再找找其他的会意字并说出会意字里藏着的故事，布置"会意字藏着小故事"分享活动的课后任务。

【设计意图】引导学生总结识字的方法，尝试编一编、找一找会意字，猜一猜、说一说"休""鲜""看""岩"等会意字的意思，请学生课后寻找富有趣味故事的会意字，参加"会意字藏着小故事"分享活动，唤醒学生学习的主体意识，加强学生自主学习的能力，促进学生语文素养的提高。

● 案例点睛 ●

《义务教育语文课程标准（2022年版）》在"学段要求"中的第一学段（1~2年级）中提出"喜欢学习汉字，有主动识字、写字的愿望"，并要求1~2年级学生"学会汉语拼音""掌握汉字的基本笔画和常用的偏旁部首，能按基本的笔顺规则用硬笔写字，注意间架结构，初步感受汉字的形体美"。

《日月明》是一篇字理识字的集中识字课文，以韵文形式呈现，根据会意字构字特点编写，让学生领会古人造字的智慧。该教师在《日月明》教学中构建出"创设情境、勾勒画面、追溯意象"的识字路径，紧扣语文课程标准对小学一年级学生识字与写字教学的要求，以想象画面、巧用归类、情境创设、言说意象的方法引导学生识字与写字，增强学生的识字效果。

上述案例中的五个活动方案环环相扣，层层递进，体现了一年级学生的认知规律。"初识会意—巧妙归类—创设情境—巩固会意—追根溯源"的教学活动设计将学生的学习注意力密切集中在会意字的造字特点，并在识字过程中让学生温习象形字的特点，调动学生已有的学习和生活经验进入会意字造字法的学习中。"以想促说—以读促说—以认促说—以写促说—以用促说"的教学活动设计将想象、朗读、猜说、书写、编字等学习方法综合运用，顺势随文识写生字，读帖临帖指导书写，让学生在正确、端正书写的基础上领会祖国汉字的形美，养成良好的写字习惯，有效提高学生识字与写字的质量，落实《义务教育语文课程标准（2022 年版）》"感受汉字的形体美"的要求。

上述案例中的教学方法符合学生的心理特点，遵循识字与写字教学的生本理念。该教学设计针对一年级学生的心理特点，采用情境教学法、诵读教学法、想象识字法，运用联想想象、儿歌记忆、编字识字等形象直观的方法寓教于乐，在教学设计上兼顾多形式朗读和想象画面，猜说字义和意象，并且采用教师示范、读帖临帖等方法指导学生书写，使学生掌握会意字造字法和汉字书写方法，落实《义务教育语文课程标准（2022 年版）》对识字与写字的学段要求。教师唤醒学生的学习主体意识，使学生通过"想、读、认、写、用"等不断提高识字与写字的能力，最终在学生的个体语言经验发展过程中培养其语文核心素养。

 理论概述

一、识字与写字教学的目标与内容

识字与写字是学生学习语文的起点,也是阅读和写作的基础。《义务教育语文课程标准(2022年版)》全面考虑儿童身心发展的规律,把识字与写字能力的发展划分为四个学段的目标。四个学段的识字与写字课程目标,既有阶段性又有连续性。

(一)汉语拼音教学的目标与内容

1. 汉语拼音教学目标的统整性

《义务教育语文课程标准(2022年版)》就识字与写字教学的总目标提出如下要求:认识和书写常用汉字,学会汉语拼音,能说普通话。其中就汉语拼音的学习,从"学会"与"能说"两个方面提出总体要求。在学段目标里,汉语拼音的学习在第一学段即1~2年级提出如下要求:学会汉语拼音。能读准声母、韵母、声调和整体认读音节。能准确地拼读音节,正确书写声母、韵母和音节。认识大写字母,熟记《汉语拼音字母表》。

"学会""读准""拼读""书写""认识""熟记"的目标要求,统领整个汉语拼音的教学过程,并在整体上降低汉语拼音学习的难度。"学会"以读准和正确书写声母、韵母、音节为重心,同时要熟记汉语拼音字母表,这是《义务教育语文课程标准(2022年版)》对小学阶段1~2年级汉语拼音教学的基本定位。

2. 汉语拼音教学内容的典型性

课程标准提出"在日常交际情境中学习汉语拼音和普通话",强调拼音在日常交际生活中的重要性,凸显学习汉语拼音的重要途径——日常交际情境。拼音是小学起始阶段的重要教学内容之一,拼音知识是学生最先学习的语文重点知识,是第一学段识字与写字教学的重要内容。课程标准在"学业质量描述"中,要求学生在第一学段"借助汉语拼音认读汉字",在第二学段"能借助汉语拼音、工具书,在阅读中主动识字",凸显汉语拼音的"凭借"和"工具"功能。

统编小学语文教材一年级上下册、二年级上册的课文内容以全文注音的方式呈现,二年级下册开始采用难字注音的方式呈现课文内容。全文注音和难字注音的编排方式,有利于达成课程标准要求的"能借助汉语拼音认读汉字"的学习目标,培养学生独立识字、独立阅读的能力,让学生在课文阅读中识记拼音、运用拼音、巩固拼音,能使拼音学习与汉字学习相互促进。

(二)识字教学的目标与内容

课程标准对义务教育四个学段的识字教学目标与内容分别提出了如下要求:

第一学段(1~2年级):

1. 喜欢学习汉字,有主动识字、写字的愿望。认识常用汉字1 600个左右,其中800个左右会写。

2. 学习独立识字。能借助汉语拼音认读汉字,学会用音序检字法和部首检字法

查字典。

第二学段（3~4年级）：

1. 对学习汉字有浓厚的兴趣，养成主动识字的习惯。累计认识常用汉字2 500个左右，其中1 600个左右会写。有初步的独立识字能力。能用音序检字法和部首检字法查字典、词典。

2. 能感知常用汉字形、音、义之间的联系，初步建立汉字与生活中事物、行为的联系，初步感受汉字的文化内涵。

第三学段（5~6年级）：

有较强的独立识字能力。累计认识常用汉字3 000个左右，其中2 500个左右会写。感受汉字的构字组词特点，体会汉字蕴含的智慧。

第四学段（7~9年级）：

能熟练地使用字典、词典独立识字，会用多种检字方法。累计认识常用汉字3 500个左右。

上述识字目标与内容，要求识字教学体现以下三个方面的特征：

第一，识字与写字目标分流。课程标准提出"认识"和"会写"是两种不同的目标，要求"认""写"分流，在低年级多"认"少"写"，符合儿童身心发展规律。

第二，聚焦识字兴趣与识字能力两个方面。一方面，注重识字兴趣与习惯培养。第一学段（1~2年级）提出"喜欢学习汉字，有主动识字、写字的愿望"；第二学段（3~4年级）提出"对学习汉字有浓厚的兴趣，养成主动识字的习惯"；第三学段强调"感受汉字的构字组词特点，体会汉字蕴含的智慧"。另一方面，强调独立识字能力的培养。第一学段"学习独立识字"，第二学段"有初步的独立识字能力"，第三学段"有较强的独立识字能力"，第四学段"能熟练地使用字典、词典独立识字"，独立识字能力的要求逐步提高。

第三，识字目标具有递进性。从识字数量上看，识字量从1 600个到2 500个再到3 000个，最后达到3 500个；从识字能力上看，从学习独立识字到初步独立识字，再到较强独立识字，最后达到熟练独立识字的目标。从识字愿望的激发、识字兴趣的培养到独立识字能力的要求，都体现识字教学目标的螺旋上升要求。

（三）写字教学的目标与内容

《义务教育语文课程标准（2022年版）》提出"认识和书写常用汉字"，要求"初步领悟语言文字运用规律""学会使用常用的语文工具书"，并在学段目标中对各学段学生的写字习惯、姿势、书写的规范等提出具体要求。

第一学段（1~2年级）：

掌握汉字的基本笔画和常用的偏旁部首，能按基本的笔顺规则用硬笔写字，注意间架结构，初步感受汉字的形体美。努力养成良好的写字习惯，写字姿势正确，书写规范、端正、整洁。

第二学段（3~4年级）：

写字姿势正确，养成良好的书写习惯。能用硬笔熟练地书写正楷字，做到规范、端正、整洁。用毛笔临摹正楷字帖,感受汉字的书写特点和形体美。

第三学段(5~6年级):

写字姿势正确,保持良好的书写习惯。硬笔书写楷书,行款整齐,力求美观,有一定的速度。能用毛笔书写楷书,在书写中体会汉字的优美。

第四学段(7~9年级):

写字姿势正确,保持良好的书写习惯。在使用硬笔熟练地书写正楷字的基础上,学写规范、通行的行楷字,提高书写的速度。临摹、欣赏名家书法,体会书法的审美价值。

在上述目标中,"书写规范、端正、整洁""写字姿势正确,养成良好的书写习惯",是课程标准对第一学段(1~2年级)和第二学段(3~4年级)学生写字的基本要求。在具体的教学实践中,这一要求具体体现在:把字写对,不写错别字和不规范的字,不无中生有地造字;把字写好,书写认真,偏旁部首位置恰当,比例合适,整个篇幅的安排须结构匀称,行款整齐,字迹清楚。在此基础上,从第三学段(5~6年级)开始,《义务教育语文课程标准(2022年版)》对写字提出了更高的要求:力求美观,要有一定的速度。

《义务教育语文课程标准(2022年版)》对写字教学的目标要求,既体现在写字姿势与习惯培养的一贯性上,又体现在写字技能的逐步提升上。《义务教育语文课程标准(2022年版)》先提出写字的基本要求——规范、端正、整洁,再要求用硬笔熟练书写、用毛笔临摹、用毛笔书写楷书;从低学段的硬笔写字到中高学段的毛笔书写;从第一学段和第二学段写字工整到第三学段和第四学段达到"一定的速度""提高书写的速度",总之,在工具上,从用硬笔书写到用毛笔书写;在字体上,从正楷书写到行楷书写;在要求上,从写字端正到写字美观再到写字快速,由浅入深、由易到难。

相较于《义务教育语文课程标准(2011年版)》,《义务教育语文课程标准(2022年版)》凸显了对学生"语言运用"和"审美创造"等核心素养的培养。如"初步感受汉字的形体美""感受汉字的书写特点和形体美""初步感受汉字的文化内涵""在书写中体会汉字的优美""体会书法的审美价值"等学习目标,都关注了汉字的审美性与文化性,使写字不只是一种机械性的技能训练,而是一种兴趣、态度、审美与文化等素养的培育。在写字教学学段目标的要求中,加强了学生对汉字的文化认同。第二学段(3~4年级)增加"能感知常用汉字形、音、义之间的联系,初步建立汉字与生活中事物、行为的联系,初步感受汉字的文化内涵";第四学段在原来的"临摹名家书法"的基础上增加了"欣赏"二字:"临摹、欣赏名家书法"。这进一步提高了学生体悟书法艺术的鉴赏能力要求,有利于增强学生的文化自信。

《义务教育语文课程标准(2022年版)》对写字教学目标的要求可从以下五个方面来认识:(1)明确写字与识字不同步,低年级识字多写字少,高年级识字少写字多;(2)养成良好的写字习惯,保持正确的写字姿势,是课程标准一以贯之的写字要求;(3)写字在第一学段和第二学段要求规范、端正、整洁,在第三学段和第四学段要求用楷书、行楷书写,要求写字优美,写字要求逐步提升;(4)从第一学段和第二学段不要求写字速度，到第三学段要求"写字达到一定速度"，再到第四学段"提高写字速度"，对写字"速度"的要求逐步提升；（5）课程标准专门提出了硬笔书法与毛笔书法的要求，尽管没有量化规定，但对写字的审美价值提出了新的要求。

二、识字与写字的教学设计

识字与写字的教学设计，是语文教师在认真研读课程标准、正确分析统编语文教材的基础上，针对学生的具体学情进行的教学预设。下面从明确教学目标与内容、设计教学过程、使用教学方法、有效整合信息技术以及进行教学评价五个方面介绍识字与写字教学设计。

（一）明确具体的识字与写字教学目标与内容

首先，拼音教学的目标与内容要以读准声母、韵母、声调和整体认读音节为重点。《义务教育语文课程标准（2022年版）》先识字后学拼音的调整，符合学生的认知规律。统编小学语文教材把拼音教学放在识字教学之后，使学生具备一定的识字量后，用学过的生字认读拼音，激发学生学习拼音的兴趣，降低拼音教学的难度。统编小学语文教材一年级上册第1课是课文《我上学了》，并在课文后直接编辑了识字单元，之后才是拼音学习，这样安排是为了更好地让学生认识到拼音是注音工具，必须学会运用。

其次，识字教学目标的确定要恰当处理阅读和识字之间的关系。低年级在阅读教学时要分步处理生字，对要求"会认"和"会写"的字，从由易到难的角度设计教学目标。由此，先以识字为主，制订"会认"的字的教学目标。对一篇课文的生字进行分类、分步处理。中高年级可以利用阅读课文内容促进识字，在课文的情境中理解字义。在设计阅读教学目标时，要求在组词、找近义词或反义词等方面设计目标，在语境中落实字的音、形、义，做到"字不离词，词不离句，句不离文"。

最后，写字教学目标的确定，要有利于学生品味汉字之美和传承汉字文化。《义务教育语文课程标准（2022年版）》提出："语言文字是人类社会最重要的交际工具和信息载体，是人类文化的重要组成部分。"汉字是兼具意美、形美、音美，集实用价值和审美价值于一体的文字。大小篆体的古朴美、楷体的俊秀美、行书体的飘逸美、草书体的奇美，一笔一画的形体美，浸润在生活中的方方面面。汉字沉淀和积累了数千年的中华文化，培育学生的汉字审美和书法审美意识，有利于学生坚定认同汉字文化，养成对汉字的正确书写习惯和规范，养护和延续中华文化根脉。因此，设计写字教学目标时，要在汉字美、书法美的鉴赏与书写等方面明确要求。

（二）设计环环相扣的识字与写字的教学过程

1. 识字教学过程设计

识字教学方法多样，教学过程的设计也灵活多变，但基本遵循如下流程：自读感知，初识生字—师生互动，巩固生字—作业练习，深化迁移。

在识字教学中，将阅读与识字有效结合，首先让学生通过自读或互动读感知生字，学生用拼音识字、看字表识字、根据上文猜字等方法自主识字。其次，教师指导学生认识、书写新字或新偏旁，及时交流字音、字形的学习情况。最后是教师通过练习、活动、游戏等方式，带领学生复习巩固本课新认识的字和要求会写的字，并布置课后作业练习字音、书写汉字等。一个教学环节紧扣另一个教学环节，识字与阅读交替进行，在分散阅读中识字，在阅读和识字的过程中渗透识字与写字规律的点拨。

识字教学过程的设计，要体现出趣味性与有效性。

第一，识字教学过程的趣味性

识字教学是小学中低段的教学重点，在教学环节中应注重培养学生学习汉字的兴趣和主动识字的愿望，通过采用直观的教学手段、创设丰富多彩的教学情境，结合分散识字与集中识字等方法提高识字效率，在教师引导中注重培养学生自主识字的能力，为学生培养独立识字能力打好基础。

第二，识字教学的有效性

在识字教学设计过程中，识字方法的选择与使用决定了教学是否有效。在教学过程中，教师不是传授独立识字的"知识"，而是通过实践培养学生独立识字的能力。在学生阅读课文时，要实时关注识字，分步处理生字，尽量把识字贯串低学段语文学习的各个环节。低学段语文教学的重难点为识字，主要是掌握字形、字音、字义，尤其是需要指导学生学会分析字形，在阅读中分散掌握难点字、易错字。同时，为了避免枯燥学习，教材中编排的集中识字内容应在集中识字教学中分散学习汉字，以提高识字教学效率。

2. 拼音教学过程设计

首先，教师可从课文插图入手创设教学情境导入学习，或联系生活实际创设情境引入学习；其次，联系具体的字或笔画学习声母或韵母，教师带领学生读准声母、韵母，或用学过的字引导学生练习四个声调或音节拼读；再次，教师带领学生通过游戏、儿歌、同伴互动等形式复习巩固拼音学习，练习书写拼音字母或音节；最后，教师向学生布置回家后的口头作业，跟父母互动拼音练习，复习巩固拼音学习成果。这样环环相扣，从直观到抽象、由易到难，步步推进，有利于提高教学效果。

拼音教学过程的设计要符合以下三点要求：

首先，拼音教学过程一定要有效。拼音教学内容包括拼音字母的发音，音节的拼读，字母和音节的书写等，而"准确拼读音节"是汉语拼音教学的重点和难点。教学环节的设计务必关注学生的学习难点，使学生在反复的练习中准确拼读音节。教学各环节要做到突出重难点，不要平均用力、面面俱到。

其次，拼音教学过程一定要有趣。在拼音教学环节中，要适当穿插说话、识字、阅读活动等来完成教学任务。面对一年级的学生，教师不适合讲述发声规则，但此阶段儿童的模仿力较强，注意力集中时间较短，拼音教学环节除设计游戏活动、制作有趣课件外，教师在教学中可巧妙地融入说话互动环节，让学生通过观察，模仿教师、同伴互动的说话活动，学习声母、韵母发音，逐步达到"准确拼读音节"的要求。

最后，要关注学生兴趣与习惯的培养。小学低学段的教学重点为识字与写字教学，拼音教学应为识字教学服务。小学一、二年级正是培养学生良好阅读习惯、激发阅读兴趣的关键时期。因此，在拼音教学环节要引入朗读、阅读教学，通过朗读、阅读感受、学习汉字的音、形、义。在教学过程中，应把拼音教学和识字教学结合起来，使教学过程充满童趣，核心应体现拼音是识字的工具这一要求，同时渗透阅读兴趣的激发和良好阅读习惯的养成等要求。

3. 写字教学过程设计

在写字教学中要重视书写过程的养成教育，写字教学过程应环环相扣。首先，提示学生看清例字的整体布局、点画安排，教师可带领学生进行书空练习，即一边用手指在空中或桌上书写笔画，一边念出此笔画的名称和顺序。其次，要引导学生在头脑中产生例字书写的整体印象，教师先在田字格中示范书写要求"会写"的字，提醒学生注意关键笔画，学生交流这些字在田字格中的摆放。再次，请学生描红这些字，掌握字的结构和各部件的搭配。最后，让学生在作业本上书写这些字，同一个字书写两到三次左右，教师检查指导，同伴互动交流书写的体会，争取一次把字书写正确、规范。在写字教学中，既要注重激发学生的写字兴趣，又要按照书写技能形成规律进行科学训练，教学环节要循序渐进，根据学段写字目标要求的会写字数进行书写练习，遵循课程标准逐渐递增的写字量要求，养成学生正确执笔的书写姿势，重视示范、模仿的整合，养成提笔练字的习惯。

（三）使用灵活多变的教学方法

根据学生身心发展特点及教学目标，在识字与写字教学中灵活使用各种方法，调动学生的已有经验，使教学化难为易，提高识字与写字的教学效率。

1. 情境识字

《义务教育语文课程标准（2022 年版）》在基础性学习任务群"语言文字积累与梳理"中提出，在真实的语言文字运用情境中独立识字与写字，在语言文字运用情境中，发现、感受和表现语言文字的魅力，强调识字与写字的情境性。情境识字可以运用图画情境、创设故事与生活情境进行识字与写字教学。统编小学语文教材中编排了丰富的彩色图画与故事，教材内容建立了与生活的广泛联系，为情境识字创造了丰富的素材。

2. 联想识字

联想是由当前所感知的审美对象联系到与此相关的对象，是由此及彼，连类而及。汉字本是"物"与"形""理"与"字"的联想的产物，所谓"依类象形""分理别异"就是这个道理。因此，识别汉字最容易引发人的联想。汉字的联想是指联系原有认知结构，寻找生字与熟字之间的相似点，凭借和参照熟字，求得生字与熟字认同。类推的本义是指比照某一事物的道理推出跟它同类的其他事物的道理。在识字与写字教学中，类推是为了扩展类化从而达到同化，将生字纳入认知结构，使生字变熟字，从而内化，并达到运用自如的程度。《义务教育语文课程标准（2022年版）》指出："识字与写字教学应结合学生的生活经验，采用形象直观的教学手段。"不少汉字采用象形造字的方法，联想的全面运用，激发学生的想象力，使汉字具象

[微视频]
识字写字
教学方法

化，扩展简单的汉字，将汉字看成现代的事物，从而理解汉字的意义。让学生积极地联想记忆，把汉字的字形、字义联想为一幅幅图画、一个个故事，赋予汉字生命活力，提高学习效果。教师还可以引导学生用联想分辨汉字部首，以帮助识写一类文字，根据汉字音、形、义三位一体的特点以及六书的造字方法，在识字教学中可以凭借生活积累以及知识储备，从汉字的原型出发，展开由此及彼、由近及远、由浅入深的联想，理解汉字的音、形、义。用联想猜字谜构建字形字义联系；用联想扩字、组词、造句，丰富词汇量；用联想按逻辑进行单字连锁训练。汉字认知的联想类推规律，在实践中的运用可以很大程度上提高识字教学的效率。

3. 想象识字

想象是一种观念形态上再造或创造出现实的表象和形象的心理能力。审美主体在其感情和理性的驱使下调动原有的审美经验，从而形成源于作品又异于作品的意会形象。

不同于西方的拼音文字，汉字是单一、表象、修辞的符号。汉字具有十分鲜明的形象性特点，又具有丰富的文化内涵，蕴藏着汉民族的思维方式、审美观念、社会心态和价值取向，所有这些决定了汉字能给人以广阔的想象空间。正如世界著名的汉学家高本汉所说："中国文字是真正的一种中国精神创造力的产品，并不像西洋文字是由古代远方的异族借得来的……中国文字有了丰富悦目的形式，使人能发生无穷的想象，不比西洋文字那样质实无趣。"[①]因此，识字与写字教学还能训练学生的想象力，其方法是：借想象编歌诀为识字与写字添加情趣；借想象猜字谜帮助学生识记生字；借想象绘图画破解汉字文化内涵；借想象编故事领会字音、字形、字义等。

4. 随文识字

随文识字的"文"不仅指"课文"，而且指"语言环境"。在教师的引导下，学生积极主动地在"语言环境"中识字，把文字放在特定的语言环境中认知、理解、感悟、掌握，这是随文识字的优势。"字不离词，词不离句，句不离文"，在教学中将字的音、形、义紧密结合，能有效促进儿童语言感知能力的发展。统编语文教材中的识字单元一般由儿歌、韵文构成，课文单元以短文、儿童诗歌为主，这样编排课本内容，为学生的汉字学习营造了有利的语言环境。

5. 字理识字

汉字是表意文字，每一个汉字都蕴含一定的文化意义和字理，表达一定的意义，承载着相关的文化、思想、情感。字理识字是指根据汉字构字的表意性特征，依据汉字的组构和演变规律，对汉字的音、形、义之间的联系进行字理分析，以此实施识字教学，从字源上厘清形近字的构造原理，从汉字演变中理解某些因变化而形成的形近字的现实依据。运用字理识字还可以了解古代历史文化、体察古代社会的生活文化状况，如通过"采""狩"的甲骨文，可以看到古代采摘、狩猎的生活图景，进而培养学生探究汉字规律的浓厚兴趣和审美情趣。

---

① 李如龙. 汉语特征研究［M］. 厦门：厦门大学出版社，2018：121.

6. 生活识字

《义务教育语文课程标准（2022年版）》要求学生"认识家庭生活、学校生活、社会生活中的常用字""在生活中主动识字，发展独立识字能力""有自觉识字的意识，在社会生活中发现自己不认识的字。"学生在生活中识字，生活是识字的背景和舞台，引导学生在课内外、校内外识字，拓展识字时空，使学生在日常生活中更加亲近和热爱汉字，做识字的有心人，力求识字的社会化和自主化。树立学生生活中的识字意识，将识字引向生活空间，增加识字量，把识字学习置于真实的生活之中，让学生跨入更广阔的汉字世界，拓展想象的空间，使学习活动与生活活动融为一体。

7. 部件识字

《义务教育语文课程标准（2022年版）》要求学生"按照汉字字形结构等规律梳理学过的汉字"，字形结构规律以"部件"进行呈现。通俗地说，"部件"就是组成每个字的零件，汉字字形分析的意义等信息是由部件传递的，引导学生树立部件的概念，是分析汉字结构的基础。依据汉字的结构部件，通过"加一加""减一减""换一换"，巧妙地拆字析解，将已学过的熟悉的汉字加减偏旁或去掉偏旁成为新字，调动已有的识字经验和已学过的熟字部件（独体字、偏旁），有利于学生掌握新的生字字形结构。

8. 书空写字

书空写字，是指用手指在空中虚划字形，其形如字，因此称为书空。教师在黑板或实物投影上书写，边写边提示笔画要点，引导学生边观察边模仿，让学生伸手向前看着字形出声或不出声地用食指在空中练习书写，或俯首在桌上或手心上默写。书写虽没有落在纸上，但书写痕迹印在脑中，能巩固学生对字形的记忆。

9. 描红或临摹写字

作为我国传统的习字法，描红是初学写字的有效方法。描红，是在印有红色字或空心红字的纸上摹写，学生可以在描摹的写字过程中，集中注意力，掌握书写要领。《义务教育语文课程标准（2022年版）》要求学生"能用硬笔熟练地书写正楷字，做到规范、端正、整洁。用毛笔临摹正楷字帖"。描红和临摹有利于学生观察汉字的笔顺、结构、形状，快速掌握汉字的书写规律。

10. 看图学拼音

看图学拼音是根据统编语文教材内容，利用教材中的表音表义图、情境图，把拼音字母学习和生活经验联系起来，激发学生学习拼音的兴趣，达成读准声母、韵母音，认清声母、单韵母的形等目标。

11. 用字学拼音

根据课程标准的教学目标和统编语文教材的内容，把汉字和拼音联系起来，利用汉字学习字母的发音和拼读音节。

12. 韵语学拼音

根据统编语文教材内容和课程标准的教学重点，引入儿歌、韵语和顺口溜等学习拼音，以儿童喜闻乐见的语言形式，通过快活的语言朗读活动学习拼音。

以上介绍的教学方法，教师在教学中要根据教材内容及学情灵活使用。

（四）与信息技术有效整合

"互联网+"时代的到来，加速了语文教学与信息技术的深度融合。与传统的黑板加粉笔的教学手段相比，信息技术因其交互性，使教学过程更能够情景交融，能将教学内容更为直观和生动地呈现在学生面前。课程标准在"教学建议"中指出，"教师要关注互联网时代日常生活中语言文字运用的新现象和新特点，认识信息技术对学生阅读和表达交流等带来的深刻影响，把握信息技术与语文教学深度融合的趋势"。将信息技术与识字与写字教学相融合，有利于正音正字、演示书写规律、展现字形变化、理解字义演变，提高识字与写字与拼音教学效率。

1. 合理恰当运用信息技术，突破识字教学难点

在识字与写字教学中运用信息技术，可增加课堂教学的生动性，增强识字与写字教学的生成性。

（1）巧用识字软件，整合字的音、形、义

运用信息技术开展识字与写字的教学方法是多种多样的，巧用识字软件，可在课堂教学中整合生字的音、形、义。例如，统编小学语文教材一年级下册的识字课文《春夏秋冬》，利用识字软件将抽象的汉字转换成图像，将春、夏、秋、冬四个字的读音、结构以及四季的景象以动画形式展现，音频、画面、文本、现实结合在一起，学生在极短时间内直观感受到四季的变化，汉字的音、形、义在信息技术的融合中给学生带来视觉上的感受和体验。

（2）适当应用电子白板，增加识字教学的趣味性

电子白板在识字课堂教学中的恰当应用，可以使"教"与"学"活动具有趣味性和科学性。电子白板可以更好地为识字教学服务，它是在幻灯、投影、电视、计算机网络的基础上发展起来的，可以与电脑进行信息联通，利用投影机将电脑中的内容投影到电子白板屏幕上；还能利用特定的定位笔代替鼠标在电子白板上操作，可以对文件进行编辑、注释、保存等。

在识字教学中，教师可以结合具体学习内容和学情，开发用于识字教学的电子白板课件，有效落实随文识字的要求，利用纵向和横向等线索，引领学生在学习课文中识字。如针对笔画数较多的汉字，可以让学生观看电子白板上呈现的动画来强化记忆，动画中对一些关键笔画和核心偏旁设置色彩闪动，以此提高学生的注意力。

电子白板课件的优点是非常方便。例如，就课件中插入的音频、视频、动画而言，有的课件必须将许多文件打包，而电子白板课件则直接插入即可播放。教师和学生在课堂中即时迸发的"火花"和生成的思想，可以立即在"白板"上呈现。

2. 运用信息技术创设情境，突破写字教学难点

运用信息技术创设教材文本情境、生活情境、字义文化情境、语段情境，能够丰富写字的教学内容。信息技术环境下，动画可以把汉字的正确笔顺直观形象地展现在学生面前，展示汉字书写的进化和简化过程，方便记忆和摹写。学生通过动画的书写笔顺演变感悟汉字的意象美感，并且让学生在规范书写的实际过程中实现"在

书写中体会汉字的优美"等目标。

（1）创设写字教学情境

在课堂教学中，借助信息技术既能演示汉字偏旁结构的静态图像，又能结合声音、画面呈现汉字动态的字形演变，突破时空的限制，展示汉字之间的联系。在网络上搜集各类与汉字有关的图片、音频、视频、动画等教学资源，将其运用到写字教学中，构建优质的教学情境，使教学动态化和情境化，更有利于提高学生的写字兴趣。

（2）用动画展示优美的名家书法

课程标准要求学生"临摹、欣赏名家书法，体会书法的审美价值"，基于这一要求，在写字教学中，可以运用信息技术展示我国书法名家如颜真卿、柳公权等人的字帖。例如，可以在电子白板课件中用动画展示两位书法家对"永"字的书写，让学生欣赏两位书法家的不同书写风格。教师借助课件讲解汉字的布局美和线条美，让学生在赏析中感悟书法的审美价值，体悟中华汉字文化的博大精深，进一步树立学生的文化自信。

（3）用视频示范正确的写字姿势

课程标准要求学生"写字姿势正确，保持良好的书写习惯"，正确的写字姿势包括坐姿和握笔姿势。运用信息技术播放正确写字姿势的视频，在重点的写字姿势中进行特殊记号的标注，让学生进行正误对比和自我调整，纠正不良姿势，培养优良的写字习惯。

（五）进行多元有效的教学评价

识字与写字教学评价是为了考查学生达成学习目标的程度，改进学生的学与教师的教。教学评价的重点是对学生的学习过程进行评价，对学生识字与写字的进展进行动态评价。

首先，评价识字量。根据课程标准的要求，识字量的评价要具有弹性，根据学情达到"上不封顶，下要保底"的要求，把课内识字量和课外识字量结合起来。同时，评价内容要选取多个角度，不仅评价识字量，而且要对学生的识字兴趣、学习习惯、学习方法的多样性等进行综合评价。

其次，评价写字的量和质。根据课程标准的要求，写字的评价要注意过程性评价与评价内容的多元化。既考查学生对要求"会写"的字的正确性及数量，又要考查学生对"会写"的字的笔画、笔顺、间架结构等的掌握，既要观察学生写得怎样，还要关注学生书写姿势与习惯的养成，以及学生对汉字文化的兴趣与审美能力。

再次，评价拼音教学的有效性。重视在具体的语言环境中评价学生的拼读能力，注重在实践中评价学生的拼读能力，即当场拼读，以体现汉语拼音的工具作用。

最后，应根据不同学段进行评价，允许多次评价，评价结果的呈现要符合不同学段儿童的心理特征，在低学段要形象生动、形式多样，具有童趣。

实践运用

● 实践任务 ●

选择下列任务中的一项进行教学设计。要求：① 切合识字与写字的教学目标；② 选用多种教学方法；③ 渗透汉字文化，适当使用信息技术。

任务一：运用识字与写字教学方法，为"学习汉语拼音 a o e"设计教学方案。

任务二：运用识字与写字教学方法，为《荷花》（统编小学语文教材三年级下册）设计教学方案。

任务三：根据识字与写字教学方法中信息技术的使用要求，为《小英雄雨来》（节选）（统编小学语文教材四年级下册）设计教学方案。

● 实践指要 ●

独立完成上述任务后，与教师、同学一起研讨，分析识字与写字教学设计的优点、不足，并根据提出的改进措施修改方案。

反思调节

● 学习反思 ●

请核对和填写表8-1，看看你的教学设计是否切合《义务教育语文课程标准（2022年版）》，对"识字与写字"的要求，哪些环节还需要改进。

表8-1 学习反思

教学设计	环节呈现			设计目的反思	备注
	趣味性	学科性	综合性		
落实教学目标					
导入环节的目的					
主体环节体现"会认"					
主体环节体现"会写"					

备注：请在"环节呈现"中按五级等级加以评价，在"设计目的反思"一栏，进行简要概述。

● 自我调节 ●

根据识字与写字教学环节的呈现特点及设计目的反思，你将会_____
_____
_____。

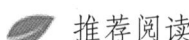 推荐阅读

1. 王雅静."识字与写字"教学探索［J］.教育研究与评论（中学教育教学），2023（5）：53－55.

2. 姚林群，李杨茹，刘畅.小学生识字与写字能力：要素、水平及评价指标［J］.教育测量与评价，2022（6）：80－90.

3. 张伟，李帆，杨斌.基于核心素养的课堂改革本质、困境与出路［J］.江苏高教，2020（5）：53－58.

第九章　阅读教学

> 教师的责任不在把一篇篇的文章装进学生脑子里去……教师只要待学生预习之后，给他们纠正，补充，阐发。①
>
> ——叶圣陶

知识导图

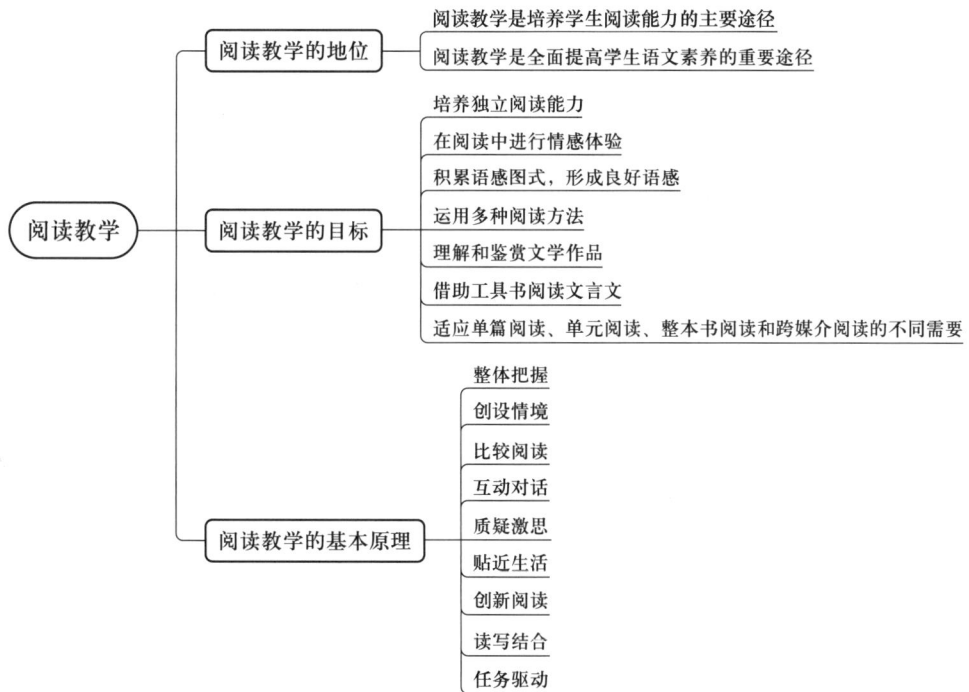

学习目标

1. 了解阅读在语文核心素养培养中的地位和目标。
2. 理解阅读教学对学生语文素养全面提高的作用。
3. 理解、把握和运用阅读教学需要遵循的基本原理。

---

① 叶圣陶. 叶圣陶语文教育论集 [M]. 北京：教育科学出版社，2021：49.

案例研习

● 教例再现 ●

　　某位教师在《秋天的怀念》一文教学过程中，在学生复述故事的基础上，引导学生学习一种文本解读方法——"打开天窗法"。"打开天窗"是一种形象的说法，指通过对文本标题的探究，迅速从整体上把握文本。这个环节的教学大体上分为两个步骤。①

　　第一步，倾听信息。就是通过这个标题观察作者告诉了读者什么，也就是读者从标题中能够读到什么。学生反馈，标题中的"秋天"是这个故事发生的时间（季节），"怀念"是作者想要表达的情感。教师引导学生逐一将所回答的内容在文本中找到支撑。

　　第二步，替换词语。就是结合文本内容，将标题中的"秋天"和"怀念"，换一个恰当的词语。先是替换"怀念"。学生将"怀念"先后换成"思念""想念"，教师便顺势引导学生辨析"怀念"和"思念""想念"的区别。经过探究，学生发现，文本用"怀念"更好，因为"怀念"主要是对过去的人、事的怀想，此文写作时，文中的母亲已经去世，用"思念""想念"较难表达这层意思；而且，"想念"的程度没有"怀念"那么深。教师进一步引导学生思考，本文除了表达对母亲的思念、怀想之情外，是否还有其他情感。学生发现，文本还表现了作者的惭愧、自责之情，例如"我没想到她已经病成那样"中的"没想到"，"也没有想到那竟是永远的诀别"中的"没想到"和"竟"字。教师紧接着追问，能否将标题中的"怀念"换成"惭愧"或者"自责"。经过探究，学生发现，"怀念"这个词不只表达自责、惭愧之情，还含有一种对母亲的想念和喜爱。可以说，"怀念"包含"自责""惭愧"之意，但"自责""惭愧"无法包含"怀念"的意思。然后替换"秋天"。有学生提出将"秋天"替换成"秋季"，立即被其他学生否定。有学生发现文本中有一个反复出现的事物——"菊花"，教师追问可否将标题换成"菊花的怀念"，学生觉得这样一来，读上去像是怀念菊花。经过交流，学生发现，"秋天"跟"菊花"的区别在于，"秋天"可以有多层意思，一是表明故事发生的时间在秋天，二是抒发作者悲凉的情感。

● 案例点睛 ●

　　上述这个案例紧扣"打开天窗法"展开语文阅读教学活动，抽丝剥茧，层层深入。阅读教学，就是"教学生学习阅读"，要避免"就课文讲课文"的陋习，教学生"用课文学语文"——学习语言文字运用。或者揣摩作者对语言文字的运用，或者探究通过语言文字走进文本的路径与方法，后者才是重点。这个案例凸显的是走进文本的方法。学生学习这一方法后，可以抓住标题，通过追问、替换词语等方式，迅速从整体上把握文本内容，为后面的局部细读奠定基础。

---

① 李华平.《秋天的怀念》课堂教学实录［J］. 中学语文，2021（4）：50-56.

 理论概述

一、阅读教学的地位

（一）阅读教学是培养学生阅读能力的主要途径

阅读在学生学习和成长过程中非常重要，是需要专门培养的一种语文能力，阅读教学的首要价值就在于培养学生的阅读能力。

在古代，阅读是写作的附庸，阅读文章的目的是写文——最终写一篇应对科举考试的文章。现代语文教育已经认识到阅读的独立价值，叶圣陶先生在1940年就说过："现在一说到学生国文程度，其意等于说学生写作程度。至于与写作程度同等重要的阅读程度往往是忽视了的……写作程度有迹象可寻，而阅读程度比较难捉摸，有迹象可寻的被注意了，比较难捉摸的被忽视了……单说写作程度如何如何是没有根的，要有根，就得追问那比较难捉摸的阅读程度。"①叶圣陶先生在80多年前讲的忽视阅读的状况，今天虽有些改变，但仍存在忽视阅读能力独立地位的现象，所谓"表现本位"（写作本位）②、"高考只需写好一篇作文即可"的论调就是其表现。这样一来，阅读就失去独立地位，阅读能力也失去独立价值，阅读教学就只剩一个空壳子了。其实，阅读教学的基本目的和首要目的，就是使学生形成阅读能力。理解阅读教学，首先要充分认识阅读的独立价值和阅读教学的独特地位。

（二）阅读教学是全面提高学生语文素养的重要途径

阅读是进行学习、生活、工作必不可少的重要手段，阅读能力的培养、训练，对学生的精神成长、语文素养的全面发展具有不可替代的价值，阅读对口语交际、写作和综合性学习具有重要影响。

通过阅读，可以使学生认识真善美、认识社会、认识历史、认识人生、认识自己。学生在阅读过程中受到美的熏陶，从而净化心灵，培养高尚的道德情操和健康的审美情趣，形成正确的价值观和积极的人生态度。

阅读可以帮助学生达成识字与写字的学习目的。义务教育阶段要求学生认识汉字3 500个，其中2 500个左右要求会写。完成识字与写字的学习任务，虽然要借助字典辞书，但学生不能死记硬背，更多的是本着"字不离词、词不离句、句不离篇"的原则，让学生在阅读过程中学会识字与写字。

阅读可以培养学生的言语能力，这涉及"语言"和"言语"的关系。"语言"与"言语"是两个既有联系又互相区别的概念。语言是人类最重要的交际工具，它同思维有密切的联系，是人类形成和表达思想的手段，也是人类社会最基本的信息载体。言语指人们的语言实践，即个人运用语言的行为（说或写）和结果（说出来的话和写出来的文章）。语言是在人们具有的言事活动中形成和发展起来的，是对言语的抽象和概括；言语是语言材料和语言规则的具体运用。言语能力是理解并使用书面或

---

① 叶圣陶. 叶圣陶语文教育论集［M］. 北京：教育科学出版社，2021：42.
② 潘新和. 语文：表现与存在：上卷［M］. 福州：福建人民出版社，2004：57.

口头言语的能力,其核心是思维能力,也就是人的大脑借助语言进行思维的心智活动能力。它包括阅读能力、写作能力、口语交际能力,体现在"语言文字积累与梳理""实用性阅读与交流""文学阅读与创意表达""思辨性阅读与表达""整本书阅读"和"跨学科学习"等任务群的学习活动中。

阅读能力主要靠阅读实践来培养,进行阅读学习时,学生在理解和感悟读物或文本思想感情的过程中,认识常用汉字,积累词语和精彩语段,了解基本的语法知识和修辞方法,习用阅读方法,形成相应的语感,阅读能力从而得到增强。写作是以阅读为基础的,学生可以从阅读中获得有关写作的观点、主题、素材、技巧和语言。口语交际能力的培养离不开阅读,其实质是感知、理解、判断、联想能力,而阅读正是培养这些能力的有效途径,如果阅读能力得到了提高,那么听的能力也就会相应提高。

阅读对学生语文素养的形成和发展有着举足轻重的作用,阅读教学理所当然地应成为语文教学的重点,阅读教学在语文教学中所占比重最大也就成为必然。

二、阅读教学的目标

阅读教学目标的定位取决于语文学科的性质和语文教学的特殊性,以及语文课程关于语文核心素养的总要求。

(一)培养独立阅读能力

《义务教育语文课程标准(2022年版)》要求学生学会运用多种阅读方法,具有独立阅读能力。独立阅读,是指不需要别人帮助能够自己通过查阅字典认识生字,通过查阅词典或联系上下文理解词义,通过反复与文本对话理解文本主旨,通过细心揣摩把握文本写作特点的阅读能力。

叶圣陶先生"教是为了达到不需要教"的著名论断揭示了教学的真谛,阅读教学的首要目标是培养学生在教师展开教学之前能够自己阅读的能力。阅读的目的是学生自己要能够理解文本,教师的讲解和课后作业练习都不能代替学生阅读课文,而是帮助学生读懂课文。正确的做法是在教师的引导之下,学生积极能动地阅读,让学生自己感知、理解和评价课文。阅读课文的过程,成为学生用原作的外部语言内化自己的语言、把原文的思想变为自己思想的过程;成为学生运用自己已有的知识、经验与文本的知识、经验进行交融的过程;成为学生的视野与教师的视野、文本的视野相互融合的过程。在教学思想上,重发展思维能力,反对机械记忆;在教学方法上,重引导探索,反对越俎代庖;在教学形式上,重互动讨论,反对单向灌输;在引导手法上,重形象思维,反对干枯说教;在教学原则上,重生疑质疑,反对轻信盲从。

在阅读教学中,教师不要带着知识走向学生,而要带着学生走向知识。阅读是学生个性化的行为,教师应该引导学生钻研文本,在主动积极的思维和情感活动中,加深理解和体验,有所感悟和思考,得到情感熏陶,获得思想启迪,享受审美乐趣。在阅读教学中,要珍视学生独特的感受、体验和理解,不应以教师的分析代替学生的阅读实践,也要防止用集体讨论代替学生的个人阅读。

（二）在阅读中进行情感体验

在某些应试型阅读教学中，教师忽视了教学中的情意问题，把生动、复杂的阅读教学活动囿于固定狭窄的认知主义框架之中，对课文进行空洞分析，这样就削弱了对课文的情感体验，使得一篇优秀的课文，所谓"文"者支离破碎，所谓"情"者荡然无存。许多文质兼美的文本，其思想意义在相当程度上形同虚设，教师寻章摘段，用解剖课文的方法作为训练语言的例子，讲求学生对文章具体字词和层次的理解，这样使得文章的中心反而被遮蔽了。教师用理性分析取代辩证的语言感受，用阅读题目对文章进行抽筋剥骨式的分析，削弱了文本的气韵与灵动。

符合科学规律的阅读教学要摆脱认知主义的框架，进入认知与情意和谐统一的轨道。情感是一种强大的驱动力，教育家布卢姆把情感比作"潘多拉魔盒"，强调的是这个盒子里可以找到那些决定一个人人生性质的力量。语文教师应当用高尚的思想道德情感感染学生，打开这个盒子，塑造学生美好的心灵。如果教师无视学生的心理特点，单纯地传授知识，孤立地研究智力，那么不仅影响受教育者的健康发展，而且甚至连智力本身也不能很好地认识。现代心理学认为，情感因素是人们接受信息渠道的"阀门"，在缺乏必需的丰富激情的情况下，理智会处于一种昏睡状态。特别是在知识迅猛增长的今天，学生吸收的信息一方面数量在增长，另一方面越来越抽象化，以致削弱学生的主动性和创造性。心理学家已有验证，一个人在认知某一事物时所表现出的智力的优劣，假设在智商相同的情况下，主要取决于这个人对这一事物感受的兴奋程度。假设教师用激情引导学生获取知识、培养技能，学生在学习中就会激起幸福、欢乐和奋发向上的热情，形成一种强烈的兴奋感，从而提高智力活动的效率。如果教师对学生冷酷无情，动辄训斥，那么会使学生感到一种精神威压、精神痛苦、情感奇变，智力就会衰退。因此，认知应该同情意相联系。

在新的课程理念背景下，情意的内涵变得更加丰富，这是新课程强调的必备品格与核心价值。学生的学习兴趣、热情、动机、内心体验、心灵世界属于情感范畴；必备品格不能简单地理解为学习的必备品格，它更看重乐观向上的生活态度、实事求是的科学精神、宽容的人生价值等；核心价值应是个人价值与社会价值的统一、人类价值与自然价值的统一、科学价值与人文价值的统一。三个统一，能使学生自觉地追求真善美的价值，抛弃假丑恶的价值，让他们牢固地树立人与社会、人与自然和谐发展的理念。在阅读教学中，情感、态度、价值观不是外加的东西，而应是阅读教学内容的血肉，是阅读教学过程的灵魂。教师要根据《普通高中语文课程标准（2017年版 2020年修订）》的要求，"注意教学内容的价值取向，发挥语文课程的熏陶感染作用"，有意识地把正确价值观、必备品格和关键能力渗透到整个教学过程中。需要注意的是，在阅读教学中，不要脱离文本架空分析，离开语文实践随意发挥。

（三）积累语感图式，形成良好语感

《普通高中语文课程标准（2017年版2020年修订）》强调："积累较为丰富的语言材料和言语活动经验，形成良好的语感；在已经积累的语言材料间建立起有机的联系，在探究中理解、掌握祖国语言文字运用的基本规律。"厚积方能薄发，储存在

大脑中的感性语言模块，一旦被激活，就会产生综合效应，有利于学生语感的形成。

语感的形成是从感知开始的，整个过程包括感觉、知觉、记忆、联想、思维等复杂的心理因素。在自觉或不自觉地长期训练、反复实践和不断的社会交往中，语言文字规律、词句的含义、情味等以"格"的形式巩固和积淀下来，储存在大脑里的一个个"格"组成"格的结构群"。这样，人们在重新接受言语符号特性编码时，意识会与自己头脑中的"格"相契合，立刻触动心弦，以自动化方式对号入座，迅速作出判断，因此产生一听就清、一说就顺、一读就懂、一写就通的效应。这种"格"，就是"图式"。

学习者在感受言语刺激时，把它们纳入头脑中原有的图式之中，使其成为自身的一部分；当学习者遇到不能用原有图式同化新的言语刺激时，便要对原有图式加以修改或重建，以适应新的言语环境。在阅读教学中，教师需要帮助学生不断积累语感图式，把丰富多样、纯正典雅的语言表达习惯刻在脑海中，形成良好的语感。

积累语言，形成良好语感，主要依靠阅读。一是广泛阅读。多读多写是语文学习的基本规律，按照《义务教育语文课程标准（2022年版）》的要求，"广泛阅读古今中外的诗歌、小说、散文、戏剧等文学作品""从多角度揣摩、品味经典作品中的重要词句和富有表现力的语言"。《义务教育语文课程标准（2022年版）》对各个学段课外阅读字数提出明确要求，第一学段不少于5万字，第二学段不少于40万字，第三学段不少于100万字，第四学段不少于260万字；《普通高中语文课程标准（2017年版2020年修订）》虽然没有提出明确的字数要求，但同样要求在课内外加强阅读。二是熟读背诵。课程标准从小学一年级开始提出背诵要求，"积累自己喜欢的成语和格言警句"，九年义务教育学段要求背诵优秀诗文135篇（段），高中要求背诵古诗文72篇（首）。三是梳理整合。《义务教育语文课程标准（2022年版）》强调："主动积累、梳理基本的语言材料和语言经验，逐步形成良好的语感，初步领悟语言文字运用规律。"《普通高中语文课程标准（2017年版2020年修订）》强调语言学习过程中的梳理与整合，"通过梳理与整合，将积累的语言材料和学习的语文知识结构化，将言语活动经验逐渐转化为具体的学习方法和策略，并能在语言实践中自觉地运用"。

（四）运用多种阅读方法

阅读方法既是阅读学习和阅读教学的方法，又是阅读教学的目标。阅读教学的一个重要任务，是教学生牢固掌握和熟练运用阅读方法。阅读方法有很多，不同层面有不同的阅读方法，《义务教育语文课程标准（2022年版）》和《普通高中语文课程标准（2017年版2020年修订）》所指的阅读方法主要有朗读、默读、精读、略读与浏览、背诵等。

1. 朗读

《义务教育语文课程标准（2022年版）》要求"用普通话正确、流利、有感情地朗读课文"。朗读，就是清晰响亮地把文章念出来，它是"因声解义"，将诉诸视觉形象的文字符号转化为明朗、清晰而又充满感情的有声语言，需要眼、口、耳、心的协调配合，要遵循以下三点要求。

第一，正确清楚。正确，指的是读音正确，每个字都要读普通话的标准音。对多音多义字，要学会按义定音。除此之外，还要读准轻声、儿化及普通话的各种变调。清楚，是指吐字清晰，发音准确。要严格地控制发音器官的活动，使其灵活自如。咬字要准确，不要吞吞吐吐，使每个字都落到实处，不能似是而非，含含糊糊。

第二，情绪饱满。朗读时思想要集中、全神贯注，始终保持饱满的情绪，把自己的全部激情倾注在朗读中。以课文中的精神和感情激发自己强烈的感情，并努力使二者产生共鸣。如果朗读时有气无力、稍显疲惫，那么不仅无法表达感情，而且还会出现字、词、语、句上面的错误。

[拓展阅读]
朗读

第三，生动自然。朗读时生动自然，要讲究声音技巧。声音技巧是为传情达意服务的，是思想感情在语音上的表现。在朗读课文时，一定要在充分理解文本和具有真实感受的基础上考虑声音技巧。声音的美要符合精神的需要，要考虑重音、停顿、快慢、高低在朗读中如何随着表情达意的需要而配合变化。朗读要提倡自然，摒弃矫情做作的腔调。

各种文体的朗读都会有一些不同的要求。诗歌感情凝练，朗读时要注意感情的起伏、转折、高峰，语调的变化要灵活适度，留有余地，切忌声嘶力竭地大喊大叫。散文的语言自然、活泼，不受韵律和节奏的限制，比较接近日常生活口语，因此朗读散文要自然、流畅，语气要灵活、生动。小说、故事、寓言、童话的中心思想，大多都是通过人物体现出来的（寓言、童话是把动物和其他生物、非生物人格化），朗读这类课文，主要是运用声音刻画人物，产生"未见其人，但闻其声"的效果。议论文开头是提出问题，朗读时要鲜明清楚；正文部分是分析问题，朗读时要条理分明；结论是解决问题，朗读时要坚实有力。

2. 默读

默读是不出声地读书，是语文教学上训练阅读能力的一种方法。它不需要通过发声刺激听觉器官、感知文字符号所传递的信息，而是以视觉为媒介，直接把文字阅读转化为大脑的思维活动，由于视觉不受逐字换音的限制，因此，根据需要阅读的速度完全可快可慢。如果只为捕捉新信息而进行默读，那么默读的速度可以比有声阅读快两倍以上。如果需要探赜索隐，那么完全可以放慢速度，字斟句酌、反复推敲。较之于朗读，默读更有利于思考、比较。对不懂的地方，还可以返回进行重复阅读、反复思考，这样更易于理解材料的内容。默读完全可以结合笔读法，如划段落、标重点、加批注等，做到眼观、手录、心思。

3. 精读

精读区别于"泛读"，是指反复仔细地阅读，它是进行深度阅读训练的主要方式，要求循文探义。曾祥芹主编的《阅读技法系统》要求做到"字训其义、句贯其意、文循其脉、篇会其旨"，达到字会、意会、情会、理会、神会的境界。精读的程序大致为：先须初读以求其通，继之复读以求其透，最后细读以求其悟。也就是说，教师在引导学生精读时，首先要弄清义本的字面意思，其次发掘其主旨、把握其表现手法，最后读出自己的见解。

4. 略读与浏览

略读，是指侧重选择重点和要点的概要式阅读。它只求粗略地把握读物的要点和特点，不必探究其微言大义。略读不是囫囵吞枣，不是浅尝辄止，而是在阅读过程中略去枝节，抓住主干，舍弃次要问题，抓住关键问题。浏览是指大略地看，是为了寻找某种材料的特殊阅读，粗略翻阅标题、目录、前言、后记等，意在提取有用信息，以确定是否需要进一步仔细阅读。二者的目的都是节省时间、扩展知识、去粗取精。略读与浏览的对象一般以书本为主，也涉及网页等现代传媒。

5. 背诵

背诵是一种重要的读书方法，它是指凭记忆念出读过的文字。"书读百遍，其义自见"，让学生背诵优秀诗文的过程，就是让学生反复阅读的过程。背诵足够数量的优秀诗文，可以为语文核心素养的发展奠基。对学生来说，年轻时背诵的优秀诗文，有时会一生难忘，甚至终身受益。古往今来的许多国学大师，都具有博闻强记的特点。他们做起学问、写起文章来，能够旁征博引。《义务教育语文课程标准（2022年版）》和《普通高中语文课程标准（2017年版 2020年修订）》在"附录"里提供了优秀诗文背诵推荐篇目，需要语文教师引导、组织、督促学生背诵积累。

（五）理解和鉴赏文学作品

1. 文学鉴赏的内容

第一，鉴赏作品的主旨。主旨是作品的灵魂，也表现了作者要表达的思想感情。对于诗歌、散文类作品，弄清主旨最主要的是弄清意境。首先要从弄清意象着手，在语文教学中，意象是诗歌、散文所描写的不同的客观物象，以及借此表现出来的主观感性形象。多种意象组合营造出诗歌、散文情景交融、形神皆备的意境。对戏剧、小说，要着重从人物性格的刻画中发掘作品主题。

[拓展阅读]
感知、理解与鉴赏

第二，鉴赏作品的表达技巧。文学作品的表达技巧是多种多样的。从修辞角度看，常见的有比喻、比拟、对偶、对比、双关、反问、夸张、借代、互文等。从表达方式看，有记叙、议论、描写、抒情。对于诗歌、散文来说，抒情是重点，它包括直抒胸臆、借景抒情、托物言志、用典抒情、借古讽今、叙事抒情。从表现手法看，有对比描写、以动写静、乐景写哀、虚实结合、小中见大、点面结合、卒章显志、画龙点睛、寄寓、衬托、烘托、渲染、比兴、联想、想象、用典、白描勾勒、浓墨重彩等。

第三，鉴赏作品的语言特色。文学是语言为媒介的艺术，文学的第一要素是语言。高尔基在《论文学》中说："语言是一切事实和思想的外衣。"与实用类文本不同，文学作品中的语言具有本体性。著名作家汪曾祺指出："语言不仅是形式，也是内容。语言和内容（思想）是同时存在，不可剥离的。语言不只是载体，是本体。"[①] 科学语言追求抽象性、明晰性、逻辑性、确凿性，文学语言追求形象性、含蓄性、多义性。诗歌、散文的语言往往还要追求暗示性、跳跃性、音乐性等。

---

① 汪曾祺. 汪曾祺的写作课 [M]. 南京：江苏凤凰文艺出版社，2020：52.

2. 文学鉴赏的方法

在语文教学中，引导学生进行文学鉴赏，应从以下两个方面入手。

第一，引导学生把握艺术形象。鉴赏首先要有客体，这个鉴赏客体是作品中具体可感的、内容和形式统一的、带有审美特征的艺术形象，它包括人物形象、景物形象等。没有艺术形象就没有欣赏的对象，也就不能进行文学鉴赏。科学主要用理性说服人，文学主要用形象感染人。因此，对文学作品的鉴赏，一定要从对艺术形象的理解和感悟开始。

第二，引导学生独特感悟、多元解读。要在基本理解文本内容的基础上，提倡多角度、有创意的阅读，利用阅读期待、阅读反思和阅读批判等环节，拓展思维空间、提高阅读质量。接受美学认为，一部作品的价值，是作者的创作意识和读者的接受意识共同创造的结果。作者创造出一种"召唤结构"作为读者的生存地盘，读者被召唤，在艺术空间里再创造，从而实现作品的价值。因此，接受美学主张给读者留下艺术再创造的空间，这与中国传统艺术的观念是一致的。中国绘画的虚笔、中国建筑的借景、中国书法的笔断意连等"空白"艺术具有异曲同工之妙。文学采用"描写性语言"，具有意义的不确定性，常常言不尽意，故意留下意义空白让读者去填补。由于每个人的期待视野（世界观、人生观、价值观、生活阅历、文化修养、艺术修养）存在差异，因而对作品的理解也会有差异。

创造的过程虽然从思维的发散开始，但发散所及之处并不都是正确的和最佳的，因而应进一步加以分析、综合、比较、选择，其中必然包含着聚合思维。在语文教学中，除聚合思维外，还要注意发散思维。对文本的多元解读中，允许各种差异并存，但要将不合理的差异之处和错误的理解排除在外，共存的差异一定要是合理的、正确的，多元解读是为了追求真理。所以，在语文教学中，教师一定要理直气壮地引导学生肯定正确之处、发现错误之处、纠正偏差之处，不能无原则地肯定所有解读的合理性和正确性。否则主流观念和标准的缺乏，将有可能把教学中的对话变成单纯的辩驳与争吵。同时，在语文教学中要防止逐字逐句的过度分析和远离文本的过度发挥。

（六）借助工具书阅读文言文

中国文化蕴藏的人文精华，既是华夏文化繁衍恢宏的根本力量，又是历史悠久、博大精深的汉民族语言的显著特征，文言文彰显了这一特征。它传承丰厚博大的中华传统文化，展现着民族的精神与智慧。阅读文言文有助于学生了解中国五千年的灿烂文化，批判性继承中华文化遗产，既能为社会文化提供可借鉴的内容，也可对学生进行爱国主义、民族自豪感、道德情操教育。

（七）适应单篇阅读、单元阅读、整本书阅读和跨媒介阅读的不同需要

随着社会发展，读物种类越来越丰富，阅读组织形式也发生了相应变化。在单篇阅读之外，根据不同主题（如人文主题和科技主题）、材料内容、表现形式等组成的单元阅读将成为阅读教学的常态。随着学段的提高，对整本书阅读的要求也越来越高，不仅要求阅读整本书的文学作品，而且要求阅读人文社科类著作，甚至语言浅显易懂、内容适当的科学技术类著作。现代社会是一个信息急剧增长的社会，各种信息媒介既为阅读提供了便利条件,同时又会带来某些障碍,因此要提高学生跨媒介阅读的能力。不同组织形式的阅读类型,需要采取相应的阅读方式,灵活运用多种阅读方法。需要注意的是,无论哪种阅读类型,都不能代替其他类型的阅读。阅读教学需要兼顾各种阅读类型,教会学生熟练掌握各种阅读类型的基本要求。

无论阅读类型如何丰富,单篇阅读仍是阅读教学中不可或缺的阅读类型。课堂教学时间的有限性、学生阅读能力增长的紧迫性,决定了单篇阅读的不可替代性。课堂上,教师要充分发挥单篇文本的"举例"作用,变"教课文"为"教语文",对学生进行精读、略读、浏览等各种形式的阅读训练,尤其是要教给学生具有迁移价值的文本解读方法,为学生在其他阅读类型中顺畅阅读奠定坚实基础。

单元阅读在新课程实施中受到特别重视,并成为单元教学的"重头戏"。1922年,梁启超先生提出"分组比较"教学法。其中,"一组一组地讲"和"每篇文必经过几度研究",成为语文单元教学"一次多篇"和"一篇多次"的先声。20 世纪 80年代,我国的语文阅读教学掀起单元教学的第一个高潮,人们设计出许多单元教学模式,总结出许多单元教学课型。新课程实施中的单元教学,要善于吸纳过去的经验,突出单元阅读的整体性,超越"课时主义",充分发挥教读课、自读课等各种课型的不同功能,相互作用,相互补充,同时吸纳近年来课程教学研究的最新成果。一是确保"学习中心",尽可能让学生"自奋其力,自致其知",确保学生在学习中的真实获得感、存在感和成就感。二是致力于学生语言、思维、审美、文化四个维度核心素养的综合发展,尤其突出语言训练和语文思维训练。三是突出教学内容的语文性,教授语文的知识、语文的技能与语文的思维方法;并且,每个单元要有一个明确的、能够贯穿整个单元、统领其他教学内容的"语文大观念"。所谓"大观念",是指超越具体事实性知识的概括性知识,主要是规律性知识、程序性知识等,它们体现了学科思维方式,是具有较强统摄性、迁移力的教学指向,是对教学内容的纲领性表达。"大观念"在语言表述上既可以是词语,又可以是短句,其表述非常简约。因为语言表述简约,所以学生也便于记忆,便于回忆,便于迁移。"大观念"教学是促进学生深度学习的过程,它不是教师提出问题之后的简单"告知",而是引导学生通过探究"揭示"言语知识的规律和语文学习的规律,并在新的情境中应用,以验证其正确性或有效性。

整本书阅读在语文学科核心素养发展中的作用越来越明显。叶圣陶先生 1941年就主张把整本书纳入教材体系,让学生真正养成读书习惯,否则"读惯了单篇短章,老是局促在小规模的范围之中,魄力就不大了;等遇到规模较大的东西,就说是两百页的一本小书吧,将会感到不容易对付"。整本书阅读对人的主要影响不是细节性的,而是培育读者的精神世界,提供精神发育的来源。整本书阅读主要在课外进行,教师也要拿出一定的课堂教学时间进行导读和成果展示,平时要对学生进行经常性的督促与随机指导。教师要多鼓励学生进行深阅读,检查学生的阅读笔记,确保学生对整本书的真实阅读,坚决反对各种形式的"假阅读"。教师对学生整本书

---

① 叶圣陶. 叶圣陶语文教育论集[M]. 北京:教育科学出版社,2021:59.

阅读的指导，需要采取打"组合拳"的方式：以"方法策略"为导读课教学目标；以"课堂示范"为入门之径；以"阅览课"（在教师指导下学生自由阅读，旨在历练"方法策略"和课堂上习得的内容）为语文学习的"实验室"；以"项目化研究学习"为巩固提高语文能力的手段；借"社会实践活动"印证所学，磨炼学生的才学品性。

在信息化时代，跨媒介阅读需要引起教师的高度重视。教师要培养学生跨媒介信息获取、呈现与表达的素养，观察、思考不同媒介语言文字运用的现象，梳理、探究其特点和规律，提升跨媒介分享与交流的能力，提高理解、辨析、评判媒介传播内容的水平，以正确的世界观、人生观、价值观审视信息的思想内涵，培养求真求实的态度。尤其是要在网络阅读中加强鉴别与辨析，强化手机、电脑的学习工具功能。

三、阅读教学的基本原理

阅读教学的首要任务是教会学生阅读，让学生通过与文本、教师、教材编写者的多重对话，学会"筛选整合信息、认识世界、发展思维、获得审美体验"。因此，阅读教学总的原则是：踏踏实实引导学生踏踏实实地读书。第一个"踏踏实实"是指教师在阅读教学过程中，来不得半点浮躁，必须静下心来，给予学生实实在在的读书态度和读书方法的指导；第二个"踏踏实实"是指学生必须"学会潜心阅读本文"。在这一总原则的指导下，阅读教学要遵循以下九个基本原理。

（一）整体把握

阅读能力包括感知能力、理解能力和鉴赏能力等。感知是指客观事物通过感觉器官在人脑中的反映，比感觉复杂、完整。在阅读教学中，学生对诗文的整体直观感受称为感知，它是学生从诗文中捕捉的初步信息，是诗文给学生留下的第一印象。感知是阅读活动的初始阶段，理解是以感知为基础、对文章做出深层次的理性思考。它要求学生把每一篇诗文看作一个有意义的整体，揣摩涵泳整篇诗文的情感基调、主题思想、独有的写作方法。理解是继感知之后的阅读活动，是阅读的第二阶段，是感性与理性的结合。阅读活动的最高境界是鉴赏，即对诗文进行欣赏与评价，凭借自己的审美观念、文化素养、生活经验、知识积累等，对诗文深藏的人生精义和表达意蕴的艺术特点作出评判，褒贬是非，歌颂其真善美，鞭挞其假丑恶。作为审美主体的学生，会在这个过程中获得审美的愉悦、情感的同化与人格的升华等。

感知能力、理解能力、鉴赏能力是一个整体，不要人为地加以分割。要培养这些能力，教师要引导学生对读物进行整体把握，主要有如下四种方法。

1. 对文本进行整体观照

整体观照包括三个层面的含义：第一，对文本整体的观照；第二，从整体出发观照文本局部；第三，"整体—局部—整体"地观照。要始终把文本看作一个整体，其中任何一个局部都处在与整体和其他部分的联系之中。在教学过程中，从解词释义到内容分析、手法鉴赏，都要充分考虑整体对部分的制约关系，注意"字不离词，

---

① 邓彤. 整本书阅读的六项核心技术［M］. 上海：华东师范大学出版社，2019：31.

词不离句，句不离篇"。

2. 抓住关键词语、句子展开教学

一篇诗文的整体意旨常常由几个重要部分决定，这些重要部分的改变会引起整体结构性质的变化。这些重要部分可能是几个词语或句子，这些词语、句子的表现状况，直接关系文本整体的表现是否充分。阅读一篇诗文，不必字字琢磨、句句推敲，跟随文本烦冗地分析细枝末节。教师应引导学生在反复阅读中寻找关键的词语、句子，即"诗眼""文眼"。这些是决定文本整体性质的关键词、关键句，在教学中需要引导学生把这些关键词句放在文本的整体中加以品味。

3. 不能"肢解"文本整体，断章取义地教学

一些教师把课文中的一些词语提取出来，孤立地讲解词语运用准确、形象生动，甚至有的教参资料也把这种讲解行为作为精读课的重要内容，这样的做法"肢解"了感知经验的整体性，容易造成理解上的片面性，甚至把词语意思完全弄偏。如《梦游天姥吟留别》一文，有教师根据"且放白鹿青崖间，须行即骑访名山"的句子得出结论："本诗抒发了一种消极避世、及时行乐的思想。"有教师根据梦中见到"仙之人兮列如麻"的景象，判断诗人有游山玩水的闲情逸致，隐逸求仙、超凡脱俗的雅趣。还有教师根据"脚著谢公屐，身登青云梯"一句，认为唐玄宗的一封诏书就使作者李白一下子由民间来到朝廷……这些分析都是"肢解"诗歌整体的表现。如果把全诗当作一个有机整体分析，就会发现，一个"梦"字正是贯通全诗的文脉，全诗分梦前、梦中、梦后三个部分。梦前向往天姥，梦中遨游天姥，梦后感伤愤激。从文脉出发不难看出，诗人在诗里抒发的不是游山玩水的闲情逸致，隐逸求仙、超凡脱俗的雅趣，而是以梦游的方式尽情地直抒胸臆，表达自己内心郁积已久的政治上的无限幽愤，其中包含着幻想破灭的失望、壮志难酬的忧伤、遭受谗诽的愤激，以及对前途的迷惘惆怅和对理想的执着追求。诗中对山水名胜、神仙境界的向往与歌吟，折射出对当时腐朽社会的否定。结尾用设问形式有力地表达了诗人蔑视权贵、毫不妥协的精神。

4. 把分析段落作为把握文本整体的手段

过去语文教学中的段落分析训练，曾经把教学引向烦琐分析的桎梏中，它追求的是标准、结论、答案的统一，忽视了阅读中的情感体验，压抑了学生自主学习的积极性。这样的做法违背阅读规律，把分段、概括段意当作训练的终极目的。因此，新的语文课程标准不再提"分析段落"的要求。其实，在阅读教学中，段落分析是不能完全回避的，但不能把分段、概括段落大意作为整体把握文本内容、体会作者思想感情的一种手段。实际上，语文教师在备课时必须经历一个整体把握文本的思维阶段，但在讲解分析文本时，如果一开始就要学生分段，那么这就毫无理由地抽空了学生对文本的整体性理解，掐灭了学生初读文本时感悟的火花。格式塔心理学告诉我们，整体是先于部分而存在的。因此，研读一篇课文应采取自上而下的方式，即由整体到局部。分析段落不能孤立地进行，必须注意不同段落之间的内在联系，尤其要注意每个段落在文本整体中的作用和意义。

[拓展阅读]
从句子的组合规则悟文本情感意绪

（二）创设情境

《普通高中语文课程标准（2017年版2020年修订）》强调课程内容情境化，认为"真实、富有意义的语文实践活动情境是学生语文学科核心素养形成、发展和表现的载体"。此处的"真实"并非"现实中的真实"，而是相对学生而言的真实，是学生在今后学习、生活与工作中能够遇到的真实情形。所谓"富有意义"，也是相对学生而言的，包括对学生具有精神成长意义、思维发展意义、语言建构意义、审美熏陶意义等。

情境对知识具有重要作用和意义。知识只有进入情境中，才能显示出其活力和美感。教学情境是课堂教学的基本要素，创设教学情境，是教师的一项常规教学工作；创设有价值的教学情境是课堂教学的重要追求。

语文实践活动情境主要包括个人体验情境、社会生活情境和学科认知情境。阅读教学中的情境创设，是指从语文教学的需要出发，教师依据文本创设以形象、直观、富有感情色彩的具体场景或者学习氛围，激发学生的学习兴趣，调动学生的情感体验，以达到最佳的教学效果。从教育学的角度看，"只有按照真实情境改造学校传统的教学情境，才能使学习有利于学生对某一特定共同体文化的适应"[①]，学生才能以正式或非正式的方式获得看待世界的思维方式。

"创设情境既要为学生的学习提供认知停靠点，又要激发学生的学习心向。这是'情境'的两大功能，也是促进学生有意义学习的两个先决条件。"[②]精心创设各种教学情境，将学生置于愉悦的情感中，能够激发学生的学习动机和好奇心，调动学生的求知欲望，发展其创造思维，培养他们的发现精神。恰当的情境创设，对于帮助学生正确理解文本内涵与表达特点，提高教学效率，品味文本语言，感受文本中的人文美、精神美，促进学生语文素养的全面和谐发展有重要作用。阅读教学中创设教学情境的方式很多，可以重点运用以下四种。

1. 引导体验

引导体验是一种重要的阅读教学方式，指教师通过语言描述等手段，引导学生亲身感受，让学生进入特定的学习情境，快速深刻地理解文本内容。在《四个太阳》（统编语文教材一年级下册第4课）的教学中，某位教师为了让学生更好地理解"冻僵、温暖"等词语，这样引导学生体验：

师：小朋友，请你闭上眼睛想象下面的场景，寒冷的冬天，你正穿着厚厚的棉衣站在操场上做广播操，这时候一阵寒风吹来（播放寒风声音），你感觉怎么样？

生A：我感到身上很冷。

生B：我觉得腿也不能动了，脸上非常冷，都已经冻红了。

师：是呀，你的这种感觉就叫作——"冻僵"（同时出示词语）

师：小朋友，冬天，我们的手——（指词卡），我们的脚——（指词卡），我们的脸也——（指词卡）。就在你的手、脚、脸都冻僵了、冷得发抖时，天空中出现了

[①] 高文. 教学模式论[M]. 上海：上海教育出版社，2002：292.
[②] 余文森. 为什么要创设教学情境[J]. 江西教育，2007（4）：1.

一轮火红火红的太阳（出示课件），现在你又有什么感觉？

生A：我感觉很暖和。

生B：我觉得身上热起来了，很舒服。

师：对啊，这时候我们感到很暖和、很温暖、很舒服。

在上述事例中，教师利用语言渲染，让学生通过想象体验"冻僵"和"温暖"两个词语，并在语境中掌握语言内涵，为词语运用创造条件。

在阅读教学中创设体验性情境，要与对文本的理解、语言文字的运用等紧密联系起来。有教师在教学《杞人忧天》（统编语文教材七年级上册第六单元第22课）时，为了引导学生正确理解"杞人忧天"的适用条件，创设以下语用情境：①

1046年，范仲淹贬放河南邓州，应好友巴陵郡太守滕子京的邀请，为重修岳阳楼而撰写《岳阳楼记》：

……不以物喜，不以己悲；居庙堂之高则忧其民；处江湖之远则忧其君。是进亦忧，退亦忧。然则何时而乐耶？其必曰"先天下之忧而忧，后天下之乐而乐"乎。

时人讥之曰："汝偏居一隅，犹泥菩萨过河，奈何忧君忧民？真乃杞人忧天！"

范仲淹笑而答曰："＿＿＿＿＿＿＿＿＿＿＿＿＿＿＿＿＿"

如果你是范仲淹，会怎么回答？可以使用现代文作答。

上述这一情境，既对学生进行词语辨析训练，又对学生进行思想教育，还对学生进行口头表达的语用训练，将语文课程"学习语言文字运用"的基本任务落到实处，使"工具性与人文性的统一"的语文课程特点得到淋漓尽致的体现。

2. 音乐渲染

音乐入耳入心，对人的情绪有着各种不同的影响。激情的音乐使人振奋，舒缓的音乐使人身心放松，以悲为基调的音乐使人伤感，以爱情为主题的音乐使人体会到爱情的酸甜苦辣，自然界中的音乐，使人得到心灵的安静。阅读教学中，通过一定的音乐渲染，可以营造良好的学习氛围，使学生在与文本相契合的情境中学习。阅读教学中还常常使用配乐朗诵的手段，带领学生进入文本规定的情境中，实现与作者的对话。如《望海潮》（东南形胜）一课（统编高中语文教材选择性必修下册），让学生静心倾听自然、舒缓的配乐朗诵，学生就能很快进入文本特定的情境中。

3. 形象展示

一是展示实物，如教学《核舟记》一课（统编语文教材八年级下册第三单元第11课）时，可以拿几颗桃核展示给学生，让学生观察，就是在这样小的桃核上面，明朝雕刻家王叔远惟妙惟肖地雕刻了"苏轼泛赤壁"的情形。学生在感叹之余，会对这篇课文倍感兴趣，想要对作者描绘核舟的高超技法一探究竟。

二是通过动画课件展示动态情形。《荷花》（统编语文教材三年级下册第一单元第3课）中"白荷花在这些大圆盘之间冒出来"一句中，"冒"字的运用非常传神，但为何用"冒"而不用"生"或"长"呢？有一位教师在教学中借助多媒体课件，展示了一池挨挨挤挤、长势旺盛的荷花，用动画演示白荷花透过繁茂浓密的荷叶上

---

① 李华平，李玲. 课堂集体活动中的深度学习：《杞人忧天》教学实录[J]. 语文教学通讯，2021（14）：26-29.

升的过程,并请学生联系上下文,想一想怎样的"长"才叫"冒"。学生的思维得以激发,对"喜气洋洋地长,迫不及待地长,生机勃勃地长……"一句,他们在特定的情境中个性化地参与理解,体会到"冒"字的深刻含义,以及"冒"字所赋予白荷花的生命力,个性化的言语在富有生命活力的情境中汩汩不断地冒出来。这种方式在说明文的教学中更有发挥的空间。

4. 角色表演

教师组织学生按照文本中的人物角色进行分角色朗读,或者选取情节性、表演性较强的情节让学生表演。如《孔雀东南飞》一课的教学,为了再现人物形象,理解人物思想性格,可以组织学生分角色朗读,使纸面上的焦母、焦仲卿、刘兰芝的形象在朗诵中丰满起来。

在实际教学中,要防止为了创设情境而不顾教学是否真的需要,注重情境的实际效果。创设有价值的教学情境,需要注意以下四个方面的问题。

(1) 找准学生的学习起点

陶行知先生将接受知识比喻成"接枝",他说:"我们要有自己的经验做根,以这经验所发生的知识做枝,然后别人的知识方才可以接得上去,别人的知识方才成为我们知识的一个有机部分。"[1]任何有效的教学都始于对学生已有经验的充分挖掘和利用,学生的已有经验包括认知经验和生活经验。美国教育心理学家奥苏贝尔有一段经典论述:"假如让我把全部教育心理学仅仅归纳为一条原理的话,那么,我将一言以蔽之:影响学习的唯一最重要的因素,就是学习者已经知道了什么。要探明这一点,并应据此进行教学。"[2]创设情境就是要找准学生的现实起点和可能起点,否则会弄巧成拙。

(2) 把握语文学科的特性

创设情境要体现学科特色,紧扣教学内容,凸显学习重点。教学情境应是能够体现学科知识的发现过程、应用条件及其生活中的意义与价值的事物或场景。只有这样的教学情境,才能有效地阐明学科知识在实际生活中的价值,帮助学生准确理解学科知识的内涵,激发他们的学习动力和热情。学科性是教学情境的本质属性,要挖掘学科自身的魅力,利用学科自身的内容和特征生发情境。

(3) 突出情境的形象可感性

强调情境创设的形象可感性,其目的是要解决形象思维与抽象思维、感性认识与理性认识的关系。教学情境应该是形象的、具体的,能有效激发学生的想象和联想,使学生超越个人固有的经验范围,突破时间和空间的限制。因此,语文教师创设的教学情境,应该是形象的、感性的,能有效丰富学生的感性认识,促进感性认识向理性认识的转化和升华。

---

[1] 陶行知. 陶行知名篇精选:教师版 [M]. 北京:教育科学出版社,2006:70.
[2] 奥苏伯尔,诺维克,哈尼赛恩. 教育心理学:认知观点 [M]. 佘星南,宋钧,译. 北京:人民教育出版社,1994:194.

（4）注重教学过程中的情感激发

教师要用澎湃的激情激发学生的情感，用充满热情的心灵唤醒学生沉睡的心灵，用生机勃勃的精神鼓舞学生高扬理想的风帆。一位语文教师在教授《凡卡》一课时，讲到凡卡给爷爷投出求助信后，满怀希望进入了幸福的美梦之中，然而这位天真的孩子却不知爷爷是收不到这封信的，因为他连地址也没写上。即使收到了，这位穷苦的守夜人也无法让凡卡跳出火坑。对这位九岁的孩子来说，属于他的幸福只有在梦中！讲到这儿，这位教师再也控制不住自己，眼泪涌了出来，甚至无法讲下去。全班学生就在寂静中伴坐了很久，连平时管不住自己的学生，也在这一情境中被无声的语言"管住了"。

（三）比较阅读

比较是就两种或两种以上同类的事物辨别异同或高下，或是用来比较性状和程度的差别。比较是确定事物异同的思维过程，是从分析到综合与从抽象到概括的桥梁，这是在比较中阅读的哲学心理依据。比较阅读，就是将同类课文或同篇课文中相同或相关的语段放在一起进行比较、分析，使学生能准确迅速地提取信息，找出课文中人物描写、景物描写、写作特色、表现手法、语言特点及其中蕴含的思想内容等的异同，在阅读中比较、在比较中分析、在分析中提高，从而使学生的理解、分析、概括、评价等综合能力得到充分体现。

比较阅读需要找准比较点。比较点，是学生进行比较阅读的方向和着力点。没有比较点的比较阅读，很难达到相应的教学效果。老舍的《在烈日和暴雨下》和朱自清的《春》（统编语文教材七年级上册第一单元第1课）中都写到了"雨"，在比较阅读时可以抓住两个比较点：一是所写雨景的特征，二是写雨的意图。二者都是写"雨"，但前者描写的是夏日暴雨，后者描写的春天细雨，两篇文章都抓住了事件的特征进行描写。前者将雨写成"箭头、瀑布"，突出夏雨急骤、猛烈的特点，例如，一个"砸"字，写出了雨的"大"而"急"。后者将雨比作"牛毛、细丝、花针"，突出春雨细密、轻盈的特点，如一个"织"字，形象地写出了春雨的"细"和"密"。两篇文章写"雨"的意图也不同。前者借对暴雨的描绘来衬托祥子生活的痛苦，读者仿佛看到暴雨中祥子被雨"砸"得痛苦不堪的样子，反映出旧中国劳苦人民的悲惨生活，揭露出旧社会的黑暗。后者写"雨"是为了创造和平安宁的景象，渲染春雨沐浴下的温馨，赞美生活的甜美。

（四）互动对话

阅读教学能够促进学生、教师、教材编写者、文本之间的多重对话，要经历引导思想碰撞和心灵交流的动态过程。理解阅读教学，就要理解阅读教学中的对话，包括"阅读对话"和"教学对话"两层意思。"阅读对话"，是指阅读教学时读者（包括教师、学生在内）与文本之间的不同主体间的对话过程，它在阅读教学中的形式主要有"师—本对话"和"生—本对话"。"教学对话"，是指阅读教学时教师与学生、学生与学生之间的对话过程，其形式主要有"师—生对话"和"生—生对话"。教师、学生、教材编写者作为读者，各自与文本的阅读对话在前，师生之间以文本为中介的教学对话在后。阅读对话是基础，教学对话是延伸和深化。没有成功的阅读对话，就没有有效的教学对话。

1. 教师、学生、教材编写者作为读者与文本的阅读对话

面对不同类型的文本,读者与文本的阅读对话的目的、过程、方法和结果有所不同。阅读实用类、论述类文本,重要的是不被自己先前的经验遮蔽,而要尽可能地通过分析综合、提炼概括等理性思维方法,探究文本意图,以保证理解的客观性。阅读文学类文本,需要在考虑特定文本规定性的前提下,利用自己已有的先前经验,在作者所创造的艺术空间里,展开想象和联想,进行情感体验,以突出文学文本阅读的个性色彩。下面侧重从文学文本的角度探讨阅读对话。

读者与文本的对话是一种不对称的交流。读者在阅读文本时,与作者没有共享的现实语境,作者无法当面回答读者的询问和质疑,交流不能构成反馈,读者也无法检验自己对文本的理解和阐释是否恰当正确。读者与文本交流的不对称性,决定了文本的开放性;同时,也要求读者必须要对文本有一种平等之心,甚至是敬畏之心。在阅读文学文本时,要进行有效的对话,除需要找准对话的方向外,还要掌握一些对话的策略。

(1) 对话的方向

找准方向,才有可能产生实质性的对话。读者与文学文本的对话,方向一般集中在"文本的意义空白"处。找准空白,是读者与文本对话的第一步。空白是作者在文本中有意无意造成的隐蔽、残缺、中断、休止、无言、无声、无形的部分,是作者"笔虽未到,但意有所指"之处,是留给读者通过"有形"部分从而进入想象的艺术空间。文本的意义空白很多,国内一些学者对此进行了较深入的研究,此处主要介绍省略、中断和隐形。

第一,省略。文本中有形的、无形的省略,都是读者与文本对话的聚焦点。有时作者直接用省略号表示省略,例如,鲁迅的杂文《为了忘却的记念》(统编高中语文教材选择性必修中册第二单元第 6 课)中的"原来如此……"一句,就是一种含义丰富的空白。有时作者通过一些情态性较强的词语来创造空白,例如,汪曾祺《胡同文化》中的"虾米皮熬白菜,嘿!"一个情态性很强的"嘿"创造了一种无表达的表达,写出了北京小市民易于满足、自得其乐的心态。

第二,中断。中断是一种特殊的省略。连续叙述的中断、戛然而止的结尾,其中隐含着悬念,给读者留下想象的空间。例如,莫泊桑在《项链》中叙述路瓦栽夫人以十年的劳苦艰辛偿还 36 000 法郎的债务之后,突然中断叙述,插入一段感慨:"要是那时候没有丢掉那挂项链,她现在是怎样一个境况呢?谁知道呢?谁知道呢?人生是多么奇怪,多么变幻无常啊,极细小的一件事可以败坏你,也可以成全你!"这一串连续的感叹和诘问,显示出作者内心因人生的偶然性造成的命运悲剧而产生的焦躁不安。小说结尾以佛来思节夫人的"可是我那一挂是假的,至多值五百法郎!……"戛然而止,给读者留下了想象空间。

第三,隐形。一些写景抒情类诗歌,往往并不直接出现主人公,但我们却可以

---

① 韩雪屏. 从创作空白处与文本对话:阅读教学中的多重对话之一 [J]. 语文教学通讯,2003 (33):8 – 10.

通过语言文字追寻一个隐形的"我"。根据接受修辞学理论,这个隐形的"我",可以为文本增加无限的意趣,让文本在读者阅读的过程中生成景外之景、象外之象。例如,杜甫《春夜喜雨》(统编语文教材六年级下册"古诗词诵读")中的"好雨知时节,当春乃发生。随风潜入夜,润物细无声",虽然没有抒情主人公出现,但诵读这样的诗句,头脑中就会浮现出一个古代读书人的形象,在夜深人静时,站在窗边,面对"随风潜入夜"的春雨,发出不绝赞叹声。

作者创作意义空白的手法还有很多,如预设一些规定性情境,提供一些冗余信息,对事物进行隐喻性描述,语言形式的陌生化(如有意违反语法规则、变换语序、标点符号的变用、文面的新奇排列),等等。识别这样的一些描写手法,找准对话的方向,采用恰当的对话策略,就有可能展开成功的对话。

(2)对话策略

对话策略,是有效进入文本和作者内心世界,并据此阐释和重建文本的中介,往往以读者的询问、联想、想象、比较、反思等心理过程为形态,以生成现实的、个性化的意义为目的。与文学文本对话的策略主要有提问与求解、还原与填补等。

第一,提问与求解。向文本提问,并在文本中求解,是与文本对话的基本策略。通过提问,读者形成阅读期待,使自己的视野走向文本的视野,让自己的视野面向文本敞开,为自己的视野与文本视野的融合创造条件。求解,是带着问题,在文本中寻找答案,让自己的视野与文本的视野融合,形成一个新的视野。这个新的视野是一个扩大后的"我"的视野。标题是文本的眼睛,读者可向标题发问,这是与文本对话的好的开始。一个文本,其中心句往往在首尾处,所以注重对文本首尾的解读往往是与文本成功对话的捷径。

第二,还原与填补。与文本对话,必须借助相关分析,不能沉溺于苍白、空洞的赞叹。分析文本,需要借助"还原"的方法。有学者概括了文学文本还原的七个层次,[①②]在语文阅读教学中经常用到的有以下五种。

第一,艺术感觉的还原。面对艺术形象,读者可在想象中把那些未经作家情感同化、未经假定的原生形态想象出来。如《咏柳》(统编语文教材二年级下册第 1 课)一诗,柳树明明不是碧玉,作者却说它是玉的;柳树明明不是丝织品,作者却说它是丝织品。这个矛盾由此就显示出来,这是作者借助想象,让柳树的特征转化为情感的特征。在大自然中,春天来了,温度升高,湿度变大,柳树开始发芽,重新生长,这才有柳树的美。在科学理性中,柳树的美是大自然的现象,是自然而然发生的。但在诗人看来,柳树的美比自然的美还要美,像是有心设计的。这就是诗人情感的强化,使诗歌达到以情动人的目的。

第二,写作版本的还原。就是找到作者写作的原稿,将目前的定稿与原稿进行比较,分析产生这种变化的原因。

第三,情感逻辑的还原。艺术感觉(或心理学的知觉)是艺术,就是因为它是

---

① 孙绍振. 文本分析的七个层次 [J]. 语文建设,2008(3):4-8.
② 孙绍振. 文本分析的七个层次:续 [J]. 语文建设,2008(4):7-9.

经过个人主观情感或智性加工后的。如"在天愿作比翼鸟，在地愿为连理枝，天长地久有时尽，此恨绵绵无绝期"，这几句诗说的是爱情是绝对的，在任何空间、时间，在任何生存状态，都是不变的、永恒的，是超越主体的生死界限的，这是诗的浪漫，其逻辑的特点是绝对化。但在辩证法看来，世界上没有永恒不变的东西，一切都随时间、地点、条件而变化。把恋爱者的情感看成超越时间、地点、条件的东西是无理的，但是，这种不合理性之理，恰恰又符合强烈情感的特点。

第四，价值的还原。欣赏艺术，要善于从对艺术的感受中还原科学的理性，并从二者的矛盾中分析情感的审美价值。为什么李白在白帝城向江陵进发时只感到"千里江陵一日还"的速度，而感觉不到三峡礁石的凶险呢？因为他归心似箭。为什么李白觉得并不一定很轻的船很轻呢？因为他流放夜郎，"中道遇赦"，用今天的话来说，就是解除政治压力后，心里感到轻松了，因而即使船再重，航程再险，他也感觉不到。这种感觉的变异和逻辑的变异，成为诗人内心激情的一种索引，诗人用这种外在的、可感的、强烈的效果，去推动读者想象诗人情感产生的原因。

第五，语境的还原。读者与文本对话的主要任务之一，就是通过文本中言语还原言语与语境的关系。还原语境，包括充分利用上下文微观语境，探查作者写作的时间、场合、心态等中观语境，以及追寻作者所处的历史、社会、文化状况等宏观语境。宏观语境的还原，也称历史的还原，目的是抓住不同历史阶段中的艺术倾向和追求差异，其关键是艺术本身的景物、人物内心情感的进展。如《水浒传》中的"武松打虎"片段，如果仅从一般文学的价值准则来看，那么能够分析出它对英雄的理解：从力量和勇气来说，武松是超人的；但是从心理上说，他又是平凡的，和文中的其他人物差不多。分析到这个层次，可以说对文本的理解已经相当有深度了。但是，如果把这个片段放到中国古典小说对英雄人物的想象过程中，那么可能就会发现，这对早于《水浒传》的《三国演义》来说，是一个伟大的进步。在《三国演义》中，英雄人物是超人的，面临死亡和磨难感受不到痛苦，如关羽刮骨疗毒的片段，即使医生的刀刮出声音，但关羽仍然面不改色，没有武松那种打死活老虎却拖不动的局限，也没有类似武松下山以后，见到两只假老虎还会惧怕的心理。另外两种语境的还原——流派的还原、风格的还原也可以简略地向学生介绍。

如前所述，不论是一首小诗，还是一部鸿篇巨制，艺术形象总是给读者敞开一片可供填充的意义空间，需要读者去填补。填补的基本方法是展开想象，补足有形省略和无形省略的意义，填充文学作品的艺术空间，以生成"象外之象"和"言外之意"。如前所述，《错误》一诗，我们引导学生驱遣想象就可以获得意趣丰富的审美享受。

还有一些对话策略，也值得借鉴，如探源与汇聚、颠覆与重建、借鉴与反拨、读以致用。[1]

2. 教师、学生与教材编写者的对话

教师、学生与教材编写者对话的工具是教材，这也是教学的文本。教师和学生

---

[1] 韩雪屏. 寻求与文本对话的策略：阅读教学中的多重对话之二[J]. 语文教学通讯，2003（36）：8-10.

面对教材要保持适度的敬畏之心,尊重这一作为教学工具的教学文本。学生与教材的对话,主要通过教师起作用,教师与教材编写者的对话尤其重要,与编写者对话的关键是领会编写者的意图。

教材编写者意图常常通过"教材编写说明""单元说明""阅读提示""课后练习"和"阅读批注"体现出来,教师与教材编写者对话时,要努力追问以下四个问题。

(1)编写者要"我"怎样理解这套教材?要回答这一问题,需要教师领会整套教材的编写理念、编辑体例和编辑方法。这些内容在"语文教材研究"一章中进行了阐释,此处不再赘述。

(2)编写者要"我"怎样对待这个文本?这需要确定教材选文的类型和作用。叶圣陶先生曾经说过,"语文教材无非是例子"[1]。近年来,有研究者进一步指出,语文教材的选文有四种类型,即"定篇""例文""样本""用件"。作为定篇的教材选文,教与学的目的在于传承文化,掌握选文本身。教材例文大致相当于理科教学中的直观教具,教学目的在于掌握从众多诗文中提炼出来的概括性知识。教材样本大体相当于叶圣陶先生所说的"例子",教学目的是通过学生的自主阅读发现问题、解决问题、把握选文,进而养成阅读或写作同类诗文的能力。教材用件主要是提供信息、介绍资料,有关知识短文、背景资料以及引出话题的文章,都属于用件。不同类型的教材文本,有不同的教育目的,需要采用不同的教学与学习方法。对"定篇"的教材选文,需要定位在"教教材"上;对"例文""样本""用件"的教材选文,需要定位在"用教材教"上。

(3)编写者要"我"从这个文本中教什么?即需要确定教学内容。遗憾的是,目前语文教材的编写者在这一方面显得有些力不从心,面对同一篇文本,教师们确定的教学内容各不相同,随意性较大。教材存在的这一短板,需要教师在教学中努力弥补。

(4)编写者要"我"怎样教这个文本?这一点和"教什么"的问题,往往通过课后练习体现出来,只是目前教材还停留在比较感性的基础上,缺乏较为系统的设计,还需要教师在教学中努力弥补。

3. 教师、学生在阅读教学中的对话

教学天然地拥有对话的品格,优秀教学的重要标志是师生在课堂上进行深度对话。在与文本作者和教材编写者对话的时候,教师和学生更多的是凝神倾听并揣摩作者和编写者的意图。这是必须要做的,但又远远不够。当教师和学生带着与文本初次对话的结果进入课堂,一场多主体、多向度、多层次的教学对话就会有声有色、生动活泼地展开。有研究者认为,教学过程中的对话可从以下两个维度进行考察。

(1)学生与教师的对话:垂直性互动[2]

在阅读教学对话中,教师与学生是处于平等地位的,但是,我们同时还应当看到:青少年学生的阅读毕竟不同于成年人的阅读,他们因为知识和经验的不足,正

---

[1] 叶圣陶. 叶圣陶语文教育论集[M]. 北京:教育科学出版社,2015:113.
[2] 韩雪屏. 课堂教学中的垂直性对话:阅读教学中的多重对话之四[J]. 语文教学通讯,2004(6):9-11.

在学习如何阅读，需要教师的指导。因而，在阅读教学对话中，教师居于平等对话中的首要位置，其提问和发言具有举足轻重的作用。所谓首要位置，是教师在与学生对话的过程中，居于组织者、引导者、服务者的地位，要激发学生的对话热情、把握对话方向、调节对话节奏、确保对话质量。这种互动具有垂直性主要表现在如下四个方面。

第一，给学生提供"支架"，以推动阅读对话的持续进行。支架教学中的"支架"应根据学生的"最近发展区"建立，通过支架作用，不停地将学生的智力从一个水平引导到另一个更高的水平。这种"支架"大致有以下三类：

① 概念支架。概念，是思维的基本形式之一，反映客观事物的一般的、本质的特征。在语文阅读教学中，概念是指学生通过文本需要学习和掌握的知识与规则，是语文学习中的专业术语，如诗词、散文欣赏中的"意象""意境""动静结合""虚实结合""以小见大"等。

② 主问题支架。主问题，是指在阅读教学中起主导和支撑作用，能从整体参与性上引发学生思考、讨论、理解、品析、创造等的提问或问题。主问题是针对课堂教学活动中零散的、肤浅的、学生活动时间短暂的应答性提问而言的，与这些问题相比，主问题具有深刻性和牵引性等特点。主问题最大的意义是，改变了语文课堂教学对话中的流弊，将谈话式、答问式、讲析式的教学引向以学生为主体的整体性阅读。主问题支架，包括对文本意义的拓展和延伸。例如在完成文本教学后，提出富有拓展性的话题让学生讨论，并写作课后读书札记，引导学生在观照社会、观照现实的多层面思考中，理解经典作品的不朽价值，提高文学鉴赏能力。

③ 活动支架。具有支架功能的活动，是指可以统领解读文本全过程的活动。例如，有位教师教学《荒岛余生》这篇课文，他在黑板的左、中、右分别用白色、绿色和红色勾画出三个小岛。先让学生通过默读，找出表示鲁滨孙初到荒岛时孤独凄凉的处境和情感的词语，把它们填写在白色小岛上，并组织学生在小组里表演这些词语所描述的情态。第二次默读，要求学生找出表示鲁滨孙顽强乐观精神的词语和句子，填写在绿色的小岛上。再经过小组讨论，把自己对鲁滨孙经历的感悟、最佩服鲁滨孙的地方写在红色的小岛上。最后，请学生结合现实情况，写几句最想对鲁滨孙说的话。整堂课是在学生默读、填图、表演、讨论和写话等活动中进行的。学生通过这些活动走进了鲁滨孙的内心世界，探讨了他当时在荒岛上的心路历程，与鲁滨孙展开了心灵的交流。

第二，设计专题阅读活动。搜集和处理某种信息的专题阅读，汇聚和比较某些文本的阅读，反拨某种误读的阅读，解决某个写作任务的阅读等，都可以成为基于真实情境、解决真实问题的专题阅读教学活动。这种专题教学活动被形象地比喻为"抛锚"，有时也被称为"实例式教学"或"基于问题的教学"。例如，有的教师在教完《变色龙》（统编语文教材九年级下册第二单元第6课）这篇课文后，让学生把它和以前学过的《我的叔叔于勒》（统编语文教材九年级上册第四单元第16课）进行比较研究。学生在查阅资料、讨论分析后，发现两篇课文有许多相似之处：课文的作者都是19世纪后期的批判现实主义作家；两人的年龄只差一岁，两篇文章的写作时间仅差一年；两篇小说的情节构思都突出一个"巧"字，人物性格都突出一个"变"字，艺术表现手法都突出一个"比"字，表现主题都突出一个"大"字。经过专题阅读，学生对批判现实主义文学流派有了更加深入的了解。

第三，组织多角度阅读。优秀的文学作品都具有深厚的内涵意蕴，读者往往不是通过一次阅读就可以深入领会。它需要读者在不同的时间、从不同的角度一而再、再而三地理解和体验。因此，在阅读教学中，教师有意识地组织学生重读文本，提倡从各种不同的角度随机地进行阅读理解，也是一种很有意义的学习方式。例如，对于庄子的《北冥有鱼》（统编语文教材八年级下册第六单元第21课），有人从哲学观的角度解读，有人从宇宙观的角度解读，有人从艺术手法的角度解读，有人从高考作文发展等级的角度解读等。

第四，组织集体思维过程。为了有效地组织集体思维过程，教师需要熟悉文本的内容、内在规律及其与外部生活世界的有机联系；需要了解学生阅读文本的困难，把握学生已有的知识、经验与文本意义所构成的认知矛盾。教师还要在集体交流中敏锐发现学生在认知上的矛盾，以提示、提问、说明、示范等方式，把学生的困惑披露在班级之中，以便组织好集体思维碰撞，及时地把集体探究引向深入。教师还需要善于激励每位学生投身于集体思维过程中，及时地给每位学生以积极反馈，鼓励他们充满自信地发表意见，让他们在集体探究中品尝成功的愉悦。

进行有效的阅读教学对话，教师需要考虑学生既要面对第一文本（原作品），也要面对第二文本（经过教师接受并由教师进行二度表达的作品）的不同感受，引导学生对话时要注意以下三个方面。

首先，教师要以平等、尊重、信任和谦逊的态度，为课堂教学对话创造一个宽松的、具有亲和力的班级教学氛围。在这种氛围里，学生容易产生表达的欲望，具有表达的时间和场合，而且不害怕出现错误。于是，有关课文的一些独特的理解和体验，经常会在课堂对话中表现出来。在这种情况下，教师的主要责任是要用大量的精力和时间"保护学生的思维"，使学生的思维火花进一步燃烧、扩展，使学生的不同意见成为进一步学习和讨论的材料，从而引导学生明晰阅读理解多元化的意义，并致力于"教学相长"的良性循环。

其次，阅读教学对话不是随意的交谈，要使课堂上的对话有效，应当拒绝无效的闲谈和游离于文本意义或方法之外的独白。对话本身不是目的，而是一种更好地理解知识客体的手段。否则，对话便成为一般意义上的交谈，只注重谈论个人的生活阅历，表面是互动的形式，实际是在自说自话，没有进行实质性对话。如果学生不能把生活阅历转化成知识，并且把早已获得的知识用作发现新知识的工具，那么他们就很难积极地参与作为学习和认知过程的对话。

最后，教师不仅是学生学习阅读的平等对话伙伴，而且应当是学生学习阅读的指导者。因为学生作为不成熟的读者和对话者，他们的知识、经验、认识与作者和教师还存在着差距，所以这种差距正是课堂对话的动力。当教师面对学生在对话中表现出来的明显误读、暴露出来的理解偏差时，要及时引导和耐心教导学生深入了解文本意义的客观性和主导性，这是教师义不容辞的责任，应当拒绝那种"人人都说，大家都好"的表面热闹和虚伪矫情。

（2）学生与学生的对话：水平性互动

大多数学生之间的知识水平和智力水平没有太大差别，他们的对话主要是一种水平性互动，其效能具体表现在以下四个方面。第一，促进学生内部认知矛盾的产生。不同学生对文本意义的理解在范围、程度上存在差异，对话为学生了解和交流这些差异提供机会。不同的理解会使每个学生产生内部的认知矛盾，这种矛盾将引起每个学生内部知识的重新建构。在水平性对话中，每一位学生都拥有彼此的片段信息，他们所产生的情感、经验与知识能够彼此共振。来自他人的信息为自己所吸收，自己的已有知识被他人的观点唤起，这样就有可能产生新的思想。第二，提示促进理解的批判性信息。学生之间的对话少有心理上的距离，他们在对话中经常会指出对方见解中的疑点，追求论点的精细化，甚至力求纠正对方的见解。这些批判性信息会不断激活或调整对话的方向和进程，非常自然地把话题引向深入，并且提升对话质量。这种批判性信息是提高合作学习效果的要诀。第三，交流是获得理解的过程与方法。学生在对话中不仅需要说明自己思考的结果，而且为了说服同伴，往往还会说明自己思考的过程、方法和策略。他们在对话互动中，不仅交流阅读理解的结果，而且交流取得这些阅读理解结果的过程、步骤和方法，这种交流会进一步促进学生对自己认知活动的反思。第四，交往实践促进学生的人格发展。在水平性互动中，每个学生表达的时间相对增多，即便是平时较少说话、性格内向、基础薄弱的学生，也会在水平性对话中显得比较轻松、自由。每个人通过表达自己的思考是什么、感受是什么、想象是什么，或者是还没认识什么、还想认识什么等，都可以证明和体现自己的主体地位和主体能动性。

水平性对话主要有以下三种形态：第一，全班性课堂讨论。在课堂中，学生围绕有关文本的"主问题"展开讨论。这时，学生畅所欲言的要求以及调动自己已有知识的欲望强烈，通过相互间知识的关联、整合，能够生成容易理解的信息。第二，小组合作学习。这是指学生在小组或团队中为了完成共同的学习任务，有明确责任分工的互助性学习，合作动机和个人责任是合作学习产生良好教学效果的关键。合作学习将个人之间的竞争转化为小组之间的竞争，有助于培养学生的合作精神和竞争意识；有助于因材施教，弥补一个教师难以面向有差异的众多学生教学的不足。第三，同学之间的互教互学。其实施步骤是：首先由能力不同的学生组成一个小组。其次，由各小组派出一个成员，组成一个新的小组。根据不同的教材或课题，在新的小组中展开合作学习。每个成员都必须充分理解所分配的教材或课题内容，以便回到原小组中教会其他同学。最后，派出的成员回到原小组后，可发挥代理教师的作用，与其他同学互教互学。

关于教学对话，有学者还提出了一个方面："与教学环境的发散性对话"的内容。其目的是创建一种适合学生学习的应答性学习环境，主要途径包括：以课文为中心的扩展性阅读、以课文或课题（专题）为中心组织研究性阅读和综合性学习、以扩

---

① 韩雪屏. 课堂教学中的垂直性对话：阅读教学中的多重对话之四 [J]. 语文教学通讯，2004（6）：9-11.

大阅读场所为目的的"大语文阅读"、改变阅读手段实施网络阅读等。

（五）质疑激思

在语文阅读教学中，教师要靠激活思维发挥学生的主体作用，在发挥学生主体作用的同时，使学生的思维能力得到进一步发展。

读书贵在思考，这为历代教育家所肯定。唐彪在《读书作文谱》中说："'管子云：思之思之，又复思之，思之不得，鬼神告之。'余谓鬼神，非他，即悟之灵也。"阅读过程需要复杂的心智背景。现代心理学研究成果表明，阅读过程中包含六种心理操作：发现——对文章信息的搜寻；识别——对文章信息的筛选；认同——对文章信息的转换；组建——对文章信息的改组；扩展——对文章信息的使用；记忆——对文章信息的储存。这一研究成果说明，阅读不是机械地诵读原文，而是要用自己的内部语言理解和改造原文，阅读过程必须要有分析、比较、综合、概括、归纳、演绎、想象、联想等抽象思维活动或形象思维活动。可以说，阅读离不开思维，思维是阅读的灵感，有了思维，阅读时才会容易理解。

在阅读教学设计中，教师要考虑如何激发学生的思维兴趣，培养学生良好的思维习惯和思维品质，使学生能够乐思与善思。思维品质是智力品质的核心，智力品质是学生在思维活动中体现出来的智力特征。在阅读教学中重视思维品质的培养，就抓住了发展智力、培养能力的关键。良好的思维品质主要包括思之快、思之活、思之深、思之新。思之快是指思维的敏捷性，它反映智力活动的速度；思之活是指思维的灵活性，它反映智力活动的灵活程度；思之深是指思维的深刻性，它反映智力活动的深刻程度；思之新是指思维的独创性，它反映智力活动的创新程度。激活学生思维的最好办法是质疑，它包括教师向学生提问与学生向教师提问两个方面。

1. 教师向学生提出疑问

（1）于无疑处求疑。所谓"无疑处"，往往是深刻的含义被表面浅显易懂的文字包容、隐藏的内容。对于这些内容，学生容易产生一览无余的满足感，进而加以忽略。针对这些内容，教师要通过质疑激发学生的认知冲突，使学生的思维往深处开掘。

（2）挑起矛盾借以质疑。挑起矛盾，是指引发学生带着挑剔的眼光审视课文，抓住文中那些看似自相矛盾的地方引起思索，从而更深刻地理解课文。

（3）抓住分歧点质疑。学生对同一问题的理解不一致，因理解不同而引起争论，实际上反映学生在感知矛盾方面的差异。通过争论，辨清是非，学生会对相关问题发生兴趣。因此，教师抓住容易引起学生意见分歧的地方加以质疑，能够激发学生的积极思维。

教师对问题的设计，应该考虑量力性、序列性和实效性，努力形成一个教与学、知识与能力、意志与情感和谐发展的教学环境。为此，应遵循以下六个原则：第一，注重发展智能；第二，对准重点和难点；第三，考虑学生差异；第四，具体而又实在；第五，形成逻辑序列；第六，引导学生发现问题。教师应从阅读教学实践的经验中，尤其是从成功提问的经验中提炼出若干基本方法，如迂回问、分解问、点示问、语境问、类比问、对比问、暗中问、正反问、推溯问等。叶圣陶先生说："宜揣摩何处为学生所不易领会，即于何处提出问题，令学生思之，思之不得，即为讲明之。"①这样，学生时常听老师提问，受老师指点，亦即于不知不觉之中学会遇到任何书籍文篇，宜如何下手乃能通其义而得其要。

2. 学生向教师提出疑问

学生发现问题并向教师提出疑问，这是善于思考的表现，说明学生已经掌握打开知识大门的钥匙，成为学习的主人。在这个过程中，教师要注意以下三点：

（1）调动和保护学生提问的积极性。在教学过程中，教师要做到让学生敢于提问、乐于提问、善于提问，使学生懂得自己提出问题的重要性。问题是人们认识活动的启动器和动力源，是从已知到未知的过渡形式、转换器、桥梁和中介。问题的意义在于在实际认识过程中，可以为认知主体提供方法上的指导。把握住问题与解决问题的相关性，可得到如何找到线索，如何进行研究的启示。从根本上说，不是方法决定问题，而是问题决定方法。方法的掌握不能在问题之外，只能在问题之中。思维从问题开始，创造能力从起疑开始，能够提出问题恰恰是认真读书、善于思考的表现。宋代的张载说："学则须疑。"爱因斯坦说："提出一个问题，往往比解决一个问题更重要。"这些都说明提出问题的必要性，疑点是深入学习的起点，有质疑之处才有问题，有问题才有探究，有探究才能打破思维平静，使学习得以深入，使智力得到开发。

（2）要为学生提问创造必要条件。在教学中，一定要让学生有提问的机会。例如，可利用早自习的机会，教师在教室巡视时，让学生向教师发问。也可以要求学生将问题写到纸条上交给老师，教师将问题加以总结，对主要问题如何作答给予方法上的指导，并作答题示范；其余问题暂不作答，留给学生思考。对提问质量较高的学生，教师应作重点表扬。有的教师不仅会直接说出是哪些学生提的问题，而且在答疑后逐一问明学生是否真的弄懂。除此之外，教师还把格式正确、书写清楚的纸条进行张贴示范，使学生受到鼓励，提高他们质疑的积极性。有些学生也许会提出一些不懂的词语或句子相关问题，甚至是教材上现成的思考题，教师不要显示出不屑一顾的态度，而应通过启发，让他们逐步提出有质量的问题。对学生提出的一些怪异的问题，教师应正面引导，以理服人，切忌挖苦讽刺。

（3）学生提出的问题需通过讨论加以解决。对学生提出的问题，教师不要急于下结论，而要引导学生充分发挥主观能动性，在自己思索的基础上，通过讨论找出答案，然后再由教师得出结论。在这个方面，孔子的做法值得借鉴。孔子对子张关于什么是士人的"达"提问，不是立即讲自己的看法，而是先问子张的看法，当听了子张的意见后，指出其中的错误并分析原因，最后才明确正确的结论。经过这个过程，学生的印象深刻、知识牢固，比简单提问后直接回答的效果要好很多。组织学生讨论答案时，教师要鼓励学生既要敢想敢说，又要说得有理有据。对缺乏勇气的学生，教师在亮出问题后，要留点时间让他们准备，可以拟个提纲，或打个草稿，讨论时尽可能让学生发言；对阐述答案时根据不足的学生，可以采用追问、反问或

---

① 叶圣陶. 叶圣陶教育文集：第 3 卷［M］. 北京：人民教育出版社，1994：508.

提示等方法。

（六）贴近生活

语文是与生活联系在一起的，一旦与生活相联系，语文就会生动活泼起来。美国教育家华特·科勒涅斯有句名言："语文学习的外延和生活的外延相等。"因此，要研究学生在学习知识、钻研课文、培养能力的过程中，如何做才能有意识地联系生活，能够在阅读过程中感受自己平时的所见所闻、酸甜苦辣、喜怒哀乐等，让学生感受到语文与生活息息相关，语文无处不在，无处不有。因此，在阅读教学中应立足课内、注目课外，由课内辐射课外，由课外回馈课内。阅读教学设计应充分寻找阅读读物与生活的"衔接点"，教师可重点关注以下三点。

1. 把学生已有的生活经验引到阅读中来

教师可以借用学生已有的生活体验和已学得的其他学科的知识学习语文，也可以在教学中暂时中断教学思路的主线，恰到好处地穿插与阅读有关的、学生熟悉的生活材料，借以突出阅读重点、突破阅读难点。例如，某教师在教学《白杨礼赞》（统编语文教材八年级上册第四单元第 15 课）一课时，涉及象征手法的教授，在课堂上穿插唱《小白杨》歌曲的内容。待学生唱毕，教师问："歌曲是歌颂谁的？"学生异口同声："歌颂解放军。"接着，教师把歌词一改，唱道："一个呀解放军，站在哨所旁，胳膊粗，腿儿壮，守卫着北疆……"学生听后一个个哈哈大笑，教师便佯装不解，问学生笑什么。学生回答："这太直露了，没有艺术魅力。"通过歌曲的穿插，学生在生动活泼的气氛中明白了象征手法的一个特点——把作者想说而又不愿直说的意思托之于物，从而增强文章的表现力，然后教师可以顺势导出象征手法的另一特点，学生就容易理解。

2. 把阅读所获得的知识与技能延伸到生活中去

在阅读教学中，要学会得法于课内，得益于课外。语言除学习外，还要学会使用。例如，在学生阅读《食物从何处来》，明白下定义和分类的说明方法后，可以让学生联系生活知识给"汽车""自行车""飞机"下定义。学习新闻、消息之后，可以要求学生阅读近期报刊、组织新闻发布会。

3. 通过与生活的对比，加深对课文的理解

有教师教《大自然的警号长鸣》，要求学生从自己生活的周围补充一些事例，说明维护生态平衡，保护环境的必要等。

总之，阅读教学就是要让生活的观念统领教学，让教学的过程贴近生活，并据此出发，对语文教学的所有观念、方法及过程进行重新审视和改造。在教学过程中，要以生活为本源、以课堂为轴心、以读写为主线、以兴趣为先导、以能力培养和习惯养成为终极目标，能动地向学生的学校生活、家庭生活、社会生活的各个领域自然延伸和拓展，使学生的课堂语文训练和课堂以外的语文生活实践在各项有力、有趣、有序的语文教学活动中形成有效的结合。

当然，要防止在文本解读的过程中用对生活本身的理解代替对文本的理解。文本中的生活是经过作者提纯的生活，是高于实际生活的艺术。联系生活是手段和途径，理解文本是目的；反过来，理解文本可以让我们更加深刻地理解生活，更加自

信地生活，这时理解文本是手段和途径，理解生活是目的。

（七）创新阅读

要充分利用教材中蕴含的创造性因素进行创新阅读，激发学生的创造意识。选入教材的课文多是经过精挑细选的，闪烁着作者创新思维的光辉。新课程改革以来，需要教师和学生深入钻研教材，在教与学过程中，共同寻找创造性因素，使之成为学生思维的触发点。优秀的作品，其中蕴含的内容十分丰富，所谓"横看成岭侧成峰"。具有创新思维的人，往往善于发现他人之未见，为了获得有关某个问题的构成知识，首先要学会从不同的角度重新构建这个问题。由此，教师要依据教材、立足学生，致力于使自己的教学设计符合并适应学生的心理特征和认知规律，发展学生的创新思维。例如，在教学《孔雀东南飞》后，老师问学生："如果刘兰芝没有'举身赴清池'，焦仲卿也没有'自挂东南枝'，那么他们俩还可能有什么结局？"学生听了，浮想联翩，由近及远地展开想象，各式各样的情节都设想出来了，虽然大都离不开戏剧中的"大团圆"，但他们畅想的积极性得到了充分发挥，创造性思维也得到了训练。

（八）读写结合

阅读是写作的基础，阅读有必要向写作过渡。教师要充分利用教材的文本资源，训练学生的写作能力，这既是写作教学的一条好的途径，又是阅读教学的一大亮点。

1. 优美句段的仿写

优秀的文学作品，往往有很多值得学生细细品味的句子、段落，这些句子和段落表意丰富，句式特点鲜明，比较集中地运用多种修辞手法，是进行仿写的好材料。这是用好教材，充分挖掘教材中教学资源的内在要求。如《荷塘月色》一文，可以要求学生仿照下面这句话，另选一种景物进行描写，要求句式基本一致，并运用比拟、比喻和排比的修辞手法：

层层的叶子中间，零星地点缀着些白花，有袅娜地开着的，有羞涩地打着朵儿的；正如一粒粒的明珠，又如碧天里的星星，又如刚出浴的美人。

2. 写作技巧（原则）的借鉴

好的作品，除内容本身外，写作技巧也是一个重要因素。学生学习这些优秀的文本，要揣摩作者是怎样成功运用写作技巧的。如新闻稿《奥斯维辛没有什么新闻》，在报道客观事实的基础上，着力表现记者的主观印象，摆脱了新闻"零度写作"的窠臼，获得了美国普利策新闻奖，被誉为"美国新闻写作中不朽的名篇"。作者将丰富的情感凝聚在游览者的语言、动作、神态和环境的细节刻画上，通过细节描写表现人物思想情感是本文的一大特色，学习本文就可以借鉴细节描写的手法。

3. 作者观点的共鸣与争鸣

阅读一个文本，我们在理解作者观点态度的基础上，也会做出自己的评价，有的赞同，有的反对。一个成熟的读者，无论持赞同还是反对的意见，都会言之有据。亮明自己的观点，提出自己的证据，这对作者而言，有可能是共鸣，也有可能是争鸣。宋代苏洵在《六国论》（统编普通高中语文教材必修下册第八单元第16课）中认为"六国破灭，弊在赂秦"。实际上，六国破灭的原因非常复杂，我们可以借此机会引导学生探讨六国破灭的原因，使学生言之有理、持之有据。

4. 通过写深化读

"以写促读"是读写结合的重要途径。通过写作，促使学生进一步回到文本，进一步深入理解文本，既理解作者的观点态度，也理解作者为什么有这样的观点态度；既理解作者的理据，又理解作者为什么选用这样的理据。有位教师教学《孔乙己》（统编语文教材九年级下册第二单元第 5 课）一课时，意在引导学生把握"孔乙己"这个人物的形象，要求学生在阅读文本的基础上合作完成三篇小短文：丁举人眼中的孔乙己，短衣帮眼中的孔乙己，小伙计眼中的孔乙己。写作不同主题的短文，不仅要细读文本，而且要进行再度创造，重新组合文本。进一步，教师还可以要求学生写作"你眼中的孔乙己是什么人""孔乙己的世界"等随笔作业，这与前面的短文写作又错开了角度，跳出文本，有利于提高学生的审视整合能力。整个过程看似在写作，实际上是在阅读；看似在阅读，实际上又是在"重写"，是引领学生走进孔乙己的心灵世界，走入他们自己的内心世界，"入乎其内"又"出乎其中"，浑然一体。

（九）任务驱动

《普通高中语文课程标准（2017 年版 2020 年修订）》提倡任务驱动式学习，"以任务为导向，以学习项目为载体，整合学习情境、学习内容、学习方法和学习资源，引导学生在运用语言的过程中提升语文素养"。教师要在阅读教学中设计运用语言文字的任务，驱动学生进行阅读与鉴赏、表达与交流、梳理与探究等语文实践活动。此处所说的"任务"，不同于一般的读背写练，而是指用语言（口头、书面或综合的）处理模拟的或真实的生活中的言语问题。

1. 专题式学习

专题式学习是探究性学习的一种，它根据探究目的确定研究题目，阅读足够数量的文献，然后撰写具有一定科学研究价值的文章，在一定范围内召开对学生具有一定学术价值的研讨会。学生要阅读的文献范围很广，包括文学作品及其研究文章、文化经典及其研究文章、学术论文和学术专著等。

专题式学习中的阅读，不能仅停留在"读懂"的层面，需要在读懂的基础上，展开分析性探究。例如，阅读鲁迅的小说、诗歌、杂文，分析鲁迅作品的时代精神；阅读革命传统经典作品，分析其中的英雄形象；了解范仲淹、欧阳修、苏轼的代际交往，阅读其经典诗文，分析北宋著名文人的精神谱系；阅读新近发表的有影响力的文学作品，尝试参与文学评论；等等。

专题式学习不要过分注重研究结果，而要突出学习过程，尤其是阅读过程的落实。要以饶有趣味的研究专题，组织学生充分运用朗读、默读、精读、略读、浏览、背诵等多种阅读方法，注重圈点勾画和批注等阅读习惯的培养、训练。每一个专题的学习，都要组织学生围绕中心论题进行有准备的研讨，围绕专题选择合适的方式展示探究成果。

2. 项目式学习

真实性程度较高的驱动性任务称为"项目"，要求学生通过项目研究的方式来获得知识、形成解决问题能力的一种教学方式，称为项目式学习。这种学习方式强调"做中学"，以做事情的方式带动学习，在做事情的过程中进行学习——表面上在做事，实际上在学习。以任务驱动为特征的语文项目式学习，可以加深文本理解、丰富情感体验、改善表达策略、解决现实问题，在单篇教学、单元教学和整本书阅读指导中均可以进行。

经典文本单篇教学中的项目式学习，能够促进学生深度学习，也便于教师操作。如学习柳永词《雨霖铃》时，提出"拍摄《雨霖铃》电视 MTV"的任务，让学生选择编剧、导演、摄像师的角色，去编写电视 MTV 脚本，或者遴选主角、指导表演、配置音乐，或者选择远景近景、设置光线明暗。要做好这些事情，都必须深入阅读《雨霖铃》这首词，理解其内涵，把握人物性格和心理活动。

单元教学有利于推进项目式学习。如学习革命文化作品，可以精选一些领袖著述进行单元教学，既可以依托教材现行单元，又可以根据教学需要重新组织单元。在教学中，有必要将领袖的深刻思想与社会现实联系起来，让学生借助领袖思想分析现实问题，这就可以设计一些解决现实问题的项目式学习活动。例如，针对当前一些地方、部门、单位反对形式主义的现象，可以设计一个"写推荐语"的学习项目：

某单位正在进行反对"形式主义"的活动，请你给他们推荐三位（篇）领袖的著作，并就其中一篇写出推荐语。

为了写好这个推荐语，学生需要阅读各个阶段的领袖著作，尤其是他们关于反对形式主义的篇章，如毛泽东 1930 年写的《反对本本主义》。之后，还要进行要点提炼、概括。最后才能写出推荐语。

某教师在进行高中"实用性阅读与交流"任务群中的新闻单元教学时，以"铭记历史，珍爱和平"为主题，围绕"反法西斯战争"相关篇目的学习，设计了一个大项目——编辑"反法西斯战争胜利 74 周年"纪念特刊。[①]为了顺利完成这一学习项目，还设计了四个具有先后顺序的次级项目，构成五个具有连续性的学习环节：（1）纵览抗战风云：草拟策划方案（1 课时）；（2）重返历史现场：编辑一个版面（2 课时）；（3）抚慰不朽灵魂：写小传，做专访（2 课时）；（4）聆听时空声音：读写新闻评论（2 课时）；（5）重返历史现场：再读作品，编辑特刊（2 课时）。图 9-1 所示的鱼骨图呈现了这一学习过程：[②]

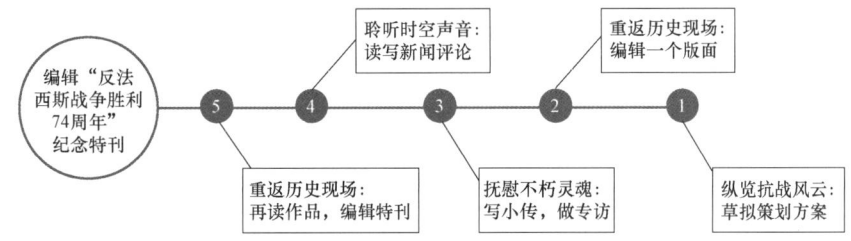

图 9-1 "编辑'反法西斯战争胜利 74 周年'纪念特刊"项目学习过程

---

① 王岱. 铭记历史，珍爱和平："实用性阅读与交流"任务群之新闻专题教学设计［J］. 语文建设，2019（15）：9-15.
② 该鱼骨图由王琼苓在李华平指导下绘制而成。

在这一项目式学习过程中,主任务悬在前方,引领着每项次级任务的完成。每项次级任务的完成,都向主任务迈出一大步;每项次级任务的完成,也为下一项任务的完成奠定基础,作好铺垫。

在整本书阅读指导中融入项目式学习,可以帮助学生消解整本书阅读时间太长的"疲劳感",破解整本书阅读内容庞杂的"无力感",打破整本书阅读应试趋势的"颓废感",给学生带来全新的感受、体验与启发。统编初中语文教材七年级下册要求学生阅读《海底两万里》,这本作品是科幻小说,从体裁来看,小说的教学需要重视梳理小说情节、把握人物形象;从内容来看,科幻小说需要关注其科幻性。因此,在进行项目设计时,学习目标主要聚焦在情节内容、典型形象、主题思想、艺术特色上。有教师分阶段设置了"描画航行线路图""绘制潜艇结构图""拟制求职自荐书"三个阅读学习任务。① 其中第三阶段的学习任务是用一周时间再次阅读小说,并完成书中四位主要人物的"求职自荐书"。该任务分为三步:第一步,选择尼摩船长、阿龙纳斯教授、孔塞伊、尼德·兰中的两人,摘抄人物描写片段并进行分析,概括主要事迹;第二步,通过人物描写和主要事件概括人物性格特点,完成项目学习单元;第三步,他们四人分别去应聘总裁、探险家、消防员和法医的职位,请为四人设计求职推荐表。例如,某小组同学给小说中的阿龙纳斯教授拟定的求职推荐表如表 9-1 所示。

表 9-1　阿龙纳斯教授求职推荐表

阿龙纳斯教授求职推荐表		
姓名:阿龙纳斯	年龄:40 岁	曾任职务:自然博物馆教授
应聘职务:探险家	个人特长:博学多才、懂医术	
主要经历	① 代表法国乘坐"林肯号"驱逐舰追捕海中的怪物; ② 与尼摩艇长在"鹦鹉螺号"上进行海底两万里旅行; ③ 进行海底漫步、参观海底煤矿和大西洋底部的亚特兰蒂斯废墟; ④ 为潜艇穿过大冰盖出谋划策; ⑤ 研究深海生物; ⑥ 勇战章鱼; ⑦ 主动逃离潜艇	
性格特征	具有冒险精神,勇敢正直,温和善良,向往自由,有为科学献身的精神	
简述其与职业的匹配度	探险家需要丰富的地理、生物学和医学知识,要有好奇心、勇敢、能吃苦、会随机应变; 我们认为阿龙纳斯教授和职业的匹配度为 90%,因为他具有探险家所需要的各种素质	

---

① 李华平,汤敏. 构建"双核驱动"的整本书阅读机制:以《海底两万里》整本书阅读指导为例[J]. 语文建设,2021(21):14-18.

通过这一活动，学生可以多次反复阅读小说文本，从人物描写和主要事件中概括人物的性格特点，并分析具有这些性格特点的人适合做什么工作，然后用自己的语言阐述求职理由。这一学习活动指向现实生活中的真实情境，学生在班委干部竞选、今后的求学或求职中可能也会遇到这样的情境，这样的阅读会在学生未来成长的道路上播撒积极的种子。

 实践运用

● 实践任务 ●

1. 下面是著名语文教育家宁鸿彬先生执教《皇帝的新装》的一个教学片段。请运用阅读教学的相关原理进行点评。

师：大家从现象到本质阐明自己的观点，这很好。刚才大家的发言绝大部分是对的，个别有问题的也进行了纠正。通过这个练习，我们对课文中的主要人物——皇帝有了一定的认识，下面我们再来研究一下这个故事的情节。谁能用一个字概括这篇童话的故事情节？或者说这个故事是围绕哪一个字展开的？给大家一分钟准备时间。（生翻书、思考）

生21：我认为用"蠢"字概括。因为皇帝和那些大臣的言谈举止都特别蠢。

生22：我认为用"骗"字概括。就是骗子的骗，因为开始是骗子骗皇帝，后来发展到皇帝、大臣、老百姓自己骗自己。

生23：我认为用"伪"字概括。就是虚伪的伪，因为皇帝、大臣和老百姓谁也不愿让别人知道自己什么也看不见。他们宁愿欺骗别人、欺骗自己，也不愿讲真话，所有的一切都是虚伪的。

生24：我认为用"假"字概括。因为根本没有什么美丽的布料、美丽的花纹，而且骗子、皇帝、大臣、骑士和老百姓对这件衣服全说了假话。

生25：我认为用"傻"字概括。那两个骗子的骗术很容易识破，而皇帝等人却信以为真。骗子在给皇帝穿衣服时，其实什么也没穿，皇帝却说特别合身。大臣、骑士以及老百姓对皇帝所谓的衣服也大加赞扬。其实穿没穿衣服，只要用手挠一挠不就知道了吗？这个皇帝太傻了！

生26：我认为用"装"字概括。这个故事自始至终是围绕那一套新装展开的，如果没有新装，就没有这个故事。

生27：我认为不应该是"新装"的"装"，而应该是"新装"的"新"字。因为，那个皇帝喜欢穿新装，关键是那个"新"字。那两个骗子胡说的那些特性，也是指的新织的布和用它做出的新装。大臣们称赞的，也是新织的布和新缝制的衣服。

生28：我也用一个"心"字来概括，不过不是新装的"新"，而是心脏的"心"字。我认为骗子骗人是居心不良，大臣、骑士们说假话是心怀鬼胎，皇帝不说真话也是心里有鬼。因此，我认为这个故事是围绕一个"心"字展开的。

师：大家发表了不同的见解。你们分别用蠢、骗、伪、假、傻、装、新、心八个字概括这篇课文。那么，这八个字哪个是正确的呢？

（众生纷纷举手要求发言）

师：很好！大家的积极性很高。不过，如果请你们现在就发表意见，恐怕还是各抒己见，一时很难统一。那么，怎样才能比较迅速地把正确答案筛选出来呢？下面我教给你们几种办法。

（众生活跃）

师：首先，大家使用"排除法"，把不切题的答案排除掉。先回忆一下，刚才我是怎么提出问题的。刚才我说的是：谁能用一个字概括这篇童话的故事情节？（"故事情节"四字语气加重）

生29：既然题目的要求是用一个字概括故事情节，那么"蠢、伪、假、傻"这四个字是不对的，因为这四个字说的是皇帝这个人物，是不切题的。

（众生纷纷点头，表示赞同）

师：完全正确。咱们把这四个字排除掉，现在还剩下"骗、装、新、心"四个字，使用"检验法"进一步解决。什么是"检验法"呢？就是把这四个字，一个一个地试用，进行检验，能够适合于文中所有人物的就留下，不能适合于文中所有人物的就去掉。

生30："新、装"这两个字都不能单独用在课文中的所有人物身上。因为单独使用就说不清是什么意思。所以，这两个字是经不住检验的，应该去掉。

生31："骗"和"心"这两个字都可以。我试了一下，这两个字用在哪个人物身上都说得通。

师：现在还剩下两个字了，咱们使用"比较法"解决，作最后的筛选。怎样进行比较呢？就是用这两个字分别用于每个人物，比较看一下，哪个字更准确，更能表现这个故事的特点。

生32：我认为"心"字不如"骗"字好。在这个故事中，所有的人物都和"骗"字有关系，有骗人的，有被骗的，还有不被骗的。总之，一个"骗"字讲出了这篇课文的特色。

生33：我也认为"心"字不如"骗"字。"心"指的是心理活动，就是思想。这个故事中的每个人物都有自己的思想。这样一想，用"心"字概括很好。可是再一想，每一篇课文中的人物都是有思想的。这样一来，这个"心"字，用来概括这篇课文可以，用它概括别的课文也可以。所以，用"心"字概括这一篇课文，不能说出这一篇课文的特色。

师：还有不同意见没有？

（众生摇头）

师：大家的看法是对的，本文是围绕一个"骗"字展开的（师板书：骗）。请大家回忆一下，开始你们提出了八个字，我们为什么能够在这样短的时间里就统一认识呢？这是因为我们采用恰当的筛选方法，这就是排除法、检验法和比较法。希望大家记住这三种方法，并在今后注意学习运用。

师：这篇课文是围绕一个"骗"字展开的。请同学们说说，文中的各个人物是怎样围绕这个"骗"字进行活动的呢？

生34：骗子骗人。

生35：皇帝受骗。

生36：那两个老大臣还有其他官员既受骗又骗人。

师：对大臣和官员来说，他们在这个故事中的作用，受骗是主要的呢，还是骗人是主要的呢？

众生：骗人。

师：对。不管是为了什么，他们实际上是帮助骗子骗了皇帝。

生37：老百姓也是既受骗又骗人。对他们来说，受骗是主要的。

师：你能够学以致用，很好。老百姓受骗，是那两个骗子直接骗的老百姓吗？

生38：不是。老百姓是听别人说的，就逐步谈论开了。我明白了，是老百姓传播了骗子的谎话。

师：很好！你那个"传"字用得好。

生39：那个小孩不受骗。

生40：那个小孩把两个骗子的谎话说穿了。

师：那么，那个小孩在这个故事中起到了怎样的作用呢？

生41：小孩揭露了骗子。

师：很好！就是这样，现在我们总结一下。（边说边板书）骗子行骗，皇帝受骗，官员助骗，百姓传骗，小孩揭骗。这个故事从骗子行骗开始，到小孩揭骗结束，始终没有离开这个"骗"字，所以说，这个故事是围绕着一个"骗"字展开的。

（下课铃响）

师：这节课我们就学习到这里。下课。①

2. 下面是一个老师执教诗歌《面朝大海，春暖花开》的片段，请你根据阅读教学的基本原理看看存在哪些问题，并提出改进意见。

师：刚才谈到有限与无限。人不能同时踏进两条河流。但是这个永恒绝对者是否存在？我们用什么来思考它？当我们在思考的时候是不是用语言，理性来思考？你在思考的时候是不是不借用语言，逻辑理性来思考？

生1：我感到好像扮演了两个角色，在现实生活中是一个角色，在自己的精神世界里扮演了另一个角色。他有自己的精神领域。他在这首诗里面就说了喂马，劈柴，过这样的一种生活。

师：他说得很好。首先你要考虑灵魂等东西存在吗？在一切三维空间里的东西都是有限的。这里面有一个问题，你是在用逻辑与语言思考，你在思考的时候预告设计逻辑与语言没有问题，但是理性与逻辑真的能够判定这个世界？所以我们说上

---

① 宁鸿彬.《皇帝的新装》教学实录：上 [J]. 中学语文教学，199（5）：23-26.

帝死了，其实是尼采死了。后来的哲学对这个问题的阐释主要是认为人们过度崇尚理性。当然还有其他很多的东西。至少这是一个重要的东西。当理性成为上帝，你以为不存在，实际上，在西方神学史上，有无数关于上帝存在的证据，但是当你用理性来陈述的时候，你已经确定了理性的霸权。后来有人划清了理性与信仰的区别，信仰是不可言说的。东方人抛弃语言。这就是禅宗。西方人与东方人有很大的不同，西方人的性格是不回头的，我就是要强说。不能完全说我要说到必定的程度，所以西方人的逻辑才能远远超过中国人。所以有人说东西方人的差别，东方人只有一个世界，自足的世界。西方人是两个世界，此岸与彼岸的世界。这时候你用什么来解决此岸与彼岸的问题？海子的困境你怎么来解决？大家看看诗歌，海子的幸福是怎样的一种幸福？想一下。

生2：我觉得生命的意义在于延续。人类能够延续到现在，活到八十岁，很有可能……

师：我觉得他很聪明的，他实际上把握到了东西方一个重大的差异。实际上中国"多子多福""不孝有三，无后为大"里面包含着自己的生命永恒地在时间之内的联系。你虽然不是他，毕竟有血缘联系，某种意义上超出了有限。但这有保证吗？

生3：性别差异。

师：说得对。就是这个样子，你也不能保证他能够绝对永恒。例如，也许唐山大地震会毁灭一个家庭。说到底这个延续是肉体上的延续。在西方看来，他从来把人看成是灵魂存在与肉体存在。你的灵魂生命呢？这是不可知论。肉体生活是无意志的。中间还划分一个层次。满足精神需要通过什么呢？儒家强调内圣，通过内在的道德修养到达永恒。儒家有三立，立德立功立言。这个地方波及对人性的基本认识，大家下去考虑，我不说。要么以为无限是存在的，我追求不到。如果这时候，我会怎么办？如果是你，你会怎么办？这个时候，你要理解这首诗、这个问题。这个问题理解了，这首诗才能理解。

3. 针对前面这位老师执教诗歌《面朝大海，春暖花开》存在的问题，写一份用于15分钟教学的教案；然后在组内试讲，请老师和同学点评。

● 实践指要 ●

独立完成上述任务后，与教师、同学一起研讨。

 反思调节

● 学习反思 ●

请核对和填写表9-2，看看自己有哪些收获，哪些方面还需要继续努力。

[拓展阅读]
实践指要2.9

表 9-2 学 习 反 思

学习内容	实现程度			改进建议	备注
	未实现	实现	充分实现		
了解阅读在语文核心素养培养中的地位和作用					
理解阅读教学对学生语文素养全面提高的作用					
理解阅读教学需要遵循的基本原理					

备注：请在"实现程度"的相应地方画"√"，如果某一学习内容"未实现"，请简要记录你的改进建议。

● 自我调节 ●

根据改进建议，你将会_____
_____
_____。

推荐阅读

1. 卢镜，周瑜，胡斌.《拿来主义》同题设计［J］. 中学语文教学，2021（11）：66-70.

2. 张华，李佳，袁文，等. ICAP 框架下高中实用类文本阅读教学的学习变革与活动进阶［J］. 内蒙古师范大学学报（教育科学版），2024，37（2）：121-129.

3. 陈嘉芮，张华. 高中语文革命文化类文章教学的策略探析［J］. 教育科学论坛，2023（14）：18-22.

第十章 写作教学

> 好文章有许多条件，也许可以有百端，在写作教学上势难一一顾到；但好文章有个基本条件，必须积蓄于胸中的充实而深美，又必须把这种积蓄化为充实而深美的文章，这种能力的培植却责无旁贷，全在写作教学。①
>
> ——叶圣陶

知识导图

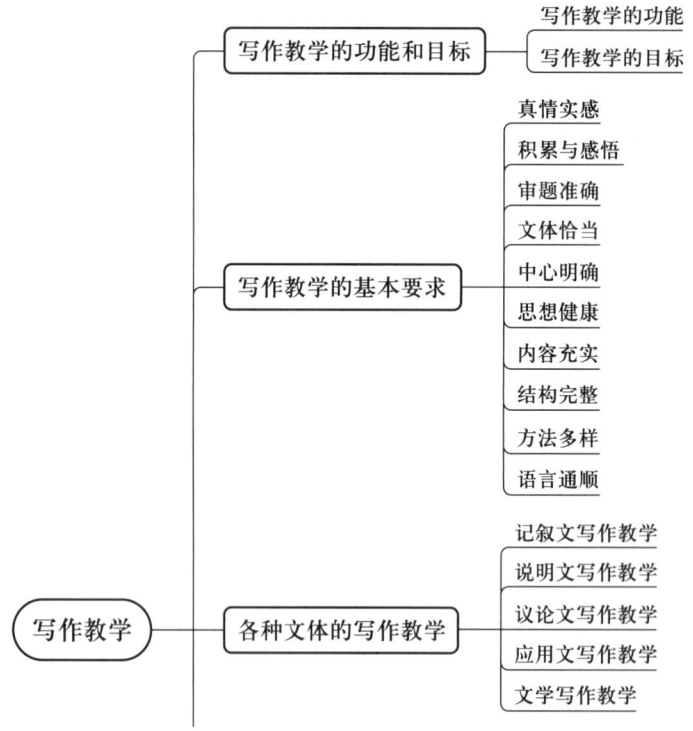

---

① 叶圣陶. 叶圣陶语文教育论集[M]. 北京：教育科学出版社，2021：316.

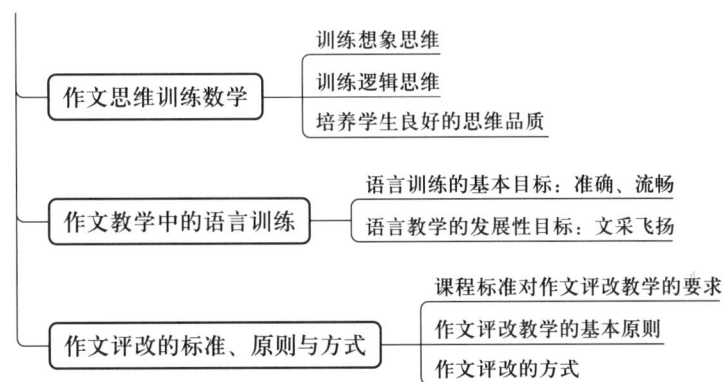

🌱 学习目标

1. 了解写作教学的基本功能。
2. 理解不同阶段写作教学目标的主要内容和基本要求。
3. 掌握不同文体写作教学的基本方法，思维训练的方法，作文评改教学的原则和方法。
4. 运用写作教学理论进行写作教学设计。

案例研习

教例再现

一位教师在训练学生深入生活、学会思考的写作能力时,是这样教学的:

师:假如有一天,你独自走在学校的林荫小道上,四周寂静,只能听到自己踩在落叶上的沙沙声。此时此刻,你的感受如何?你的心中会泛起怎样的涟漪?你会思考什么样的生活哲理?下面请同学们以"梧桐叶落了"为题,进行一次5分钟的口头作文。不要求太长,把你想到的内容大致说清楚即可。

(对学生的口头作文进行点评,点评角度从感受、思考生活角度切入,以褒扬为主。)

师:同学们都是在用心感受生活的基础上说出自己的感受和认识。今天我们进一步探讨怎样在感受生活的基础上思考生活,进行片段作文。生活是复杂的,对生活的思考要经历从偶然到必然、从特殊到一般、从表象到本质的过程,所以我们思考生活也是由此及彼、由表及里、由个别到一般的。怎样做才能达到这样的要求呢?

(1)由此及彼(联想)

由此及彼需要我们从所感知的事物中寻找切入点,找寻其相似之处,并引申开来。例如,毕淑敏的《素面朝天》,素:不化妆、本色自然、真实;花:涂脂抹粉(伪装、虚饰);同时,《过万重山漫想》也是由引申联想展开的。

(2)由表及里(分析)

有人从"花开花落"的分析中,体会到人生的短暂,激起对生活的珍惜;刚才同学们的口头作文,难道不正是从"叶青叶黄"中思考到生命的短暂吗?由表及里正是一个透过现象看本质的过程。

(3)由个别到一般(综合)

生活的哲理通常都是生活的点滴汇集起来的。有人曾经赞叹第一个用"花"比喻女人的人是天才,我们来看看其中有何高妙之处。

花	女人
赞:美丽的花瓣,花心芳香	秀外慧中(美丽)
叹:花期短暂	红颜易老,时光匆匆(易逝)
颂:花落结籽,枝头孕育希望的种子	洗尽铅华,素面持家(奉献)
…………	

生:女人如花。

师:请同学们根据刚才的分析,按深入思考生活的几种方式切入,思考后完成相关片段练习,时间20分钟。

(学生完成片段练习)

师:同学们的片段作文都写完了吧?我们学习了怎样深入思考生活后,接下来探讨怎样用文章写出我们对生活的认识。

（学生学习朱自清先生的《背影》，主要是其中关于生活描写的语段。）

师：首先，我们要通过生活表达思想，文体选择的不同决定表达方式的不同，所以议论文的表达与记叙文的表达是不相同的。议论文可以使用大段长篇的严谨论证，但记叙文不适宜长篇大论，不宜用口号式的论调，而要"晓之以理，动之以情"。其次要让人知其然又要让人知其所以然。对生活的思考毕竟是一个由感性上升到理性的过程，如果光说自己思考的结果与结论，别人就很难与你产生共鸣。只有让人知道你的情感脉络，别人才有可能与你产生共鸣。另外要写出"真我风采"，虽然人类的情感是相通的，但具体而言，又是各有差别的，所以我们写作文应该展现自己的个性，而不应是人云亦云、随大流、喊口号。打个比方说，假如同学们到内蒙古旅游，回来要写一篇游记，那么你的文章就不能模仿翦伯赞先生的《内蒙访古》，而应写你的心里话，这样的文章才会真实感人。

师：同桌之间相互批改上节课所写的片段作文，改好的同学，请思考一下如何写作大作文。

● **案例点睛** ●

如果说写作教学是语文教学中的一个困难问题，那么作文指导则是写作教学中的"难中之难"。写作是极具个性化的活动，在上面的案例中，教师的作文指导具有如下三个特点：

一是指导目标明确。本次作文主题是指导学生"深入思考生活"，具体而言，就是指导学生学会通过由此及彼的联想打开思路，通过由表及里的分析认知规律，通过由特殊到一般的概括获得对生活的认识。这位教师将目标细化，不同的目标之间紧密联系，把抽象的作文要求转化成较为具体的训练目标。

二是理论联系实际。这位教师在作文指导过程中，引入学生学习过的文章或实际生活感受等，将写作理论通俗化，有利于学生掌握与运用。同时，这位教师强调学生的实际参与，把教师的指导和学生的写作实践结合起来，有利于提高训练效果。

三是引导学生思考。从大处着眼、小处着力，引导学生形成观察生活、深入思考的思维架构，这种引导方法有利于引导学生学会思考，提高"举一反三"的能力。

理论概述

一、写作教学的功能和目标

写作本质上是一种精神世界的建构活动。在记叙类文章的写作中，学生需要有意识地观察生活，重新发现生活世界的意义，这是对个体日常知觉世界的改造；在立意和构思时，需要对学生的已有经验进行重组和提升，这是对个体日常体验世界的重构。在议论类文章的写作中，学生需要让自己模糊的观点在表达中清晰化，使自己感性的看法在论证中理性化，这实际上是对学生观念世界的改造。因此，写作教学应从学生的真实体验出发，不断丰富和提升学生的精神世界。

写作教学是提高学生语文素养的重要途径，它能陶冶学生的情操，培养学生观察、思考、表现、评价等能力。学生的写作过程要经过一个复杂的心理变化过程，它涉及注意、感情、记忆、想象、思维等多种心理活动。学生写作能力的形成不仅需要以观察力、想象力、思维力等为基础，还需要具备较高的语言表达能力。学生的写作过程也是一个选材、布局、谋篇，乃至用词、造句和运用修辞等的过程。所以写作教学既要对学生进行字、词、句、篇等的训练，又要对学生进行多种心理训练，只有这样，才能全面提高学生的写作能力。

（一）写作教学的功能

1. 培养良好的书面表达能力

写作的重要功能，就是把自己看到、听到、想到、感受到的事情，用恰当的文字表达出来，既表达自己内心的感受，也便于和他人交流。这种书面表达能力同口头表达能力一样，是每个人应该具备的基本能力，是每个人生活、学习、工作的重要工具。一个人如果不具备书面表达能力，那么就不能利用文字广泛地同他人交流思想感情、工作经验和心得体会。写作教学的重要任务，就是有效提高学生的书面表达能力。

2. 培养观察、思考和想象能力

语言是思维的外壳，语言文字是为表达一定的思想内容而存在的。文章的思想内容从何而来？有些是从阅读中来，但更多的是从生活实践中来。无论从阅读中来，还是从生活实践中来，都离不开观察和思考。凡是文章里所写的，都是人们观察、思考、想象的结果。作家的创作如此，学生的写作同样如此。不仅文章所表达的思想内容离不开观察、思考和想象，遣词造句、布局谋篇等也离不开观察、思考和想象。例如，有的学生用词不准确，句子写得不通顺，这固然是遣词造句的能力差，但更重要的原因是没有仔细观察，对所写的对象没有清晰的认识。文章混乱不清，往往是思维缺乏条理性的缘故。所以写作是观察、思考、想象等活动综合作用的结果，写作教学的过程，就是培养学生观察、思考和想象能力的过程。

3. 陶冶情操，丰富心灵

写作不是单纯的文字运用，而是学生认识水平和文字表达能力的综合体现。从学生的作文中，我们不仅可以发现他们语文水平的高低，而且能够看出他们认识水平和思想境界的高低。鲁迅先生说，美术家固然须有精熟的技工，但尤须有进步的思想和高尚的人格，他的制作表面是一张画或一个雕像，其实是他的思想与人格的表现。[①]学生的作文同样能表达他们自己对客观事物的认识和感受，反映他们的思想与人格。通过学生的作文，教师可以了解学生的内心活动，把握学生的思想脉搏，因势利导，逐步提高学生的认识水平，把教学生作文和教学生做人紧密结合，促使他们的思想素质和文化素质全面提高。这就要在教师的指导下加强作文立意的训练，作文立意的过程也是一个自我暗示、自我教育、自我更新、自我提升的过程。当学生把自己写成孝顺、勤俭、诚实、勤奋、正直、勇敢的乖孩子时，其实就是在进行自我暗示、教育、更新和提升。由此可见，写作教学是语言文字表达能力、观察思维能力和思想认识能力的综合训练，它对促进学生的表达能力、思维能力和认识能力的和谐发展具有十分重要的作用。

（二）写作教学的目标

1. 义务教育阶段的写作教学目标

《义务教育语文课程标准（2022年版）》对各学段的写作教学目标提出明确规定，具体如表 10-1 所示。

表 10-1 《义务教育语文课程标准（2022 年版）》各学段的写作教学目标

学段	写作教学目标
第一学段（1~2 年级）	对写话有兴趣，留心周围事物，写自己想说的话，写想象中的事物。在写话中乐于运用阅读和生活中学到的词语。 根据表达的需要，学习使用逗号、句号、问号、感叹号
第二学段（3~4 年级）	乐于用书面的方式与人交流沟通，愿意与他人分享，增强表达的自信心。观察周围世界，能不拘形式地写下自己的见闻、感受和想象，注意把自己觉得新奇有趣或印象最深、最受感动的内容写清楚。能用便条、简短的书信等进行交流。尝试在习作中运用自己平时积累的语言材料，特别是有新鲜感的词句。 学习修改习作中有明显错误的词句。根据表达的需要，正确使用冒号、引号等标点符号。课内习作每学年 16 次左右
第三学段（5~6 年级）	懂得写作是为了自我表达和与人交流。养成留心观察周围事物的习惯，有意识地丰富自己的见闻，珍视个人的独特感受，积累习作素材。 能写简单的记实作文和想象作文，内容具体，感情真实。能根据内容表达的需要，分段表述。学写读书笔记，学写常见应用文。 修改自己的习作，并主动与他人交换修改，做到语句通顺，行款正确，书写规范、整洁。根据表达需要，正确使用常用的标点符号。习作要有一定速度。课内习作每学年 16 次左右
第四学段（7~9 年级）	多角度观察生活，发现生活的丰富多彩，能抓住事物的特征，为写作奠定基础。写作要有真情实感，表达自己对自然、社会、人生的感受、体验和思考，力求有创意。

---

① 鲁迅. 鲁迅全集：第 1 卷 [M]. 北京：人民文学出版社，2015：169.

学段	写作教学目标
第四学段（7~9年级）	写作时考虑不同的目的和对象。根据表达的需要，围绕表达中心，选择恰当的表达方式。合理安排内容的先后和详略，条理清楚地表达自己的意思。运用联想和想象，丰富表达的内容。正确使用常用的标点符号。 写记叙性文章，表达意图明确，内容具体充实；写简单的说明性文章，做到明白清楚；写简单的议论性文章，做到观点明确，有理有据；能根据生活需要，写常见应用文。能从文章中提取主要信息，进行缩写；能根据文章的基本内容和自己的合理想象，进行扩写；能变换文章的文体或表达方式等，进行改写。尝试诗歌、小小说的写作。 注重写作过程中搜集素材、构思立意、列纲起草、修改加工等环节，提高独立写作的能力。根据表达的需要，借助语感和语文常识修改自己的作文，做到文从字顺。能与他人交流写作心得，互相评改作文，以分享感受，沟通见解。作文每学年一般不少于14次，其他练笔不少于1万字，45分钟能完成不少于500字的习作

2. 普通高中阶段的写作教学目标

《普通高中语文课程标准（2017年版 2020年修订）》在"语言表达与交流"中提出的总体要求是："能凭借语感和对语言运用规律的把握，根据具体的语言情境和不同的对象，运用口头和书面语言文明得体地进行表达与交流。"在"学业质量"中对表达提出的总体要求是："在表达时，讲究逻辑，注重情感，能综合运用多种表达方式，从多个角度、多个方面表达自己的理解和感受，力求做到观点明确，内容丰富，思路清晰，感情真实健康，表达准确、生动。"

语文新课标还在部分学习任务群中对写作教学提出具体要求：（1）文学阅读与写作：捕捉创作灵感，用自己喜欢的文体样式和表达方式写作，与同学交流写作体会。尝试续写或改写文学作品。写作次数不少于8次（不含读书笔记和提要）。（2）思辨性阅读与表达：学习表达和阐发自己的观点，力求立论准确，语言准确，论据恰当，讲究逻辑。学习多角度思考问题。学习反驳，能够做到有理有据，以理服人。写作3篇以上。（3）实用性阅读与交流：学习运用简明生动的语言，介绍比较复杂的事物，说明比较复杂的事理。

语文新课标对普通高中各年级的写作教学要求，是建立在义务教育阶段写作能力培养之上的，强调记叙、议论、说明、抒情与描写等表达方式的综合运用，强调语言的积累、推敲与锤炼，强调创造性思维品质的培养。《普通高中语文课程标准（2017年版 2020年修订）》对高中写作教学目标的规定，为写作教学指明方向，提出具体任务，是写作教学过程及其结果必须满足的基本要求。

二、写作教学的基本要求

（一）真情实感

课程标准明确要求学生作文要表达真情实感。学生在写作中表达真情实感，首先能从根本上培养学生对写作的兴趣。学生感兴趣的世界是与自己生命情感发生关联的真实世界，如果学生在作文中不能面对这个世界，那么就意味着写作丧失了根本意义和价值，学生也会逐步失去写作兴趣。其次，在写作中表达真情实感是学生写作能力发展的基础。学生在写作中表达真情实感，能够使学生言之有物，不至于空洞，教师也可引导学生在作文中把主题表达到位。最后，只有在写作中表达真情实感，才能发挥作文育人的基本功能，因为在写作中表达真情实感，意味着学生在写作过程中能够不断审视和丰富自己的精神世界。

（二）积累与感悟

作文积累与感悟是写作教学的重要内容。没有丰富的积累与感悟，学生作文就是在做无米之炊。课程标准非常重视积累，要求学生积极观察、感知生活，积累语言材料和语言经验。从学生写作积累的途径看，积累可分为生活积累和阅读积累。生活积累就是学生从生活中积累写作素材，需要教师重视作文观察教学，要善于引导学生自觉观察生活，主动参与生活，能够感悟和发现生活的意义，积极写作日记或周记，为作文写作积累丰富的有价值的内容素材。阅读积累就是教师引导学生从课内课外的阅读活动中积累作文的内容、语言与写作方法素材。阅读积累需要学生认真做好阅读笔记，通过思考和写作把阅读内容予以内化，打通文本世界与生活世界之间的障碍。随着互联网的普及，网络也成为学生获取信息的重要渠道，因此教师还可以引导学生合理地进行网络阅读，使网络成为学生积累作文素材的重要渠道。

（三）审题准确

审题是学生作文的起始环节，也是决定学生作文质量的关键。审题包括两个方面的内容：一是对作文题目或材料的准确理解，二是对作文要求的准确把握。对命题或半命题作文，需要学生全面、准确地理解作文题目中隐含的要求和含义。材料作文呈现材料的形式和内容非常丰富。有的材料用文学体裁呈现，其象征性、隐喻性较强；有的材料用非文学体裁呈现，其思想深刻，含义丰富，需要综合材料内容及含义才能确定立意。因此，教师在教学过程中要重视培养学生准确理解作文材料的能力。准确理解作文材料首先需要整体把握材料，不能以点带面、望文生义；其次要理解材料的表层意义与深层含义、具体意义与抽象意义。只有准确把握作文材料的内容，才能保证立意准确；只有深入理解作文材料，才能保证立意深刻。

（四）文体恰当

恰当的文体，犹如得体的衣装，能让人赏心悦目；巧妙的形式，好比闪亮的时装，能令人耳目一新。面对"文体自定"的命题要求，学生完全可以根据自己的特长，进行个性化发挥。不过，文体自选并非随心所欲，把握以下两点尤为重要：一是命题会直接排除一些文体，例如，有的题目会要求："不可写成戏剧""除诗歌外，其他文体不限"。少数考题虽然对文体没有直接和明确要求，但根据题目或提示语的要求，更适合写作某类文章。例如，"我不由得停住了脚步"是宗璞文章《紫藤萝瀑布》的开头。一树盛开的紫藤萝花吸引"我"驻足观赏，使"我"浮想联翩……生活中，你是否有过"不由得停住了脚步"的经历？是什么让你的脚步停住？你又有怎样的感受与思考？请以"我不由得停住了脚步"开头，自拟题目，写一篇文章。（成都市2017年中考作文题目）"根据题目中的内容提示以及写作要求来看，更适合写成记叙文。二是选择适合自己的最佳文体。有的学生长于想象，善于用曲折有致的情节表现题旨；有的学生擅长描写，能够细腻地描绘情景交融的优美意境；有的学生精于分析，善于通过说理论述自己的观点。如果命题提供的材料及要求不影响文体的选择，那么教师要引导学生选择适合自己的文体，便于发挥自己的写作优势。

（五）中心明确

中心贯穿全篇，是文章的灵魂，文章的选材、结构、语言等要以中心为依据。"明确"即清晰明白而确定不移。作文需要围绕中心展开写作内容，使中心不断得到渲染与强化。在写作之前应明确"为什么写"和"写什么"，力求文章的观点明确，避免出现多个中心或主次不清等现象。写作记叙文时，所选的具体材料要能够表现中心，与中心无关的材料要舍弃，与中心关联不大但又不能舍弃的材料要略写。写作议论文时，论据必须与论点一致，且能够有力支撑论点。

（六）思想健康

思想健康是指在作文中表达的思想观点和感情倾向积极向上、是非分明，要体现正确的世界观、人生观、价值观，符合社会主义道德规范；作文的内容应反映当代社会的本质和主流，体现符合时代精神、积极向上的进步思想，排除不健康、消极颓废的思想内容，杜绝违法乱纪的思想观点和腐朽堕落的感情倾向。凡表现出高尚的理想、良好的道德、勤奋的态度、刻苦的作风、助人为乐的精神等，都可以看作健康的、积极的。在作文教学中，教师要引导学生以真善美为基本价值取向，以社会主义核心价值观为准绳，去观察、思考和表达生活。

（七）内容充实

内容是指写进文章里的思想感情、人物事件和数据资料等。在记叙文写作过程中，学生要避免把记叙文写成"流水账"，使文章中心不明、详略不当，让人读起来索然无味。议论文要论据充足、论证过程清楚，论点与论据之间有机结合，避免没有论据支撑空讲道理，使文章显得空洞虚浮。说明文中的说明要清楚详尽，资料充分，恰当运用各种说明方法。在作文教学中，教师首先要培养学生积累素材的意识和习惯，其次要引导学生围绕中心选材，最后要引导学生注意详写与略写相结合，理解并运用常见的描写方法、说明方法、论证方法以及修辞方法等。

（八）结构完整

结构是文章内容的组合构造，是文章思路的外现。文章内容要有效组织才能表达出来，文章的主题也要通过结构加以凸显。所以，轻视结构的作用，忽视结构训练，势必会影响作文的质量。结构完整，主要是指作文思路有序展开：形式上有头有中有尾、前后照应、上下连贯，没有主次不分、残缺不全的毛病；逻辑上线索清晰、层次分明、顺序恰当、段落合理，没有颠倒重复、混乱不清的毛病。写提纲有助于学生在写作过程中不偏离中心，能较好地使材料与中心相契合、思路清晰、结构完整。教师应该引导学生养成快速构思、书写提纲的习惯。

（九）方法多样

学生表达思想情感需要借助一些常见的写作方法。例如，记叙类文本写作往往需要对比、托物言志、欲扬先抑、渲染、象征等方法。教师可通过读写结合教学引导学生领会这些方法的表达效果，在写作中根据需要灵活使用，让自己的思想情感得到充分表现。需要强调的是，在写作中，各种方法的运用，都是为了更加有效地表达作者的思想情感，不能为了使用技巧和方法而故意行文。

（十）语言通顺

语言通顺指的是在写作中，语言连贯流畅，减少语病。要做到语言通顺，就要尽可能使语言准确、简洁、生动。准确，就是恰当地反映客观事物的形貌，遣词造句合乎事理逻辑，仔细区分近义词的细微差别，区别不同词语的感情色彩；简洁，就是简练、干净、明白、晓畅，尽可能做到言简意赅，文约意丰，以最少的文字表达最丰富的内容；生动，就是活泼优美、感染力强，遣词造句具有形象性和新鲜感。

三、各种文体的写作教学

（一）记叙文写作教学

记叙文写作是初中作文教学的核心内容，记叙文教学首先要提高学生观察与发现生活的能力。这需要教师引导学生养成观察和思考的习惯，积极参与生活实践，养成写日记的习惯，学会运用多感官多角度观察生活的方法，发现日常生活中蕴含的丰富意义。其次，教师在教学中要善于借助教材，让学生从课文中学习，学会记叙类文章的基本写作技巧。例如，学习《"飞天"凌空：跳水姑娘吕伟夺魁记》（统编语文教材八年级上册第一单元第3课）这篇课文，可以让学生理解动作描写和场景描写的方法与表达效果，并在写作中迁移运用。学习《故乡》（统编语文教材九年级上册第四单元第15课）这篇课文，可以让学生理解和运用对比这种常见的写作方法。最后，还要引导学生热爱并善于阅读文学和文化经典名著。阅读经典是提升学生思想、思维、语言和写作技巧的重要途径，教师可以引导学生选择适合的阅读材料，并学会写读书笔记、读后感等。

[拓展阅读]
作文教学方法

（二）说明文写作教学

说明文是按照一定的要求解说事物或事理的文章，强调的是知识性和科学性。《义务教育语文课程标准（2022年版）》在第四学段（7~9年级）的目标中要求："写简单的说明性文章，做到明白清楚。"说明文写作是初中二年级的主要写作任务，恰当安排说明顺序及正确使用说明方法是说明文写作的主要环节，也是学好、写好说明文的基础和前提。教师要正确引导学生开启说明文写作的有效切入口，调动他们学习说明文写作的主动性和创造性，提高其学习效率，这是说明文写作教学的关键。学生写好说明文，最重要、最基本的要求是能抓住说明对象的特点，准确地运用语言，恰当地使用说明方法，合理地安排说明顺序，清楚明白地说明事物或事理。

（三）议论文写作教学

议论文写作是高中作文教学的重点，也是现实生活中应用最为广泛的一种文体。在教学过程中，教师要避免过多地讲解写作知识，也不能把反复进行成篇训练当作提高学生议论文写作能力的途径，应根据学生在行文过程中存在的问题，授之以行之有效的思维操作方法，分专题指导他们如何写作，逐步提高其写作能力。教师要教会学生掌握一篇好的议论文的特点：能够较好地确立中心论点，设置分论点；有较强的论证意识和较清晰的思路；文章材料丰富，论据充实；能综合应用多种论证方法，论证有力。议论文写作要旁征博引、以理服人、扬长避短、张扬个性等，不能只重视写作训练，还要强调学生信息库的建设和对思维能力的训练，针对学生写作中的薄弱环节进行强化训练。在议论文写作的教学中，教师要尽量教给学生思维操作的基本方法，培养学生写作议论文的思辨能力。

我们把思维操作的基本方法概括为议论文写作六句诀：正面说、反面议、驳异义、找根据、为什么、怎么样。正面说，就是要说明按照自己观点进行的优点，以显示自己观点的重要性。反面议，就是要议论不按照自己观点进行的缺点，以显示按照自己观点进行的必要性。一正一反，正反对照，可加强论证的力量。驳异义，即寻找是否有与自己观点相对立的错误观点，如果有，那么加以反驳，借以澄清错误认识。如果"正面说""反面议"是"立"，即确立自己观点的正确性，那么"驳异义"就是"破"，不破不立，打破错误观点，确立正确观点。找根据，就是指无论"正面说""反面议"还是"驳异议"，要让他人接受自己的观点，需要找根据加以论证，这个根据就是讲道理、摆事实。目的是让他人对自己的观点心悦诚服，从而加以接受。找根据的第一种方法是讲道理，就是进行理论论证。理论论证既可以讲自己想出来的道理，也可以引用名人名言，即引用论证，名言有哲理，说服力强，可借助引经据典加强说理的成分。找根据的第二种方法是摆事实，事实胜于雄辩，这就是事例论证。事例论证要注意以下四项基本原则：第一，证明观点的事例要能给人以耳目一新的感觉，不能太过陈旧。第二，观点要统帅事例，事例要能说明观点，观点和事例要一一对应，不能发生错位现象，否则就是转移论题，违反同一律。第三，事例要典型、具有代表性。因为从逻辑上讲，事例论证是不完全归纳法中简单枚举的运用，是从个别性前提推出一般性结论，结论具有或然性，如果所举事例不够典型、不具有代表性，那么说服力就不强。第四，对证明观点的事例要适当地加以议论，以显示观点与事例之间的内在联系，并且也要增加一点理性分析的成分，不能只是简单的观点堆砌事例。

前面的"正面说""反面议""驳异义""找根据"合起来只解决了一个问题，那就是"为什么"要按照写作者的观点进行？实际上，这就是议论文的论证部分，可使自己观点的正确性得以成立，让读者能够心悦诚服地接受自己的观点，自觉地按照自己的观点办事。如果说"正面说""反面议""驳异义""找根据"合起来只解决了"为什么"的问题，那么"怎么办"就是进一步思考怎样才能按照自己的观点进行的问题，有哪些行之有效的方法和途径。

需要说明的是，在议论文写作的教学过程中，不要把这六句口诀模式化、僵化，而要从表达的实际需要出发加以灵活运用，可从两个方面着手。一是调整顺序。例如，既可以按"正面说"—"反面议"—"驳异义"的顺序，这是先"立"后"破"，即先确立自己观点的正确性，再批判错误观点；也可以按"驳异义"—"正面说"—"反面议"的顺序。这是先"破"后"立"，即先打破错误观点，再确立正确观点。二是根据需要突出重点，不必面面俱到。例如自己的观点虽然正确，但理解起来有一定的难度，读者难以接受，而且在这方面还存在一些错误认识，这样议论文写作的重点就要摆在"为什么"上，即通过"正面说""反面议""驳异义""找根据"解决"为什么"要按照这样的观点进行的问题。至于"怎么样"的问题则可蜻蜓点水，一点而过。如果自己提出的观点的正确性显而易见，不难理解，而按照自己的观点进行，其中的途径是什么？方法是什么？对此，写作的重点就是解决"怎么样"的问题，"为什么"的问题就可以简略，点到为止。如果读者对"为什么"和"怎么样"这两个方面都缺乏认识，因此就要全面关照，那么六句诀都得派上用场，这就叫根据需要、实事求是、灵活运用。

（四）应用文写作教学

应用文写作在写作教学中不可忽视，因为它在信息传递、思想交流等方面发挥着极为重要的作用。张志公在《谈作文教学的几个问题》一文中强调："中学语文教学所要培养的，是一个青年在工作、学习和生活中必须具备的一般的写作能力。"①随着时代的发展，应用文写作在社会生活中使用越来越频繁。中小学生不仅要掌握应对未来工作需要的各类文书，如通知、通报、请示、报告、会议纪要、计划、总结、调研报告的写作，而且要掌握日常生活需要的各类文书，例如便条、书信、邀请函、贺信、电子邮件的写作。应用文写作教学首先应让学生认识到应用文的重要性。其次，尽量做到化繁为简，把简单的写作方法教给学生，让学生多写多改。例如，在讲授"计划"这一文体时，教师通过材料让学生知道计划的用途和特点后，教导学生，只要文章具有"目标任务""措施方法"和"具体步骤"三部分，那么就合乎要求。最后，教师应针对行文中格式、语言和内容等方面出现的问题，及时向学生提出修改意见，并督促学生加以完善。

[微视频]
微课：运用策略

（五）文学写作教学

文学写作主要包括散文、诗歌、小说、戏剧等。广义的散文包括杂文、小品文、随笔、报告文学等，狭义的散文专指表现作者情思的叙事、抒情散文。散文以表现性情见长，形式自由，结构灵活，手法丰富多样，抒情、叙事、议论各主其事，也可兼而有之。诗歌是最早产生的一种文学体裁。它按照一定的音节、声调和韵律的要求，用凝练的语言、充沛的情感、丰富的想象，高度集中地表现社会生活和人的精神世界。优秀的诗歌能高度集中地反映社会生活，具有语言精练、节奏鲜明、韵律和谐等特点。小说是文学的一大样式，以叙述为主，具体表现人物在一定环境中的相互关系、行动和事件以及相应的心理状态、意识流动等，从不同角度塑造人物，表现社会生活。在各种文学样式中，小说的表现手法最丰富，表现方式也最灵活，叙述、描写、抒情、议论等多种手法可以并用，也可有所侧重；一般以塑造人物形象为基本手段。戏剧是综合艺术的一种，是由演员扮演角色，当众表演情节、显示情境的一种艺术。在中国，戏剧是戏曲、话剧、歌剧等的总称，多由古代的傩戏祭祀、宗教礼仪和歌舞技艺演变而来，后逐渐发展为由文学、表演、音乐、美术等多种艺术成分有机组成的综合艺术。戏剧基本要素是情节性的动态造型，通过从空间到时间、从视到听觉的对观众的多方面作用，引起演员与观众、观众与观众之间的反复交流，进入集体的心理体验。文学上的戏剧概念是指为戏剧表演所创作的脚本，

---

① 张志公. 张志公文集：3：语文教学论集[M]. 广州：广东教育出版社，1991：231.

即剧本。戏剧的表演形式多种多样，常见的包括话剧、歌剧、舞剧、音乐剧、木偶戏等。

课程标准重视文学写作，义务教育课程标准"文学阅读与创意表达"学习任务群和高中的"文学阅读与表达"学习任务群都对诗歌、小说的写作提出了明确要求。教师应设置情境性的文学创作任务，引导学生创作诗歌、散文、小说、戏剧，不断发展其审美鉴赏与创造能力。

四、作文思维训练教学

（一）训练想象思维

课程标准对基础教育不同阶段学生形象思维的发展提出具体要求，教师应在作文教学中不断培育学生的形象思维。

1. 创设问题情境的想象作文

情境作文的基本模式是：读、想、说、创。"读"是指对作文材料（文字或图片）进行解读，提取关键信息；"想"是根据作文材料中所提供的有关意象，联系现实生活，展开联想和想象，经过大脑整合后，形成一幅幅生动有趣的图景；"说"是尝试将自己头脑中形成的一幅幅图景用口头语言描述出来；"创"是尝试将自己头脑中形成的一幅幅图景用优美的语言流畅地再现出来。看图作文（包括观察具体的静物）就是利用图片和实物创设情境，让学生反复观察思考后，进行作文写作。巧设疑问作文，能激起学生的好奇心和想象力。针对毛泽东的《沁园春·长沙》（统编普通高中语文教材必修上册第一单元第1课），教师可以提出问题："我国自古有悲秋情结，那么是否逢秋必悲呢？"在学生明确古诗词中的"秋"多数与愁有关，然而秋的内涵并非只有"萧瑟"二字后，教师可引导学生找出本词中生机勃勃而又自由奋发的秋景。再结合自己对生活的观察和体会，发挥想象，整合并描绘出一幅富有特色的秋景图。这不仅能激发学生的写作兴趣，而且培养学生的想象能力和创新意识。

2. 填补艺术空白的想象作文

艺术空白，是艺术创作中为了更充分地表现作品主题而有意留出"空白"，给读者留下联想、想象和再创造的空间。作文的"艺术空白"是指在写作要求中未明确说明的部分和暗示的内容，有题目、立意、情节、语言等。正如美术追求"画留三分白"，音乐讲究"弦外之音"，教师在指导学生作文时，也应讲究艺术空白，力求使其文"言尽而旨远，辞浅而义深"。法国著名文学家莫泊桑就是一位运用艺术空白的高手，他的小说《项链》的结尾简直出人意料，留给读者一个明显的情节"空白"。《红楼梦》中黛玉临死之前说了半句话"宝玉你好……"就去世了，这样的"艺术空白"，别具匠心地给我们提供了想象和思考的空间，让读者可以在品鉴中填补。教师在作文教学中指导学生充分应用空白艺术，既可激发学生的想象力，凝聚学生的注意力，又可培养学生的发散思维能力，进而培养学生的创新精神和审美个性。

3. 进行"二度创作"的想象作文

作家的剧本经由导演和演出团体运用艺术手段在舞台上再度创造出具体的、活生生的演出形象，这种舞台演出的形象创造便是戏剧艺术的二度创作。"二度创作"

的特点是：深刻理解作品的时代背景，把握作品的风格韵味；走出文本，体验真实的生活。"二度创作"用于作文教学，有利于培养学生的想象力和创造力。作文教学中的"二度创作"对学生作文的内容不作过多的限制，对作文的文体要求相对自由，有利于学生"自由地表达、有个性地表达、有创意地表达"，符合新课程的作文教学理念。教师在作文教学中利用文本进行"二度创作"的想象作文指导，可通过引导学生对文本中的标题、文体、语言、材料、情节、观点及手法等的研读，充分调动学生的想象思维和创造才能，采用转换文体、转换内容、仿写句式等形式教会学生"二度创作"。例如，要求学生将《氓》（统编普通高中语文教材选择性必修下册第一单元第1课）改写成小小说，学习完《故都的秋》（统编普通高中语文教材必修上册第七单元第14课）后让学生模仿此文写一篇《故乡的秋》等，这些都能够激发学生的语文学习兴趣，提高学生的形象思维能力和语言表达能力。

（二）训练逻辑思维

逻辑思维也称"抽象思维""概念思维"，是指人们在认识过程中借助概念、判断、推理来反映对象的过程。和形象思维不同，逻辑思维以抽象出对象的特征、本质而形成概念为特征。逻辑思维能力是学生的语文核心素养的关键要素，也是个体学习和工作的基础能力。语文课程标准在初中阶段和高中阶段对学生逻辑思维的发展提出了明确的要求，因此，记叙文与议论文写作教学应充分重视学生的逻辑思维能力培养。

1. 通过记叙文写作训练学生的逻辑思维能力

通过记叙文的审题与立意训练学生的逻辑思维能力。记叙文写作主要依靠形象思维，但离不开逻辑思维。例如，在观察与思考阶段，需要引导学生从生活现象中发现本质，在不同的现象之间建立逻辑关系；在立意与选材阶段，需要从作文材料中抽象出文章的主题，围绕主题取舍材料。因此，在记叙文写作中不能忽视逻辑思维训练。下面的材料是四川省绵阳市2020年中考作文题目：

阅读下面的材料，根据要求写作。

一位母亲拽回准备闯红灯的女儿并严厉地批评了她；一个肉铺老板几十年如一日，坚持卖良心肉、用公平秤；一名装修师傅时隔十个月，又特地赶到客户家里补上忘掉的一颗螺丝钉……

其实，在我们心目中，每个人最贵的东西都不一样，你心中的是什么呢？

请以《人生最贵的是_____》为题目，写一篇不少于600字的文章。

该题目是半命题作文，需要学生阅读材料，从具体材料中概括主题。或者激活学生的生活体验，从中概括主题，然后把题目补充完整。从这里能够看出记叙文写作审题、立意与选材环节都离不开逻辑思维。

2. 通过议论文写作训练学生的逻辑思维能力

议论文写作是高中生写作的常用文体。高考作文命题大多是材料作文，要求学生根据给定的作文材料和要求写一篇文章。材料作文中给定的材料和要求往往会限制学生作文的内容、主题、体裁等，要求学生综合材料内容及含义，选好角度，确定立意，这就需要学生对作文材料的整体信息进行分析、比较、综合与抽象，在此基础上形成准确、深刻与新颖的立意，从而避免套题与押题。因此，教师可直接借助作文材料训练学生的逻辑思维能力。如下面的材料作文题目：

《红楼梦》写到"大观园试才题对额"时有一个情节，为元妃（贾元春）省亲修建的大观园竣工后，众人给园中桥上亭子的匾额题名。有人主张从欧阳修《醉翁亭记》"有亭翼然"一句中，取"翼然"二字；贾政认为"此亭压水而成"，题名"还须偏于水"，主张从"泻出于两峰之间"中拈出一个"泻"字，有人即附和题名为"泻玉"；贾宝玉则觉得用"沁芳"更为新雅，贾政点头默许。"沁芳"二字，点出了花木映水的佳境，不落俗套；也契合元妃省亲之事，蕴藉含蓄，思虑周全。

以上材料中，众人给匾额题名，或直接移用，或借鉴化用，或根据情境独创，产生了不同的艺术效果。这个现象能在更广泛的领域内给人以启示，引发深入思考。请你结合自己的学习和生活经验，写一篇文章。

这道作文题如何训练学生的逻辑思维能力？首先教师要引导学生抓住作文命题材料中的"移用""化用""独创"三个关键词，弄清每个词的意思和三者之间的内在联系。从逻辑上讲，这是弄清概念这种思维形式的内涵。其次可以把高考作文中有分歧的观点显示出来让学生比较分析，鉴别真伪。例如，针对贾宝玉所提"沁芳"的匾额题名，就有两种说法：一是认为"沁芳"二字表达了粉饰太平的吉祥之意，"沁芳"的意思是花香沁得流水芬芳。二是对大观园悲惨结局的暗示，一切繁华富贵和众多美好的事物，终究会像飘落的缤纷一般，没入水中，最终消失在这个美好的世界之中！教师显示出以上两种解读后，可以让学生分析比较、思考辨别哪种理解更言之有理。分析比较是抽象思维的认知加工方式，这就可以训练学生的思辨能力和逻辑思维能力。

这个问题的正确结论应该是肯定第一种解读，否定第二种解读。教师可让学生阅读《红楼梦》的第十七回，与"大观园试才题对额"中贾宝玉所写的第一首对联"绕堤柳借三篙翠，隔岸花分一脉香"联系起来思考。从上下文看，此联与"沁芳"一匾相配，意在题水，但字面上并不直接说出，"三篙""一脉"都代指流水。全句说绕堤的翠柳映得水光澄碧，隔岸的花香沁得流水芬芳。由此可见，"沁芳"是和对联之意的。但有人根据王实甫《西厢记》中"花落水流红"一句，将"沁芳"理解为诸芳流逝，借以作为第二种观点的佐证。这些理解用于别的地方也许是对的，甚至和曹雪芹写《红楼梦》"谁解其中味"的"味"有异曲同工之妙，那就是它与《红楼梦》的悲惨结局有关。但是将这种理解加之于为元妃省亲的亭命名这一特殊情境之中，让它作为"不祥之兆"的暗示，让贾政认可"沁芳"命名的不详，就有些不合情理了。文中包括为亭题名在内的所有行为都是为了讨元妃的欢心，让她来大观园省亲时能赏心悦目，所以为各个景点的命名都只能是图吉利的。我们对"沁芳"的理解不求唯一，只求言之成理。既然题名"沁芳"得到了贾政的认可，命题材料也认定这一命名"契合元妃省亲之事"，那么这里的"沁芳"应该是表达粉饰太平的吉祥之意，而不是对大观园悲惨结局的暗示。

3. 通过其他语文活动训练学生的逻辑思维能力

逻辑思维不仅可以在作文教学中得到训练，而且可以在阅读教学、口语交际教学中得到训练。在阅读教学特别是议论文阅读教学中，教师可以运用阅读教学材料训练学生运用分析、比较、综合与抽象等方法的能力，使学生的思维能力得到有效提升。如《烛之武退秦师》（统编普通高中语文教材必修下册第一单元第2课）的教学，能较好地训练学生的逻辑思维能力。教师可以让学生在理解课文的基础上归纳"秦国应该退兵的理由"，然后让学生思考几个理由之间的逻辑联系，这样能有效训练学生的概括与分析能力。同样，还可以通过辩论活动培养学生的逻辑思维能力，在辩论中无论是确立自己的观点，还是反驳别人的观点，都会涉及概念、分析、归纳、推理等思维活动。如果学生的逻辑思维能够得到较好的发展，那么就为写作奠定良好的思维基础。

（三）培养学生良好的思维品质

具有灵活性、创新性、深刻性、批判性、辩证性的思维，是学生形成良好语文素养的重要条件，语文教师应引导学生在语文活动中养成良好的思维品质。思维的灵活性，是指学生能根据不同的情境运用不同的思维方式找到解决问题的路径和方法；思维的创新性，是指学生能突破思维习惯与定势找到解决问题的不同路径和方法；思维的深刻性，是指学生能从现象发现本质，善于抓住事物发展规律；思维的批判性，是指学生能在充分理解和理性反思的基础上对相信什么和做什么做出合理判断；思维的辩证性，是指学生能以系统的、联系的、发展的观点思考和解决问题。

近年来，高考作文非常重视考查学生的思维品质，如2022年全国卷一高考作文题目"本手、妙手、俗手"、全国高考甲卷作文题目"移用、化用、独创"全国新高考Ⅱ卷作文题目"选择·创造·未来"等，都是在考查学生的辩证思维品质，学生要以发展的、联系的眼光理性分析材料。因此，作文教学要重视培养学生良好的思维品质。在记叙文写作教学中，教师可以引导学生对自己的生活素材不断进行挖掘，形成新颖或深刻的主题；在议论文写作教学中，教师可以引导学生在准确理解作文提供的材料的基础上提出各种论点，比较分析不同论点之间的准确性、新颖性与深刻性，让学生了解不同思维方式发生过程和方法，感受不同思维品质之间的差异，不断提升自己的思维品质。

五、作文教学中的语言训练

（一）语言训练的基本目标：准确、流畅

语言的准确性是语言训练的基本目标之一。在作文教学中，语言表达要准确，需要准确而全面地理解词语的意义。词语的意义包括概念意义、色彩意义、语体意义、文化意义等，学习和运用词语时，不仅要准确理解词语的概念意义，而且要全面理解词语在语境中产生的其他附加意义。如"我们一定要改掉那种目无全牛的观念，树立全局意识"这个句子，误用了成语"目无全牛"，该成语出自《庄子·养生主》，形容技艺达到极纯熟的境界，是一个褒义词，此处误解了它的意义。

语言的通畅性也是语言训练的基本目标之一。语言不通畅包括文脉不通和语脉不通。文脉不通主要表现为文章思路不清、层次混乱；语脉不通主要表现为句子衔接不当、句子结构混乱、句子冗长、语法有误、用词不当等。语言训练要实实在在，

从标点使用、词语使用、句子语法、句子衔接、语段结构、语篇层次等方面进行训练，让学生在不同的语言实践中逐渐形成相应的能力。同时，语言训练需要和语言积累结合起来，在语文教学中重视语言积累的重要价值。

（二）语言教学的发展性目标：文采飞扬

要做到文采飞扬，可在词语生动、句式灵活、善用修辞、言有意蕴四个方面下功夫。

1. 词语生动

文章要做到"词语生动"，必须具备形象和新鲜两个条件。"形象"是指语言具有画面感。作文通过文字表现画面，作者头脑里的形象靠语言传达给读者，读者的眼睛接触到文字，文字记载的形象立刻幻化出来，产生生动的画面。"新鲜"指的是"陈言之务去"，即用最富创造力的语言来表情达意。如《故乡》（统编语文教材九年级上册第四单元第 15 课）中，作者用凸颧骨、薄嘴唇、细脚伶仃的圆规，"阿呀呀……还说不阔……"的尖刻话，一下子就把杨二嫂的性格特点写活了，这个人物形象深深地印在了读者的脑海里。在平时的作文训练中，教师要对此多作引导。

2. 句式灵活

句式灵活，是指作者在写作时，根据抒发感情和表达内容的不同，在不改变原意而又通顺的前提下，灵活选用不同句式，以变换节奏、美化语言、增强亮点，使文章变得文采飞扬。长句、短句，整句、散句，常式句、变式句，陈述、疑问、祈使、感叹句等，都有不同的表意功能和修辞效果，灵活运用，会使文章灵动而有意蕴，读起来朗朗上口，具有音律美。

3. 善用修辞

作文时要善于选用恰当的修辞手法或善于综合运用多种修辞手法，写人状物时多选用比喻、比拟、借代、对偶和夸张，析事论理时多用排比、设问和反问。在作文中恰当地使用修辞手法，会增强文章的审美含量和文化内涵，能使文章的语言形象鲜明，气势贯通，音韵和谐。例如，朱自清在《荷塘月色》中描写荷花的句子："微风过处，送来缕缕清香，仿佛远处高楼上渺茫的歌声似的。"本句运用通感等修辞手法，新颖灵活，从不同角度、不同层次描绘荷花的情态，使人读后回味无穷。

4. 言有意蕴

言有意蕴是指"意不浅露，语不穷尽"，意旨深远，耐人寻味，它包括文化意蕴、思想意蕴、感情意蕴等。文章语言意蕴深邃，是富于哲理和文化底蕴的表现。作文时要做到言有意蕴，就必须使语句的内涵丰富、深刻，能使读者掩卷沉思。

六、作文评改的标准、原则与方式

作文评改是作文教学中的重要环节。国内外不少语文教育研究者都非常重视学生修改作文这一环节的质量。叶圣陶指出："修改作文不是什么雕虫小技，其实就是修改思想。"[①]有研究者也认为："修改是一个重新认识、重新发现、重新创造的

---

① 叶圣陶. 叶圣陶论语文教育 [M]. 郑州：河南教育出版社，1986：12.

过程。"①实际上，语文课程标准对作文评改教学也提出了明确要求。

（一）课程标准对作文评改教学的要求

语文课程标准对不同学段的作文评改教学都提出了具体要求。义务教育第二学段（3~4年级）学生需要"学习修改习作中有明显错误的词句。根据表达的需要，正确使用冒号、引号等标点符号"；第三学段（5~6年级）学生需要"修改自己的习作，并主动与他人交换修改，做到语句通顺，行款正确，书写规范、整洁。根据表达需要，正确使用常用的标点符号"；第四学段（7~9年级）学生需要"根据表达的需要，借助语感和语文常识修改自己的作文，做到文从字顺。能与他人交流写作心得，互相评改作文，以分享感受，沟通见解。"同样，高中阶段学生需要养成多写多改、相互交流的习惯，对自己的文章进行审读、反思，主动吸纳、辩证分析他人的意见，乐于展示和评价各自的写作成果。语文课程标准对作文评改提出的这些要求，需要教师高度重视并积极落实，从而发挥作文评改教学对提升学生写作水平的价值。

（二）作文评改教学的基本原则

作文评改包括作文评价与作文修改两种活动。在作文教学中，教师一定要重视作文评价与修改的有机结合，不能只评不改。作文评改不仅需要对学生作文的态度、方法、过程和结果进行评价，而且需要发现学生作文存在的问题，并引导学生修改和提升作文。作文评改要遵循以下三个基本原则：

1. 评改功能多样化

作文评改对学生学习写作具有激发、引导、诊断、反馈、调节、提升等功能。教师在作文教学中要根据具体情况，合理选择、使用评改方法，充分发挥作文评改教学的不同功能。在传统的作文评改中，教师往往重视作文评改的甄别功能。但在实际教学中，教师更应重视作文评改的促进功能，通过评改提高学生学习写作的兴趣，发现自己的进步与存在的问题并不断改进，提升作文能力和水平。

2. 评改活动全程化

传统的作文评改特别关注学生作文成品的水平和问题。实际上，作文是一种极为复杂的语言表达过程，不同阶段的不同要素与不同活动，都会对学生作文能力的形成产生重要影响。教师的作文教学评价必须关注学生作文教学活动的全过程，对学生的前写作活动、行文活动以及作文评改活动等进行评价与修改，引导和促进学生及时修改不同环节的作文成果。

3. 评改主体多元化

传统的作文评改主要由教师负责。这种评改方法虽然具有权威性，教师也能全面深入地了解学生在作文中存在的问题，但这种评改方法既耗时耗力，也不利于培养学生主动修改作文的态度与能力。多元主体评价，是指学生的作文由教师、同学、学生自己、家长以及其他人进行评价，这是一种开放式评价，虽然存在评价标准不统一、评价质量参差不齐、评价结果认可度不高等问题，但能够提高作文评改的效

［拓展阅读］
作文评改
教学方法

---

① 祁寿华. 西方写作理论、教学与实践［M］. 上海：上海外语教育出版社，2000：176.

率，打破单一主体的评价局限，提高学生、家长和其他参与者修改作文的兴趣。因此，在作文评改教学中，教师应根据具体情况选择不同主体评改作文，并对其他评改主体进行引导、指导和管理。

（三）作文评改的方式

1. 精批细改

对学生作文究竟要不要进行精批细改，语文教育界长期存在争论。其实，对学生作文群体中有共性和典型性的作文，教师有必要进行精批细改，一方面有利于学生进一步明确作文评改标准，另一方面也能培养学生进行规范作文的能力。在批改过程中，对作文中的错别字、标点符号、病句，要以改为主，适当眉批；精彩语句、修辞用圈线标示；文章结构是否完整，层次思路是否清晰，旨意是否突出，语言及写作技巧的运用是否准确等，以眉批为主，且适当修改解释；等等。必须指出的是：针对不同层次、不同文体、不同水准的作文应作不同的评改。如小学阶段，学生练习的习作主要有两类：一类是记叙文，一类是应用文。记叙文强调把学生亲身经历的事情或认识的物体用恰当的文字书写清楚、准确、具体，重在思想内容的表达；应用文重在掌握规范的格式，同时兼顾内容。

2. 当面评改

当面评改也是提高学生写作能力的一种举措，即教师与学生面对面地进行口头批改，这既能强化师生共同批改作文的亲和力，又能锻炼学生评改作文的素质。当面评改作文，尽管针对性较强，便于因材施教、有的放矢，但需花费较多的时间和精力，因此不可能过多地进行。以下四种类型的作文适宜当面评改：① 立场模糊，观点错误，基调不健康的作文；② 内容存在较大问题，需要了解具体情况的作文；③ 写得较差的作文，此类作文往往问题较多，三言两语难以讲清，如果在全班同学面前评改，那么容易伤害学生写好作文的信心，造成师生的对立情绪，产生消极影响；④ 水平较高的作文也需要教师当面评改，指出其不足，给学生架起继续攀登的云梯。

3. 自评自改

自评自改，即以学生自主评改为主的作文评改模式。它是促进学生自身发展的内在要求，主要有两种方式：一是作文初稿完成后，当即进行评改；二是作文初稿完成后，搁置几天，再拿出来评改。前者一气呵成、效率高，后者可以避免面对初稿时的成见，提高评改质量。在教学中，学生自评自改作文时，教师要选择成功的范例，予以表扬鼓励，提高学生自评自改的兴趣，逐渐使自评自改成为学生作文的自觉行为，让学生在自批自改的过程中形成自我实践、自我提高、自我创新的能力。

4. 师生共评共改

师生共评共改的实质是师生合作批改，体现"以学生为中心"的理念。在此环节中，教师要改变传统的"以教师为中心"的教学模式，以"教师指导，学生参与"为课堂教学的基本模式。教师在学生群体中挑选出有代表性的作文样本，全班一起讨论批改。这时教师不再仅仅关注作文中的书写和语法类错误，而是引导学生分析作文的篇章结构是否完整，段落衔接是否自然，文章的主题表达是否明确，句子表达是否得体，句子结构是否合理；或者找出此篇文章的独到之处，结合学生意见对作文样本进行评改。然后要求学生根据不同环节的批改结果进行重写，巩固、加深学生对评改结果的印象。在作文教学中，用师生共评共改的方式引导学生，能够提高学生独立探索和解决问题的能力，缩短评改时间，学生的写作能力也会得到相应的提高。

5. 学生互改

学生互改，即在教师指导下，不同学生之间围绕写作训练目标，参照例文互相批阅，在互相批阅的基础上，学生再对自己的文章进行修改。在教学中，教师首先要对作文训练的要求、目的作极为细致、具体的指导，特别是在选材、立意、构思等方面，更要作详尽的讲解。其次，由作文小组长阐述对作文的浏览意见，再由学生发表看法。再次，教师针对组长的发言进行总评，主要是对其符合实际要求的看法进行强调。最后，交流结束后，教师引导全班同学共同讨论制订评分标准和评分方法，然后把作文交叉地发给每一位同学，让他们用已经准备好的红笔，根据评分标准对同学的作文进行细致批改。批改完后，将作文交还给学生，如果学生对批改有不清楚的地方，那么可当场与评改人交流，没有相互质疑的问题后再把作文交给教师。互评互改作文，既能发挥教师的主导作用，又可减轻教师的负担；既可让学生在互评互改中集思广益、取长补短，又能提高学生修改作文和继续写作的兴趣。

实践运用

● 实践任务 ●

选择下列任务中的一项设计教学方案，要求：（1）考虑学生的写作基础和教学条件；（2）方案设计有合理依据；（3）设计的方案有较强的操作性。

任务一：我们的记忆中总会有许多难忘的时刻。所谓难忘，可能是惊喜、兴奋、有趣，也可能是惭愧、尴尬，甚至是难堪。回忆一个自己难忘的时刻，并以《_____的那一刻》为题，写一篇作文。不少于 500 字。（统编语文教材七年级下册第三单元"写作·抓住细节"）

任务二：《劝学》是两千多年前荀子对学习问题的朴素认识，《师说》是一千多年前韩愈对"耻学于师"的批评。随着社会的发展变化，我们今天在学习中又遇到了新的难题。针对当下学习中的某些问题，以《"劝学"新说》为题，写一篇不少于 800 字的文章。（统编普通高中语文教材必修上册第六单元学习任务三）

● 实践指要 ●

独立完成任务后，与教师、同学一起研讨，分析学习活动方案或教学方案的优点、不足，并根据提出的改进措施修改方案。

[拓展阅读]
实践指要 2.10

反思调节

● 学习反思 ●

请核对和填写表 10-2，看看自己有哪些收获，哪些方面还需要继续努力。

表 10-2 学 习 反 思

学习内容	实现程度			改进建议	备注
	未实现	实现	充分实现		
了解写作教学的基本功能					
理解不同阶段写作教学目标的主要内容和基本要求					
掌握不同文体写作教学的基本方法；思维训练的方法；作文评改教学的原则和方法					
运用写作教学理论进行写作教学设计					

备注：请在"实现程度"的相应地方画"√"，如果某一学习内容"未实现"，请简要记录你的改进建议。

● 自我调节 ●

根据改进建议，你将会_____

_____

_____。

推荐阅读

1. 胡斌，丰继奎，尹劲. 叙事类材料作文立意的路径与方法：基于语义学、逻辑学的研究［J］. 西华师范大学学报（哲学社会科学版），2022（5）：105－112.

2. 苟佳慧，张华. 新课标视域下小学习作教学的回应与变革［J］. 教育科学论坛，2024（14）：52－57.

3. 程琨燕，陈嘉芮，张华. 当代习作教学的核心主张与学理启示［J］. 教育科学论坛，2023（32）：53－57.

第十一章 口语交际教学

> 无论课内课外，不放过可利用的机会，运用适当的启发或暗示使学生乐于说话，而又不肯随便说话，哪怕三句五句，总要尽可能说的有头有尾。①
>
> ——叶圣陶

 知识导图

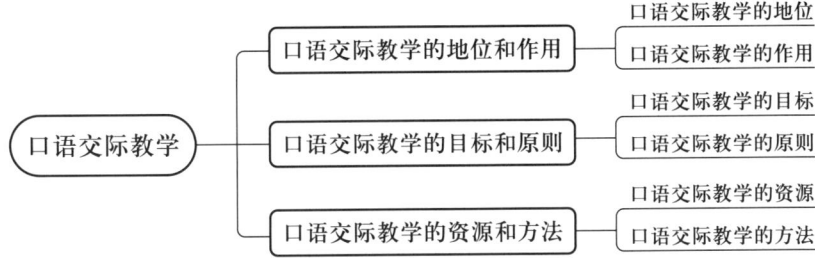

 学习目标

1. 了解和把握口语交际教学的地位和作用。
2. 明确和理解口语交际教学的目标和原则。
3. 理解和把握口语交际教学的资源和方法。

---

① 叶圣陶. 说话训练决不该疏忽 [J]. 语文建设，1961（7）：1-2.

案例研习

● 教例再现

江苏省南京市金陵中学仙林分校左紫晶老师在教学中呈现如下案例：

学生表演：

爸爸：（不耐烦）哎呀，你问你妈，这都几点了，晚上吃啥？

孩子：（不耐烦）爸爸问，哎呀，这都几点了，晚上吃啥？

妈妈：（愤怒）告诉你爸，想吃啥自己做去！我今天还就不伺候了。

孩子：（愤怒）爸爸，妈妈让你自己做，她今天不伺候了。

爸爸：（暴躁）你问你妈，还能不能过了？

孩子：（暴躁）妈妈，爸爸问你，还能不能过了？

在上述这一片段中，因为孩子的转述不当造成了父母之间的矛盾，因此，教师让学生思考：如何做一个更好的转述者，帮助他们化解矛盾，做生活中的"和事佬"呢？以下是部分学生的思考片段。

片段一

生4："妈妈，今天晚上你又要做什么好吃的呀？我和爸爸都馋了。"

师：你为什么会这么说？

生4：因为我的目的是问妈妈什么时候可以吃饭，并且想请妈妈做这顿饭。我这样问的话，妈妈可能就会回答"她要做什么饭""什么时候吃饭"，而且，这样问还夸奖了妈妈做的饭好吃，也许妈妈就愿意去做饭了。

师：好，你提供了一种夸赞的方法。在你的转述中，哪句话起到夸赞的效果？

生4："做什么好吃的"这句话。

师：我们可不可以夸得更明显一点？

生4：妈妈，你做饭是家里最好吃的，我和爸爸都学不来。（师板书"先夸赞"）

片段二

生5：我可能会把我自身放进去。例如，"妈妈，我和爸爸肚子都饿得咕咕叫啦，咱们什么时候吃饭呢？"

师：你为什么认为把自己放进去，妈妈就有可能会做饭？

生5：因为妈妈一般都会对自己的孩子好，我说自己饿了，妈妈就有可能会做饭。

师：看来你在转述时考虑到了自己特别的身份。（师板书"把自己加进去"）

片段三

生6："妈妈，既然你和爸爸都不太愿意做饭，那么我来做吧。不过万一我把厨房给'烧'了，你可不能怪我。"

师：那么你的做法是？

生 6：我想用一种激将法。

师：那我们能不能就这个办法再想一想，你既然已经进厨房了，那么说些什么可以让妈妈也进厨房呢？

生 6：我会接着刚刚的话往下说："如果您也能一起来，指导我一下更好，那么我就可以避免失误啦。"

师：看来你是给妈妈一个具体可行的建议。(师板书"激将法""提供建议")

● 案例点睛 ●

　　口语交际能力，是每一个人在生活、工作中不可或缺的关键能力之一，也是语文教学的重点和难点之一。上述教学案例呈现出两个特点。一是情境多元、实战对话。实践活动是有效学习的基础，实践活动的丰富性和真实性对学生的生命体验具有深刻意义。上述教学案例的目标是交际话题，紧紧围绕"让妈妈做饭"的交际目的，让学生思考并分析不同对话所呈现的转述效果，使学生感受和体会不同的口语交际方式所产生的不同效果。二是情境牵引，丰富经验。交际主体、交际话题和交际环境既是口语交际的基本组成部分，又是口语交际能力训练的基本条件。上述教学案例通过家庭对话的实际情境，使学生注意说话的语气、方式、内容，充分尊重交际对象，展现口语交际素养，学生参与的主体意识与表达机会使口语交际教学的效果得以强化。

理论概述

一、口语交际教学的地位和作用

口语交际能力作为现代社会公民必备的基本素质之一，在人际交流更为频繁、开展合作更为密切的今天，其作用越来越重要。口语交际教学对学生学会与人交往，培养合作精神和创新精神，进行倾听、表达、应对，全面提高语文素养和文化修养，养成包容和兼容的健康心态、健全人格，发展健康个性等，具有举足轻重的地位和作用。根据"听话、说话"—"口语交际"—"表达与交流"三者言语目的的范围不同，可设计出由单向静态的言语活动走向双向动态的言语实践路径框架。并且，在注重语文本身的社交属性方面，立足情境，以交际道德和语言修养规范言语的措辞变化，在语文教学中提供口语表达与交流的真实情境，不断提高学生的口语交际能力，已经成为实施语文课程的重要任务。

（一）口语交际教学的地位

古今中外，口语交际历来受到重视。古希腊的"七艺"课程，把"文法、修辞、辩证法"视为雄辩家的必修课之一。我国的春秋战国时期，孔子教学时设四科，其中就有"言语科"。人类文化经历口述时代、书写时代后，现在正步入"超文本"时代。超文本时代的突出特征是口语文化的复兴，以及以口述为主体、人类文化的多元表征。当前，要在信息化、超文本的浪潮中工作、学习与生活，口语交际教学就成为语文教育关注的重点。

1. 母语教育的原生土壤

语文教育是中华民族共同语即母语的教育，母语既是中华民族的主要交际工具，又是中华民族的主要文化载体。世界上每个国家都把母语教育放在最重要的位置，许多国家的国语课程标准都提出"提高对母语的关注，培养尊重母语态度"的要求，我国的《义务教育语文课程标准（2022年版）》将语文课程定位为"学习国家通用语言文字运用的综合性、实践性课程"。培养学生更加规范、文明、艺术地运用母语进行交际，已成为世界各国母语教育人士的普遍共识。语言浸透民族文化的精神，是一个民族血脉相承的纽带，人人都能说一口流利的普通话，人人都能优雅地表情达意，是口语交际教学的重要任务。

2. 语文教学的有机组成部分

人类发展史无不表明，口语先于书面语而存在，进而为书面语提供养料。可以说，"口语是整个语文的根基"[①]。语文能力与实际应用的接轨就是听、说、读、写。语文课程由"识字与写字""阅读与鉴赏""表达与交流""梳理与探究"四大板块搭建而成，表达与交流是语文教学的重要内容，口语交际能力是语文能力的重要体现。其中，"听"和"读"属于信息的接收、整理和选择，"说"和"写"属于信息的加工、处理和传达。正如叶圣陶先生所言："现在教学生可不是让他们去应对考试，咱

---

① 陈燕华. 基于情境的口语交际教学策略研究［D］. 无锡：江南大学，2009：1.

们是要让他们掌握工作和生活必要的本领。所以听、说、读、写四样应该同时看重，都要让他们受到最好的锻炼。"

为什么听、说、读、写要同时并重？因为听、说、读、写都是言语能力的构成要素，在表达与交流的教学中缺一不可，它们相辅相成。听、说、读、写四个方面的任何一个方面得到加强，对其他几个方面的形成和发展都起着促进作用；任何一个方面被削弱，对其他几个方面的形成和发展都起着阻碍作用。

3. 语文核心素养的培育途径

说话不仅是语言训练，而且也是人的内在精神的升华过程。凡是成功的口语交际，大多都有赖于人的思想个性、审美形象、风度气质和修辞技巧等。其中，敏捷的思维、广博的知识、优雅的风度、丰富的语言更是发挥着关键作用。因此，口语交际能力与语文素养彼此映照，"口语交际能力事关'素养'，不可等闲视之。从某种意义上说，缺乏口语应对机智，等于自动放弃和人交往的平等与自尊"[1]，培养学生的口语交际能力，是培养学生语文核心素养的题中之义。

（二）口语交际教学的作用

一个人的说话水平往往是其口语交际能力和个人素质的体现。小而言之，口语表达能力体现个人的知识水平、文化程度、思想修养；大而言之，口语表达能力反映其所在国家的文明程度及其民族精神。因此，口语交际教学不仅着眼于培养学生的交际能力，而且也应注重培养整个民族的交际素养，唤醒其文明态度和语言修养的自觉意识，进而塑造自身的交际形象和交际品位。

1. 提升思维创造力

语言和思维密不可分，表达是将思维成果用言语反映出来的一种行为，表示（思想、感情）。语言是交际的工具，也是思维的载体。思维的三大形式——概念（词项）、判断（命题）、推理，都离不开语言表达。概念要用语词来表达，一个概念可以借助若干个语词表达，一个语词也可以表达若干个概念。判断借助语句表达。简单判断用单句表达，复合判断，无论是假言判断、选言判断还是联言判断，都是用复句表达。推理这种思维，无论是演绎推理、归纳推理还是类比推理等都是借助语段表达。语言是思维的外壳，思维是语言的内核，我们说调整语言，实际是在调整思维，由此可见，语言和思维是一对孪生姐妹。一个人的智力发育和思维发展很大程度上取决于言语能力的发展，语言训练的系统性和有效性直接影响着其智力和思维发展的程度，"口语交际水平的高低与思维能力的强弱密切相关，口语交际水平的提高，其实取决于交际者思维素质和能力的提高"[2]。与读写相比，口头语言的信息传递具有瞬时性特征，稍纵即逝，其对信息接收、编码、存储、分析、转换、输出的要求更快、更高。经过口语交际训练，思维在时空转换、反应速度、表达效果等方面均能得到相应的促进。所以，在听说读写四个语言学习的基本项目中，听说能力的训练

---

[1] 潘新和. 语文：表现与存在：下卷 [M]. 福州：福建人民出版社，2004：1164.
[2] 李子华. 多学科理论观照：有效口语交际教学新的生长点 [J]. 教育实践与研究（A），2010（3）：22–26.

对促进智力发展的作用尤为明显。①

2. 丰富语言表现力

在人类文化生活日益丰富的今天，如果说语言表达能力在当前显得更为迫切，那么语言表现力则显得更为重要。作为观察、记忆、思维、创造和阅读的综合运用，"口语交际（包括听话与说话）是一种能力，是一门学问，也是一门艺术，其中甚至包含很多策谋、很多技巧"②。口语交际教学不仅有助于思维的培养，而且也有助于语言的锤炼：语言的准确反映思维的周密，语言的应变反映思维的迅捷，语言的层次反映思维的逻辑，语言的灵活反映思维的丰富。

3. 打造主体吸引力

"说话魅力是人格美的外化"③，交际者的言行举止、谈吐语气不仅反映其人格品质，而且反映其学识涵养。人的交谈和话语能够显示其修养程度，它是有关教育和文化的证明。在口语交际中，倾听意识、表达技巧和人文修养直接影响甚至制约着口语交际的成功与否。倾听时的耐心、专注、诚恳等，表达时的清晰、真挚、自信等，体态语的自然、潇洒、优雅等，都会给交际对象留下良好的深刻印象。因此，培养学生从"敢说""愿说"到"能说""会说"，不仅是事关学生主体形象的关键问题，而且是口语交际教学的内在使命。

二、口语交际教学的目标和原则

口语交际，是交际双方为了特定的交际目的，运用口头语言进行信息传递和思想感情交流的言语活动。作为备受关注的语文课程改革的亮点之一，口语交际教学以课程为依托，用口语进行交际，其关键是"口语"，其核心是"交际"。口语交际和听说是一种什么关系？口语交际的本质就是听说的运用，强调口语交际的重要性，就是要突出听说的互动性。较之于以往"听""说"偏重静态教学，"口语交际教学"更偏重在动态中发展学生的即时性和现场性口语能力——这就是"交际"一词所包含的特定内涵。④

（一）口语交际教学的目标

义务教育阶段"表达与交流"的总目标是"能说普通话""学会倾听与表达，初步学会用口头语言文明地进行人际沟通和社会交往"。普通高中阶段"表达与交流"的课程目标是："能凭借语感和对语言运用规律的把握，根据具体的语言情境和不同的对象，运用口头和书面语言文明得体地进行表达与交流。"这些目标是口语交际教学的起点和归宿，也是教学活动的核心和灵魂，其中有着三个关键词："倾听""表达与交流""文明"。即培养良好的交际态度、表达能力和交际素养。口语交际教学的目标贯穿义务教育阶段和普通高中阶段的课程目标之中。

---

① 刘雪梅. 初中语文口语交际教学的理论与实践探究［D］. 沈阳：辽宁师范大学，2008：15.
② 柳士镇，洪宗礼. 中外母语教材比较研究论集［M］. 南京：江苏教育出版社，2001：417.
③ 熊群英. 中学生说话能力发展的制约因素及其突破训练［D］. 长沙：湖南师范大学，2009：6.
④ 潘涌. 直面世界：口语交际教学新概念［J］. 语文教学通讯，2005（15）：10-11.

1. 小学阶段口语交际教学目标

小学是学生语言能力逐步发展和稳固的阶段，口语交际教学的目标主要在于：能使学生通过系统学习和训练，掌握正确的口语知识和交际手段，培养文明礼貌口语交际的态度和习惯。正如叶圣陶先生所言："不要以为学生自己能说话，而且时时刻刻在那里说，少顾及些也无碍于事。要知道说话训练所以称为训练，在于利用种种有效的办法，养成学生自觉地说话的好习惯。自觉地说话的反面是自发地说话，就是随随便便说，这也会成为习惯，当然是不好的习惯。假如不甚注意说话训练，就无异放开学生不管，任他们养成不好的习惯，这能说无碍于事吗？"① 简言之，学生的说话能力有"自发"和"自觉"两种，在小学阶段，口语交际教学需要重点关注的是培养学生"自觉"说话的能力和习惯。

2. 初中阶段口语交际教学目标

初中阶段的学生正处在青春发育时期，其生理和心理都在迅速发生变化，个性和气质也会随之变化，他们表达的欲望、个性的张扬，甚至感情的丰富、思想的尖锐等，都会通过语言的交流得到淋漓尽致地展现。"语言是人的一种借助声音或书写符号，与同类进行交流以表达自己情感、欲望和知识的活动。语言是一种精巧而敏锐的活动"②，抓住这个时机和特点，初中阶段的口语交际教学，一方面应重点培养学生恰当地借助语调、语气、表情、动作等方式进行表达，增加口语交际的效果；另一方面应重点培养学生乐于表达的愿望、细致的观察力、丰富的想象力和敏捷的应变能力。在与人的相处中，无论是倾听他人说话，还是自己对他人说话，要既能听会说、尊重对方、说话有分寸，又能收放自如、自信谦虚、仪态得体。

3. 普通高中阶段口语交际教学目标

无论在年龄、生理、感情层面，还是在思维、认识、心理层面，高中阶段的学生更加成熟。高中阶段的学生，其世界观、人生观、价值观处于飞跃发展时期，抽象逻辑思维基本成熟，"思维越明晰，口语表达越清楚，越准确；思维越深入，口语表达越有深度，越有分量；思维越灵活，口语表达越新鲜，越有独到见解"③。因此，相较于义务教育阶段，《普通高中语文课程标准（2017年版2020年修订）》中对学生的应对能力提出了要求。其中，"演讲"就是一种综合性较强的口语表达训练形式。高中学生要"学会演讲，做到观点鲜明、材料充实、生动，有说服力和感染力，力求有个性和风度。在讨论或辩论中积极主动地发言，恰当地应对和辩驳"，这是对学生综合运用语言知识进行口语表达的考验，同时还要辅之以合适的动作和表情。总而言之，普通高中阶段学生的口语交际能力要达到灵活机动、因地制宜和恰如其分的水平。

---

① 叶圣陶. 叶圣陶教育文集：第3卷 [M]. 北京：人民教育出版社，1994：168.
② 莫迪恩. 哲学人类学 [M]. 李树琴，段素革，译. 哈尔滨：黑龙江人民出版社，2005：101.
③ 王占馥. 思维与语言运用 [M]. 广州：广东教育出版社，2003：442.

(二)口语交际教学的原则

口语交际教学作为一个规范的教学体系和课程内容,"既要提高学生朗读、演讲的水平,又要强化其交谈、辩论的能力;既要优化学生的习惯思维模式,又要完善其固有心理素质,其中同时包含着普通话水平的提高,表情态势与风度气质的优化"[1]。显然,口语交际教学是对学生整体素质的全面提升,这就决定它需要在遵循规律和原则的前提下,循序渐进地有效实施。

1. 情境教学

没有情境,口语交际教学就不复存在,[2]情境教学既是目前普遍而有效的教学方式,也是口语交际教学的重要原则。口语与情境共生共长,口语交际是在一定的语言情境中相互传递信息、分享信息的过程,是人与人之间交流和沟通的基本手段,口语交际教学要同时调动学生的视、听、味、触、嗅、动和思等功能,让学生在全身心投入中获得深刻体验,这样才能提高教学效益。例如江苏省常州市新北区龙虎塘实验小学孙春凤老师在统编小学语文教材一年级下册的口语交际《打电话》一课中,设计了如下情境:

师:今天有一位熟悉的朋友要到我们的课堂上与大家一起学习,但这位老朋友想跟大家做一个游戏,叫"猜猜我是谁"。请听一听它的自我介绍。

播放语音:叮铃铃,叮铃铃,一头说话一头听。两人不见面,说话听得清。

预设:它是电话。

师:电话在我们生活中是非常重要的。有了电话,即使相隔很远的距离,也可以尽情聊天。你们打过电话吗?

师:要想正确打电话,还有很多可以学习的地方,你想更好地打电话吗?

教师板书课题。[3]

2. 主体互动

口语交际课堂与其说是语言与语言的交流,不如说是生命与生命的沟通,是学生与学生、教师与学生之间思想的交换、情感的交流和心灵的对话。事实上,口语交际本身是一个动态过程,其目标之一就是培养学生灵活的应变能力,预设的静态口语交际流程无法真正锻炼学生的口语交际能力,反而会因为缺少真实性而达不到训练的效果。只有让学生成为课堂的主人,让口语交际过程成为真实的对话过程,才能让不同观点的表达带来激烈碰撞,进而迸发有意义的火花,使课堂焕发生机与活力。

例如,一位教师在对统编语文教材一年级下册口语交际《请你帮个忙》一课开展教学时,先让学生结合自己已经学过的知识和生活中的亲身体验,说一说在自己需要帮助的时候如何向他人请求帮助,使用什么样的语言才能让他人乐意出手相助。

---

[1] 刘伯奎. 让中学生的口才都雄辩起来:关于中学口语交际教学的几点思考[J]. 中学语文教学,2005(6):56-59.

[2] 李怿青. 新课程背景下初中语文口语交际教学现状分析与策略研究[D]. 漳州:闽南师范大学,2015:33.

[3] 孙春凤. 创设生活情境,培养交际能力:口语交际《打电话》教学设计与思考[J]. 教育视界,2021(14):57-59.

学生在问题的驱动下，结合自己的生活经验给出回答。有的学生说："您好，可不可以请您帮我个忙？"有的学生说："不好意思，打扰了，可以请您帮助我一下吗？"教师对学生的回答表示表扬和鼓励，对学生在口语交际中使用的敬语和礼貌用语给予肯定和赞许，引导学生对使用礼貌用语和不使用礼貌用语的情况进行比较，促进学生在日常生活中养成礼貌用语的习惯。[①]

3. 层次递进

从小学、初中到高中，不同的学段中，每学年每门课都要学习新知识，同时要注意原来所学知识的运用与巩固。已有知识是学习新知识的基础，新知识是在原有知识基础上的丰富、深入、提升。口语交际教学要充分考虑知识的连贯性，不能出现知识断层、割裂等现象，给学生的学习和理解造成人为障碍；也不能没有差别地重复，杂乱无章地讲授、训练。因此，口语交际教学要合理有序地安排内容。课程标准要求教师要根据不同年级的学生特点，确定口语交际训练的"序"，形成阶段性教学计划，由易到难、由简单到复杂、由低级到高级，逐步递进。

三、口语交际教学的资源和方法

口语交际教学包括口语交际方法、口语交际能力和口语交际修养三个方面的教学内容，口语交际方法包括交际情境中的口语交际形式、方法和技巧；口语交际能力包括倾听能力、表达能力和应对能力；口语交际修养包括人际交往的文明态度和语言修养。围绕这些内容，口语交际教学既要因地制宜地开发课程资源，又要灵活地选择教学方法。

（一）口语交际教学的资源

随着课程改革的深入和课程内涵的扩展，课程资源越来越受到重视，课程资源利用的视域也在不断拓展。事实上，"口语交际教学具有得天独厚的条件，处处汉字，声声汉语，徜徉在汉语、汉字和民族文化的海洋之中，这就使得口语交际学习具有无与伦比的语言环境和丰厚的语言资源"[②]，这就需要我们树立资源开发意识，用慧眼发现、用双手挖掘丰富多彩的课程资源。

1. 教材文本

教材是基本的课程资源，语文教材包含的语言材料、知识信息、学科文化、人文素养等都是宝贵而丰富的资源，并且在教师的挖掘和丰富中不断增值。例如在教学《走一步，再走一步》（统编语文教材七年级上册第四单元第 14 课）一课时，一位教师采用"记者采访"的形式进行教学，要求学生彼此提问并回答，每一个问题的提出和回答都必须在课文中找到依据。一位学生说道："我觉得小亨特的父亲解救儿子的方法很独特，我想如果是我的爸爸，肯定不会这么做。"教师追问："如果是你的父亲，在这种情况下会怎么做？"学生七嘴八舌地讨论，或以自身真实的经历、或根据父亲的行为特点来回答。教师趁机激发

---

① 周颖. 统编版低段语文口语交际教学探索 [J]. 小学生作文辅导（上旬），2019（10）：63，62.
② 李雯卿. 中学语文口语交际教学课程资源的开发 [D]. 济南：山东师范大学，2009：8.

学生思考：请比较中国父母教育孩子与西方父母教育孩子的异同，要求课外查找资料，用事例来证明，并探究造成教育子女差异的原因，准备下一堂课继续"采访"。课后，每个同学都兴趣盎然、认真仔细地查找资料，课前准备前所未有地充分。①上述案例启发我们：教师要善于挖掘教材资源，既要能"解读教材"，又要能"创生教材"。

2. 学校活动

口语交际教学是由教师指导、在具体的语文实践活动中学习口语交际知识和方法的教学活动，目的是培养口语交际能力。学生的大部分时间是在学校中度过的，学校就是口语交际训练的大舞台，因而口语交际教学回归学校生活、融入学校文化成为资源开发的最优选择。教师可以组织开展"小记者行动"，让学生对学校的师生进行采访；组织自己班级的学生到同年级其他班上进行"自我介绍"等。其实，学校中每天会发生许多需要进行口语交流的事情。例如，一位教师以每学期给学生安排座位为契机，开展"调位总动员"的口语交际活动。首先是"七嘴八舌"：让学生自由发表见解，说说自己最想与谁同桌；其次是"自由组合"：通过同学之间的交流协调，进行自由组合；最后是"新闻发布"：让学生把选择同桌的过程和想法告诉家长。这一活动打开同学们的"话匣子"，增进彼此间的感情，使同学能看到他人的闪光点，也促进学生的自我完善。诚然，在学校学习中，学生获得资源的途径相对零散，参差不齐，感受也不尽相同，只有教师对资源深入挖掘，才能引导学生获得深层次的、系统全面的交际体验。

3. 社会生活

现代语言学理论认为，口语能力是习得和学得的产物。口语交际是生活的交际，它就是生活本身。②语文学习是在生活中进行的，语文知识是在生活中生成的，语文能力是在生活中培养的——生活就是语文的源头活水。如果能让学生把看到的、听到的、感受到的社会现象及生活内容积累起来，那么就能成为语文教学中最真实、感人的课程资源，使学生在广阔的生活天地中获得多方面滋养。例如，一位教师以某村民在浙江温岭市风景名胜点"石夫人"处发生的新闻事件为话题，设计、执教口语交际课"实话实说'石夫人'事件"。③再如"家乡的变化"这个话题，对学生而言难免有些"老生常谈"，这就需要教师在生活中寻找闪光点。一位教师在路上看到家乡的"药王庙"，设计"探寻药王当年辉煌—共议药王今日炎凉—采访药王颂变化"的教学思路，为口语交际的展开提供了一个"接近生活原态的起点和解码"。④

（二）口语交际教学的方法

教学目标的达成离不开教学方法的选择，教师在口语交际教学中发挥着举足轻重的作用。一方面，教师的教学设计是前提，精心设计是教学成功的保证。对

---

① 钱骥宏. 中学口语交际教学研究［D］. 上海：上海师范大学，2007：13.
② 张良田. 语篇交际原理与语文教学［M］. 长沙：湖南师范大学出版社，2003：204.
③ 徐秀春. 实话实说"石夫人"事件：口语交际教学案例［J］. 语文教学通讯，2007（4）：52－53.
④ 穆慧翔."菩萨本无错"：口语交际《家乡的变化》教学案例［J］. 新课程（小学版），2006（12）：37.

此，教师应该精选话题，因材施教；激发兴趣，让学生愿意表达；营造氛围，让学生能够表达。另一方面，教师的交际指导是关键，有效的指导是口语交际的航标。对此，教师应该尊重学生，授人以渔；树立信心，让学生敢于表达；教给方法，让学生可以表达。

1. 朗读和演讲

朗读和演讲是锻炼口语表达能力最常见、最有效的方式，也是课堂内外都可以进行的口语交际教学的重要方法。朗读，即用清晰、响亮的声音，结合各种语言手段表达作品思想感情的一种语言艺术。演讲又叫讲演或演说，是指在公众场所，以有声语言为主要手段，以体态语言为辅助手段，针对某个具体问题，鲜明、完整地发表自己的见解和主张，阐明事理或抒发情感，进行宣传鼓动的一种语言交际活动。朗读和演讲不仅可以提高阅读能力，增强口语交际的感染力，而且有助于增强口语表述最佳形式的自我鉴别能力。

2. 角色表演

角色表演是学生运用自己所掌握的语言知识，就某一话题通过情境创设，发挥想象，进行分角色表演的活动。角色表演是激发学生学习兴趣的一种行之有效的手段，它不仅能够吸引学生的注意力，而且能够激发学生内在的表演欲望和潜能，让学生获得学习的深刻体验和成功感。口语交际教学中角色表演的素材主要有两种：一是直接利用课本剧，如《威尼斯商人》《雷雨》《白毛女》等；二是利用故事情节复杂、矛盾冲突激烈、人物形象鲜明的课文，将其改编成戏剧作品，如《皇帝的新装》《最后一课》《装在套子里的人》等。

3. 即兴发言

即兴发言是口语表达能力训练的最佳途径之一，在公共场合主持、辩论、访谈、咨询、答辩等都是即兴发言的形式。说话的内容或描述事实、现象，或阐述道理、观点，或抒发感受、情绪，但要将其表述得生动形象，且给人留下深刻印象，却绝非易事。针对这方面的训练，教师可以采取新闻播报、文论影评、故事讲演、课堂讨论、辩论、主持访谈等灵活进行。例如，"中学生暑期打工利弊孰大""3·15 消费者权益日是否应该取消""中学生出国留学利大于弊还是弊大于利""中学生是否应该统一穿校服""家长是否应该给孩子足够的零花钱""语文开卷考试利大于弊还是弊大于利""竞争与合作哪个更重要"……以上辩题可以模仿"大专辩论赛"的形式开展。

 实践运用

● **实践任务** ●

1. 口语交际课"在同学聚会上的发言"教学设计

教学目标：

（1）把握即席讲话的一般特征。

（2）掌握即席讲话在结构上短小精悍，条理清晰的特点。

（3）了解即席讲话在语言上口语化且生动、有感召性等特点。

发言时间：3～5分钟。

实施步骤：

（1）教师提前准备一些话题，制成纸签，在讲话前让学生抽定话题。

（2）每个学生进行3～5分钟的即席讲话。

（3）每位发言者讲话结束后，教师组织学生讲评，然后自己再进行简要点评。

2."窃窃私语"游戏活动

教学目标：

（1）了解多渠道传达信息会丢失相关内容的现象。

（2）把握提高信息传递准确性的交际方法。

准备材料：报刊上最近发表的某篇文章（选择其中的2～3自然段即可），或准备一个小故事，内容最好是所有参与者都不熟悉的。

活动时间：20～30分钟。

实施步骤：

（1）学生分成5人一组，从1—5报数，每人认领一个号码。

（2）各组中的1号留下，其他人全部离开房间。

（3）教师告诉所有的1号，自己将给他们讲一段新闻或一个故事，他们不能做笔记，只能听。

（4）教师讲完故事后（不允许听者提问），要各组2号回到房间。

（5）各组的1号把故事讲给2号听。

（6）然后，让各组的3号回到房间，由2号把故事讲给3号听，1号观察。

（7）依次类推，直到所有的人都有机会听到故事。

（8）让各组5号重复自己刚才听到的故事。

（9）教师将原先的故事向所有人读一遍。

● 实践指要 ●

口语交际课"在同学聚会上的发言"，针对此教学设计，教师引导学生分析和总结在公共场合即席发言的语言特点，指出学生的成功之处。

口语交际课"窃窃私语"游戏活动，让学生了解在每次讲述中，原来的故事丢失多少内容，又增加多少内容，在事件传递过程中有什么错误，这些错误是如何发生的，我们应该怎样才能既忠实于故事的原貌又强化他人对故事的理解。

反思调节

● 学习反思 ●

请核对和填写表11-1，看看自己有哪些收获，哪些方面还需要继续努力。

表 11-1 学 习 反 思

学习内容	实现程度			改进建议	备注
	未实现	实现	充分实现		
认识口语交际教学的意义					
了解口语交际教学的内容					
掌握口语交际教学的基本策略					
能运用口语交际教学理论完成实践任务					

备注：请在"实现程度"的相应地方画"√"，如果某一学习内容"未实现"，请简要记录你的改进建议。

● 自我调节 ●

根据改进建议，你将会_____
_____
_____。

推荐阅读

1. 陈思柔. 情境教学法在初中语文口语交际教学中的应用策略研究［J］. 国家通用语言文字教学与研究，2024（3）：55-57.

2. 向彩云，李婉君. 语文教学中口语交际能力培养探究［J］. 基础教育论坛，2023（18）：60-62.

3. 黄海燕. 小学语文口语交际学习元素的开发［J］. 亚太教育，2022（12）：151-153.

# 第十二章　语文基础知识教学

> 从课程论的角度看，我们对语文知识既不应该也不可能加以回避，因为任何一门成熟的课程都不可能没有知识。①
>
> ——倪文锦

知识导图

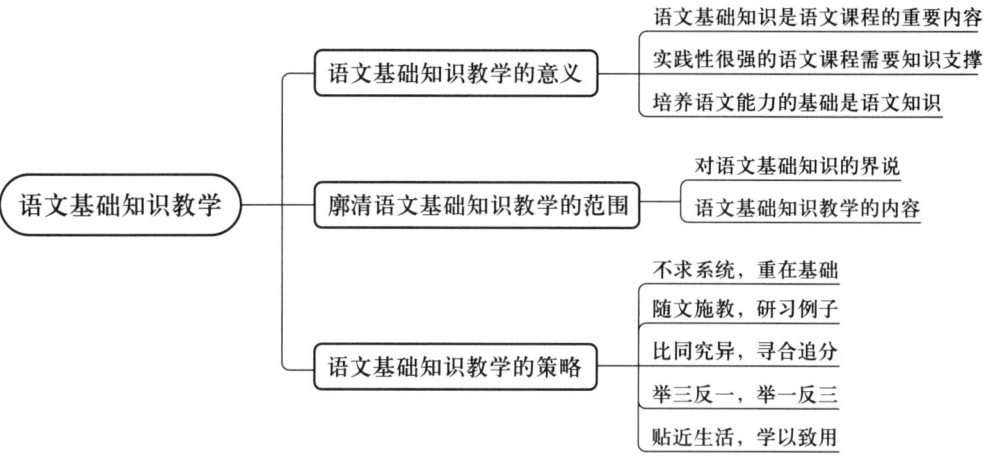

学习目标

1. 明确语文基础知识教学的重要意义。
2. 了解新课程视野下语文基础知识教学的内容。
3. 掌握语文基础知识教学的基本策略。

---

① 倪文锦. 语文教学的去知识化和技能化倾向：六十年语文教育最大的失 [J]. 语文建设，2009（Z1）：14-16.

案例研习

● 教例再现 ●

有教师在执教统编高中语文教材必修上册第七单元第14课《荷塘月色》时,其中有这样一个教学片段:

师:请同学们齐声朗读课文中的这个句子。

生:(开始朗读)层层的叶子中间,零星地点缀着些白花,有袅娜地开着的,有羞涩地打着朵儿的;正如一粒粒的明珠,又如碧天里的星星,又如刚出浴的美人。

(朗读完后,教师引导学生思考几个问题。)

师:"层层的叶子中间,零星地点缀着些白花",这一句的描写对象是什么?

生:荷花。

(PPT展示:点出描写对象——荷花。)

师:"有袅娜地开着的,有羞涩地打着朵儿的",这一句用的是什么修辞手法?表达的是什么意思?句式上有何特点?

生:(通过教师启发、学生思考、讨论后,得出结论。)这里运用的是拟人的手法,拟的是荷花的姿态和情态,富有神态,惹人爱怜。将一个状动结构和一个状动宾结构分别放入"有……的"之中。

(PPT展示:拟人。)

师:"正如一粒粒的明珠,又如碧天里的星星,又如刚出浴的美人",这一句用的是什么修辞手法?表达什么意思?

生:(通过教师启发、学生思考、讨论,得出结论。)连用三个比喻构成排比句,描摹淡月下荷花的美感。"明珠"比喻淡月辉映下荷花晶莹剔透的闪光,"碧天里的星星"比喻绿叶衬托下的荷花忽明忽暗的闪光,"刚出浴的美人"比喻荷花不染纤尘的美质。三个比喻是三个偏正短语构成的并列关系。(PPT展示:比喻、排比。)

师:在明确朗诵句的修辞手法和句式特点后,请同学们仿照朗读的这句话,另选一种景物进行描写,要求在相应的位置上,采用朗读这句话中的基本句式,并使用其中的修辞手法。仿写之前,我给同学们做一个示范。

(PPT展示:悠悠白云中,隐约地横亘着座座青山,有腼腆地藏起来的,有大方地露出真容的,正如一柄柄直指碧空的利剑,又如苍穹中腾飞的一条条巨龙,还如一道道蜿蜒的绿色屏障。)

师:这是我的仿写(生鼓掌),先不要鼓掌,对不对还要请同学们通过思考、讨论判断一下,看我的仿写是否在相应的位置上用了原句的修辞手法以及原句的基本句式。

"悠悠白云中，隐约地横亘着座座青山"，这一句的描写对象是什么？

（生明确后，教师用PPT展示：点出描写对象——青山。）

师："有腼腆地藏起来的，有大方地露出真容的"，这一句用的是什么修辞手法？

（生明确后，教师用PPT展示：两个拟人手法拟出山或隐或显、扑朔迷离的朦胧美。一个状动结构，一个状动宾结构，放入"有……的"中。）

师："正如一柄柄直指碧空的利剑"，这一句用的是什么修辞手法？

（生明确后，教师用PPT展示：比喻山挺拔高峻。）

师："又如苍穹中腾飞的一条条巨龙"，这一句用的是什么修辞手法？

（生明确后，教师用PPT展示：比喻山形的延绵起伏。）

师："还如一道道蜿蜒的绿色屏障"，这一句用的是什么修辞手法？

（生明确后，教师用PPT展示：屏障比喻山紧连着山，岭紧挨着岭的态势，写出了云雾中山的美感。三个比喻形成排比。）

师：在相应的位置上，这个仿写用了原来的修辞手法没有？

生（齐）：用了。

师：用了原来的句式没有？

生（齐）：用了。

师：好，"不动笔墨不读书"，现在就由你们来仿写了。

（学生完成仿写后，教师选择一两句仿写得好的句子，让学生讨论好在哪里；选择一两句仿写得不好的句子，让学生分析不好表现在哪里，然后让学生思考怎样纠正错误。）

● **案例点睛** ●

上述教例是在阅读教学中，教师引导学生学习和运用修辞知识和句法知识，这些知识都是语文基础知识中的重要组成部分。由于教材中的课文是古今中外的语言精华，课文恰恰为语文教学和学生语文知识的学习积累提供了最主要的蓝本。因此教例中的这位教师对语文基础知识的教学不是孤立进行的，而是把语文知识的学习与课文阅读教学有机地结合起来。这启迪我们，语文知识的教学要随文施教。

本教例让学生学习修辞和语法知识，并未使用口耳授受式的教法，而是设计问题质疑思考、开启学生思维的门扉，让学生在教师的点拨下自己寻找答案。它启迪我们，语文基础知识的教学不是带着知识走向学生，而是带着学生走向知识；不是直接向学生传达真理，而是引导学生发现真理。

本教例在修辞知识与语法知识的教学中，不只是把教学停留在识记与理解层面，而是引导学生在识记、理解的基础上深入仿句的运用层面。这就告诉我们，语文基础知识的教学要根据学以致用的原则，通过训练把知识转化为技能。

为了帮助学生更好地进行仿写训练，教师还做了仿句示范，并引导学生分析判断教师的仿句是否符合要求。这样一方面让学生进一步加深对所要仿写的课文名句在使用修辞手法和所用句式特征上的理解，从而明确仿句要仿写什么，使仿句有所遵循；另一方面为学生的仿句训练提供样板和参照，使学生在仿句训练中有所启发。这就告诉我们，语文基础知识的学习不是放任自流、信马由缰地学习，它既要发挥学生的主体作用，又要发挥教师的主导作用。

理论概述

一、语文基础知识教学的意义

（一）语文基础知识是语文课程的重要内容

[微视频]
微课：学习需要与教学内容

《义务教育语文课程标准（2022年版）》在"课程实施"部分要求："应整合关键的语文知识和语文能力，体现运用语文解决典型问题的过程和方法。"《普通高中语文课程标准（2017年版2020年修订）》的课程目标之一是"通过梳理和整合，将积累的语言材料和学习的语文知识结构化，将言语活动经验逐渐转化为具体的学习方法和策略，并能在语言实践中直觉地运用"。这就把形成语文运用能力的语文基础知识纳入语文课程学习的重要内容，语文课程内容应该主要指向语文基础知识，当然也包括和语文基础知识连在一起的、难解难分的文章的思想感情，借以体现"工具性与人文性的统一"这一语文的本质属性，语文学习是要通过教材中一篇篇课文的学习帮助学生掌握语文这门工具。语文教材中的课文是古今中外的语言精华，课文为语文教学和学生语文知识的学习积累提供主要的蓝本。课文中的语言是作者思维的结晶和灵感的火花，既充满作者写作的心血，又折射出语言的魅力。学生在欣赏、体味课文的佳词妙句的过程中，逐步积累语言素材，形成语言运用的意识、规律和规则，掌握语言的修辞技巧，积淀深厚的语言功底、敏锐的语感能力、语言材料的创造性运用和个性化的表达能力。与思想感情一样，语文基础知识都隐含在一篇篇的课文中，这些才是语文教学的重要内容。正由于如此，教师要教育学生不要孤立地学习语文基础知识，应该引导学生随课文学习基本的词汇、语法知识，用来帮助理解课文中的语言难点；了解常用的修辞方法，体会它们在课文中的表达效果；了解课文涉及的重要作家作品知识和文化常识。

（二）实践性很强的语文课程需要知识支撑

语文作为一门学科，与其他学科一样，无论多么特殊，都应该让学生学习体现语文学科特点的、终身必备的语文基础知识和基本技能。诚然，语文虽然是实践性很强的课程，但没有理论知识作指导的实践，一定是盲目、随意和无效的实践。《普通高中语文课程标准（2017年版2020年修订）》中的"学习任务群5　文学阅读与写作"要求"根据诗歌、散文、小说、剧本不同的艺术表现方式，从语言、构思、形象、意蕴、情感等多个角度欣赏作品，获得审美体验，认识作品的美学价值，发现作者独特的艺术创造"。从多个角度欣赏作品实际要用到接受美学的"召唤结构"知识、符号论美学的"能指与所指"关系的知识、创造学的"发散思维"知识以及与语文相关的语言学、文艺学、文字学、文章学等学科的知识。"发现作者独特的艺术创造"需要思辨能力，就是思考、辨析能力。思考是指进行比较深刻、周到的思维活动，要用到大量的语言学知识以及形式逻辑知识。辨析指的是对事物进行辨别分析，要用到批判性思维。这需要各种直接知识和间接知识的积累，还要掌握如何识别信息、筛选信息、提取信息、储存信息、再生信息的知识与技能。"知识与教育之所以得以形成并产生内在关联，完全是源于人类实践的结果和要求。知识和教育之间内在关联的变化也完全是源于人类实践不断深化、不断发展的结果和要求。"①我们强调知识在实践中的运用，正是要提高实践的品位和效率。因此，不能因为语文是实践性较强的课程就淡化语文知识，语文课程中"去知识化"的不良倾向应该纠正。

（三）培养语文能力的基础是语文知识

语文知识的外在形式是有关语文的概念、语文学习的原则与规律，而语文能力的外在表现则是对这些概念、原则、规律的具体运用与熟练把握。语文基础知识是"语文规律的科学概括和语文学习方法的科学总结"②，学生只有掌握这些科学规律和方法，才能不断提高语文能力。能力是以知识为基础的，如果说知识是水的源，那么能力就是水的流，源远才会流长；如果说知识是树的根，那么能力就是树的叶，根深才会叶茂。《义务教育语文课程标准（2022年版）》在第一学段（1~2年级）"阅读与鉴赏"部分要求"结合上下文和生活实际了解课文中词句的意思"。这就是要使学生能体味和推敲重要词句在语言环境中的意义和作用。这是一种阅读能力的要求，但只有凭借一定的语文知识，学生才能具备这种能力。鲁迅在《祝福》中这样写祥林嫂："她一手提着竹篮，内中一个破碗，空的……她分明已经纯乎是一个乞丐了。"教师引导学生弄清这个句子在文中的意义和作用，要用到语法和标点符号的知识：其中，"空的"本来是"破碗"的定语，作者将其后置，并用逗号把它和中心词"破碗"隔开，这使我们想到，已经沦为乞丐的祥林嫂连饭都要不到的悲惨境况，如此无助的祥林嫂从冷酷得令人战栗的环境中走向死亡，已经是必然了。由此可见，"在有用的语文知识的指导下，进行有效的言语心智技能训练，就应该是语文课程与教学知识内容的题中之义了"③。离开了知识的依托，能力只是一副空架子。如果忽视语文基础知识，那么语文教学就会陷入高消耗低效能的怪圈。因此，当前语文教学要"防止轻视知识的倾向。教学中该抠的知识还是应该抠，该训练的应该训练……'双基'问题还不过时，还是要加强"④。

二、廓清语文基础知识教学的范围

（一）对语文基础知识的界说

何谓语文基础知识？这是一个众说纷纭的概念。韩雪屏教授把语文基础知识界定为"基础教育阶段的学校语文课程知识"，即"关于语言和言语（运用语言的过程和结果）、文章和文学的听、说、读、写的事实、概念、原理、法则、技能、策略、问题与态度"，⑤这样的界说十分准确。"语文知识"是一个比较宽泛的概念，它应该是"语文基础知识"的上位概念。"语文基础知识"不是"语文知识"的全部，而是

---

① 石中英. 知识转型与教育改革 [M]. 2版. 北京：教育科学出版社，2020：1.
② 张鸿苓. 语文教育学 [M]. 北京：北京师范大学出版社，1993：249-250.
③ 韩雪屏. 语文课程知识初论 [M]. 南京：江苏教育出版社，2011：14.
④ 温儒敏. 对中小学课程改革的几点看法 [J]. 语文学习，2008（1）：4-7.
⑤ 韩雪屏. 语文课程知识初论 [M]. 南京：江苏教育出版社，2011：14.

其中的一部分，是在"基础教育阶段的学校语文课程"中出现的"语文知识"，是为中小学生形成正确理解和使用祖国语言文字的语文能力，也就是识字与写字、阅读、写作、口语交际能力奠基的语文知识。

（二）语文基础知识教学的内容

语文基础知识的涉及范围和达到程度，语文教育界过去虽有争论，却无定论，有必要对语文基础知识教学内容进行一番审视。语文基础知识教学内容已纳入《义务教育语文课程标准（2022年版）》的学段目标及附录、《普通高中语文课程标准（2017年版2020年修订）》的学习任务群及附录之中。课程标准厘清了语文基础知识的范围，让师生心目中都有一份"语文知识的清单"，概括起来，总共有以下12个方面。

[拓展阅读]
构建知识能力体系

1. 汉语拼音知识

拼音是识字的"拐棍"，进入信息时代，拼音的功用越来越多，如发短信、网上查找资料等。掌握拼音识字的方法，不仅对现阶段的语文学习有帮助，而且对我们以后其他科目的学习都有非常重要的作用。因此，小学一年级的拼音学习是语文学习的基础。《义务教育语文课程标准（2022年版）》中的第一学段（1～2年级）要求学生"学会汉语拼音。能读准声母、韵母、声调和整体认读音节。能准确地拼读音节，正确书写声母、韵母和音节。认识大写字母，熟记《汉语拼音字母表》"。拼音学习的效果直接影响后面语文其他方面的学习，甚至影响我们的生活。

2. 识字与写字知识

字是记录语言的符号和书写的单位，对传播文化、发展文明具有重要作用。《义务教育语文课程标准（2022年版）》中的每一个学段都有对识字与写字的要求。例如，第四学段（7～9年级）要求学生"能熟练地使用字典、词典独立识字，会用多种检字方法。累计认识常用汉字3 500个左右。写字姿势正确，保持良好的书写习惯。在使用硬笔熟练地书写正楷字的基础上，学写规范、通行的行楷字，提高书写的速度。临摹、欣赏名家书法，体会书法的审美价值"。

《义务教育语文课程标准（2022年版）》中的"附录4"列有"识字、写字教学基本字表"。这些字构形简单，重现率高，其中的大多数字能成为其他字的结构成分。学生学习这些字，有利于打好识字、写字基础，有利于发展识字、写字能力，提高学习效率。这些字应作为义务教育第一学段（1～2年级）教材中识字、写字教学的重要内容。

3. 词汇、语法知识

词是语言里最小的、可以自由运用的单位，词汇是指一种语言里所使用的词和固定词组的总称。教师要引导学生在阅读中积累词语，积累喜欢的成语和格言警句，积累课文中的优美词语、精彩句段，以及在课外阅读和生活中所获得的语言材料；要求学生结合上下文、联系生活实际、借助字典词典等理解生词的意义，辨别多义词、同义词、反义词和词义的褒贬，体会和推敲重要词语在语言环境中的意义和作用。学习和掌握词汇是正确理解、运用语言的关键环节，也是培养学生逻辑思维能力的有力手段。《义务教育语文课程标准（2022年版）》中的"附录3 关于语法修辞知识的说明"要求学生学习的词的分类包括名词、动词、形容词、数词、量词、代词、副词、介词、连词、助词、语气词、叹词。

语法是语言的结构方式，包括词的构成和变化、词组和句子的组织，学习语法是正确理解、运用语言的关键环节，也是培养学生逻辑思维能力的有力手段。《义务教育语文课程标准（2022年版）》中的"附录3　关于语法修辞知识的说明"要求学生学习掌握词的分类、短语的结构、单句的成分、复句的类型、常用标点符号的知识。关于语言结构和运用的规律，需让学生在具有比较丰富的语言积累和良好语感的基础上，在实际运用中逐步体会把握。

4. 修辞知识

修辞是指修饰文字词句，运用各种表现方式，使语言表达得准确、鲜明而生动有力。它是运用语言的艺术。在基础教育阶段，学生首先要学习运用规范的语言，但也不排斥学习艺术的语言。《义务教育语文课程标准（2022年版）》中明确提出"了解常用的修辞方法，体会它们在课文中的表达效果"，并在"附录3　关于语法修辞知识的说明"中列出常见的8种修辞手法：比喻、拟人、夸张、排比、对偶、反复、设问、反问。在实际教学中，教师可以结合阅读、写作、口语交际等教学内容，让学生重点体会以上8种常见修辞手法的表达效果，比较感受词语的选择和锤炼、句式的变换和选择，努力使学生的语言表达不仅简明、连贯、得体，而且更加准确、鲜明和生动。

5. 文言知识

学习文言文要掌握的知识包括文字、语音、词汇、语法，加上一些基本的文化常识等。语文课程标准十分重视文言知识的积累，这些文言知识不是靠死记硬背，而是靠大量文言文的阅读形成语感，并从阅读中抽象出文言知识。《义务教育语文课程标准（2022年版）》要求在义务教育阶段，诵读古代诗词，阅读浅易文言文，能借助注释和工具书理解基本内容。注重积累、感悟和运用，提高自己的欣赏品位。背诵优秀诗文80篇（段）。《普通高中语文课程标准（2017年版2020年修订）》要求通过文言文阅读，梳理文言词语在不同上下文中的词义和用法，把握古今汉语词义的异同，既能沟通古今词义的发展关系，又要避免用现代意义理解古义，做到对中华优秀传统文化作品的准确理解。普通高中阶段要求背诵的文言文共计32篇，其中必修10篇，选择性必修10篇，选修12篇。

6. 阅读知识

阅读是指看（书报等）并领会其内容，它是读者以书面语言为依据，凭借已有的知识和经验，利用自己的内部语言理解和改造原文的思维过程。阅读需要理论知识作指导，关于阅读方面的知识尤其丰富。

《义务教育语文课程标准（2022年版）》对每一个学段的阅读都有明确要求。总体来说，义务教育阶段的阅读以有较丰富的积累，形成良好的语感，学会运用多种阅读方法，能初步理解、鉴赏文学作品为目标，各学段都要重视朗读和默读，逐步学会精读、略读和浏览。这些阅读要求包含语文本体知识和阅读方法知识等。就语文本体知识而言，在阅读过程中，主要应引导学生把握与运用文体知识、文学常识、文化常识、表达顺序、表达方法、表达方式、标点符号、词语用法、鉴赏知识、美学常识等。

高中阶段的阅读重在品味语言，发展想象力和审美力。为了掌握阅读知识、培养阅读技能，让高中生获得必备的语文知识和技能，《普通高中语文课程标准（2017年版 2020年修订）》在"学习要求"部分指出：学生要"多读多想多写，多角度地观察生活，多方面地增进语文积累，丰富自己的精神世界、生活经历和情感体验，完善自我人格，提升人生境界"，要求"发展独立阅读的能力""阅读实用类文本，能准确、迅速地把握主要内容和关键信息，对文本所涉及的材料有自己的思考和评判"等。这些要求都对实用类、论述类和文学类文本等相关语文知识的学习进行了规定。我们在阅读教学中，要善于引导学生透过文本掌握和运用相关知识，才能真正提高学生的阅读能力。

7. 写作知识

写作知识是根据相关要求组织语言进行有效表达的语言、文字、文学、文化等知识的综合体。写作知识的教学力求精要有用，应抓住取材、构思、起草、加工等环节所需的写作知识让学生理解和运用，让学生在写作实践中学会运用写作知识。义务教育阶段要引导学生积累留心观察、搜集材料、选用表达方式、合理安排内容、运用联想和想象、合理分段、文体写作等知识与方法；要引导学生结合课文学习缩写、扩写、续写、改写等知识，要能借助语感和语法、修辞常识等知识，使自己的文章文从字顺。能根据表达的需要，借助语感和语文常识等知识修改自己的作文。《义务教育语文课程标准（2022年版）》要求第四学段（7~9年级）"作文每学年一般不少于14次，其他练笔不少于1万字，45分钟能完成不少于500字的习作"。《普通高中语文课程标准（2017年版 2020年修订）》在"必修课程学习要求"中提出"自主写作，自由表达，以负责的态度陈述自己的看法、表达真情实感，培育科学理性精神。书面表达观点明确，内容充实，感情真实健康；思路清晰连贯，围绕中心选取材料，合理安排结构，进一步提高运用记叙、说明、描写、议论、抒情等表达方式的能力，并努力学习综合运用多种表达方式，力求有个性、有创意地表达。能推敲、锤炼语言，表达力求准确、鲜明、生动。学会用现代信息技术辅助交流，能独立修改自己的文章，乐于相互展示和评价写作成果。45分钟能写600字左右的文章。课外练笔不少于2万字"。要完成这些任务，使作文教学达到这些要求，就应在写作教学中引导学生积累和运用有关文体、语言、语法和表达等知识，使写出的作文符合相关规范。

8. 口语交际知识

口语交际离不开听说，听的知识主要包括：辨识语音、理解语义、品评话语、听出弦外之音，辨别是非，了解说话人的风格等知识。说的知识主要包括组织内部语言、快速编码、准确清晰地表达，或调动多种语言手段进行艺术化表达的知识等；还包括如何对语言进行修饰的知识，在不同的场合如何进行语言转化的知识，等等。《义务教育语文课程标准（2022年版）》"学段要求"中，每个学段的"表达与交流"部分都有学习口语交际知识的规定。《普通高中语文课程标准（2017年版 2020 年修订）》"学习任务群"中要求："增强人际交往能力，在口语交际中树立自信，尊重他人，文明得体，仪态大方，善于倾听，敏捷应对。注意口语的特点，能根据不同的交际场合和交际目的，恰当地进行表达。借助语调和语气、表情和手势，增强口语交际的效果。学会演讲，做到观点鲜明，材料充实、生动，有说服力和感染力，力求有个性和风度。在讨论或辩论中积极主动地发言，恰当地应对和辩驳。朗诵文学作品，能准确把握作品内容，传达作品的思想内涵和感情倾向，具有一定的感染力。"在进行相应学段的口语交际教学时，要根据具体要求和任务选用相关的听说知识，引导学生在听说实践中积累和运用这些知识。

9. 多元文化知识

语言是文化的载体，它传承着多元文化观念和文化元素。语文课程是一门学习语言文字运用的综合性、实践性课程。通过语言文字的学习，可以吸收古今中外优秀文化，提高思想文化修养。在义务教育阶段，通过语文课程的学习，要认识中华文化的丰厚博大，吸取民族文化智慧，关心当代文化生活，尊重多样文化，吸收人类优秀文化的营养，提高文化品位。在高中阶段，要通过语文学习广泛吸收古今中外优秀文化知识，继承中华优秀文化传统，理解、借鉴不同民族和地区文化，形成拓展文化视野的意识及形成文化自觉和文化自信的态度。《普通高中语文课程标准（2017年版2020年修订）》的"学习要求"部分明确指出："学会尊重、理解作品所体现的不同时代、不同民族、不同流派风格的文化，尝试对感兴趣的古今中外文学作品进行比较研究或专题研究，理解作品所表现出来的价值判断和审美取向，作出恰当的评价。"在学习相关任务群时，教师要有意识地引导学生积累和掌握上述多元文化知识。

10. 语言思维知识

"言为心声"说明语言是思维的外壳，人们运用语言文字的言语过程也是思维过程，言语和思维的关系是由语言和思维的关系决定的。可以说，调整语言就是调整思维。人们交流思想靠的是听、说、读、写的言语活动。一个人在头脑中思考问题的时候，当其凭借内部语言进行思维加工，把思维的结果告诉他人时，就需要将思维的结果转换为外部语言的信息表达出来。所以，人们学习语言知识的同时也在学习思维的形式、结构和规律知识。在义务教育阶段及高中阶段，要通过对语言知识的积累、梳理和整合，逐步掌握语言文字特点及运用规律，形成个体的语言经验，在具体的语言情境中培养正确有效地运用祖国的语言文字进行交流沟通的能力，并在语文学习特别是语言学习中获得思维能力的发展和思维品质的提升。《普通高中语文课程标准（2017年版2020年修订）》在"学科核心素养"部分明确指出："学生在语文学习过程中，通过语言运用，获得直觉思维、形象思维、逻辑思维、辩证思维和创造思维的发展，促进深刻性、敏捷性、灵活性、批判性和独创性等思维品质的提升。"要完成课程标准要求的思维发展与提升任务，需要相应的语言思维知识作支撑。

11. 使用工具书知识

教师要根据不同学段的需要，指导学生学会使用常用的语文工具书。例如正确熟练地使用音序检字法、部首检字法、笔画检字法等，利用《新华字典》《现代汉语词典》等进行独立识字、释词，借助《常用古汉语字典》等工具书阅读浅易文言文。

12. 收集处理信息知识

学生要养成阅读习惯，收藏并与同学交流图书资料；要利用图书馆、网络等信息渠道尝试进行探究性阅读；要初步了解查找资料、运用资料的基本方法。特别是根据主题学习需要，尝试利用多种途径搜集和处理信息：图书、报刊、电影、电视、广播、网络；报告会、演讲会、辩论会、研讨会、戏剧表演；图书馆、博物馆、纪念馆、展览馆；布告栏、报廊、各种标牌广告等；自然风光、文物古迹、风俗民情；国内外的重要事件、学生的家庭生活和日常生活话题等。

以上根据《义务教育语文课程标准（2022年版）》和《普通高中语文课程标准（2017年版 2020年修订）》要求开列的语文基础知识清单，为语文基础知识教学提供了凭据。教师应该在中小学语文教学中使学生学习和掌握上述语文基础知识，并通过语文教学帮助学生将这些语文基础知识转化为语文能力。

三、语文基础知识教学的策略

语文基础知识教学的基本要求是：精要、好懂、有用。教给学生的语文知识要选择那些最基础和最重要的内容，且要少而精，忌空洞无用或脱离学生的听、说、读、写实际。

（一）不求系统，重在基础

语文基础知识应突出的是"基础"。语文课程既要顺应社会的发展，又要满足学生的需要。教师的眼光应该放得长远一些，从相关领域的最新成果中吸收中小学生终身发展必备的语文知识，让学生在学校里尽可能学到适应时代进步的语文知识。但语文知识具有强大的张力，学生在基础教育阶段的学习中获得的语文知识只是整个语文知识的一部分。这一部分是在"基础教育阶段的学校语文课程"中出现的"语文知识"，是按课程标准和教材的要求纳入语文课程与教学的知识，是为中小学生形成语文素养奠基的语文知识，是最基本的知识。既然它只是语文知识中最基础的一部分，就不可能系统和完整，所以语文知识教学不要刻意追求语文知识的系统和完整，而是要从学生的年龄、心理特点和现有知识状况、接受能力出发，考虑其基础性。除语文外，中小学阶段的每门学科都有与之对应的上位学科，而综合性极强的语文学科，其上位学科并不单一，它涉及语言学、文字学、文艺学、文章学、阅读学、写作学、修辞学等多学科领域的知识。语文知识应该是与语文学科相关的多学科知识的结合体，其中的任何一个方面都自成体系，博大精深。如果每个部分都要学习，那就远远超出中小学生在语文知识学习方面只需要打基础的要求。相对而言，对课程标准要求的、教材中出现的语文基础知识，教师应该根据由浅入深、由易到难、循序渐进的原则将知识排序，结合每个学段的教学内容特别是教材选文的教学，进行有针对性地施教。

（二）随文施教，研习例子

《义务教育语文课程标准（2022年版）》中"第四学段（7~9年级）"部分明确要求：了解课文涉及的重要作家作品知识和文化常识。叶圣陶说"课文无非是例子"，这是语文教育界公认的对课文的定位。课文本身吸纳了众多的文字、词汇，特别是

PPT：线索与主题

色彩缤纷、蕴藉悠远的词句，作为中华民族语言的典范，能够为学生语言的积累、丰富提供取之不尽、用之不竭的宝藏，对学生提高母语规范和美化的能力，有着不可估量的作用。通过阅读，范文中的优美语言不仅能给学生视觉上的冲击力，而且也在心灵上给予学生一种震撼力，甚至留下无尽的空间，升华学生的想象力、联想力。因此，教师可以引导学生从研习课文这个例子中学习相关的语文知识。正由于如此，教师要引导学生随文学习基本词汇、语法知识，用来帮助理解课文中的语言难点；了解常用的修辞方法，体会它们在课文中的表达效果；了解课文涉及的重要作家、作品和文化知识。

但随文教学也要克服无序教学的弊端。如果教师心中没有一张语文课程基础知识的清单，对各册、各单元、各篇课文所含的语文知识与技能不能做到心中有数，对所教学生的学情不够明确，甚至完全不知道学生已经掌握了哪些语文知识，哪些方面还比较薄弱或是空白，那么随文教学就会出现盲目性、随意性。有些学生早已掌握的语文知识，可能因在不同的课文中重复出现，教师会不厌其烦地教给学生；有些语文知识学生还未能透彻理解与掌握，教师在教学中却蜻蜓点水，一掠而过；甚至学生应该学习的语文知识，教师在教学中忽略掉或出现遗漏。知识学习应该是循序渐进的，先易后难、由浅入深。盲目的随文教学，很可能导致没有浅易的知识作基础，就学习起艰深和困难的知识。

目前，统编教材是以文选型为主要体例编写的教材，语文教师不是教教材，而是用教材教，这一新课程的教育理念赋予语文教师处理教材的主动权，教材的选文可以适当增删，可以根据教学需要适当调整顺序。教师要以教材上的课文为载体，以语文课程标准规定的识字与写字、阅读、写作、口语交际、综合性学习方面的能力总目标和阶段目标为依据，设计与这些能力点相对应的简明扼要的知识点，同与之相关的课文学习结合起来。例如，学习议论文论证方法的知识，可以设计出简明扼要的事例论证、对比论证、比喻论证、类比论证、反证法、归谬法等方面的知识要点，用知识点的学习来带动与之相关的课文学习，通过对课文的学习加深对知识点的理解和加强对知识点的运用，使之相辅相成，相得益彰。为了在反复学习中加深对知识的印象和熟练掌握运用知识的能力，一个知识点也可以附一组课文；或者，虽然在教材上只附一篇文章，但可以向课外阅读延伸拓展；也可在教材的编写中，让包含同一知识点的课文断续反复出现，目的是巩固和强化对知识的理解与掌握。这样的语文课，从小学到初中再到高中，就形成一个以知识与能力为框架，完整的、有内在联系的、有逻辑序列的语文课。它允许知识有循环，但是要在循环中拓宽加深，是螺旋式地推进，而不是直线式上升，要避免简单机械地重复，打破高耗低效甚至无效的教学格局，使教学循序渐进，层层推进，较好地实现把握基础知识和培养语文能力的双重目标。

[微视频]
微课：随文施教（上）

（三）比同究异，寻合追分

"比较"是指就两种或两种以上同类的事物辨别异同或高下，或是比较性状和程度的差别。事物在比较中存在，比较是确定事物异同的认知思维加工方式，是分析到综合、抽象到概括的桥梁。统编语文教材中的选文涉及古今中外，题材、体裁、

[微视频]
微课：随文施教（下）

主题、风格、形象、手法、语言等诸方面都有着继承和借鉴关系，可供我们比其同、究其异、寻其合、追其分，这就为语文教学提供比较客观的依据。在包括语文基础知识在内的语文教学中，通常用到的比较方法是置换比较、写读比较、新旧比较、异同比较、正误比较、纵横比较、求同比较、求异比较等。下面我们以《祝福》的教学为例，分析祥林嫂两次给他人讲阿毛的语言：

第一次："我叫阿毛，没有应，……"

第二次："我叫，'阿毛！'没有应。……"

第一次逗号放在"阿毛"之后，"我叫阿毛"是主谓宾结构，其语气也显得平和，那是祥林嫂因为希望四婶能收留她时说的话，从中看得出祥林嫂是在有意压制心头的悲痛，不便毫无顾忌地向四婶流露。第二次将逗号放在"我叫"之后，使"我叫阿毛"这个原本是主谓宾结构的句子一下变成两个句子，一个是主谓结构的"我叫"，另一个是独词句"阿毛"，并且在"阿毛"后加上感叹号。从中，我们仿佛亲耳听到痛失爱子的祥林嫂急切地呼唤爱子的悲惨声音。这是祥林嫂在饱受鄙夷、奚落等各种精神折磨后，对被狼吃掉的儿子更加思念而又永远见不到的无助与无奈的真实写照。

通过这样的比较，学生会明白：要解读文章的意义，必须注意分析由标点引起的句子结构变化所带来的语义变化。这就是在随文教学中运用比较法学习语文知识的例子。

（四）举三反一，举一反三

举三反一是指逻辑归纳法，由个别性前提推出一般性结论，也就是哲学认识论中所说的"量的积累产生质的飞跃"，是语感的形成过程。如果说举三反一是归纳，那么举一反三就是演绎，它是由一般性前提推出个别性结论，也就是知识的迁移。《论语·述而》中的"举一反三"、《公也长》中的"闻一知十"、《学而》中的"告诸往而知来"、孟子提出的"守约施博"、荀子提出的"以一持万"、《学记》中讲的"知类通达"、《周髀算经》中提到的"方约而用博""问一类而万事达""类以合类"等讲的都是同一个观点。可以说，知识的学习与生成靠的就是举三反一和举一反三的结合使用，语文基础知识的学习也不例外。

首先是举三反一。例如，教师要学生学习形容词作意动词的文言知识，就可以从统编语文教材里初中和高中的选文中举出已出现过的几个形容词作意动词的句子引导学生研究：

渔人甚异之。（《桃花源记》）

太子迟之。（《荆轲刺秦王》）

群臣怪之。（《荆轲刺秦王》）

教师可以使学生思考讨论上述三个句子中的"异""迟""怪"在用法上有什么特点。然后在教师的启发下，让学生明白：这三个词都是形容词，这三个形容词都作意念上的动词用，可以把这种用法叫作形容词作意动词。这三个意动词都分别放在宾语"之"的前面，表示当事人（主语）主观上认为宾语"之"所表示的人或事物具有这个形容词所表示的性质状态。在翻译为白话文时，应将作意动词的形容词与宾语换位，再在宾语前加"认为（以为）"，构成意动性兼语式，即主语+"认为（以为）"+宾（兼语）→动词（像……一样）。按照这样的格式，"渔人甚异之"可意译成"渔人对这种景象感到很惊奇"。"异"即"以之为异"，即感到惊奇。"太子迟之"可意译成"太子嫌他（动身）太迟"。"迟之"即"以之为迟；感觉……太迟"。"群臣怪之"可意译成"臣子们对他的神色都感到奇怪"。"怪之"即"以之为怪"；"对……感到奇怪"。这就是从三个不同句子的比较中发现在表意上的共同点，即均为"形容词作意动词"。这就叫举三反一，它从具有个别性的前提中推出一般性的结论。

其次是举一反三。从以上几个句子中抽象出形容词活用为意动词的用法后，在后来学的课文《苏武传》中出现"单于壮其节"的句子时，教师可不再讲，而是引导学生从回忆已学的几个句子中抽象出来的结论发现，"壮"也是形容词作意动词。"壮"即"大"，活用为意动词后，应理解为"以其节为壮"，即"认为大""看重"。"单于壮其节"可翻译为"单于看重他（苏武）的气节"。《苏武传》中还有一句："虽蒙斧钺汤镬，诚甘乐之。"学生也可以明白："甘""乐"均是形容词作意动词。"甘乐之"即"以之为甘""以之为乐"。这句话可翻译成"即使受到极残酷的刑戮，我也实在对其甘心乐意地承受"。这就是让学生在温故知新中举一反三。

（五）贴近生活，学以致用

语文一旦与生活联系，就生动活泼起来。因此，教师要研究拓宽包括语文知识在内的语文学习的渠道，把学生的目光引向社会，引向生活，拉近学生与社会、与生活的距离，使学生感到自己平时的所见所闻、酸甜苦辣、喜怒哀乐等都可以在语文中再现，让学生感到语文与生活息息相关。教师在教学中应本着立足课内，注目课外，由课内辐射课外，由课外拓展课内的大语文教学宗旨，坚持以教材中的阅读、写作、口语交际活动来寻找语文知识与生活相联系的衔接点。或者内引，即把学生已有的生活经验和知识引入阅读中；或者外联，即引导学生把学得的语文知识延伸到生活中。

[微视频]
微课：贴近生活，学以致用（上）

《义务教育语文课程标准（2022年版）》在"课程性质"部分要求"在真实的语言运用情境中，通过积极的语言实践，积累语言经验，体会语言文字的特点及运用规律；培养语言文字的运用能力"。《普通高中语文课程标准（2017年版2020年修订）》在"课程性质"部分指出："语文课程应引导学生在真实的语言运用情境中，通过自主的语言实践活动，积累语言经验，把握祖国语言文字的特点和运用规律，加深对祖国语言文字的理解与热爱，培养运用祖国语言文字的能力。"在"选择性必修和选修课程学习要求部分"又指出："注意在生活和跨学科学习中学语文、用语文，在学习和运用的过程中提高表达、交流能力。"由此可见，课程标准强调的是在语文运用中开阔视野，初步认识自己学习语文的潜能和倾向，根据需要和可能，在自己喜爱的方面有所发展。高考命题在语言表达运用方面也作了明确的导向。一是考查学生在学习和生活中需要具备的基本语文能力，如理解、分析、表达应用等。二是考查学生在模仿中根据需要创新的实用语文能力。表现在考题中，就是实词、虚词、熟语的运用，病句的辨析与修改，

[微视频]
微课：贴近生活，学以致用（下）

扩展语句、压缩语段，选用、仿用、变换句式，语言表达的连贯、得体，常见修辞方法的正确运用，等等。上述能力均是语文基础知识在生活中具体运用的能力。这些在生活中运用语文知识的能力可以与语文学习活动紧密结合起来训练。荀子的《劝学》中用比喻的方法来说理，有的地方形成博喻，句式整齐匀称，读来语气酣畅，音韵铿锵。例如：

登高而招，臂非加长也，而见者远；顺风而呼，声非加疾也，而闻者彰。假舆马者，非利足也，而致千里；假舟楫者非能水也，而绝江河……

教师可以引导学生作应用拓展。例如，要求学生用博喻的形式为下列情景或情境写段短文，每段不少于三个比喻句。(1)学生的晚自习；(2)学生做数学题。教师可作提示：本体是一个情景或情境，从不同角度设喻，构成一个博喻句；仿照课文的思路来写。

 实践运用

● 实践任务 ●

任务一：在鲁迅的《祝福》中，鲁家三次祭祀，祥林嫂都被四婶阻止她插手酒杯、筷子及烛台：

"祥林嫂，你放着罢！我来摆。"四婶慌忙地说。

"祥林嫂，你放着罢！我来拿。"四婶又慌忙地说。

"你放着罢，祥林嫂！"四婶慌忙大声说。

要求：

（一）请思考：从以上三个句子中应该教给学生什么样的语法知识？

（二）运用语文基础知识的相关教学策略，针对以上三句话所含的语法知识设计一个教学片段。

任务二：《荷塘月色》中这样描写荷花："有袅娜地开着的……"有学生问教师："什么叫袅娜？"教师说："袅娜就是柔软细长的样子。"后来有学生在观察日记中写道："我们小组同学在爬山时，发现一条袅娜的小蛇从树丛中钻了出来……"

要求：

（一）学生所造的句子反映了教师在讲解"袅娜"一词时，其教学策略存在什么问题，请略作分析。

（二）针对"袅娜"一词，如果你是教师，会怎么施教？请设计一个教学片段。

● 实践指要 ●

独立完成任务后，与教师、同学一起研讨，针对第一个教学设计，着重分析在语文基础知识教学中运用教学策略的成功之处。针对第二个教学案例，着重分析在词语教学中存在的问题，并按语文基础知识教学的相关策略针对问题重新设计教学片段。

[拓展阅读]
实践指要 2.12

反思调节

● 学习反思 ●

请核对和填写表 12-1，看看自己有哪些收获，哪些方面还需要继续努力。

表 12-1 学 习 反 思

学习内容	实现程度			改进建议	备注
	未实现	实现	充分实现		
清楚语文基础知识教学的意义					
了解语文基础知识教学的内容					
掌握语文基础知识教学的基本策略					
能运用语文基础知识教学的理论完成实践任务					

备注：请在"实现程度"的相应地方画"√"，如果某一学习内容"未实现"，请简要记录你的改进建议。

● 自我调节 ●

根据改进建议，你将会_____

_____

_____。

推荐阅读

1. 王雨薇. 中考语文基础知识类试题命制现状研究［D］. 重庆：西南大学，2023.
2. 金叶. 语文基础知识教学的情境融入与自主建构［J］. 中学语文教学参考，2022（36）：13-15，2.
3. 李佳萌. 部编版初中语文教材知识补白教学策略研究［D］. 哈尔滨：哈尔滨师范大学，2021.

第十三章　语文实践活动

> 语文课程是一门学习国家通用语言文字运用的综合性、实践性课程。
> ——《义务教育语文课程标准（2022年版）》

● 知识导图

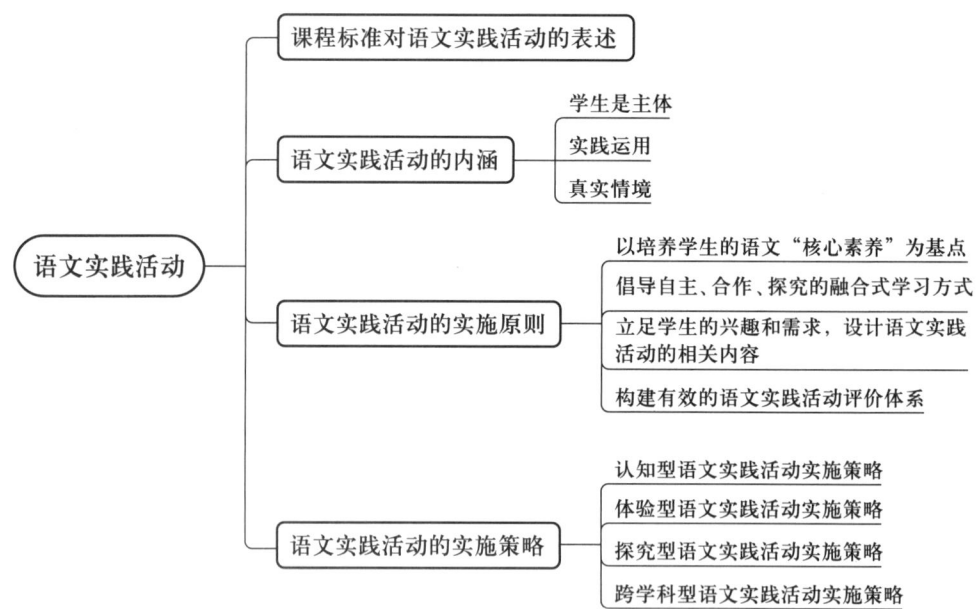

● 学习目标

1. 了解《义务教育语文课程标准（2022年版）》和《普通高中语文课程标准（2017年版2020年修订）》对语文实践活动的相关表述。
2. 了解语文实践活动的内涵及特征。
3. 理解语文实践活动的实施原则。
4. 掌握语文实践活动的类型及实施策略。

案例研习

教例再现

下面是重庆育才中学刘雪梅老师执教的综合性学习"悠悠古镇风,绵绵老街情——磁器口特色旅游资源探究"的教学设计,请认真阅读并评析。

悠悠古镇风,绵绵老街情
——磁器口特色旅游资源探究

一、探究目的

1. 考察千年古镇磁器口,了解巴渝文化和川东文化源远流长的历史。
2. 探究磁器口的旅游特色,为磁器口的特色旅游开发献计献策。

二、探究方式

分组合作,实际调研,形成汇报成果。

三、探究时间

15天

四、参与学生

重庆市育才中学初二某班全体同学

五、成果展示

(一)主持人导入

老师们,同学们,大家好!我们刚学完了本学期的民风民俗单元,在老师的带领下走进号称"一条石板路,半个重庆城"之称的磁器口,考察了解巴渝文化和川东文化源远流长的历史;探究磁器口的旅游特色,为磁器口的特色旅游开发献计献策。在整个活动过程中,得到磁器口管委会、我们的语文老师、当地居民、商家、游客的大力支持,在此,向他们表示衷心的感谢!下面,我们请三个小组的代表依次上台展示他们的探究成果。

(二)各研究学习小组展示研究成果

1. 史料组代表

大家好!我们组通过图书资源和网络资源,查找了磁器口的名字起源、历史沿革等内容。(展示并介绍幻灯片)

2. 民风民俗组代表

大家好!请大家观看我们拍摄的资料视频。(展示并介绍视频)

3. 饮食文化组代表

各位好!磁器口由于居住了大量当地居民,因此依然保存了原汁原味的巴渝生活习俗,如包粽子、春糍粑。这里还有享誉四方的毛血旺、软烩千张皮、椒盐花生等饮食三宝,任你品味,任你选购。(展示并介绍幻灯片)

4. 书画文化组代表

大家好!我们组在调查采访的过程中发现,磁器口的书画文化氛围十分浓厚:

这里很多画坊十分活跃,著名书法家朱墨常联络书画朋友,在磁器口古镇吟诗作画,为古镇书写匾额、楹联、碑文等,瓷器匾额的书法艺术成为游人观赏的一大景观。

5. 抗战文化组代表

大家好!我们组主要通过实地走访、查阅典籍考察磁器口的抗战文化。磁器口的抗战文化主要有"巴渝风、沙磁雨、红岩魂、陪都情",承载着重庆人难以割舍的历史和记忆……

6. 综合组代表

大家好!首先我们制作了50份调查问卷,对当地的居民和游客分别进行调查,采访了游客对磁器口旅游的印象、看法及建议,采访了当地居民对磁器口特殊旅游价值的认定,还走访了磁器口管委会的工作人员,他们又为我们推荐了一些研究磁器口旅游的专家,获得了以下一些比较有价值的资料。(解说时配上图片)

第一,关于磁器口古镇旅游资源的特殊价值。磁器口是现代人寻找记忆和怀旧的旅游去处,是展示巴渝民俗文化静态和动态的博物馆。它可吃,毛血旺、软烩千张、椒盐花生,古镇三宝;它可听,"书场茶馆"、川剧清唱、知青怀旧;它可赏,青瓦板壁、吊脚石街、古玩杂耍、山丘溪流,美不胜收。为此,我们组拟定了磁器口旅游的导游词:亲爱的游客朋友们,你们现在所处的位置就是古镇磁器口了。古镇磁器口位于重庆市区近郊,东临嘉陵江,南接沙坪坝,西界童家桥,北靠石井坡,面积1.18平方公里,以明清时盛产及转运瓷器得名。这里历史悠久,古风犹存,"饮食三宝"享誉四方,可吃可听可赏,一定会让你流连忘返,乐不思蜀!

我们组还拟定了一些广告语:好耍不过磁器口,好吃不过陈麻花;千年古镇行,吹拉弹唱评。

第二,关于磁器口古镇旅游资源存在的问题。(1)磁器口的旅游项目还显得比较单调,游客来过一次后就没有新鲜感了;(2)由于宣传营销和手段上的不足,游客来到磁器口古镇普遍表现为低消费的喝茶吃饭,而具有文化内涵的景点反而少有游客问津;(3)两三百万人来到磁器口消费餐饮产生的垃圾、生活污水,带来了环境卫生、安全保卫、城市管理问题。

第三,关于磁器口古镇旅游资源的开发建议。(1)扩大古镇产业链,打造古镇旅游经济圈,可以发展手工作坊业、影视娱乐业、创意产业园,如推出坛印象磁器口坛或坛风云磁器口坛、影视舞台剧之类的文化演出等;(2)加强旅游市场调研,保护古镇特色,开发精品产品,改善旅游产品结构,如制作带有古镇人文传说的瓷器、食品、书画;(3)进一步挖掘磁器口古镇的历史文化内涵和民俗文化"元素",实现其价值的推陈出新,如挖掘开发文化体验、民间游乐等项目,恢复旧时商号、货栈、客栈和各种作坊作为卖点,用好香会、庙会、花会,以及正月龙灯、清明风筝、端午龙舟、七月河灯、中秋赏月、重阳登高等各种传统节庆日及祝贺仪式。

（三）主持人

谢谢同学们的精彩发言，教室里陈列了同学们的调查报告、录像、导游词、广告语设计、作文集、课件、手抄报等成果。最后有请老师对我们的活动进行点评。

老师：在对磁器口特色旅游资源的探究过程中，感谢同学们的辛劳付出，大家体验了不知何处着手的迷惘，也品尝了成功握在手中那一刻的甜蜜。迷惘也罢，甜蜜也罢，我们最受益的还是第一次接触了真实的社会，第一次学会了在社会中表现自己、展示自我，这将让我们受用终身！

● 案例点睛 ●

在上述案例中，刘老师的这个语文实践活动设计，以语文学科为依托，以问题为导向，以书本学习和实践活动紧密结合，读写能力、口语交际能力整体发展为原则，促进学生知、情、意、行的和谐发展。同学们对重庆瓷器口古镇进行特色旅游资源的探究型语文实践活动，在活动策划、活动过程特别是活动成果的展示上，体现出一定的特色，符合语文实践活动的基本要求。

理论概述

《义务教育语文课程标准（2022年版）》在"课程性质"部分明确提出："语文是一门学习国家语言文字运用的综合性、实践性课程，工具性与人文性的统一，是语文课程的基本特点。"语言文字的运用包括生活、工作和学习中的听说读写活动以及文学活动，存在于人类生活的各个领域。语文课堂应该多创造学生在语言运用实践中学习语文的广阔空间和良好环境，学生可以在语言实践活动中形成良好的思想道德修养和科学人文修养，为终身学习和个性化发展奠定基础。课程标准多次强调语文实践活动的重要性，并对开展语文实践活动提出要求和建议。

一、课程标准对语文实践活动的表述

强调语文课程的实践性是中华人民共和国成立以来我国语文课程改革的重大转型，2001年颁布的《全日制义务教育语文课程标准（实验稿）》已经出现"实践"一词。2011年、2017年、2022年修订的语文课程标准，都顺承语文课程是一门实践性课程的表述，《义务教育语文课程标准（2022年版）》多次提及"语文实践"一词。下面从语文课程性质与课程实施形式两个方面，比较《义务教育语文课程标准（2011年版）》和《义务教育语文课程标准（2022年版）》对语文课程实践活动要求的变化，具体如表13-1所示。

表13-1　2011年版与2022年版义务教育语文课程
标准对语文课程性质与课程实施形式的界定和阐释

语文课程标准	对语文课程性质与课程实施形式的界定和阐释
义务教育语文课程标准（2011年版）	语文课程是一门学习语言文字运用的综合性、实践性课程。义务教育阶段的语文课程，应使学生初步学会运用祖国语言文字进行交流沟通，吸收古今中外优秀文化，提高思想文化修养，促进自身精神成长。工具性与人文性的统一，是语文课程的基本特点。 语文课程是实践性课程，应着重培养学生的语文实践能力，而培养这种能力的主要途径也应是语文实践。语文课程是学生学习运用祖国语言文字的课程，学习资源和实践机会无处不在，无时不有。因而，应该让学生多读多写，日积月累，在大量的语文实践中体会、把握运用语文的规律
义务教育语文课程标准（2022年版）	语文课程是一门学习国家通用语言文字运用的综合性、实践性课程。工具性与人文性的统一，是语文课程的基本特点。语文课程应引导学生热爱国家通用语言文字，在真实的语言运用情境中，通过积极的语言实践，积累语言经验，体会语言文字的特点和运用规律，培养语言文字运用能力。 义务教育语文课程实施从学生语文生活实际出发，创设丰富多样的学习情境，设计富有挑战性的学习任务，激发学生的好奇心、想象力、求知欲，促进学生自主、合作、探究学习；引导学生注重积累，勤于思考，乐于实践，勇于探索，养成良好的学习习惯；关注个体差异和不同的学习需求，鼓励自主阅读、自由表达；倡导少做题、多读书、好读书、读好书、读整本书，注重阅读引导，培养读书兴趣，提高读书品位；充分发挥现代信息技术的支持作用，拓展语文学习空间，提高语文学习能力

在语文课程性质方面，《义务教育语文课程标准（2011年版）》明确提出语文课程的实践性，《义务教育语文课程标准（2022年版）》强化语文课程的综合性与实践性，并赋予"实践性"新的内涵。对比两版课程标准在"课程理念"中关于语文课程实践性的表述可以发现，《义务教育语文课程标准（2011年版）》强调语文课程是一门学生学习如何运用祖国语言文字的实践性课程，明确语文课程的性质和目的。语文课程的目的，不仅是让学生学习语言文字的知识和学科理论，而是让学生学会在实践中运用语言文字这个工具，从而在课程学习、生活和工作中运用好语言文字。[1]

《义务教育语文课程标准（2022年版）》对语文课程实践性的阐述更加丰富、具体，突出语文实践的情境性和学习方式的转变。"增强课程实施的情境性和实践性，促进学习方式变革"已成为语文课程的重要理念，教师要结合学生的生活经验创设学习情境，在富有挑战性和有意义的学习任务中开展语文实践活动。

从语文实践活动开展的具体形式看，《义务教育语文课程标准（2011年版）》和《义务教育语文课程标准（2022年版）》也提出了不同要求，具体如表13-2所示。

表13-2　2011年版和2022年版义务教育语文课程
标准对语文实践活动开展形式的不同要求

语文课程标准	对语文实践活动开展形式的不同要求
义务教育语文课程标准（2011年版）	多读书，多积累，重视语言文字运用的实践。 重视学生读书、写作、口语交际、搜集处理信息等语文实践，提倡多读多写，改变机械、粗糙、繁琐的作业方式，让学生在语文实践中学习语文，学会学习。善于通过专题学习等方式，沟通课堂内外，沟通听说读写，增加学生语文实践的机会。充分利用学校、家庭和社区等教育资源，开展综合性学习活动，拓宽学生的学习空间。 教师应加强对学生阅读的指导、引领和点拨，但不应以教师的分析来代替学生的阅读实践，不应以模式化的解读来代替学生的体验和思考；要善于通过合作学习解决阅读中的问题，但也要防止用集体讨论来代替个人阅读
义务教育语文课程标准（2022年版）	以识字与写字、阅读与鉴赏、表达与交流、梳理与探究等语文实践活动为主线。 口头和书面交流与沟通、跨媒介阅读与表达等语文实践活动。 组织多样的语文实践活动，如师生共读、同伴共读，朗诵会、故事会、戏剧节，建立读书共同体，交流读书心得，分享阅读经验。 以学生生活为基础，以语文实践活动为主线，创设丰富多样的学习情境，设计有意义的学习任务，引导学生自主学习、主动积累和积极探究

《义务教育语文课程标准（2011年版）》着重强调听、说、读、写的训练，以及收集处理信息、开展综合性学习等活动形式；《义务教育语文课程标准（2022年版）》提出"以语文实践活动为主线"的课程实施要求，教师要围绕立德树人根本任务，以促进学生核心素养发展为目的，"组织多样的语文实践活动"，包括"识字与写字""阅读与鉴赏""表达与交流"和"梳理与探究"以及"跨学科学习"等，并给出相

---

[1] 巢宗祺. 关于语文课程性质、基本理念和设计思路的对话 [J]. 语文建设, 2012（5）: 4-11.

应的活动建议。

二、语文实践活动的内涵

尽管语文实践活动的地位不断加强，但语文实践活动的内涵却众说纷纭，《义务教育语文课程标准（2022年版）》对此也没有明确界定，只是在课程性质、课程理念、课程目标、课程内容、课程实施等方面，对语文实践活动提出较为明确的要求。

一些专家学者根据义务教育语文课程标准的有关要求，对语文实践活动的内涵提出自己的看法。例如，有学者认为，语文实践活动是"教师通过提供能激发和支持儿童有意义的使用的情境，让儿童从使用语言中学习语言，从说话中学习说话，从聆听中学习聆听，从阅读中学习阅读，从习作中学习习作"[①]；丰富的语言实践"不仅包括课堂上的听说读写实践，而且包括生活中的语言实践。教师要指导学生充分利用生活中的语文资源与实践机会，多听、多看、多思考，并准确地表达出来，日积月累不断实践去把握语文的规律"[②]。还有学者认为，"语文实践是学生学习语言文字运用所表现出来的应有的行为和状态，是学生学习语文应有的过程，是学生在具体语言文字运用情境中的'学'和'做'"[③]，等等。综合上述各种观点，可以看出语文实践活动，具有如下三个特征。

（一）学生是主体

关于如何进行语文学习，从前普遍认为是教师讲解、学生听课、师生讨论，考试检查等都是重要的途径。现在，课程标准中旗帜鲜明地提出要"从学生语文生活实际出发""增强学生学语文、用语文的自觉意识"等，强调语文实践活动的主体必须是学生，教师不能包办代替。在语文实践活动过程中，既要观察学生在其中的参与程度，又要分析学生在其中的实际收获。

事实上，中国古代教育就有重视"学生主体"的传统，如孔子所说"不愤不启、不悱不发"。1992年，我国基础教育改革启动"主体教育实验"项目，其核心概念就是"学生主体"。30多年来，"学生主体"这个概念已经成为我国基础教育改革持续深化的重要理论资源。"主体教育实验"着力强调在真实的教学实践中落实学生的主体地位，"只有如此，教育才可能有主动回应快速变革社会的要求，才能持续探索学校教育教学与学生个体全面发展之间的内在关系，探索让教师、学生、家长、研究者都能充分发挥主体性的实践路径，全面提升教师与学生的知识、能力、精神境界与个性品质"[④]。

（二）实践运用

《义务教育语文课程标准（2022年版）》首次提出要把语文实践活动作为语文学习的主线，并强调"实践"的三个方面。一是重探究、应用。培养学生对事物的好奇心、问题意识，以及对自然、社会、人事的文化观照等。二是重过程，重参与。

[微视频]
微课：主要特征

---

① 王尚文，王诗客. 语文课是语文实践活动课 [J]. 课程·教材·教法，2009，29（4）：26－30.
② 于洁. 基于核心素养培育的高中语文实践活动探究 [J]. 延边教育学院学报，2022，36（6）：107－109，113.
③ 蒋红森. 语文实践，语文学习的必然路径 [J]. 湖北教育（教育教学）2020（5）：35－37.
④ 郭华. "学生主体"的教学论意义：纪念主体教育实验30周年 [J]. 教育研究，2022，43（11）：56－65.

《义务教育语文课程标准（2022年版）》把"过程"纳入目标体系，要求在语文课程实施中，不仅只关注"达成度"、关注结果，而且要关注学生在过程中才能实现的隐性目标、长远目标，尤其是学生学习活动的参与度、合作意识、合作效率和工作效率等。三是重方法，重体验。开展语文实践活动不是方法、知识的简单传授，而是在其中不断加深对语言的认识和体验，通过语言的运用促进学生认知的不断发展，使学生认识世界，习得知识，同时促进学生将书本知识应用到实践中。

（三）真实情境

语文实践活动的开展要基于学生的生活实际，在丰富多样的真实情境中进行。建构主义认为，把学习任务放置于一种真实而复杂的问题情境之中展开，对学生的建构性学习具有重要意义。一方面，这种学习是为了解决生活中的实际问题而进行的，具有极强的针对性，它能使学生很快认识到知识的价值和学习的重要性；另一方面，这种学习使学生有多种机会在不同的情境中应用他们所学的知识，促进知与行的结合，比较容易促进知识的迁移，尽快形成不同环境下解决相似问题的能力。真实情境中的学习对学习者来说十分重要。创设一定的语文运用情境，把所有的学习任务置于为了能够更有效地使学生适应现实生活的学习情境中，使学生在"做"中进行学习。那么，什么是语文实践活动情境？复杂的、开放性的语文实践活动情境不仅是学生语文素养形成和发展的有效途径，而且是展示学生核心素养的平台。这里所说的"情境"，是指学生在真实的生活世界中需要真正面对的情境，即让学生回到真实的情境中解决真实的问题，并在此过程中发展或表现其核心素养。语文实践活动的情境大体上可以分为三种，即个人体验情境、社会生活情境、学科认知情境。"个人体验情境"指向个体的内心世界，强调个体通过实践活动认识周围事物、丰富情感经历的真实场景，包括知识的获取和学习；"社会生活情境"是指社会生活环境中直接影响个体或群体心理与行为的部分；"学科认知情境"是指促进知识向日常生活情境的迁移，它因为提供真实情境的现实体验而丰富了学习过程。

下面是一个通过创设情境开展语文实践活动的案例：

统编语文教材四年级上册第四单元是神话单元，教材中的神话故事想象神奇，英雄形象深入人心。基于教材内容和学生特点，利用学校微信公众号平台设置大任务，教师创设"美雅之声——'我是神话传讲人'招募评选活动"这一真实主题情境，"美雅之声——'我是神话传讲人'"的评选活动激起学生们的学习兴趣和参与热情。那么怎样才能把神话故事讲得生动传神，争取到"美雅之声——'我是神话传讲人'活动中"传讲神话的机会呢？教师布置"神话故事知多少""展开想象话神奇""穿越时空的际遇"三个学习任务，学生带着任务走进课堂，在听课与比赛中，既领略中外神话的魅力，又感受大单元学习的乐趣。邹洁茹老师带领学生开展"神话故事知多少"的活动，她以"家乡神话我来讲"的主题导入课堂，学生们通过调查访问、实地采风，绘声绘色地讲起徐州"九里"姑娘神话、贾汪二郎山神话等，师生们听得津津有味，对神话充满好奇。紧接着，邹老师引导学生进行神话分类，并将本单元的四篇课文分为"创世神话"和"英雄神话"两类。邹老师还根据学生的疑惑，讲解"神话"和"童话"的不同。课堂中，学生兴趣盎然，对后续的神话学习充满期待。这一活动的开展,拉近了神话与学生之间的距离,为整个单元的学习作好情感铺垫。

上述案例是利用学校微信公众号平台设置大任务,教师创设"美雅之声——'我是神话传讲人'招募评选活动"这一真实的主题情境,将教材神话单元的学习与"家乡神话我来讲"的实践活动相联系。这样既能激发学生学习神话单元故事的兴趣,又能训练学生调查访问、实地采风和编写演讲神话故事的能力。"阅读与鉴赏""表达与交流"和"梳理与探究"的能力均在这个通过创设真实情境开展语文实践活动的过程中得到很好的锻炼。

教师可以创设多种不同的情境引导学生学习。例如,借助真实的问题情境激发学生的兴趣,通过能引发认知冲突的情境引导学生思考,创设有趣的情境吸引学生注意等。无论什么样的情境,都不能脱离学生的真实生活经验。教师在创设情境时,应建立语文学习、社会生活和学生经验之间的关联,使之符合学生的认知水平。

三、语文实践活动的实施原则

(一)以培养学生的语文"核心素养"为基点

语文核心素养包括文化自信(文化传承与理解)、语言运用(语言建构与应用)、思维能力(思维发展与提升)和审美创造(审美鉴赏与创造)四个方面。这四个方面是一个整体,其中,语言运用是基础。语文实践活动必须要在"语文的"范围内实施,在学生个体语言经验发展的过程中得以实现,否则就会造成语文本体的迷失。在教学中,语文实践活动的开展容易形成两个误区:一是因为语文实践活动具有"综合性"的特点,在实际操作过程中,教师非常容易漫无边际、天马行空地发挥,使之,失去"语文"的本质;二是一些教师将语文实践活动仅仅视为课外活动、非课本学习等,这违背了课程标准的精神。《义务教育语文课程标准(2022年版)》的要求是:"促进学生核心素养发展为目的,以识字与写字、阅读与鉴赏、表达与交流、梳理与探究等语文实践活动为主线,综合构建素养型课程目标体系。"由此可见,语文实践活动不是语文学科的附属品,而是语文课程的有机组成部分。它和语文课堂教学都是培养学生语文核心素养的手段,二者协调配合、相辅相成,共同促进语文核心素养目标的达成。因此要将语文课堂教学与课外实践活动联系起来,立足课内,瞩目课外,由课内辐射课外,由课外拓展课内。具体来说,一方面,要把课堂学得的语文知识和形成的语文素养运用于对语文实践活动的指导,作为语文实践活动的支撑,用于解决语文实践活动中出现的种种问题,在语文实践活动中拓宽学语文、用语文的渠道;另一方面,要通过借用、穿插、勾连等方式把学生在语文实践活动中获得的知识、经验、技能运用于语文课堂学习活动中,帮助学生理解课堂语文学习的内容,更好地形成语文学科核心素养。

(二)倡导自主、合作、探究的融合式学习方式

语文实践活动大多从问题、任务或项目出发,围绕相应的话题板块或问题板块进行任务式、项目式探究,突破语文学习划分过细、范围狭窄的局限,打开学生与自然、社会、家庭相互沟通和向外看世界的视野空间,在设计方案,组织活动,选

择、搜集、阅读相关材料，开展书面和口头交流等分工与合作的过程中，逐渐建立一个新的思考空间和话语系统，这就对语文学习方式提出新的要求。语文课程标准明确提出"促进自主、合作、探究的学习方式"，这种学习方式是对讲授式为主的教学方式的革新，将教学重心从"教"转向"学"，由带着知识走向学生变为带着学生走向知识，将向学生教授真理为引导学生发现真理。这有利于发挥学生的主观能动性，促进学生不断提高语文实践能力。

（三）立足学生的兴趣和需求，设计语文实践活动的相关内容

心理学研究表明，"需要"是人生存和发展的最大内驱力之一。语文实践活动首先要了解学生的需要，因为需要产生兴趣，兴趣能够促进学生进行探究，在探究过程中能更好地养成语文学科核心素养。在实际教学中，教师应该抽出时间贴近学生生活，了解学生需求，选取学生普遍关心的问题，因此确定语文实践活动的主题，切不可让语文实践活动成为教师的独角戏或者华而不实的"活动秀"。

（四）构建有效的语文实践活动评价体系

语文实践活动呈现的是一个整体的、动态的、开放的、综合的过程，因此，对语文实践活动进行评价是比较难的。《普通高中语文课程标准（2017年版2020年修订）》在"评价建议"部分要求：

评价时要充分考虑语文实践活动的特点，注意考查学生在活动中表现出来的参与程度、思维特征，以及沟通合作、解决问题、批判创新等能力，记录学生真实、完整的任务群学习过程。

这一"评价建议"提供了5个参考评价点：① 参与程度；② 思维特征；③ 沟通合作能力；④ 解决问题能力；⑤ 批判创新能力。

四、语文实践活动的实施策略

（一）认知型语文实践活动实施策略

认知型语文实践活动，是以在某一认知对象领域完成对知识信息的收集、整理、综合和展示为主的语文实践活动，它主要通过对认知客体知识（事实性判断知识或陈述性知识）的知与不知、知少与知多、好知与乐知等系统体认相关过程，提高认知质量，开阔视野，丰富文化。如"梳理与探究"板块，"按照一定的标准分类整理学过的字词句篇等语言材料，梳理、反思自己语文学习的经验，努力提高语言文字运用能力，增强表达效果"等，这就属于认知型的语文实践活动。需要注意的是，由于这个板块的工作量较大，许多知识较为浅易，在展示时趣味性不高，课堂教学的效果就不佳。处理这些内容时可采用以下策略：一是组织学生将收集的话题进行二级开发。例如，"我爱我家"的主题，可具化为"老照片故事""家中的一件珍品""妈妈的唠叨"等。二是在成果呈现时，利用学生的好奇心理和强烈的竞争意识，采用竞答性学习活动，激发他们的参与兴趣。例如，"走进孔子与孟子"的语文实践活动①，学生完成相关资料的收集整理后，借鉴"幸运52"的形式在班级中进行"四

---

① "语文活动式教学"课题组. 语文活动式教学课例研究［M］. 北京：语文出版社，2010：193.

关"比拼。

（二）体验型语文实践活动实施策略

语文学习是一种实践性较强的学习活动，它既是认知活动，又是体验活动。它要求学生在亲身实践中获得对认识客体的价值判断性认识，不寻求"对与不对"，只寻求"合理与不合理"的情感价值体验。体验型语文实践活动是在这种观念的指导下，在学生实际观察或亲身历练的基础上，借助实际调研、资料收集、角色吟诵、改编、表演、品评等转换活动，在转换性体验中加深对认知客体（文字、人、事、物）的理解与体悟，如"戏曲大舞台""我来演话剧"等都是体验型语文实践活动。

（三）探究型语文实践活动实施策略

探究型语文实践活动主要强调学生将教材中的相关知识和学生关心的实际问题，以专题或课题（问题目标指向明确具体）的形式相统整，做深度的专题探究，以获得对探究客体全面、综合、多维、多向的认识。探究型语文实践活动可以分为课外社会话题和课内文本话题两类。课外社会话题，要求学生在课外对社会问题进行调研，但周期长、任务重，如前文中的"悠悠古镇风，绵绵老街情——磁器口特色旅游资源探究"。课内文本话题以课堂为依托进行，如"关于生命诚可贵"的主题学习，把《面朝大海，春暖花开》《我与地坛》《花未眠》三篇课文整合起来进行生命意义的思考，体认生命的价值，并要求学生完成以下四项活动任务：（1）组织模仿电视"实话实说"节目——"轮椅上的梦"，与史铁生、张海迪对话；（2）小品表演：海子、川端康成、史铁生三人相遇，共同探讨生命价值的问题；（3）编辑集子：《走近屈原》等；（4）写作散文：题目如《海子，你本应该很好地生活》等。

（四）跨学科型语文实践活动实施策略

随着信息化的进展，人类进入社会变革与产业结构急剧进化的不确定的时代，这就意味着学校教育仅仅满足于学科知识的传递，难以承担起保障未来社会期许的知识基础。也就是说，学校教育不仅需要培育学习者的"学科素养"，而且也需要培育学习者的"跨学科素养"。曾任美国宾夕法尼亚大学校长的朱迪思·罗丁说："最佳的课程设置是利用学科交叉所产生的知识爆炸。"其实，各门学科之间有着不可分割的联系。从知识教学到能力培养，常常是你中有我，我中有你，互为基础，相互补充。教师既要有分的概念，看到各学科教学有分工的一面；又要有合的观念，看到教师的辛勤劳动将统一于教学对象。跨学科就是将两门及以上的学科整合起来，旨在把新的知识同既有的知识、信息与体验连接起来，进而同社区生活乃至全球社会的现实课题相联系，以此促进学习者对学习主题的基础性与实践性理解，也即超越了单一学科范畴的深度理解的精致化教学的设计。①

---

① 钟启泉. 基于"跨学科素养"的教学设计：以STEAM与"综合学习"为例 [J]. 全球教育展望，2022，51（1）：3-22.

例如，语文学习任务群中的"革命传统教育"，它本身是一个系统工程，不囿于某一门学科，对语文而言，主要是通过文学类和实用类作品呈现。这些作品是某个历史时期的现实生活反映，因此它离不开历史；同时这些作品又能够反映人们的道德理想观念和社会发展变革，因此它离不开政治、哲学等；除这些紧密结合的学科外，包括科学、技术、艺术等学科都可以与语文进行"革命传统"教育的项目式整合，这也符合目前国际教育提倡的"STEAM"教育探索。

在跨学科语文实践活动中要避免两个误区。首先，语文只是基础教育学科中的一门课程，而不是通晓所有知识的"万能学科"，我们所面对的学生，他们的接受能力与学习时间都是有限的。所以，在国家大力倡导"双减"的背景下，要警惕过度"跨界学习"给师生带来更大的负担。其次，语文跨界学习不仅要立足"全面育人"，而且要注重"学科育人"，即彰显自身不可替代的独特功能。不要把跨学科学习变成机械的"多学科拼盘学习"，更不能为了"跨学科"而"去语文化"，以致变成空洞肤浅的"泛文化学习"。①

[微视频]
微课：实施原则和实施策略

实践运用

● 实践任务 ●

1. 请根据本章内容，任选统编初中语文教材中的任意一篇课文或单元，进行语文实践活动的方案设计，并简要说明该方案蕴含的"语文特性"。

2. 阅读以下案例，指出其中存在的问题。

某教师组织了一次语文实践活动，活动名称是"让生日过得更有意义"，在"活动步骤"中进行如下设计：

首先是主持人宣布活动开始，全班学生齐唱生日歌；其次是当天过生日的学生讲一件自己最感激父母的事；再次是学生亲手制作一张感恩卡献给父母；最后是当天过生日的学生进行答谢，如回敬祝语、致谢，或简单演讲。

● 实践指要 ●

独立完成任务后，与教师、同学一起研讨，完成第一个实践任务，请联系语文实践活动的实施原则完成第二个实践任务，着重分析这个实践活动是否与语文学科紧密联系。

反思调节

● 学习反思 ●

请核对和填写表 13-3，看看自己有哪些收获，哪些方面还需要继续努力。

[拓展阅读]
实践指要 2.13

---

① 管然荣，杨毅. 语文跨学科学习的认知与实施 [J]. 中学语文教学，2022（2）：14-17.

表 13-3　学 习 反 思

学习内容	实现程度			改进建议	备注
	未实现	实现	充分实现		
了解语文课程标准对语文实践的相关描述					
理解语文实践活动的内涵及特征					
掌握语文实践活动的实施原则					
掌握语文实践活动的四大类型及实施策略					
运用所学知识进行语文实践活动的教学设计					

备注：请在"实现程度"的相应地方画"√"，如果某一学习内容"未实现"，请简要记录你的改进建议。

● 自我调节 ●

根据改进建议，你将会_____
_____
_____。

● 推荐阅读

1. 李红梅，王星明. 基于任务群教学的语文实践活动路径探究 [J]. 辽宁教育，2024（7）：5-9.

2. 吕芯韵. 核心素养视域下小学语文实践活动的设计 [J]. 教学与管理，2024（8）：51-53，59.

3. 王林波. 依托语文实践活动 有效达成学习任务 [J]. 语文建设，2023（20）：4-8.

第十四章　选修课教学

> 学生须能读书，须能作文，故特设语文课以训练之。最终目的为：自能读书，不待老师讲；自能作文，不待老师改。老师之训练必作到此两点，乃为教学之成功。①
>
> ——叶圣陶

🍃 **知识导图**

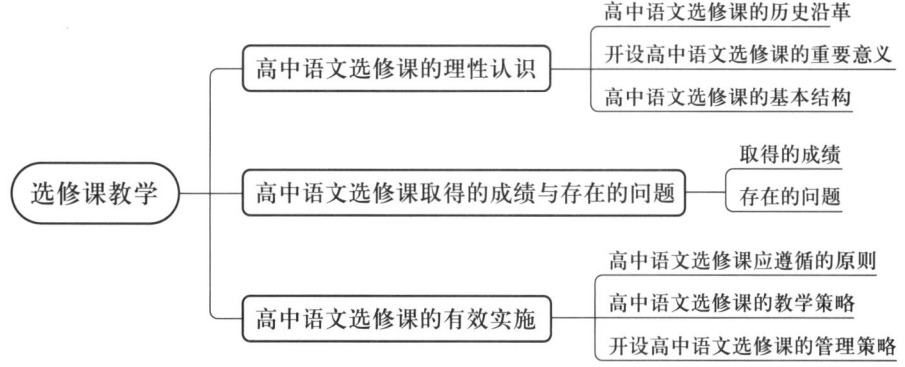

🍃 **学习目标**

1. 了解高中语文开设选修课的重要意义。
2. 了解高中语文选修课取得的成绩与存在的问题。
3. 掌握高中语文选修课有效实施的步骤。
4. 掌握高中语文选修课的教学策略。

---

① 叶圣陶. 叶圣陶语文教育论集［M］. 北京：教育科学出版社，2021：520.

案例研习

教例再现

下面是统编语文教材《中华传统文化专题研讨》中第一单元"进德修身:《论语》整本书阅读"的教学设计片段。

研讨任务一:通读全书,了解各篇梗概

1. 了解《论语》经典注疏版本,选择自己喜欢的版本阅读,如表 14-1 所示。

表 14-1 《论语》经典注疏版本信息

时代	作者	书名	出版社	出版年份
北魏宋	何晏注邢昺疏	《论语注疏》	中国致公出版社	2016
南梁	皇侃	《论语义疏》	广西师范大学出版社	2018
宋	朱熹	《论语集注》	商务印书馆	2022
清	刘宝楠	《论语正义》	中华书局	2016
民国	程树德	《论语集释》	中华书局	2013
当代	杨伯峻	《论语译注》	中华书局	2015
……	……	……		

2. 在通读的基础上,小组合作整理《论语》各篇梗概填入表 14-2。

表 14-2 《论语》各篇梗概

序号	篇目	内容概要
1	学而·第一	讲"务本"的道理,引导初学者进入"道德之门"
2	为政·第二	讲治理国家的道理和方法
3	八佾·第三	记录孔子谈论礼乐
4	里仁·第四	讲仁德的道理
5	公冶长·第五	评价古今人物及其得失
……	……	……
20	尧曰·第二十	记录古代圣贤的言论和孔子对于为政的论述

研讨任务二:深入研读,理解孔子形象

司马迁在《史记·孔子世家》中写道:"诗有之:'高山仰止,景行行止。'虽不能至,然心向往之。余读孔氏书,想见其为人。"因此,阅读《论语》需要了解孔子其人其事。

1. 分类搜集《论语》中表现孔子为人、为学的典型句段，完成表 14–3。

表 14–3 《论语》中表现孔子为人、为学的典型句段

表现方面	典型句段	形象特征
夫子自道		
弟子称扬		
外人议论		
……		

明确：从不同的角度可以看出孔子是一个知识渊博、才能卓越、品格高尚、意志坚定的思想家，同时又是一个诲人不倦、严谨认真、亲切感人、富有人情味的教师形象。

2. 拓展阅读《史记·孔子世家》、李长之《孔子的故事》，观看纪录片《孔子》，以《我心目中的孔子》为题，写一篇不少于 600 字的小短文。

3. 小组合作制作一份关于孔子的宣传海报，并在展板或者网页上展示。

● 案例点睛 ●

儒家思想是中国古代社会的主流思想，绵延至今，影响深远。《论语》是儒家经典著作，南宋时朱熹将其与《大学》《中庸》《孟子》合称"四书"，逐渐成为古代士人必读的经典。《论语》的古今注家不计其数，但经典注本相对较少，所以引导学生阅读经典注本是学习和传承的前提。作为一部语录体著作，《论语》记录了孔子及其弟子的言行。现存《论语》共 20 篇，篇与篇之间没有明显的逻辑顺序，一篇之内的各章没有紧密的关联，内容相对独立，但大体上有谈论的主题，所以通过组织学生填写各章的内容梗概有利于学生从整体上把握《论语》全书的体制特点和思想内容，为后面的深入研讨奠定基础。研讨任务二主要是分析孔子的人物形象，通过聚类阅读、拓展阅读、跨媒介阅读与个性表达、创意表达等实践活动，从语言、思维、审美、文化等不同角度提高学生的语文学科核心素养。

理论概述

一、高中语文选修课的理性认识

（一）高中语文选修课的历史沿革

选修课发源于19世纪德国的柏林大学，19世纪20年代，其经验传入美国，并得到推广与实践，收效显著。1919年，上海中国公学中学部、上海浦东中学等学校引进西方的选修课制度，进行初步尝试。1923年，国民政府颁布《新学制课程标准纲要》，规定在高中普通科中采用选修制。中华人民共和国成立后，1963年，我国政府颁布的《全日制中小学教学计划（草案）及说明》首次提出在普通高中开设选修课的要求。1992年，国家教委制订《关于在普通高中开设选修课的意见》，就普通高中选修课的内容和形式作了较为详尽的说明。1997年，我国的高中课程改革试验正式启动，选修课作为一种重要的课程类型进入中国的语文教育领域。2003年，教育部颁布《普通高中语文课程标准（实验）》，对高中课程设置以及课程结构进行改革，明确规定高中语文课程由必修课程和选修课程共同构成，极大地提高了选修课的课程地位。2017年，教育部制订《普通高中语文课程标准（2017年版）》，将课程设计分为必修课程、选择性必修和选修课程三种类型，再次强调选修课程对提升学生语文学科核心素养的重要性。

（二）开设高中语文选修课的重要意义

《普通高中语文课程标准（2017年版2020年修订）》在课程结构的设计依据中明确提出："必修的学习任务群构成普通高中语文课程目标、内容的基本框架，体现高中阶段对每个学生基本、共同的语文素养要求；选修的学习任务群则是在此基础上的逐步延伸、拓展、提高和深化，以满足学生对不同发展方向、不同发展水平语文素养的追求。"由此可知，选修课是在必修课基础上的进一步延伸、拓展和深化，致力于满足学生有选择地学习，对学生语文学科核心素养的提升和个性化发展起着重要作用。

1. 提升学生语文素养

语文素养是学生在积极的语言实践活动中构建起来的，在实际语言运用情境中表现出来的言语品质和言语经验，是学生在语文学习中获得的语言知识和语言能力、思维方法和思维品质、文化传承与理解、审美鉴赏与创造等能力的综合体现。必修课虽然重视培养和提升全体学生的语文素养，但它侧重于基础性和共同性，不能完全满足学生发展语文素养的个体性需要。相比之下，选修课更加切合学生的学习需要，充分尊重学生的学情，关注学生的个性发展，注重学生的个体思维品质，这就使得全面提升学生语文素养的要求，更加具有可行性与可操作性。所以，要提高学生的语文综合素养，不仅要重视必修课教学，而且要重视符合学生学情、兴趣和需要的选修课教学。

2. 促进教师专业发展

选修课的开设，对语文教师的综合素质与教学实力提出新的挑战。首先，教师要更新观念，自觉投入语文教学的改革大潮，积极顺应语文课程发展的新趋势。其次，教师应是选修课课程资源的开发者与创造者。如何有效使用选修课教材，如何将教材内容内化为契合自身优势的课程内容，是否能为校本课程的开发创造出优质资源，这是语文教师专业发展的必备素质之一。最后，语文教师应该是选修课教学内容的设计者、引导者、协助者，是教学方法的选择者与调控者。所以，无论是观念的更新，还是选修课的开发与有效实施，都对语文教师的专业素养提升具有重要的促进作用。

3. 加快校本课程建设

校本课程，是指教师根据学校的实际对国家或地方课程进行的补充、修正或改编所形成的课程。有时特指以学校为主体编制的体现本校特色且适用于本校的课程。国家课程与校本课程不是对立关系，而是互补关系。国家课程更多地关注统一性，保证基本的学术标准和统一的教学质量；校本课程更多地关注个体学校和学生的差异性、特殊性，能使课程更加适应学校和学生的具体情况。在目前实施新课程的情况下，要通过交叉整合来扬二者之长，避二者之短，实现优势互补，为学生的全面发展提供充分的精神食粮。为满足普通高中语文课程多样化和选择性的需要，学校必须增强课程资源意识，加快建设高质量的校本课程。学校应根据本地区所蕴藏的自然、社会、人文等语文课程资源，统筹规划，科学设计，选择有特色的自然风光、文物古迹、革命传统、风俗民情、学生的家庭生活，以及日常生活话题等语文课程资源，丰富选修课程资源，建设有特色的语文校本课程，打造自身教育特色，为学生的差异化需求和个性化发展提供课程资源保障。

（三）高中语文选修课的基本结构

普通高中语文课程由必修、选择性必修、选修三类课程构成。三类课程分别安排7~9个学习任务群。中华优秀传统文化、革命文化和社会主义先进文化方面的内容始终贯串必修、选择性必修、选修。

选修课程的学习任务群有9个："整本书阅读与研讨""当代文化参与""跨媒介阅读与交流""汉字汉语专题研讨""中华传统文化专题研讨""中国革命传统作品专题研讨""中国现当代作家作品专题研讨""跨文化专题研讨""学术论著专题研讨"。其中"整本书阅读与研讨""当代文化参与""跨媒介阅读与交流"贯穿三类课程，在选修阶段不设学分，穿插在其他6个学习任务群中。这6个选修课程的学习任务群是必修和选择性必修课的进一步延伸和深化，各自指向不同方向的专题研讨。

二、高中语文选修课取得的成绩与存在的问题

（一）取得的成绩

选修课实施以来，在各方面的共同努力下，其建设与实施取得显著成绩。参与选修课学习的学生语文学习兴趣更加浓厚，知识面更加宽广，探究能力和创新能力得到发展，特长更加突出，语文个性化学习倾向更加明显，语文素养得到提升。不少实施选修课的语文教师视野更加开阔，个人素养不断提升，教学方法更加灵活，教育智慧更加丰富，教育研究能力得到增强。积极主动实施选修课的学校在选修课的创造性使用、校本课程的开发与利用等方面总结了不少经验，语文课程教学特色

更加鲜明。此外，语文选修课程、教材、教法领域的研究成果也不断增加，为更好地开设选修课积累经验。

（二）存在的问题

选修课的开设虽然取得一些成绩，但也存在着一些问题。例如，有人将选修课视为"辅导课""补习课""补足工作量课""可有可无课""电视录像课""艺术、音乐、摄影等讲座及实践""福利课""高考深化课""学生放松课"等，有时会导致必修课与选修课的区分不够明显，选修课师资匮乏、评价欠缺等，这些问题需要在开设选修课的实践过程中不断解决。

三、高中语文选修课的有效实施

（一）高中语文选修课应遵循的原则

1. 注重提升学生的语文素养

高中选修课应帮助学生获得较为全面的语文素养，以适应未来学习、生活和工作的需要。语文素养，是指中小学生具有比较稳定的、最基本的、适应时代发展要求的听说读写能力以及在语文方面表现出来的文学、文章等学识修养和文风、情趣、价值观等人格修养。①语文选修课应关注学生的语言积累以及语感和思维的发展，帮助学生在识字与写字、阅读与鉴赏、表达与交流、梳理与探究等丰富多彩的语文实践活动中，提高语言建构与运用、思维发展与提升、审美鉴赏与创造、文化理解与传承等素养，与必修课共同承担学生语文学科核心素养的培育与提升任务。

2. 尊重学生的选择权利

选修是指学生从指定可以自由选择的课程中，选定自己要学习的课程。选择权是学生参与选修课学习的基本权利，教育管理部门、学校、教师都应充分尊重学生的这一权利。教育管理部门和学校不应以某些功利化追求而干涉选修课的开设，影响学生个性的发展与成长。教师在开设选修课时，教学内容的选择和教学目标的确立，必须在充分考虑学生需要和特点的基础上设定，不能单纯从教师的知识储备和喜好出发。所以，教育管理部门、学校及教师应充分发挥积极性和创造性，努力创造条件，建设满足社会发展需求和学生需要的选修课。

3. 坚持从实际出发

在语文选修课的实施过程中，各地区和学校一定要在把握课程改革精神的基础上，充分尊重本地、本校的实际情况，坚持从实际出发，量力而行。首先，应尊重学生实际。与必修课相比，在选修课的开设中，学校和教师虽然具有更大的自主性和选择权，但必须按照课程目标制订计划，充分考虑学生的需求和实际水平，不能因其设置灵活而凌乱随意、漫无计划，也不能因其拓展性要求而片面追求新奇深奥，更不能以教师个人的喜好取舍课程内容，必须以学生的认知水平和兴趣爱好为前提开设选修课，否则会事倍功半，甚至劳而无功。其次，应尊重学校和教师的实际。学校开设选修课应当从实际出发，充分估计所具备的现实条件，包括师资条件和学

[微视频]
微课：选修课应遵循的原则

---

① 温儒敏，巢宗祺. 义务教育语文课程标准（2011年版）解读［M］. 北京：高等教育出版社，2012：57.

校所能利用的物质条件，不要简单照搬外校的选修课教学模式。

4. 突出差异性和层次性

与必修课的教学要突出课程的基础性和均衡性不同，选修课的教学应突出差异性和层次性，鼓励开展个性探究，充分激发学生的学习兴趣和潜能。语文教师在教学时，要进一步培养学生的语言梳理和建构能力、文学作品的个性化体悟能力、科学思维和问题解决能力、文化理解和批判能力。高中的选择性必修课程应注重学习"面"的广度，选修应注重学习"点"的深度，体现层次性。

（二）高中语文选修课的教学策略

1. 教学内容的处理

高中语文选修课的设计，应以课程目标为依据，充分考虑学生的学习需求和学习水平，不能把选修课上成必修课、补习课、辅导课、休闲课等，教师对教学内容要进行恰当处理。

一是整合。首先是整合教师队伍的教育教学优势。选修课有不同的学习任务群，有的教师擅长抒情性强的诗歌散文，有的教师擅长阅读名人传记，有的教师擅长汉字汉语专题，有的教师擅长学术论著研读，有的教师擅长写作。因此要整合教材内容与教师的知识储备、教学风格，扬长避短，形成选修课师资团队，由专门的教师负责某一学习任务群或系列的教学。其次是整合教材内容。选修课模块的设计，不能按照教材内容照搬照用，要考虑学生的学情、教学时数的限制等因素，对文本内容有所取舍、有所侧重。

二是重构。选修课不同于必修课偏重基础性与均衡性的目标要求，它需要安排更多的符合学生"最近发展区"的学习内容，以激发学生的学习兴趣。重构的教学内容应该有足够的发散空间，能让学生调动所学知识，结合自身阅历与阅读积累，在教师特意留下的思考空白里尽情发挥合理的联想与想象。教师要制订不同于必修课的教学目标，学生要转换学习思路与思维方式，不断拓展视野，重构学习路径与方法。

三是拓展。必修课的设计要考虑课程标准、教材中考试测评的基本要求，不能在时间有限的课堂里随意地生发，插入大量的资料、图片、视频。必修课的教学设计要体现全面兼顾、重点突出的原则。语文课存在综合性与系统性之间的矛盾，传统教学处理这对矛盾的办法，就是所有的知识点全部教授、一点不漏、面面俱到。但这样会导致语文教学中出现许多不必要的重复，造成语文教学的少慢差费。面对综合性和系统性之间的矛盾，现今的语文教学采取目的单一、大胆取舍、一课一得、得得相连的办法。就是说，一篇课文值得学习的知识点，能力训练点尽管很多，据此可确立教学目标也很多。但是，依据课程标准、教材特点、学生学情以及整部教材的内在联系，确定的教学目标要突出重点，不必面面俱到。根据确定的教学目标，对教材内容就要进行取舍。舍弃一些内容后，保留的内容就得以突出和强化，在进行深入的学习后，可以落实在运用上。舍弃的内容并不是真正的舍弃，这篇课文舍弃的知识点在那篇课文中还会出现，那时根据需要可以将其作为重点，这样虽然看上去在一篇课文中有所失，但就一部教材而言，却是有计划、有步骤地设计完成了，这就叫一课一得、得得相连。

选修课是希望在有限的时间里,让学生尽可能多地收获知识、锻炼能力、拓宽视野、发展思维、提升品位,将具有实用价值的训练材料、富有品味的视听资源、净化内心的优美文章、精心推荐的参考书目等,有意识地向学生展示,帮助他们打开浏览视域,指导他们课后自行拓展自己的语文积累,与不同的编写者、作者、研究者进行深层次对话。

2. 教学方法的选择

内容决定方法,不同类型的选修课之间存在着课程目标和教学方法上的差异。有的重在实际操作,需要突出某一方面的专门知识和技能;有的重在发挥想象和联想,注重情感和审美体验;有的重在思辨和推理,强调理性和严谨。所以选修课特别需要注意寻求与课程内容相适应的教学方法。下面介绍三种常用的教学方法。

(1)对比教学法。教师可以引导学生将同一学习任务群中相同或相近的选修专题进行分析比较,引导学生从不同角度、不同层面、不同维度探究选修专题内容,包括在主题设置、情境创设、内容裁减、学习方法、课后拓展阅读等方面的异同,实现学生、教师、选修专题、选修文本与编写者意图的深层对话,这有利于教师、学生进一步开阔选修课的教学视野,立体、全面、深入地把握选修教学专题内容,提升选修教学效果。①例如,选择唐代山水诗专题的鉴赏,可以将王维的《汉江临眺》、孟浩然的《宿桐庐江寄广陵旧游》与柳宗元的《渔翁》进行比较阅读,可以体会到他们在情感上的异同:王维留恋、醉心于山水的快乐,孟浩然通过凄迷孤寂的景物,衬托绵绵愁思与客居异乡的忧思,柳宗元在"欸乃一声山水绿"的闲适中透露出心中似有块垒。

(2)自主学习法。选修课教学要为学生提供更多的自主学习机会和条件,充分调动学生已有的知识储备,鼓励他们大胆实践,选择自己感兴趣的教材内容或研究课题,自行探究学习方法,理清学习思路,学会自我监控和学习管理,自觉查阅资料、实地考察、请教相关教师,在经过各种努力完成学习任务后,通过撰写研究文章,或制作汇报课件,或填写实践报告等方式总结学习成果,充分锻炼学生的自主实践能力。

(3)合作探究法。合作学习有利于学生在互动中提高学习效率,有利于培养合作意识和团队精神。因为选修课专题更为集中,所以应该让有相同学习兴趣的学生自愿组成学习小组,选择相同或相近的专题进行合作探究,共同完成集体学习任务。通过合作学习,提高学生在语言运用、思维提升、审美鉴赏等方面的语文学科核心素养。在学生合作探究的过程中,教师的角色应是指导者、促进者、鼓励者,当学生在合作探究的过程中遇到困难时,教师应及时给予有效指导,给学生提供相关资料,鼓励他们克服困难,促进学生完成学习任务。

3. 教学评价的实施

必修课的评价主要立足于共同基础,选修课的评价要在关注共同基础的前提下,更多地着眼于差异性和层次性。选修课的评价既要关注"面"的广度,又要关注"点"的深度。选修课的评价应避免刻板统一的评价标准,要结合不同内容的特点和要求,制订恰当的、有针对性的评价标准。例如文学类应以"审美能力""艺术趣味和欣赏

---

① 陈鲁峰. 拓宽思路,用活方法:高中语文选修课专题式教学的推进策略[J]. 中学语文教学,2011(9):54-56.

个性"为评价重点;新闻传记类应以"是否关心国内外大事,是否养成阅读新闻的习惯,并能准确把握主要内容和关键信息"为评价重点;语言文字应用类应以"语言知识在各方面交际中的实际应用能力"为评价重点;文化论著类应以"对论著内容的理解和观点的把握"为评价重点。在选修课的评价中,应对学生的探究意识、参与程度、探究方法及探究结果等进行综合考察。

选修课的评价更应注重形成性评价。评价学生的选修课学习,应结合其自主探究的过程与结果,评价重点应放在学习过程中的态度、创意、责任心、意志力、合作精神、参与态度等。学生在这样的评价机制里,能自觉地重视学习过程中的每个环节,精心准备,全力投入,从而逐步形成适合自己的学习方法。有效的学习方法可以促进他们更好地进行下一阶段的活动,如此良性循环,学生能够收获学习成就感,激发对语文学科持久的学习兴趣。

选修课的评价应倡导评价主体的多元化。激励学生学会对自己参与选修课学习作出正确客观的评价,既关注自己学习的过程,又关注自己学习的结果,让学生能够找出并解决自己学习过程中存在的问题。同时,家长、教师、教学管理人员等也应参与评价,建构选修课评价共同体,通过不同的主体,从不同角度对学生的选修课学习情况进行评价,从而帮助学生正确认识自己,不断反思总结,学会终身学习。

(三)开设高中语文选修课的管理策略

1. 落实学生为本的选修课制度

当前某些学校在开设选修课时,存在着学生无法自主选课的弊端,这既是因为选修课程资源匮乏,又与教师对学生缺乏具体细致的选课指导有关。教师可以借鉴国内外的高中选修课实施经验,建立适合学生、服务学生的选课指导制度。[1]选课制与指导制相结合,可构建集体辅导制度、班主任辅导制度、学生咨询制度和学生互助制度等组成的制度体系,保证每个学生都有机会接受充分的选课指导,帮助学生正确处理学习过程中产生的问题,减少选课的盲目性,保证学习计划能得到很好的落实。

2. 鼓励开发校本语文选修课

首先,明确课程设置的目标与理念,以便高屋建瓴地进行课程内容的建构与规划;其次,课程设计要因地制宜,注意挖掘潜在的资源,如选派教师进修,利用电视、互联网等媒介和当地的人文、自然资源等条件,建设校本特色选修课;最后,学校管理者应从制度上保障开设选修课的教师的课时量及相关待遇,建立激励制度,奖励优秀的选修课开课教师,积极推广其先进经验,以便在更大范围内提高选修课质量。

实践运用

● **实践任务** ●

选择下列任务中的一项设计教学方案。要求:① 符合选修课教学的基本原则;

---

[1] 贺雅琴,李珍梅. 国外普通高中选修课改革述评:从"芬兰模式"谈起[J]. 内蒙古师范大学学报(教育科学版),2010,23(6):11-13.

② 正确运用选修课教学内容处理的相关方法;③ 能够灵活运用选修课的教学方法。

任务一:运用选修课相关理论和方法,为统编选修教材"中华传统文化专题研讨"第五单元"乐山乐水"设计教学方案。

任务二:运用选修课相关理论和方法,为统编选修教材"中国现当代作家作品专题研讨"第一单元"走近鲁迅"设计教学方案。

● 实践指要 ●

1. 认真阅读选修课相关理论和方法知识,搜集资料,深入解读所选学习任务群的内容。

2. 结合学习任务群的要求确定教学目标,选择恰当的教学方法设计教学方案。

 反思调节

● 学习反思 ●

请核对和填写表14-4,看看自己有哪些收获,哪些方面还需要继续努力。

表14-4 学 习 反 思

学习内容	实现程度			改进建议	备注
	未实现	实现	充分实现		
了解语文选修课的历史沿革及重要意义					
了解开设高中语文选修课取得的成绩与存在的问题					
掌握高中语文选修课应遵循的原则					
能理解并熟练运用选修课教学的相关策略					

备注:请在"实现程度"的相应地方画"√",如果某一学习内容"未实现",请简要记录你的改进建议。

● 自我调节 ●

根据改进建议,你将会＿＿＿。

推荐阅读

1. 张伟."中国现当代作家作品研习"的课程功能与实现策略[J].语文建设,2023(7):4-9.

2. 张钧."汉字汉语专题研讨"任务群的教学范式[J].中学语文教学,2018(9):8-11.

3. 黄明勇.论语文核心素养在高中选修课中落地的有效路径[J].中国教育学刊,2017(S2):37-40.

第十五章 中职学校的语文教育

> 中等职业学校语文课程承载着党的教育方针，规定了语文课程目标、课程内容和学业质量标准，直接体现了国家意志，在落实立德树人根本任务中发挥着关键作用。①
>
> ——倪文锦

知识导图

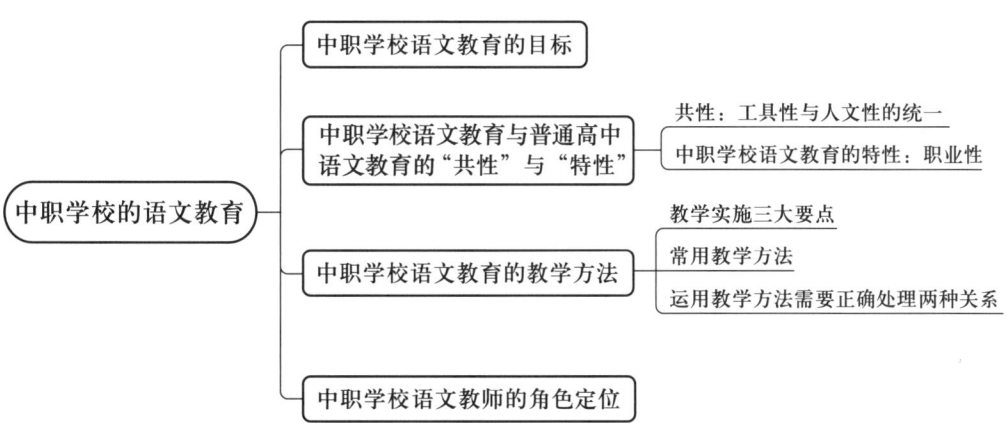

学习目标

1. 了解中职学校语文教育的目标。
2. 理解中职学校语文教育与普通高中语文教育的"共性"与"特性"。
3. 掌握并运用中职学校语文教育的教学方法。
4. 了解中职学校语文教师的角色定位。

---

① 倪文锦. 中等职业学校语文课程标准解读：2020 年版 [M]. 北京：高等教育出版社，2020：前言Ⅲ.

案例研习

教例再现

上海的邵彩洪老师在执教《项链》（高教版中职《语文》教材第三册）一课时，根据所教班级（酒店服务与管理专业）学生的发展特点，确定"体会文章细腻的描写手法；提高学生多角度、多层面审视人物形象的能力；提升学生写作能力和口语表达能力"等教学目标，设计了以下教学环节。

（1）导入

根据下列三个片段让学生续写文章：

片段1 开珠宝店：她把佛来思节夫人还来的真项链变卖了，开了一家珠宝店。

片段2 放弃项链：她把佛来思节夫人的话告诉老公，老公问她，要不要去问佛来思节夫人要回来，她摇摇头说，算了，我们现在的生活不是很好吗？

片段3 珍惜现在：她突然意识到，世界上最珍惜她的人就在自己身边，那就是自己的老公。

教师事先需仔细阅读学生们续写的文章，将特别精彩的片段摘录下来并放进PPT中进行展示。之后提问：同学们，你们觉得上述续写如何？

（2）讨论

让学生分组讨论，每个小组选择一个问题评价其优缺点。

问题1：续写好在哪里？（如心理描写、动作描写、语言描写等）

问题2：你觉得作者这样写的目的是什么？

以上两个问题的设计是让学生回归文本，在欣赏同伴的作品时，能够与文本结合起来欣赏，加深对人物的理解。

（3）谈体会

经过三组学生对续写佳作的讨论之后，请作者走上讲台讲讲自己创作的初衷。

这个环节主要担心学生缺乏表达内容，但相信经过前面十分钟的讨论后，这些学生对自己的续写会有进一步的思考。

提示：从自己创作的初衷考虑，为何女主人公会有这样的想法和做法，从原文的哪些地方确定她会这么做。

（4）点评

这个环节，教师要回归文本。

选择开店的续写，文本第四部分中的哪些词句可以看出她已经学会了坦然面对生活？（再次品味）

选择放弃的续写，文本第二部分中的哪些词句可以看出佛来思节夫人不会归还项链？（再次品味）

选择珍惜的续写，文本第三部分中的哪些词句可以看出路瓦栽先生对玛蒂尔德的疼爱？（再次品味）

> 教师点评：主要从语文知识和酒店服务与管理专业的学生特点两方面进行引导，为学生未来的可持续发展奠定基础。例如，对续写"片段2 放弃项链"可作如下点评："此文是续写女主人公放弃把佛来思节夫人还给她的真项链拿去卖掉的想法，而是学会面对现实，脚踏实地走好当下每一步的文章。同学们学习的是酒店服务与管理专业，今后大多从事与酒店行业有关的职业，而酒店行业的流动性比较大，要想在此行业有所建树，就要有女主人公面对现实生活的踏实肯干，否则很难取得成功。"①

● 案例点睛 ●

上述案例中，教师面对的是酒店服务与管理专业的学生，对这些学生来说，语言理解与运用能力是他们将来从事相关工作的重要能力之一。邵老师的上述教学设计主要运用讨论式教学法，他让学生先续写文章的结尾，然后在课堂上分组讨论，这有利于训练学生的口头表达能力，这样的教学设计符合中职学生的学习特点。通过续写人物和原著人物的对比分析，提高学生多角度、多层面审视人物形象的能力。学生在续写中进一步加深对人物形象的理解，体会小说的多种描写手法，提高写作能力。每个小组都要选派一个代表将该小组讨论的结果表达出来，这又间接地培养学生的口语表达能力。在点评过程中，教师有意识地将语文课和学生所学专业结合，培养学生的职业道德和职业精神，体现出中职学校语文教育的特殊属性。

---

① 邵彩洪.基于能力本位的中职语文教学方法的实践研究［D］.上海：上海师范大学，2013：21.

理论概述

一、中职学校语文教育的目标

《中等职业学校语文课程标准（2020年版）》在"前言"部分指出，"中等职业教育担负着培养德智体美劳全面发展的高素质劳动者和技术技能人才的任务，是国民教育体系的重要组成部分，与普通高中教育具有同等重要地位"[①]，中等职业学校语文课程"是各专业学生必修的公共基础课程"[②]，要"既坚持立足类型教育，体现职业教育特点；又保证基本国民素质的培育，体现高中阶段教育的普遍要求，确保中职学生有一定的共同文化基础"，由此可见，中等职业学校语文教育的重要地位日益凸显。[③]

在义务教育的基础上，中职学校语文教育目标继续坚持落实立德树人根本任务。具体而言，语文学科核心素养是立德树人在中职语文课程中的体现，是语文学科在中职语文课程教学实践环节落实宏观教育理念、培养目标的具体要求。"学科核心素养是学科育人价值的集中体现，是学生通过学科学习与运用而逐步形成的正确价值观念、必备品格和关键能力。语文学科核心素养主要包括语言理解与运用、思维发展与提升、审美发现与鉴赏、文化传承与参与4个方面，是学生在语文学习中获得与形成的语言知识与语言能力，思维能力与思维品质，情感、态度与价值观的综合体现。"[④]

根据语文学科核心素养培育的要求，中职学校语文教育确立学生通过语文课程学习应该达到的八个课程目标如下：（1）语言认知与积累；（2）语言表达与交流；（3）发展思维能力；（4）提升思维品质；（5）审美发现与体验；（6）审美鉴赏与评价；（7）传承中华优秀传统文化；（8）关注、参与当代文化。八个课程目标紧密呼应语文学科核心素养，并贯通中职学校语文教育"教—学—评"的全过程。

二、中职学校语文教育与普通高中语文教育的"共性"与"特性"

中职学校语文教育与普通高中语文教育同属语文教育大类，二者既有共性又有各自的特性。

（一）共性：工具性与人文性的统一

从学科性质角度看，无论是中职学校的语文教育还是普通高中的语文教育，其根本性质完全一致，都是"工具性与人文性的统一"，这是二者共性的体现。

和普通高中的语文教育一样，中职学校的语文教育在"授业""教书"的同时，必须对学生进行人文教育，关注学生个体生命多方面的发展，突出语文教育的人文性。同时，中职学校的语文教育也不能忽视工具性。一方面，通过语文学习，使学

PPT：中职语文教育与普高语文教育的异同点

---

① 中华人民共和国教育部. 中等职业学校语文课程标准：2020年版［M］. 北京：高等教育出版社，2020：Ⅰ.
② 中华人民共和国教育部. 中等职业学校语文课程标准：2020年版［M］. 北京：高等教育出版社，2020：Ⅰ.
③ 倪文锦. 中等职业学校语文课程标准解读：2020年版［M］. 北京：高等教育出版社，2020：8.
④ 中华人民共和国教育部. 中等职业学校语文课程标准：2020年版［M］. 北京：高等教育出版社，2020：2.

生掌握相应的言语交际能力，为他们较好地完成专业课程的学习创造条件；另一方面，通过知识的积累，提高语言理解与运用能力，为学生走上教师岗位之后的可持续发展奠定良好基础。坚持语文教学的工具性，需要重点把握两个方面的内容：一是注重语言积累，指导学生在掌握字、词、句的基础上，多读书、读好书，扩大阅读范围，广泛阅读古今中外优美的文章、片段，品味名家名作的语言运用，对优美段落做到熟读背诵，并将其转化成自己的语言加以运用。对生僻字词，养成随时查字典的习惯，避免不求甚解、囫囵吞枣，在阅读中不断积累素材、积累知识，提高自己的语文应用能力。二是注重应用，强化语言训练。鼓励学生多说多写，可以采取小组讨论交流、复述课文内容、安排习作训练等方法，增强对所学词句的理解。特别要加强对学生说、写训练的指导，及时纠正出现的理解偏差。在中职语文教学中，工具性与人文性绝不能搞两张皮，它们必须紧密结合。

（二）中职学校语文教育的特性：职业性

较之普通高中语文教育，中职学校语文教育具有职业教育特色。从课程设置的基本思路来看，为了培养适应时代要求的创新型、复合型、应用型技能人才，中职学校语文教育要求"结合职业教育特点，选择与职业生涯密切相关的教学内容，融入职业道德、职业精神教育，强化与职业能力密切相关的学科核心素养培养，满足学生未来职业发展的需要"[①]。从课程模块来看，中职学校语文教育专门设置"职业模块"以提高学生的职业素养，其中的"劳模精神工匠精神作品研读""职场应用写作与交流"专题，作为必选内容极大地展现中职学校语文教育的职业特色。从学业质量水平与考试评价来看，中职学校语文教育设置两个水平等级，"水平 1 是学生在完成本课程学习后应该达到的合格要求，是毕业合格性考试的命题依据；水平 2 是参加高职院校分类考试的学生应该达到的要求，是高职院校分类考试的命题依据"[②]，这两个水平等级及其具体的学业质量水平描述，都体现出中职学校语文教育对技能人才素质要求的不同。

[拓展阅读]
中职语文教育概述

三、中职学校语文教育的教学方法

教学方法是指为了完成一定的教学任务，师生在共同的教学活动中采用的手段。既包括教师教的方法，又包括学生学的方法。教学方法的选择随着教学活动的变化而变化，它必须以掌握一定的教学要点为前提。

（一）教学实施三大要点

在中等职业学校课程改革的背景下，面对中职学校语文教育的特殊性，语文教学实施应掌握三个教学要点。

1. 要基于专题进行课堂教学

与过去以选文为主、以文体组元开展单篇教学不同，新的课程内容以中职学校语文学科核心素养为统领，包含基础模块 8 个专题、职业模块 4 个专题和拓展模块

---

① 中华人民共和国教育部. 中等职业学校语文课程标准：2020 年版 [M]. 北京：高等教育出版社，2020：Ⅲ.
② 中华人民共和国教育部. 中等职业学校语文课程标准：2020 年版 [M]. 北京：高等教育出版社，2020：27.

3个专题，共计15个专题。因此，中职学校语文教育都是基于专题内容实施课堂教学活动。

2. 要创设适宜的学习情境

"语文学科核心素养在具体的阅读与欣赏、表达与交流、语文综合实践等活动中形成和发展，并通过真实、多样的语言运用情境反映出来。"[①]语文实践活动情境包括职业生活情境、个人生活情境、社会生活情境、学科认知情境。为此，在中职学校的语文教学中，教师要主动创设与实践活动情境相近的教学情境，让学生在具体的情境中开展学习活动。

3. 要有效结合现代信息技术

信息技术的飞速发展，尤其是人工智能的快速进步，极大地改变着人们的思维方式和生活方式，也将给教育领域带来重大而深远的影响。为了培养未来社会所需要的高素质劳动者和技能技术人才，中职学校语文教育应努力实现与信息技术的有效融合。

（二）常用教学方法

语文课程的教学方法多种多样，以下探讨符合中职学校语文教育特点，且与三个教学实施要点相匹配的常用教学方法。

1. 模拟训练教学法

模拟训练教学法，是一种把人为创造的与真实社会相似的仿真环境作为实践教学场所或组织形式的教学方法。学生在实训基地或人造情境的模拟实践中，学习从事相关职业所需的知识、技能和能力。模拟训练教学法能给学生一种身临其境的感觉，更重要的是，它能以低成本的方式给予学生重复训练的机会，强化学生关键能力的培养。模拟训练教学法分为模拟设备训练教学法与模拟情境训练教学法两类。

模拟设备训练教学法是专业类教学中常用的一种实践教学方式。中职学校的语文教育如果能巧妙地借助模拟设备训练教学法，那么往往能达到事半功倍的教学效果。例如，在对空中乘务专业的学生进行听说能力训练时，教师可以借助航空实训设备的真实情境，组织学生模拟空中乘务员的讲解以及客舱服务的日常听说交流。在实训过程中，传授相关知识并指导其应用于工作实践，强化关键能力的培养。

模拟情境训练教学法是根据行为导向教学的提示和不同的教学内容，教师设计不同特色的模拟教学情境，以增强学生的知识现场感和直观感。例如，在讲授职业模块"专题2 职场应用写作与交流"时，无论是招聘启事、求职信，还是聘书、用人合同，教师都可以组织学生模拟开展一场生动活泼的人才招聘会，让学生在实践运用中学会相关文体的操作规范。招聘会所需的各种元素或场景，例如，招聘会场、招聘单位、招聘岗位等都与现实社会中所见到的相同，只不过招聘过程是模拟的。

2. 案例教学法

案例教学法是一种借助某个具体情境或特殊问题的描述引导学生进行分析与讨

[①] 中华人民共和国教育部. 中等职业学校语文课程标准：2020年版［M］. 北京：高等教育出版社，2020：33.

论的教学方法。案例教学法注重的不是结果，而是整个思考运作的过程。学生通过对特殊情境或问题的思考、分析和研究，发现或抓住问题，并结合个人自身的经验和知识，寻找解决问题的途径与手段，从而激发学生的创造潜能，并培养学生独立处理问题的能力和学习能力。案例教学可以是专业型的，也可以是非专业型的。

（1）专业型案例教学。尽管所教的不是专业课，但中职学校的语文教师应保持对不同专业的高度敏感，并善于从中积累有代表性的案例，结合相关语文教育内容，指导学生进行分析、探讨与研究。例如，同样是讲授合同文书的课程内容，面对旅游专业的学生，可以收集一些旅游行业中的典型案例；面对航空运输专业的学生，可以收集一些民航运输业中常见的案例。这种有针对性的案例教学，既有较强的专业性，又有现实生活的指导意义，对学生的职业发展有前瞻性的辅助作用。

（2）非专业型案例教学。根据语文教育的实际需要，教师可以从教材或社会生活中寻找一些有代表性的人物或事例，指导学生判断、分析其成功或失败的原因，提高对社会和人生的认识水平。例如，教师可以以"感动中国"的年度人物的典型事迹或课文《老人与海》中的老年渔夫为例，组织学生进行自由式讨论、辩论或作文，以加强学生对诚信、责任、良知、奉献精神等中华优秀传统美德的认识和感知，促进其良好人文素养与职业素养的形成。

3. 项目教学法

项目教学法是通过师生共同实施一个完整的项目来提高职业认知水平的方法。在职业教育中，项目指的是以完成一项具体的、有实际应用价值的产品为目的的任务。项目教学法的基本方式是以小组的形式，小组中的学生共同制订计划，共同或分工完成整个项目。分组的目的是培养学生的组织能力、社会交往能力和独立学习能力，促进其个性的发展乃至集体主义观念的生成，学会在合作中竞争的本领，养成在竞争中合作的良好品德。项目教学的实施既可以是同一专业内的单一合作，又可以是不同专业之间的多元合作。

（1）单一型项目教学。同一专业项目教学的优点是合作者比较熟悉，容易协调。例如，为了培养学生的语文写作能力，教师可以在同一专业的平行班中采取分班竞赛的方法，让学生以小组的形式各出一份习作刊物。教师指导学生在协商的基础上，发挥其所长。如可由善于交际的学生担任主编，由阅读分析能力较强的同学担任编辑，由写作能力较强的学生撰稿，由擅长美术且懂平面设计的学生担任美编等。所有学生共同参与、分工合作，可以有效地培养学生的团队合作意识。

（2）多元型项目教学。在许多情况下，项目的实施都会或多或少地牵涉专业之外的其他部门或领域。例如，教师可以组织不同专业的学生从不同角度对某一行业进行市场调查，并合作完成一份《市场调查报告》。这是一个牵涉较广的项目，教师可指导学生在熟悉文体特点的基础上，做好项目计划，并进行总体协调，将每个相对独立的任务交给不同专业的学生完成。由于参加多元型项目小组的学生来自不同的专业或工种，人员背景复杂，因此学会团队合作显得尤为重要。

4. 角色扮演法

角色扮演法是通过对某个社会情境中的角色扮演培养学生关键能力的教学方法。角色扮演扎根于个人和社会两个方面，力图帮助作为个人的学生通过不同角色的扮演，了解和熟悉其所处的社会环境与社会群体，并形成处理类似问题的恰当的、合理的经验与方法，它有利于学生强化相关职业技能，形成良好的职业素养。学生在"角色"的认知、模仿、承担和变通等过程中锻炼自身能力，形成职业素质、品质和气质。角色扮演主要有课本剧型和虚拟情景型两种。

（1）课本剧型角色扮演。语文教材中有许多经过时间筛选、故事性较强的名篇佳作。教师可根据实际情况，有选择地指导学生将部分篇目改编为可供表演的剧本，并辅以音乐、舞蹈、美术等多种形式，让学生分角色进行表演。例如，对《雷雨（节选）》《窦娥冤》等戏剧文本，以及《祝福》《鸿门宴》等故事类文本的教学，教师可以组织学生在熟悉文本内容的基础上，结合个人专长和喜好，分角色进行表演。表演者在排演过程中的投入是全方位的，不仅需要正确地把握个体角色的情感定位，而且需要对剧本的整体结构、人物关系、情节安排、故事背景以及社会场景等有比较完整的认识。

（2）虚拟情景型角色扮演。通过模拟某个特殊情境中的人物或角色学习相关课本知识，形成关键能力。如模拟法庭，教师可组织学生模拟现实法庭中的人物如审判长、审判员、检察官、辩护律师及受审者等，指导他们运用书本上的相关知识，各自陈述意见并展开辩论。在角色扮演的过程中，学会相关法律文书的写作规范，增强法律意识，锻炼组织能力、学习能力和语言文字表达能力等。

5. 讨论式教学法

讨论式教学法是指学生在教师的指导下，为实现一定的教学目标，通过预先的设计与组织，启发学生就特定问题进行探讨并发表自己的见解，辨明是非真伪，获取知识，从而激发学生创新思维能力的教学方法。这种教学方法的优点是以学生为主，能更好地发挥学生的积极性、主动性，有利于培养学生的口头表达能力、独立思维能力，促进学生灵活地运用知识。

讨论式教学法能够让学生在学习过程中吸收、内化语文知识，并运用于生活实践中。但是教师也应看到，这种教学方法对学生的课前预习有一定要求，在学生讨论前，教师要对学生进行必要的引导，帮助学生进行课前学习，这是讨论式教学得以顺利进行的前提。同时，教师还需注意四个方面的问题：第一，讨论问题的设计要难易适度、有价值和吸引力；第二，讨论资料的提供要丰富且具有辩证性；第三，要善于启发和引导学生讨论的思路；第四，训练学生的讨论技能并在讨论结束时进行小结。只有这样，整个课堂才能真正起到相应效果。

中职学校语文教育的教学方法有许多种，上述为其中几种比较典型的与中职学校语文教育特点相匹配的教学方法，其他的如讲授法、练习法、直观教学法、快乐体验法等，教师也可以根据教学的实际情况加以选用。教学方法多种多样，但教师在运用的时候要因时因事因地制宜，善于根据当时情况的特殊性灵活采用。

(三)运用教学方法需要正确处理两种关系

教学方法的运用必须考虑教学目标、教学内容等因素,由于中职学校语文教育的特殊性,除像普通高中的语文教育一样考虑上述因素外,还需要考虑与语文课关系密切的专业课因素,以及语文课程内部基础能力和应用能力的关系因素等,综合以上因素才能有效掌握和运用教学方法。在日常教学中,运用教学方法需要正确处理"语文教学与专业教学"和"夯实语文基础与培养实用能力"两种关系。

[拓展阅读]
中职学校语文教育的基本原理

1. 语文教学与专业教学的关系

处理好语文教学与专业教学的关系,首先要明确语文课与专业课的关系。语文课不是专业课的附庸,二者也不是简单的主次关系。虽然中职学校的语文教育要体现职业特色,但它毕竟是一门独立学科,拥有完整的知识体系。中职学校的语文教学既要保证语文学科的独立性,又要满足中职学校专业人才培养对语文教学提出的特殊要求。

因此,语文教学与专业教学之间不是"此消彼长"的关系,二者可以职业特色为纽带,促进部分教学内容的交叉,寻找契合点确定教学策略,促进教学方法的整体生成与改进。甚至可以采用语文教师和专业教师共同教学的方法,实现语文教学与专业教学的和谐共赢。例如,烹饪专业有关美食鉴赏写作的教学可以由语文教师和"美食鉴赏"专业课教师共同执教,语文教师和"美食鉴赏"专业课教师分别从语文写作角度与美食专业的角度各有侧重地讲解、点评,使学生学习到的写作知识既有语文性又有专业性。总体来看,中职学校的专业教学离不开语文教学对学生言语能力和人文精神的熏陶,语文教学也要考虑学生的专业特性和就业需求。只有厘清二者关系,才能更好地提高中职学校语文教育的效益。

2. 夯实语文基础与培养实用能力的关系

《中等职业学校语文课程标准(2020年版)》规定,中等职业学校语文课程由基础模块、职业模块和拓展模块构成。(1)基础模块是各专业学生必修的基础性内容,由8个专题构成。(2)职业模块是为提高学生职业素养安排的限定选修内容,由4个专题构成。选修专题不少于3个,其中,专题1、专题2必选,专题3、专题4任选1个。拓展模块是满足学生继续学习与个性发展需要的自主选修内容,由3个专题构成。根据上述语文教学结构可以看出,中职学校的语文教学要始终贯彻职业教育"强化与职业能力密切相关的学科核心素养培养,满足学生未来职业发展的需要"的课程改革基本思路,强化学生语文实用能力的培养。

但是,侧重培养语文实用能力与夯实语文基础并不矛盾。事实上,只有具备良好的语文基础知识,才能更好地进行语文实用能力的培养。例如,"职场应用写作与交流"专题教学,学生只有在掌握一定的词汇量和语法知识的基础上,才能形成良好的语言表达能力,适应工作岗位的需要。中职学生语文实用能力的培养应该立足坚实的语文基础,在毕业之后,无论是继续深造还是走上工作岗位,都要处在不断地学习之中,具备基本的语文能力是学生终身发展的基础。因此,处理好培养语文实用能力与夯实语文基础之间的关系,是中职学校语文教学质量的重要分水岭。

四、中职学校语文教师的角色定位

中职学校语文教师的角色要从"语文学科教师"向"双师型教师"转变。中职学校语文教师属于非专业教师，但在深化产教融合、校企合作的背景下，对中职学校语文教师的要求已经不仅限于"教好语文学科"。中职学校语文教师要具备指导学生编写与其专业相关的活动内容、活动组织、活动展示、活动交流、活动评价等活动方案的能力；要勇于打破课堂内外、学科内外、学校内外的界限，引导学生在实践活动中结合专业特点学习语文、运用语文，逐步掌握在实际情境中运用语言文字的能力；要积极探索中职学校语文教育与专业实践相融合的教学模式，等等。作为中职学校语文教师，如果完全不了解某一专业技术技能人才培养的过程和教学方法，使语文课的教学内容、应用方法完全脱离专业，不进行针对性教学，那么语文课和专业课就难以形成育人合力，教学过程就会产生离散现象，教学效果就会大打折扣。所以，中职学校在倡导专业教师追求"双师型"教师的同时，包括语文教师在内的非专业教师也要主动了解相关专业培养目标、核心课程内容、实践教学方法、职业素质要求，主动把自己所教授的语文课程放进专业领域之中，积极参与专业改革，使自己与专业教师有更多的共同语言，只有这样，才能更好地培养高素质劳动者和技术技能人才。

实践运用

● 实践任务 ●

任务一：如果你是一名中职学校语文教师，将在建筑工程技术专业或其他专业执教《项链》一课，请确立把语文教学内容与学生专业特点相结合的教学任务，为了完成这些任务，你将选择怎样的教学方法。

任务二：假设你的执教对象为旅游服务或其他专业的学生，请为《定风波》（高教版中职语文基础模块上册）设计教学方案。要求注重教学实施的三个要点，并在教学方案中标出运用的主要教学方法。

● 实践指要 ●

独立完成任务后，针对实践任务二的教学任务以及与其对应的教学方法，与教师、同学一起研讨，言之有理即可。针对实践任务二的教学方案，着重分析教学方案的优点与不足，并根据改进建议加以修改。

[拓展阅读]
实践指要 2.15

反思调节

● 学习反思 ●

请核对和填写表 15-1，看看自己有哪些收获，哪些方面还需要继续努力。

表 15-1 学 习 反 思

学习内容	实现程度			改进建议	备注
	未实现	实现	充分实现		
了解中职学校语文教育的目标					
理解中职学校语文教育与普通高中语文教育的"共性"与"特性"					
掌握并运用中职学校语文教育的教学方法					
了解中职学校语文教师的角色定位					

备注：请在"实现程度"的相应地方画"√"，如果某一学习内容"未实现"，请简要记录你的改进建议。

● 自我调节 ●

根据改进建议，你将会_____
_____
_____。

推荐阅读

1. 叶艺超. 新课标背景下中职语文教学改革研究 [J]. 佳木斯职业学院学报，2023，39（11）：145-147.

2. 张顼. 基于新课标背景下的中职语文教学改革：党的二十大精神进课堂的现实价值及推动策略探究 [J]. 天津职业院校联合学报，2023，25（10）：25-28，40.

3. 宋廷军. 中职语文课通专融合：价值、模式与路径 [J]. 中国职业技术教育，2023（20）：47-51.

下编
语文教师

第十六章 现代语文教师的专业发展

> 有魅力的语文课，对语文老师的素质提出了挑战。无论是从孩子们对我们的课堂期待来看，还是从语文学科本身对我们的专业要求而论，我认为，一个语文老师应该有学问，有思想，有情趣，有才气，有胸襟。[1]
>
> ——李镇西

● 知识导图

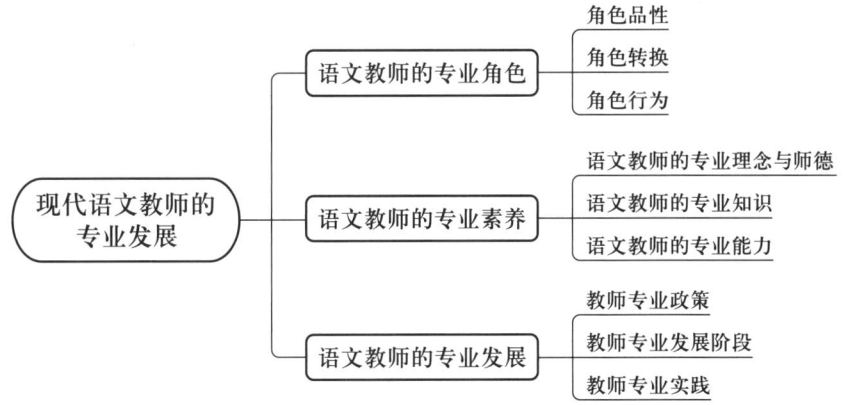

● 学习目标

1. 理解和把握新课程背景下语文教师的角色转变。
2. 理解和把握语文教师专业素养的基本构成和要求。
3. 理解和把握教师专业标准对语文教师的专业要求。

---

[1] 李镇西. 我们应该成为什么样的语文教师？[J]. 中学语文教学，2016（3）：4-8.

案例研习

● **教例再现** ●

康雅迪老师在给一个二年级小女孩辅导作文时,遇到了这样一件事。

小女孩是班里的学习委员,多次考试经常得第一名,很受老师的喜欢,她开始练习作文的年纪比较早。讲解作文前,我先浏览了一下她以前写的语段,发现其中的一句话读来有些别扭:"太阳像火辣辣的火球烧烤着大地。"我立即指出,形容太阳酷热的通常用句是"太阳火辣辣的"。但是她马上反驳:"我们老师都没有说我错,我不改,不想学了!"见她有些抵触,我马上又找来《现代汉语词典》(第7版),翻开"火辣辣"这个词给她看,上面清楚地写着"火辣辣,状态词,形容酷热,如:太阳火辣辣的"。小女孩什么也不说,突然搓着自己的小手流起了眼泪。我赶紧稳住她的情绪,聊了一些她感兴趣的事转移注意力。回到家后,我就今天的两个问题进行了以下思考:

第一,"太阳像火辣辣的火球烧烤着大地"这句话到底有什么问题?

首先,这句话有本体、喻体和比喻词,因此从形式上应判断为比喻中的明喻,但其不符合"对象应具有某种共同特征的两种不同事物"的规则,因为太阳本身就是一个巨大的火球。其次,老师们多数认为"火辣辣"在"火辣辣的太阳"中为形容词、作定语,在"太阳火辣辣的"中为状态词,作谓语,两者在表达上都没有问题。我通过查阅《汉语大词典》发现,"火辣辣"在形容"酷热"这一义项下有两个示例,田野《火烧岛》:"火辣辣的太阳,头上烤,脚下烧。"杨沫《青春之歌》:"太阳火辣辣地晒在人们的头上、身上。"这更加肯定了我的看法。即使把这句话改成暗喻"太阳是火辣辣的火球",看上去似乎行得通,但与后面的文意不能契合。综上,这句话最终定为"太阳火辣辣地烧烤着大地"才是合理的表达。

第二,怎么处理不同老师给学生讲授知识时,彼此发生矛盾的问题?

首先,由于小女孩对我不熟悉,还有防备之心,因此不接受我的观点很正常。我尚未在她心里形成权威之前,最好不要纠正她,而应试着取得信任,让她认可并接受自己。其次,小孩子都喜欢听赞美鼓励的话,若是直接告诉她错了,她肯定不高兴,况且她是班里的第一名,长期形成了一种优越的心理。想要纠正她就得投其所好,"先礼后兵",我可以先夸奖她,再告诉她如何改会显得更合适。后期还应讲一些骄傲使人落后的故事,让她养成虚心进取的态度。

● **案例点睛** ●

假如没有扎实的语文功底和良好的语感,或许对类似"太阳像火辣辣的火球烧烤着大地"这样的语句,就难以发现其中存在的问题,这也就是小女孩会"理直气壮"地说"我们老师都没有说我错"的原因。显而易见,对一个语文教师而言,要教会学生"运用语言文字"的能力,其自身是否具有扎实的语文知识十分重要。这不仅是成为合格语文教师的基础,而且是提升语文教学质量的保证。

同时,作为语文教师,是直接给予学生答案还是给予他们找到答案的钥匙?康老师上述做法给我们的启示是:与其急于指出学生的错误,不如先试着转变自己的教师角色,和学生平等地交换观点,共同查阅资料并验证。这个共同学习、一起验证的经历极为重要,不仅要观察学生是否"知其然",而且应培养他们"知其所以然"的认知态度。毕竟,传授性的教学难以培养学生自主解决问题的能力。学生只有经历这种内化的接受,教育的影响才可能持久。

此外,当康老师将这样的案例通过反思呈现出来的时候,他已经在自己的专业发展上向前迈进了一步。一方面,这样的教学反思既是语文教师教学经验的总结,又是其教学生涯的宝贵财富;另一方面,这样的案例给更多的读者提供反思的资源、帮助和启发。因此,对语文教师而言,学会反思以及用叙事的方式记录教学中的点点滴滴,是语文教师专业发展的重要途径。

理论概述

一、语文教师的专业角色

"角色"一词本指戏剧、影视剧中,演员扮演的剧中人物。从社会学的视角看,角色是指个体在特定社会关系中的身份及由此规定的行为规范和行为模式的总和。作为专业人员,教师首先应该具有角色意识。"角色本身对于教师个人生命发展的意义是重要因素,它直接影响着教师角色践行的水平、角色兴趣、角色动机以及角色创新。"①因此,厘清语文教师对自身角色的认知和理解,是实现其专业发展的重要前提。

(一)角色品性

语文教师具有什么样的魅力?什么样的人能做语文教师?语文教师与其他学科的教师有什么不同?……对这些问题的思考,就是对语文教师的角色品性包括职业形象、心理品质和行为特征的追问。毕竟,语文教师讲授的绝不仅仅是语言和文字,还应该有文化的闪亮和思想的火光;语文教师传授的也不仅仅是知识和能力,还应该有人格的风采和人性的光辉。因此,语文教师的角色品性既有教师职业的共同要求,还有语文学科的独特要求。

1. 学识之蕴

对任何一个优秀教师而言,具有丰厚的学识应该是其理所当然的职业注脚,也应该是每一个走向卓越的教师的专业追求。"教人者先受教""育人者先育己",要成为一个优秀的语文教师,应该首先成为一个具备丰厚学识的人。"腹有诗书气自华",语文教师应该能够博闻强识。知识文化底蕴越深厚,语文教师在课堂上的表现越游刃有余。《义务教育语文课程标准(2022年版)》指出:"要注意语文学科与其他学科的关联,提高跨学科整合课程资源的意识和能力。"显然,作为语文教师,仅仅知道本学科的知识远远不够,要打通学科壁垒,连通学科鸿沟,需要语文教师具有更为广阔的知识视野、更为丰富的知识积累。

思想有多远,我们就能走多远。进一步说,语文教师的思想有多远,学生发展和语文教学才可能走多远。语文教师的学识魅力,在于独立的洞见和深刻的思想,这是一种特殊的吸引力、感染力和影响力。如果语文教师的思想萎缩、思维落伍、理念滞后,那么这对学生发展和语文教学都可能形成某种桎梏。只有具有真正思想的语文教师,才能使沉睡的生命生动起来,才能使沉闷的课堂沸腾起来,才能使沉寂的自我丰满起来。成功的教师必定是思想的巨匠,他不仅善于引领学生而且也勇于鞭策自己,孜孜不倦地在思维的冲浪(浪潮)和思想的冒险中,走进人生的深沉与博大。②

---

① 张爱琴,谢利民. 教师角色定位的本质透视[J]. 教育评论,2002(5):41-44.
② 张华."自化"与"化人":提高教师影响力:教师影响力的起点、底蕴与冲量[J]. 福建教育(小学版),2008(3):6-8.

2. 言语之美

教师的言语表达可以拨动学生的心灵琴弦，与其他学科的教师相比，语文教师的语言表达更应该具有独特之美。这种源自语言的魅力不单指语言的优美、动听，更与教师本人对言语真诚而热切的爱息息相关。语文教师的语言修养不仅影响学生语文学习的效率，而且还影响学生对语文的情感与热诚。陈旧单调、空洞乏味、粗糙呆板的语言表达不仅会降低学生的学习兴趣，而且会削弱语文学科的魅力。即使语文教师具有丰厚的知识，但如果不善于表达，那么教学成果也较难体现。如果语文教师的语言无法打动学生的心，那么怎能要求学生喜欢语文呢？

[微视频]
微课：语文教师的言语素养

"言之无文，行而不远"，语文教师言语表达的魅力既是语文教育的巨大力量，也是语文教学的重要手段。语文教师在课堂上向学生呈现知识的形式，更多地来自语言表达。课堂上的语文教师既有运用于课堂讲解的语言，又有面对教材进行朗读的声音……这些都真实而生动地反映语文教师言语表达的重要性。相较于知识传授而言，激励、唤醒和鼓舞更为重要。富有感染力的语言，能够激发高尚的情感和兴趣，唤起求知的欲望，鼓励学习的信心、学习的情绪和效率。正因为如此，潘新和教授意味深长地指出："语文教师最宝贵的教学心理品质是对语言和言语的真诚和热爱，尤其是热衷于言语表现，热爱写作。"①

3. 情趣之魅

情感是教学的灵魂，兴趣是最好的老师。高效的语文教学离不开良好的情感参与，更离不开积极的兴趣引导。虽然知识传递准确，重点难点突出，讲解清晰明确，这是所有课堂教学的基本要求，但是这样的语文课也难免枯燥沉闷，难以让学生喜欢。于是会呈现这样的场景：教师台上滔滔不绝，学生台下恹恹欲睡……究其原因，缺乏情趣是关键。对此，著名语文特级教师于永正指出："反思我们的语文教学，人文精神确实太少，其中尤其缺的是情趣。"②正因为如此，他的"五重教学法"将"重情趣"放在首位。从这个意义上说，情趣应该成为语文教师的内在品性。

什么样的语文课是有情趣的呢？一言以蔽之，语文教学不仅要做到"有意义"，而且要强调"有意思"。所谓"有意义"，是站在教育者的角度说的：我们的责任、使命、理想，我们的教育目的，我们所要传递给学生的真善美品质，还有要培养的公民意识与创造精神；所谓"有意思"，是站在孩子们的角度说的：有情趣，浪漫，好玩儿，其乐融融，心花怒放，欢呼雀跃，心灵激荡，泪流满面……。③语文教学的情趣取决于语文教师的情趣：热爱生活的激情潇洒，钟爱艺术的才情雅趣，像孩子一般天真好奇，像诗人一般浪漫多姿……这理所当然地成为语文教师情趣积淀的土壤和源泉。

---

① 潘新和. 语文：表现与存在：下卷[M]. 福州：福建人民出版社，2004：720－721.
② 于永正. 于永正：我怎样教语文[M]. 北京：教育科学出版社，2014：63.
③ 李镇西. 我们应该成为什么样的语文教师？[J]. 中学语文教学，2016（3）：4－8.

（二）角色转换

在新课程改革的背景下，由于教育对象、教育内容、教育环境等因素的多元性与复杂性，教师往往会集多个角色于一身，从而扮演着多重角色，表现出不同的行为，属于典型的"角色丛"。当前对教师角色的转型形成以下共识：从教师与学生的关系看，教师从知识的传授者转变为学习的促进者；从教师与教研的关系看，教师从教学的实施者转变为教学的研究者；从教师与课程的关系看，教师从课程的执行者转变为课程的开发者。

1. 学习的促进者

加拿大教育学者史密斯教授指出："教师所关注的并不是教——即通常所谓的灌输条理分明的知识，而是创造使每个学生找到适合自己的道路的环境条件。"①毫无疑问教师的重要使命在于激发学生的自我情感，组合他们的经验，唤醒他们的学习积极性，鼓励他们感受知识、思考知识和发现知识。当学生遇到疑难问题时，教师要引导他们思考；当学生的思路受到阻碍时，教师要启发他们拓展；当学生感到迷茫时，教师要给他们指引正确的方向；当学生感到学习方法错误时，教师要帮助他们找到正确的方法。教师不再以教什么知识，即传授知识为主要目的，而是注重"怎么教""如何教"的问题，也就是怎样让学生发现、理解和运用知识，并学会学习。

只有能激起学生学习兴趣的课堂，才能点燃学生思维和创造的火花。教师是学生学习的促进者，意味着教学是师生多向交往、积极互动、共同发展的过程。在课堂上，师生时空共享，是彼此互动的两个主体，但他们之间存在着多方面的差异：生活经验、情感体验、观察方法、思维方式、学识水平不同等，师生之间的互动将丰富教学内容，求得新的发现，达成共识、共享、共进，实现教学相长和共同发展。因此，教师既要保持预设的教学进度，又要善于倾听，用心捕捉学生一些稍纵即逝的闪光点，以自己的教学智慧促进课堂的动态生成，让学生的自主学习和教师的参与充满创造的活力。

2. 教学的研究者

现代科学技术的发展突飞猛进，传统的教书匠式的教师已难以适应社会经济文化的发展以及教育自身的需要，专家型、学者型的教师将成为未来教师的重要角色。因此，教师不能仅满足于向学生传授现成的知识，而要积极探索和研究教学与学生中出现的问题，成为一个教育科学的研究者。如果教师对教学研究的前瞻性认识成为人们在教育问题上的共识，并能积淀为具有更新意义的教育内容，以此为基础创新教学实践、教学案例、教学反思和教学主张，并在抽象教学理论的创造性、智慧性、策略性表达和运用方面形成论文、课题、教材教法改革方案等，那么就会焕发新的活力。

教师的经验积累与教师的教龄并无太大关系，有学者曾就教师教龄与其教学经验间的相关性作过研究：对于新教师来说，在工作之初，教学经验与教龄有同步增

---

① 史密斯. 全球化与后现代教育学 [M]. 郭洋生，译. 北京：教育科学出版社，2000：273.

长的迹象,随着教龄的增长,教学效果会逐渐提高。3~5 年后这种现象不再持续不断地以线性方式提高,20 年的教学经验可能会成为一年工作的 20 次重复。因此,教学研究是教师未来的必然方式,仅凭教育理论的书本学习,对教师的教育观念和经验提升难以起到实质性作用,只有积极参与以改造教育活动为目的的学校教改研究,教师的观念变化、经验积累才成为可能,教学研究的品质才能得到有效提升。

3. 课程的建设者

"站在讲台上,我就是语文",这是湖北荆州市沙市区北京路第一小学袁继庆老师在总结自己多年教学经验时的一句名言。这不仅彰显出一名语文教师的专业底气和自信,而且折射出语文教师对课程认识和理解的深刻性。在传统的课程思维中,教育专家、学者和研究人员往往考虑的是教师的课程实施应该怎么样,而忽视教师需要怎样做,于是教师容易成为课程的"附庸"。事实上,"教师如何理解课程直接决定着教师所持有的教育理念,并进而影响教师的教学行为"[①],教师不再是课程的守望者、旁观者,这预示和呼唤着教师要成为积极建构教育经验的策划者、组织者和参与者,教师必须以"主人翁"的姿态进入课程,与课程共同成长。

课程对教师而言,不再是给定的、一成不变的教育要素,而是教师可以变更的教育要素,是与教师的人生阅历、教师的独特教育理念、师生所处的独特社会环境、教育情境直接关联的教育要素。《义务教育语文课程标准(2022 年版)》强调,要突出课程内容的时代性和典范性,加强课程内容整合;增强课程实施的情境性和典范性,促进学习方式变革;倡导课程评价的过程性和整体性,促进学习方式变革……这进一步要求教师要以主体角色的身份参与课程的开发、决策、实施及评价,并对课程进行全程性跟踪、合作性介入和批判性反思。尤其是在"单元教学""学习任务群""深度学习"等前沿理念的推动下,语文教师需要成为课程领域的重要支撑和设计主体,成为改造预设课程、在教学过程中生成新课程的主力军。

(三) 角色行为

课程改革不仅是知识体系、教材内容、教学时空的变革,而且也是教师和学生共同成长的过程。师生主体是否解放、师生个性是否得到发展,是衡量课程改革好坏的标准和尺度。因此,课程改革付诸实施的过程,实际上是教师与学生共同创造,并满足其主体需要、适合其个性发展的、积极的、体验的、生动的、互动的教育经验过程。对语文教师而言,树立对话意识、注重引导,树立问题意识、注重反思,树立合作意识、注重分享等尤其重要。

1. 对话引导

没有理解,就没有教育;没有对话,就没有教育。师生关系作为学生在学校生活中重要的人际关系,对学生的生活和成长有着重要的"教育意义"。学生的精神发展难以通过灌输来实现,只有在活动过程中通过与教师的交往与对话,才能真正得以实现。课堂既为师生交往提供了丰富的对话情境,又为学生发展提供具有"生长"

---

① 郭元祥,杨钦芬,余娟,等. 教师即课程:意蕴与条件 [J]. 教育研究与实验,2008(6):1—7.

与"迁移"的精神空间。只有心与心的交融，才能走向对话与理解，才能走向协商共建与共同发展。如果语文教师与学生之间的每一次交往都充满着向往，洋溢着快乐，彼此分享，共同成长，那么这样的课堂就会让人为之激动和幸福。

在当代教育视域中，教师是尊重学生、关爱学生，以学生为主体，充分发挥学生主动性的引导者。"教师的职责现在已经越来越少地传递知识，而越来越多地激励思考；除他的正式职能以外，他将越来越成为一位顾问，一位意见交换者，一位帮助发现矛盾论点而不是拿出现成真理的人。他必须集中更多的时间和精力去从事那些有效果的和有创造性的活动：互相影响、讨论、激励、了解、鼓舞。"[①]因此，教师要遵循学生的身心发展特点和教育教学规律，为学生提供适宜的教育，促进每个学生积极主动、生动活泼地发展，使语文学习充满生机与活力，使学生实现从"要我学"到"我要学"的转变。

2. 问题反思

问题是成长的源泉，教师专业化的起点，在于积极的追问与反思。因为，"点点滴滴的教育经验与批判性思维的火花相接触可以孕育有意义的思想，而教育实践与有意义的思想相接触可以引发创造性的教育活动"[②]，没有反思的经验是狭隘的经验。反思，指的是思考过去的事情，从中总结经验教训。在语文教学中，反思是指通过研究、改进、变革教学实践，并从研究、改进、变革的行为和结果中获取知识、经验，以达成教育实践的学理和智慧、促进教师角色的实现和超越。波斯纳提出教师成长的公式为"经验+反思=成长"，即教师想要获得持续发展，适应教育变革及其新要求，需要有意识地根据学科发展变化和学生发展变化，及时发现总结、深入研修，并有能力对自己的教育行动加以省思、研究和改进，在观摩和反思中增强自己的实践智慧，提高自身的教学能力和综合素养。

事实上，反思对教学的精神导航和实践引领，在于促使反思者体察教育生活并在理解教育之"道"的基础上建构科学的教育之"术"——既是技术，又是艺术，并以此来引导教师理解教育与教育生活，理解作为现实活动的教育的发生发展，培养自身的教育智慧与教育良知，学会运用教育之智去体察、改善、从事身边的教育生活"[③]。因此，教师必须成为自己教学实践中的解放者，并在伦理意义上成为自己的创造者，以此引导其他教师：通过教育反思，理解教育与生活，明白作为现实活动的教育的发生发展；通过教育反思，培养和凝聚人们的教育智慧与教育良知，捍卫教育的尊严，丰富教育的灵气。

3. 合作分享

如果教师在教学中只是孤军奋战，那么就既难以承担居高不下的教学任务，又难以解决纷繁复杂的教育现象，更难以应对日新月异的学习内容。教师需要以

---

① 联合国教科文组织国际教育发展委员会. 学会生存：教育世界的今天和明天[M]. 华东师范大学比较教育研究所，译. 北京：教育科学出版社，1996：180.

② 阿莫纳什维利. 孩子们，祝你们一路平安！[M]. 朱佩荣，译. 北京：教育科学出版社，2002：27.

③ 张华. 反思性教学的反思[J]. 内蒙古师范大学学报（教育科学版），2005（10）：25-28.

一种民主的态度和学生共同参与学习,参与知识文化的建构与再建构,教师和学生站在同一个起跑线开始新的教学征程。师生平等的背后隐藏着教育理念的深刻转变,教育不仅是有知带动无知的行为,而且是师生之间一起寻觅真理、寻求自我的途径。民主下的平等并不否认和抛弃教师的作用,而是将教师置于"平等中的首席"位置,在具体情境中展开对学生的指导、引导和帮助。尊重学生的个性特征和经验观念,不是带着教材走向学生,而是和学生一起展开探寻知识的未知旅行。

与此同时,日益更新的知识速度、不断便捷的网络技术,使教师的孤军奋战显得疲惫和保守,教师要有意识地寻求合作与资源共享,实现传统角色的突破。21世纪是竞争与合作并存的学习化社会与终身教育时代,如果没有协作技巧与协作关系,就不可能学习更多的内容。只有走出自我世界,跳出学科偏见,才能用新的视角打量和整合自己的专业领域。教师要实现专业的深入发展,必须突破目前还部分存在的教师彼此孤立与封闭的现象,学会与他人合作,共通共融,共建共享,共振辐射。只有实现教师之间的真诚合作,才能使自己的教育视野更加宽广,进而提升教师专业化的实践内涵。

二、语文教师的专业素养

专业素养是语文教师必备的职业素质,主要表现在专业理念与师德、专业知识和专业能力等层面。其中,专业理念与师德主要指教育观、学生观以及课程与教学观,体现出语文教师对职业、对教育、对学生、对语文学科的理解和信念及其职业道德等;专业知识主要包括教育理论知识、课程与教学论知识、学科知识。从语文学科出发,专业知识是语文教师从事语文教学所需要的基本技能等。

(一)语文教师的专业理念与师德

专业理念与师德对语文教师具体的教育实践活动起着统领和指导作用,深刻影响和制约语文教师的态度和行为。"有没有对自己所从事职业的正确的专业理念,是专业人员与非专业人员的重要差别,也是未来教师专业素养不同于以往对教师的要求的重要方面。"①一个教师对教育有什么样的理解,就会把这种理解带进自己的教育实践。因此,判断教师是否合格的一个重要标准,除观察其教学行为外,还要观察其选择当教师的内在动力。

1. 立德修身,躬耕教育

每一名语文教师都应该思考如下问题:教育是什么?教育为了什么?教育可以改变什么?学生需要学习什么样的语文知识?语文教师能教给学生什么样的语文知识?为什么选择语文教师的职业?对自己未来的职业发展期望是什么?等等。凡是优秀的语文教师,都是那些把自己的生命融入职业生活,从职业生活中获得快乐和发展的人。在学生的心目中,语文教师负责知识的传授,是智慧的化身与行为的典范,教师所有的言行举止都会成为学生模仿和学习的表率,会在学生心灵上打下深

---

① 杨红英. 兴教育人 责在人师:谈教育的专业理念与教师专业化[J]. 教育探索,2003(12):106-108.

深的烙印。因此,只有那些不断追求内外兼修的语文教师,其语文教学的生涯才能在不断完善和追求卓越中成为跨越时代的经典。

从这个意义上说,一个教师的职业操守、良心与责任,不仅是从事教学的思想原点,而且是教育的智慧、哲思和觉悟得以健康培育和蓬勃发展的心理基础。没有教育的事业心与尊严感,教师的心灵和人格就会淹没在庸俗化、功利化的欲望中;没有教育的责任心与使命感,教师的精神和品格就会湮灭在工具化、形式化的控制中。因此,我们有必要书写、重塑并承诺这样的信念:教师不仅仅是一种耕耘教育的职业,教育不仅仅是"谋生"的手段,而应成为教师的价值存在和心灵彰显,它足以让人类和自己感到光荣、美好和圣洁,并从中收获生存的定义、生活的体验和生命的幸福。

2. 关爱学生,呵护生命

埃里克·詹森在《美妙的教学》一书中说:"你知道教学远不是解释知识和等待最后的铃声,它远远超过这些。它是发现,是分享,是成长,是兴奋和爱。它不是负担,而是快乐。它像强烈的、能给你带来温暖的阳光和激情迸发的篝火。"[①]如果一位教师只知道教书,那么其生活是枯燥乏味的。一位优秀的语文教师需要一颗柔软的赤子之心,每一位学生需要在教师的关爱中获得成长。敞开心扉,接纳每一个不同的生命个体,与个体一起成长,与个体一同分享,能感受到不同生命之间碰撞的成功与喜悦。

每个学生都是一朵花的种子,只是各自的花期不同。有的绽放得早,有的盛开得晚,所以需要教师细心、耐心地呵护,陪伴他们沐浴阳光和风雨。正如电影《一个都不能少》里年轻的魏敏芝老师一样,不丢掉任何一个学生,这是对生命崇高的责任感。彼此相遇并成为师生是一种缘分,生命都以各自不同的姿态存在,每一个鲜活的生命都值得我们尊重与爱戴。真正的教育家应当怀着一份对教育的挚爱,从情感与意志上与学生达成心灵间的融通,走进学生心灵,给学生最真挚的关爱与呵护,这是教师应确立的重要理念。

3. 热爱语文,追求卓越

怎样成为一名优秀的语文教师?要做到热爱语文学科,愿意为其做出奉献。当我们走进语文课堂,翻开语文教材,用所有的热忱和爱感悟语文的同时,语文也会用其真善美滋养我们。语文教育影响着一代又一代的人对母语、对文化的感悟和直觉,语文的世界诗意盎然,每一个平凡的花朵,因为语文的浇灌,会盛开得风姿绰约。语文的星空里无比灿烂,每一个普通的生命,因为语文的浸润,会变得光彩照人。一个热爱语文的教师能成为优秀的语文教师,一个具有语文情怀的教师能带领学生拥抱语文的温暖。

一名语文教师还应当经常思考:我们要过一种什么样的生活?应该怎样绽放自己的生命?只有当教师确立奋斗的目标,并始终为之付出努力的时候,其教学行为

---

① 费奥斯坦,费尔普斯. 教师新概念:教师教育理论与实践[M]. 王建平,等译. 北京:中国轻工业出版社,2002:324.

才不致出现偏差，行动才会积极有效。事实上，语文教学与学习不仅仅是学生在课堂里的生活经历，不仅仅是学生生长与建构的过程，也是语文教师在课堂上开展生命与建构意义的过程。因此，只有焕发自我向上的动力，让优秀成为一种习惯，才有可能远离职业倦怠，不偏离成长轨道。进一步来说，让工作焕发魅力，让人生不断生长，这是推进教师人生成功与精彩的动力，也是支撑教师获得职业尊严与快乐的关键。

（二）语文教师的专业知识

教师专业知识从知识内容的范畴上说，一般包括文化科学的基础知识、专业学科知识、教育科学和心理学知识；从知识形成的类型上说，主要有间接知识和直接经验；从知识结构的功能上说，主要分为本体性知识、条件性知识和实践性知识。语文教师的专业性体现为教育教学的专业性和语文学科的专业性。就语文教师而言，以中国语言文学专业为本体的学科基础知识、语文学科教学知识、语文课程与教学论知识是语文教师专业知识的核心和关键。

1. 语文学科基础知识

语文学科基础知识是语文教师专业知识的重要构成部分，是从事语文教学工作的必备知识。[①]语文课程是一门学习国家通用语言文字运用的综合性、实践性课程，这就要求语文教师必须牢固掌握语言文字及其运用的相关知识，不仅要掌握语言文字的特点，而且要熟悉汉语言的基本规范、运用规律和表达技巧。对语文教师而言，语文学科基础知识主要包括：语音学、音韵学、文字学、训诂学、语法学、词汇学、修辞学、语用学、中国古代文学、中国现当代文学、世界文学与比较文学、文艺学、文章学、写作学、口才学等。

一般而言，教师要具有扎实的语文学科基础知识，需要达到以下要求：对语文学科的基础知识有广泛而准确的理解，熟练掌握相关技能和技巧；把握与语文学科相关的知识点、相关性质以及逻辑关系；掌握语文学科认识世界的视角、方法与思维等。

2. 语文学科教学知识

学科教学知识是教师需要的一种在真实教学中使用的、有别于纯粹的学科知识和一般教学知识的知识。学科教学知识由舒尔曼教授提出，他认为，学科教学知识是教师在面对特定的学科主题或问题时，如何针对学生的不同兴趣与能力，将学科知识组织、调整与呈现，以进行有效教学的知识。研究表明，学科教学知识影响甚至决定教师的教学水平，教师教什么、怎么教，对具体教学情境和学生学习情况的关注等都与其密切相关。一般认为，学科教学知识包括学科教学中的核心内容及其教育价值、这些内容之间的联系、学生在学习这些内容时可能出现的问题、帮助学生学习的教学策略等。

学科教学知识对教师的意义在于：研究者负责创造某个学科领域里的新知识，教师则帮助学生理解这些新知识。换言之，虽然语文教师不是中国语言文学专业领

---

① 王荣生. "语文学科知识"概论："语文学科知识精要"开篇语[J]. 语文学习，2011（11）：11-15.

域的专家，但他们有能力将中国语言文学专业领域的研究转化为教学内容，进而让学生很好地掌握。例如，在教学生认识"春"字时，可以借助《说文解字》中对"春"的描述：草木萌生之态。如果语文教师理解了这个字，将"春"从象形字转化为表意文字，带学生读朱自清的《春》中"小草偷偷地从土里钻出来，……田野里、园子里一大片一大片满是的"时，春的景象就会跃然纸上。

3. 语文课程与教学论知识

就准教师走向教师职业的成长过程中，理论知识的虚化、实践经验的泛化现象比较突出。"教什么"与"怎么教"其实是融为一体、珠联璧合的。语文课程与教学论的知识能够帮助教师更好地理解课程与教学，在此基础上更加明确地引领教师学习并系统开展实践，能更好地解决"教什么"与"怎么教"的问题。换言之，语文教师只有站在课程理解的角度，才能真正把握到底该"教什么"和"怎么教"，否则，如果语文教师单一地站在学科知识或者课堂教学的角度，两者之间的鸿沟可能无法跨越。

近年来，"核心素养"一词逐渐进入教育领域，语文学科核心素养的重要构成，主要有"语言""思维""文化"和"审美"等方面。如何通过语文教学将其有机地结合起来，并积淀为学生的语文素养，需要教师创设情境引发学生自主的言语实践活动，将知识转化为能力，并帮助学生完成真实情境中的语言任务，积累语言经验，提升思维品质，培养语言运用能力，形成强烈的审美意识。因此，现代语文教师专业发展的出发点之一，是需要有课程视角，把握课程话语，站在语文课程的立场审视语文教学改革的问题。语文教师要能正确认识和把握语文课程与教学中的种种现象，并能根据语文课程与教学的规律，指导语文课程与教学的实践。

4. 掌握跨学科知识

《义务教育语文课程标准（2022 年版）》与《普通高中语文课程标准（2017 年版 2020 年修订）》都提出语文学科的跨学科学习，这也要求教师必须具备跨学科知识。曾任美国宾夕法尼亚大学校长的朱迪思·罗丁说："最佳的课程设置是利用学科交叉所产生的知识爆炸。"其实，各门学科之间有着不可分割的联系。从知识教学到能力培养，常常是你中有我，我中有你，互为基础，互为补充。我们既要有"分"的概念，看到各学科教学中存在分工的一面，又要有"合"的观念，看到教师的辛勤劳动将统一于教学对象。各门学科教学所用到的知识绝不是单一的，往往需要其他学科知识的配合。实施新课程以来，各学科之间加强联系，在实现交叉整合方面已经有许多成功的尝试。

目前的语文课程标准强调要建设开放而有活力的语文课程，就包括适当打破学科界限，既不丢失学科特点，又能加强联系，实现交叉整合。我们的语文教师应该放开手脚，秉持与其他各学科相互沟通和交流的教育理念，打破传统语文教学的学科壁垒，使综合性学习在一个相对宽广的视野中进行。高等师范院校中国语言文学专业的课程设置，除当前的"语言与文学"外，可以让学生接触一些自然科学的知识。只有这样，在学生毕业走上教师岗位后，才能够适应语文学科与其他学科的交叉整合。面对一些自然科学的说明文以及文理渗透的中高考题，语文教师才能够指导学生进行阅读和考试。所以，中国语言文学专业的课程设置，应该促进文理渗透，增设"自然科学概论"等通识性课程，让学生了解现代科技发展概况。一个语文教师或语文教育理论家，如果只懂语文学科的知识而对其他学科缺乏常识，那么恐怕今后对语文教学理论与实践的研究也会感到步履艰难。

（三）语文教师的专业能力

教师能力，是指教师在教育教学活动中表现出来的，直接或间接影响教育教学活动质量和完成情况的个性心理特征。它是教师在已有知识和经验的基础上形成和发展起来的一系列教学行为方式和心智活动方式的整体体现，不仅需要教师在外在的练习和训练中获得，而且需要教师在自主反思、实践体悟和教学实践中不断发展。教师能力主要包括：课堂教学能力、组织管理能力和教育科研能力。

1. 课堂教学能力

课堂教学能力是教师专业能力的核心，主要包括教学设计、教学实施和教学评价，它是教师对整个教学过程的驾驭与把控。一位语文教师执教辛弃疾的词《清平乐·村居》（统编语文教材四年级下册第一单元第1课），破题之后，教师让学生自读一遍课文，然后4人一组讨论词的句意。讨论之后，教师请同学们提出自己不理解的词语，有4位同学询问"相媚好""吴音""翁媪"和"无赖"的意思，教师对此逐一做字面解释后，又分别请两位同学用自己的语言解释这首词上下片的意思。接下来，教师让学生熟读几遍课文后，请几位同学上台表演词中老两口儿说话的场景。这样的教学环节乍一看清晰完整，无可厚非，但倘若按照这样的模式教学古诗词，其诗味儿和美感可能会受到较大影响。

作为语文学科和学生之间的桥梁与纽带，语文教师需要思考的是：语文教学应该具备的基本要素，重要的是课堂和人的关系，也就是语文与学生之间的关系，即语文学习怎样与学生产生共鸣，实现沟通与互动。语文教学能力的高低与否，可以通过三方面进行考察。第一，认知视角。学生在语文学习中唤起什么样的心理感受——喜欢、热爱、欣赏还是与此相反。第二，实用视角。学生所学的语文知识能不能被其"舒服地使用"——学生能不能通过"语文学习"学习语言文字运用。第三，审美视角。语文教学能唤起学生什么样的情感记忆——教师教学所产生的感染力、吸引力的程度有多高。

2. 组织管理能力

组织管理能力，是指教师对教学中的各种要素进行调控并使教学得以顺利进行的能力，主要包括：善于与学生交往的能力，善于发动学生积极参与学习活动、激发学生学习动机的能力，善于营造课堂教学环境的能力，善于组织形式多样的教学活动的能力，善于管理课堂教学中学生学习行为与纪律的能力，善于反馈、调控课堂教学的能力，善于评价课堂教学、激励学生学习的能力，善于处理偶发事件的应变能力以及具有较强的情绪感染力等。

一位语文教师为了提升作业批改的反馈效果，征求全班同学的意见："你们喜欢老师用什么颜色批改作业？红色代表火焰和热烈，黄色代表宝贵和权力，黑色代表坚强，蓝色代表大海、希望，绿色代表自然、生命……"同学们几乎异口同声地说："我们喜欢绿色！"于是，这位语文教师一直坚持用"绿色"批改作业。绿色的批改语起到不小的激励作用，同学们不仅纠错能力得到加强，而且学习成绩也有显著提升。这位语文教师的具体批改方式尚可商榷，但其理念值得借鉴：对学习的促进和学生的管理要符合学生的心理与发展特点，教师需要改变那种只让学生适应教师的状况，而要努力营造适合学生成长的情境和氛围。

3. 教育科研能力

教育科研是研究教育现象及其本质与规律的活动。教育科研能力就是将教育科研知识运用于教育科研情境解决相应问题的实际操作能力，主要包括发现问题能力、信息筛选能力、实施操作能力与书面表述能力。一般来说，教师所面对的教学设计工作，主要是在学科范围内的单元和课时水平上的教学决策。这种教学决策工作不能完全依赖于课程专家、教学设计人员和教研人员，而应该主要立足于教师自身的创造性劳动。事实上，教师的实践在本质上是一种探究，即探究的实践。教师身处复杂的实践情境中，要凭借自身的实践性知识，采取灵活的行动，提高教学质量。

尽管所有的专业人员都需要反思自身的实践，但教师所遇到问题的即时性、情境化，对象的独特性、个性化，环境的复杂性、多元化，要求教师必须成为反思性实践者。即把教师职业看作是在复杂情境中从事解决复杂问题的文化的、社会的是以经验的反思为基础，面向儿童创造有价值的经验的专业人员。这种看法是针对人们把教师当作传授一定的知识或训练一定技能的"技术熟练者"而言的。[①]这是人们对教师从"好人"（道德标兵）到"匠人"（技术人员）再到"高人"（专业人员）认识的发展，体现了教师教育的进步。

三、语文教师的专业发展

教师职业从"经验化"走向"专业化"经历了一个发展历程，将教学视为专业，将教师视为专业人员，这已经成为人们对教师专业发展的共识。从本质上说，教师的专业发展就是教师内在专业结构不断更新、演进和丰富的过程。一方面，国家要求、教育主管部门管理诉求和自我追求都会对教师专业发展产生重要影响；另一方面，教师专业发展呈现阶段性，教师的专业实践对促进教师的专业发展至关重要。

（一）教师专业政策

语文教师作为教师群体中的一员，了解和把握国家对教师专业发展的要求和方向，不仅是语文教师专业发展的时代要求，而且是语文教师专业发展的内在需求。一个国家对教师队伍建设的政策是决定教师专业发展方向的基本依据，是确立和提升教师专业地位的重要前提。建立科学的教师专业标准，是教师从"职业"变为"专业"的基本标志。

---

① 佐藤学. 课程与教师 [M]. 钟启泉，译. 北京：教育科学出版社，2003：239-240.

1. 教师教育课程标准

2011 年，教育部颁布《教师教育课程标准（试行）》，该标准体现的是国家对教师教育机构设置教师教育课程的基本要求，是教师教育机构制定教师教育课程方案、开发课程资源、实施教学、管理与评价的依据。① 其课程理念概括为"育人为本、实践取向、终身学习"；其课程目标界定为"教育信念与责任""教育知识与能力""教育实践与体验"；其课程结构基于模块化、选择性和实践性三个层面，将教师教育课程划分为六个学习领域，每个学习领域由不同模块组成，每个模块涉及一个指向问题解决的主题，同时鼓励教师教育机构根据实际情况开设相应课程，组织课程内容。

[拓展阅读]
教师教育课程标准

近年来，我国的语文教师队伍数量和质量虽然得到了大幅提升，但由于经济、文化、地理发展不平衡等原因，长期以来形成的教师队伍的结构性失衡依然存在，主要表现在：知识面狭窄、知识结构陈旧，知识运用能力差；教学技能参差不齐，特别是现代信息技术运用技能差；研究意识不强，研究方法简单，教研能力滞后；安于现状，墨守成规，创新能力较差。从这个意义上说，《教师教育课程标准（试行）》有助于从课程的角度为教师教育质量把关，进而为语文教师的队伍建设提供保障。毕竟，"教师的专业发展，需要专业的教师教育来予以保证，专业的教师教育，最终的落脚点在于专业的教师教育课程"②。

2. 教师专业标准

2012 年，教育部颁布《幼儿园教师专业标准（试行）》《小学教师专业标准（试行）》《中学教师专业标准（试行）》（后统称《教师专业标准》），从基本理念、基本内容与实施建议三个方面提出要求。《教师专业标准》提出"师德为先，学生为本，能力为重，终身学习"的基本理念；对教师的专业理念与师德、专业知识和专业能力提出具体要求；对幼儿园、小学和中学教师专业标准在教师教育、培训和选拔过程等方面的落实提出指导性要求。这些要求无论对提高教师队伍整体素质，还是对教师专业发展，都具有"导向性"和"标准性"意义。

[拓展阅读]
教师专业标准

《教师专业标准》是决定教师专业发展方向的根本，是确立和提升教师专业地位的重要前提。"教师专业标准的基本理念旨在阐述教师是谁，应是什么样的人"③，从其前言和实施建议的相关规定中可以看出，《教师专业标准》的定位是"对合格教师的基本专业要求"，这意味着《教师专业标准》的规定是对所有教师的一般性的共同要求，是从事教师职业至少应达到的基本标准。《教师专业标准》的出台，既为未来从事语文教师的人提出要求和挑战，又为已经从事语文教师的人迈向专业之旅提供方向和契机。

3. 教师资格考试

2011 年，全国教师资格考试统考首次试点，逐步过渡实施"国标、省考、县聘、

---

① 胡惠闵，崔允漷.《教师教育课程标准》研制历程与问题回应 [J]. 全球教育展望, 2012, 41 (6): 10-21.
② 汪明帅. 制定教师教育课程标准：意义与价值 [J]. 现代教育管理, 2012 (2): 74-78.
③ 张亚妮，田建荣. 教师专业标准：解读与反思 [J]. 当代教师教育, 2013, 6 (3): 30-33.

[拓展阅读]
中小学教师资格定期注册暂行办法

校用"的教师资格考试制度和定期注册制度，由教育部建立统一考试标准，各省教育部门统一组织实施，县级教育行政部门公开招聘教师，各学校根据需要使用教师。《中华人民共和国教师法》规定的各阶段教师的学历标准已经难以满足当今社会的教育水平，修订后的《教师资格条例》对教师资格认定的标准在学历方面的要求有所提高，例如，将申请小学教师的学历资格上调至大学专科及以上，将申请中学教师的学历资格上调至大学本科及以上。这些举措从源头上提高教师资格制度的门槛，为建设高质量的教师队伍提供坚实保障。

2013年，教育部印发《中小学教师资格考试暂行办法》和《中小学教师资格定期注册暂行办法》。《中小学教师资格考试暂行办法》第一章第二条明确说明：中小学教师资格考试是评价申请教师资格人员是否具备从事教师职业所必需的教育教学基本素质和能力的考试；第一章第四条明确说明：参加教师资格考试合格是教师职业准入的前提条件。同时，在《中小学教师资格定期注册暂行办法》中，规定中小学教师资格实行5年一周期的定期注册，注册条件以师德表现、年度考核和培训情况为主要依据。定期注册不合格或逾期不注册的人员，不得从事教育教学工作。这对不断更新教师的知识储备和业务水平具有促进作用，能够较好地促进教师队伍的活力，为建设高质量的教师队伍提供有力保障。2015年，教育部办公厅发布《关于进一步扩大中小学教师资格考试与定期注册制度改革试点的通知》，改革后的教师资格考试将不再区分师范生和非师范生，师范毕业生不再直接认定教师资格，一律参加全国统考（改革第八条特别说明：试点工作启动前已入学的全日制普通高校师范类专业学生，可以持毕业证书申请直接认定相应的教师资格）。资格考试改革和定期注册制度改革，提高了教师准入门槛，其核心是把好教师的"入口关"和"出口关"，破除了教师资格终身制，提升了教师队伍的质量和水平。

4. 教师培训

置身于今天这样的时代，开展培训是各行各业发展、前进的重要举措，参加培训也是实现个人专业发展、成长的重要平台。2009年，教育部、财政部开始组织实施"国培计划"，即中小学教师国家级培训计划，这是国家深化中小学教师教育的一项示范性举措。2012年，教育部出台《"国培计划"课程标准（试行）》（以下简称《标准》），包括课程目标、建议课程内容、课程设置与实施建议三部分，另附主题式培训设计样例。该《标准》根据不同类别、层次、岗位教师教育教学能力提升和专业发展的需求，按学科（领域）分学段、分项目设置，共计67个，用于指导"国培计划"的课程设置和"国培计划"课程资源的开发建设。

2020年，为贯彻落实《中共中央 国务院关于全面深化新时代教师队伍建设改革的意见》，造就党和人民满意的高素质专业化创新型教师队伍，规范和指导五年一周期教师全员培训工作，分层、分类、分科组织实施教师培训，提高教师培训的针对性和实效性，教育部出台《中小学教师培训课程指导标准（师德修养）》《中小学教师培训课程指导标准（班级管理）》《中小学教师培训课程指导标准（专业发展）》。早在2017年，教育部根据中小学教师专业标准、义务教育语文课程标准、教师教育课程标准和国家关于教师培养培训、学生核心素养与语文学科核心素养等相关文件精神，制订《中小学幼儿园教师培训课程指导标准（义务教育语文学科）》，旨在促进义务教育阶段语文学科教师专业发展，提高教师培训的针对性和实效性。可以说，作为教师职业生涯发展中的关键事件，教师培训会对教师专业发展产生重要影响：一方面，专家、学者等提供"关键力量"；另一方面，知识、信息等聚积"关键资源"。这些都将共同助推教师的专业发展。毕竟，"教师培训不仅是对教师教育教学行为的一种训练和规范，而且是对他们认识、理解与重构知识基础和内在信念的鞭策和引领"[①]。

（二）教师专业发展阶段

教师专业发展既不能一蹴而就，又不能无中生有，是一个逐渐提高的过程，主要体现为职前教师专业发展和在职教师专业发展两部分。职前阶段主要体现为对教师职业充满憧憬，注重专业知识的学习和教学技能的训练；在职阶段主要体现为专业角色逐渐形成和稳定，专业技能和实践经验日益提升和丰富。本章主要介绍在职教师专业发展必经的三个阶段，即新手阶段、熟手阶段和能手阶段。

1. 新手阶段

新手阶段是指走上工作岗位 3 年以内的教师。这一阶段的教师，在把握教学进度、突破教学重点难点、教学方法、导入新课、师生关系等方面存在着比较明显的知识差距。因此，从教师专业发展的角度看，新手阶段的教师需要把握操作层面的知识，具体有以下三个方面的内容：一是全面学习教育改革与师德修养、班主任工作、课程标准与教材分析，掌握备课、上课、说课、听课、评课等基本教学常规内容；二是系统学习与新课程改革有关的知识，熟悉国家的教育法规和政策，具有依法治教的意识和能力；三是逐步掌握教育科学的新知识，掌握素质教育的基本理论和教育科研的基本知识。

新手阶段的教师，由于缺乏教育实践经验，也缺少相应的知识储备，很难对所学的理论知识进行自我建构。虽然其在学习过程中把理论知识纳入自己的知识图式，并存储在自己的记忆系统中，但由于实践不足，这种知识一时还难以转化为实践性知识并用以指导教育教学实践。因此，新手阶段的教师，主要任务是将理论知识的物质存在形式向心理存在形式转化，知识的表征形式是将文字符号转化为心理图式。只有新手阶段的教师在以后的教育教学实践中，积累问题和实践经验，并学会对所学知识进行理解和反思的时候，先前所学的理论知识才能转化为实践性知识，并最终指导和改善他们的教育教学实践。

2. 熟手阶段

从事教学工作 3～5 年的教师，基本可以熟练掌握工作方法和技巧，能够胜任的教师岗位要求。这个阶段的教师开始逐步学习和掌握关于师生沟通的艺术，初步探索教学方法的改革，学习教育科学新知识，研究和掌握教育规律，进一步增强学习意识、角色意识和创新意识，开始关注教育教学能力和教研能力的同步提升。

事实上，熟手阶段的教师既有一定的理论基础，又有比较丰富的教育教学实践

---

① 张华，王亚军，洪弋力. "国培计划"的理念诉求与培训追求［J］. 教师教育研究，2013，25（4）：26-31.

经验。本阶段，教师的专业学习目标发生变化：理论学习不再是本阶段的目的，提高自身的实践能力成为本阶段学习的重要任务，也就是实现从理论知识到实践性知识的转变，最终用理论指导实践。因此，该阶段是生成实践性知识的重要阶段，熟手阶段的教师所要完成的知识任务，就是要实现理论知识向实践性知识的转型。

3. 能手阶段

从事教学工作10年左右的教师，教学经验丰富，教学技能娴熟。这一阶段的教师大多是学校中的中青年骨干教师，他们在理论知识上的追求主要是延展性知识，体现出前沿性、创造性、研修性和高素质、高水平、高起点等特点。这一阶段的教师逐渐开始关注以下三个方面的知识与发展：在交叉学科知识方面，注重现代教育理论和教育改革研究、素质教育研究、中外教育教学的比较研究、人文与自然科学发展的新知识等；在教育科研方面，注重课题研究的选题、研究过程和结题报告等方面的指导；在教学技能方面，注重教学评价和教学测评技术、现代信息技术与学科教学的整合等。

作为学校的业务骨干，能手阶段的教师拥有更多接触名师和外出学习观摩的机会；同时，由于理论积累和实践经验都比较丰富，这为能手阶段的教师实践性知识的生成提供较大发展的机会。因此，就专业发展而言，能手阶段的教师面临的主要任务有两个：一是将工作实践转化为实践经验，进而把实践经验提炼成实践性知识，这是一次质的飞跃；二是通过自己的心理加工和改造，将他人的实践性知识定向迁移为自己的实践性知识，并纳入自己的心理图式中。当然，这种迁移绝非对他人实践性知识的简单移植或嫁接，而是经过学习者自身的心理加工和经验改造。

（三）教师专业实践

教师专业发展是一个漫长复杂且极具个性化的过程，是一个不断跨越人生、追求卓越的过程，这种奔跑需要体力和耐力，也需要梦想和方向。人的发展空间是无限的，从专业发展的角度看，语文教师的成长与成熟不仅需要持续学习和不断提升，而且需要外界提供更多的平台和支持，因而职后的教育和学习对教师专业发展具有重要性和不可或缺性。语文教师应该是学习的榜样和典范，不仅要学会怎样学习，而且要做到终身学习。

1. 课外阅读

主动积极、追求卓越的语文教师，懂得如何把握机会和创造机会进行自我教育，不断学习。其中，阅读既是语文教师非常重要的成长途径，又是语文教师专业发展的必经之路。《义务教育语文课程标准（2022年版）》指出："语文教师要养成良好的读书习惯，不断丰富语言学、文学、教育学、心理学等方面的知识，注重中华优秀传统文化积累，提升自身文化修养。"读书是语文教师的基本素养和修炼，能实现语文教师的智慧提升和生命升华。语文教师要积淀文化，涵养品德，必须要读好书，好读书。更重要的是，一个热爱读书的语文教师，能够把每一个学生都带进书籍的世界，进而培养学生对书籍的热爱，使书籍成为人生的朋友，点亮生命的心灯。

　　书籍是语文教学的源泉，读书应该成为语文教师的人生乐趣：一是熟读教材，二是精读经典，三是泛读文史书籍。这个过程就像听音乐、赏丹青、观风景、嗅名花一样，一旦进入后即换一番新的天地，荡起万千风情。能读书会思考，教师就不是只捧着教学参考书，而是会有自己的独特思考和深刻感悟，不会随波逐流、人云亦云。如果说没有阅读就没有学生的精神成长，那么没有阅读同样没有教师的灵魂闪光。"语文教学是专门化的职业，需要专门化的学科知识作支撑，用系统思维分析自己的专业结构，确定专业阅读的方向和内容，用长期的、结构化的专业阅读建立扎实的基础框架，发展突出的专业优势，更可能行稳致远。"①在这个意义上说，语文教师要真正走上专业发展的道路，就要永远记住：你要在教学的道路上走远，就要认真读书。

　　2. 课例研习

　　课例研习是教师在同事或研究人员的支持下，运用观察、记录、分析、反思等手段，通过选课、设计、实施与记录、课后讨论、撰写课例研究报告的过程，对课堂教学活动进行研究，旨在提升教师的专业化水平，提高教育教学效益的研究方法。任何一项技能和能力的形成、发展与提升都离不开开展相应的活动，教师的教学技能和能力也需要在教育教学活动中得到形成、发展和提升。课堂实践的复杂性、动态性和不确定性，要求教师在课堂实践中不断进行研讨和反思。

　　课堂是教育研究的前沿阵地，在课堂实践中学会教学，是优秀语文教师不断获得成长与发展的规律性进程。教学艺术只有在课堂教学的实践中才能够真正学到，要多向名师的课堂学习，做到教有效益、教有特色、教有风格，在日常的课堂教学中加以磨砺。因此，课堂是语文教师专业发展应该重点关注的场域，作为检验理论和实践的"战场"，课堂应该成为语文教师学习、思考、研究和行动的基地。可以说，课堂是语文教师成功的阶梯，课例研习是语文教师实现专业发展的重要手段。

　　3. 课题研究

　　正如苏霍姆林斯基所言："如果你想让教师的劳动能够给教师一些乐趣，使天天上课不致变成一种单调乏味的义务，那你就应当引导每一位教师走上从事一些研究的这条幸福的道路上来。"②纵观全国的名师乃至教育家，他们都对教育教学具有独特的理解和信念，都在长期而深入的教育研究中形成一批代表自己专业方向和教学风格的研究成果。"教不研则浅，研不教则枯"③，研究是帮助语文教师实现专业发展的有效途径和必经之路。不断学习、辛勤耕耘是语文教师成功的基础，不断研究教育教学的规律、原理，探究教书育人的方法、模式，既是教学实现效率、效益的客观要求，又是教学走向艺术、智慧的境界追求。

---

① 吴欣歆. 以专业学习实现终身成长：《义务教育语文课程标准（2022年版）》倡导的教师发展观[J]. 语文建设，2022（10）：12-15.
② 苏霍姆林斯基. 给教师的建议[M]. 杜殿坤，译. 北京：教育科学出版社，2022：333.
③ 张华. 教研组的理念开掘与实践突破[J]. 教学与管理，2010（10）：34-35.

如果说"台上一分钟，台下十年功"是演员的真实写照，那么"用一生去准备一堂课"则是教师的完美注脚。最终唤起语文教师生命力的是教师自身，只有语文教师本人才能为自己开辟前进的道路。不断关注教学、研究问题、改进实践、提升自我，才能为专业发展铺设一条理论与实践的坚实道路。

 实践运用

● 实践任务 ●

一、某市一位教师教授《背影》一文，涉及"狼藉"这个词语时，通过幻灯片出示以下内容：

"藉"与"籍"

"藉"字有两个读音。一个读jí，表示践踏、侮辱的意思。常见"狼藉"一词，狼是一种伤害人畜的野兽，传说狼群常在窝里垫草而睡，醒来时便用脚乱踩乱踏一阵，因以"狼藉"形容纵横杂乱的样子，如"杯盘狼藉"；又引申为破败不可收拾的形象，如"声名狼藉"。

"藉"字的另一个读音是jiè，从草，本义是指古代祭祀时陈列礼品的草垫。"藉"字还可同"借"通用，解作"借"，但在现代汉语中，"借"是作"凭借""借用"讲解的"藉"。如果有所"依托""凭借"，那么必定能带来心灵上的安慰，"藉"的引申义又指"安慰""抚慰"。所以有"慰藉"一词，其意义即"安慰""抚慰"。

"籍"的本义指名册、户口册；由于我国在纸张发明以前，一般以竹简做书册，所以"籍"从竹。登记在同一名册上的人，必然有相同的隶属关系，因而现代有户籍、国籍、党籍、军籍、学籍之类的说法。"籍"又可以引申指装订成册的文字或图画作品，所以成为"书"的同义字，如"史籍"就是史书，"古籍"就是古书，"书籍"两字常并列成词。

课后，听课的其他教师纷纷表示，这个环节讲得很清楚，不仅学生，连很多教师都明白了这两个字的用法。

要求：

（1）运用教学反思的有关理论，针对上述这则课例进行评述。

（2）运用教学设计的有关理论，针对上述这一环节另外设计一种教学方案。

二、成都磨子桥小学的《教师的十二项修炼》中有这样一段文字：

修炼自己的声音，让它美妙动听；修炼自己的语言，让它妙趣横生；修炼自己的眼睛，让它传神丰富；修炼自己的表情，让它神采飞扬；修炼自己的行为，让它规范专业；修炼自己的学识，让它知如涌泉；修炼自己的脾气，让它令人喜爱；修炼自己的个性，让它鲜明唯美；修炼自己的心灵，让它平和美丽；修炼自己的气质，让它超凡脱俗；修炼自己的灵魂，让它崇高圣洁；修炼自己的人生，让它阳光幸福。

要求：

结合对语文教师专业发展的理解，谈谈自己对上述《教师的十二项修炼》的感受。

第十六章 现代语文教师的专业发展 313

● 实践指要 ●

针对第一个教学片段,可以分析教师教学的优势与不足,与同学讨论后另行设计;针对第二个事例中的《教师的十二项修炼》,可以就教师专业发展、教师修养等内容,结合自己的理论学习和实践经历等加以思考。

 反思调节

● 学习反思 ●

请填写表 16-1 所示的语文学科基础知识五星评价表,用★表示掌握情况(最高程度为五颗★),并根据★的数量简要填写改进建议。

表 16-1 语文学科基础知识五星评价表

语文学科基础知识	掌握程度	改进建议
音韵学		
语音学		
文字学		
训诂学		
词汇学		
语法学		
修辞学		
语用学		
古代文学		
现当代文学		
世界文学		
文艺学		
文章学		
写作学		
口才学		

● 自我调节 ●

根据改进建议,你将会_____

_____

_____。

推荐阅读

1. 靳彤. 提高学科教学能力：基于语用观的语文教师专业成长研究［J］. 语文建设，2014（19）：10－14.

2. 靳彤. 学科教学胜任模型的理论建构（一）：以新入职语文教师为例［J］. 语文建设，2013（2）：7－8.

3. 靳彤. 学科教学胜任模型的理论建构（二）：以新入职语文教师为例［J］. 语文建设，2013（5）：6－8.

第十七章　语文教师的教研与科研

> 语文教师诚须认真研究，且须从速而务求实效，否则必将妨碍四个现代化之进程。[①]
>
> ——叶圣陶

知识导图

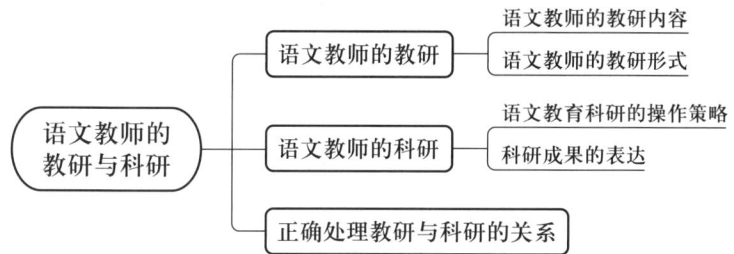

学习目标

1. 了解和把握语文教师教研的主要内容与形式。
2. 了解和运用语文教育科研的操作策略。
3. 把握和运用常见的语文教育科研成果表达形式。

[①] 叶圣陶. 叶圣陶语文教育论集 [M]. 北京：教育科学出版社，2021：540.

案例研习

● **教例再现** ●

我国语文名师丁卫军有一段如下关于教学和研究的心得：

第一，就像我们备课一样，我也好，包括我的团队成员也好，我是绝不允许他们首先读他人教案的。如一些比赛，很多年轻教师总是想拿些现成的东西参赛，我是反对的。我们要从这个作家，这个文本，大量的背景资料，作者的创作方向、创作风格、其他作品，以及创作的时代背景等层面考虑。第二，就一篇文本而言，要清楚自己读到了什么，名家们是怎么进行解读的，这是第一步。我把自己的解读和名家的解读融合在一起，生长出自己新的感悟。再去读教参，由此进行教学设计。不然的话，在课堂中就很难看到自己，上课也就不能做到游刃有余、从容应对。课堂是流动的，一切都可能会发生，这样你才有可能招架课堂上出现的各种提问和意外。在教学过程中，教师独立思考产生的独特见解，也为教育科研提出理论观点提供实践经验。我的专著《简略语文公开课》《打开会写作的大脑：初中微写作实用守则》以及《"简约语文"视域下的统编教材实用策略：以〈台阶〉一课为例》等论文都是这样写成的。①

● **案例点睛** ●

宋人戴复有言："须教自我胸中出，切忌随人脚后行。"这就启迪我们，教学中只有有"我"，才会有自主创新。丁卫军老师教学心得的亮点是"把自己的解读和名家的解读融合在一起，生长出自己新的感悟。再去读教参，由此进行教学设计"。这就既包括教学中的独立思考，也包括吸纳百家之长。其着眼点还在要教出"我"来，在课堂教学中的作用不可替代，教出自己的特色。我们常说，新课要教熟，熟课要教新，常教常新，丁老师的教学心得就为我们指出了一条教学创新的有效途径。我们常说，吃别人嚼过的馍没味道，丁老师批评了仅凭一本教参备课、"拿些现成的东西参赛"这种拾人牙慧、不劳而获的教学态度和教学方法，这就从反面告诉我们独立思考、勇于创新的重要性。

教师的教学科研总是和自己以及他人的教学实践经验紧密联系在一起。离开教学实践，教育科研就成为无源之水、无本之木。丁老师认为"在教学过程中，教师独立思考产生的独特见解，也为教育科研提出理论观点提供实践经验"。他的教育专著和论文都是这样写成的。这也提醒我们，要以教学带科研、以科研促教学，教学的独创性可以带来教育科研的独创性。

---

① 丁卫军. 新世纪 20 年中学语文名师专业发展研究 [M]. 广州：广东人民出版社，2022：87-88.

理论概述

一、语文教师的教研

《义务教育语文课程标准（2022 年版）》指出："语文教师要勇于面对课程实施过程中遇到的新问题和新挑战，紧紧围绕课程标准实施和教材使用过程中出现的突出问题，立足学情，因地制宜，以研究的态度探索问题的解决办法，提高教学研究水平。"这就对语文教师的教研提出明确要求。教研是教学研究的简称，教学研究是对日常教学中存在的具体问题进行归纳，并针对具体问题和具体教学对象思考解决办法，然后在实践中观察其效果并不断改进的过程。

（一）语文教师的教研内容

语文教师的教研内容主要包括学生研究、教学内容研究、教学方式研究和教学评价研究四个方面。

1. 学生研究

学生研究，即教师要了解和把握自己所教班级的学生情况，既要把握班级学生的整体情况，又要了解不同学生的个体需求。学生是教学的起点与归宿，教学研究的首要任务是解决"为谁教"的问题，这就需要研究学生。语文教师开始教学一个班级或一批学生时，要通过问卷调查、访谈或查看学生以往的成绩与作品等方式，了解学生的语文学习基础、学习兴趣与潜能、期待的学习内容与方式等。语文学习基础包括语文知识、听说读写能力、学习视野、思维水平、文化功底等多个方面；学习兴趣与潜能包括学生喜欢谈论的话题、喜欢阅读的书籍、擅长的表达方式、心中的偶像与榜样等；期待的学习内容与方式主要指学生在规定的学习任务之外，还期望阅读或表达什么内容，以何种方式进行阅读和表达等。

教师在研究学生时，既要明确学生学习语文的现实起点，又要明确其语文学习的潜在空间与学习理想，以此为基础，结合国家课程、地方课程和校本课程规划语文学习内容、选择语文学习方式，才能使语文教学满足学生的发展需要，在最大程度上促进学生语文学科核心素养的发展。

2. 教学内容研究

在把握学生情况，解决"为谁教"的问题之后，教师需要深入研究"教什么"的问题，以此确定具体的教学内容。"教什么"是教学研究的主体内容，除前面各章涉及的"教什么"外，此处主要强调四点。一是研究定位。即根据不同文体或不同学习任务群的特点，整合课程标准的基本要求、学生发展实际、学生的理想期待和教师的教学储备等，定位具有操作性的教学目标，以明晰的教学目标指引"教什么"。二是研究聚焦。即根据确定的教学目标选择任务群学习内容，遵循"目的单一、大胆取舍，一课一得，得得相连"的原则，确定教学重点和主体内容。三是研究具体任务。即根据确立的聚焦点和学习任务群的主要功能，设置学习任务，每一个学习任务都是教学目标和教学聚焦点的自然延伸不同的学习，任务之间既可以层层递进，也可以是横向式的并列展开。一个任务就是一个环节，学生可以自主学习，也可合作探究。四是研究链接。为了更好地完成上述任务,实现教学目标,需要研究如何引导和帮助学生恰当地链接学习内容与资源,如以前学过的内容,哪些需要复习和巩固;其他学科是否存在和本学习任务群相关的内容,是否需要唤醒和链接;要巩固本学习任务群的学习成果,需要链接哪些文本与生活资源等。只有一一研究上述内容后,才能据此形成优秀的教学设计与任务群学习的实施方案。

3. 教学方式研究

教学方式研究,主要解决"怎么教"的问题。就语文教学而言,一个学习任务群的教学内容可能是固定的,但教学方式却是灵活的,只有灵活选用与教学内容最为贴切的教学方式,才能有效提高教学效益。教学方式和方法在第七章已有集中阐释,此处不再赘述。但从教学研究的角度看,要选择恰当的教学方式与方法,需要强调三个方面的研究。一是研究学生需要怎样的学习方式。要根据研究结果,把学生期待的教与学方式和本学习任务群的具体学习活动结合起来,在"以学定教"中研究教学方式怎样才能更加贴近学生。二是研究教学内容对教学方式的制约。内容决定形式,不同的教学内容需要不同的教学方式匹配,如果是知识性很强的教学内容,那么就应该研究如何利用有意义的接受性学习提高教学效益;如果是以能力养成为主的教学内容,那么就要研究如何利用发现式教学法提高教学效益。三是研究教学条件对教学方式的影响。理想的教学方式要与现实的可能性结合起来,如何尊重和利用现实条件,如何发掘现实条件的可利用空间,如何把现实条件运用到极致,这些是教学方式研究的重要内容。

4. 教学评价研究

教学评价研究主要研究"教得如何"的问题。为谁教、教什么、怎么教,最后必须落脚到"教得如何"这一关键问题上。因此,教学评价研究是教学研究的重要内容。但从相关研究与实践情况看,教学评价研究是教研的薄弱环节,需要进一步加强。日常教研活动中的教学评价研究主要应强化四个方面的内容。一是课堂内外的学生评价研究。即学生在课堂上的学习状态与学习成果如何评价,如何通过评价引导和激励学生的课外语文学习等。二是教师的教学行为评价研究。即对教师在课堂上组织和引导学生学习、处理预设与生成、对学生的及时性评价等言行进行评价和反思,为教师进一步改进教学行为提供建议。三是学生的作品评价研究。即对学生听说读写的学习成果进行评价,包括评价方案的制订、评价内容与方式的选择、评价结果的反馈与使用等。四是考试测评研究。即根据课程标准和考试大纲,研究所教学段考什么、怎么考和为什么这样考等问题,高屋建瓴地为师生的备考提供建议等。

(二)语文教师的教研形式

语文教师开展教研活动,主要采用专题研讨、课例研修、教研沙龙、在线教研等形式。

1. 专题研讨

专题研讨,是根据教学中存在的实际问题确定研究专题,集中时间和人力对确定的研究专题进行深入研讨的教研形式。专题研讨一般要强化四个环节。一是确定研究专题。确定研究专题的基本思路是由大到小，即首先在学生、教学内容、教学形式、教学评价四个方面中选定其中的一个，然后在这个方面选择一个或几个具体问题，根据选出的具体问题确定教研专题。例如，如果本次教研活动集中研究"学生"方面的问题，那么就需要了解目前学生群体中存在的最大的共性问题是什么；如果学生群体中存在的最大的共性问题是阅读习惯较差，那么就需要进一步观察和细化学生在"阅读习惯"方面的表现：是主动阅读的习惯较差，还是阅读方法存在问题？如果是学生主动阅读的习惯较差，那么教师就可以把"主动阅读习惯如何培养"作为此次教研活动的专题。二是研前准备。教研组根据确定的研究专题，拟定专题研究提纲，至少提前一周把研究提纲发给参与教研活动的所有教师，请各位教师根据提纲准备发言内容。三是集中研讨。在所有教师认真准备后，集中时间研讨，并做好记录。四是成果整理与应用。即整理研讨成果，形成教研组共识，并结合自己所教班级的实际情况，创造性地运用研讨成果。

2. 课例研修

课例研修，是指围绕一定主题或改革目的，对课堂现场进行观察、描述、分析、反思与改进的活动。课例研修于 20 世纪 60 年代在日本兴起，是日本中小学广泛采用的校本培训方式，后逐步传至美国、英国、瑞典、新加坡、中国等地。2006 年，"世界课例研究协会"在中国香港成立，这次成立的会议上，日本的"授业研究"（也译为课例研究）、中国香港的课堂学习研究和中国上海的行动教育三种模式引起广泛关注。我国的中小学主要采用"公开课""转转课""献课""赛课"等多种方式进行课例研修。

［微视频］
微课：课例研修成果提炼（上）

课例研修要强化四个环节。第一个环节是确立主题，寻找改变课堂的支点。教师可以审视课堂现状，在教学难题中确定课例研修的主题；也可以把握学科趋向，在研究热点中确定课例研修主题。第二个环节是课前筹备，共商改革的立意与策略。在确立课例研修的主题后，教研组要研讨课例研修主题，达成课例研修共识；然后根据确立的研修主题讨论教学改革的主要策略，组建研究团队，根据研修主题和改进策略明确课堂观察点，研发课堂观察表，并据此开展教学设计。第三个环节是实施研究，寻找问题解决的最优思路与策略。这一环节一般采用"三三螺旋发展"的课例研修模式，即三次授课、三次改进，螺旋上升，不断发展。三次教学的观察和改进重点各不相同。第一次教学后，主要围绕评价维度、指标与课堂观察表诊断教学设计和课堂实施存在的问题，根据诊断的问题提出具体的改进建议；第二次教学时，重点观察改进处的现场情况，重点诊断改进处的效果，研讨改进处与其他环节的匹配情况，提出继续改进的建议；第三次教学时，重点研讨课堂改进的新发展，检视研修目标的达成度，围绕研修主题总结、提升经验，对课例及其研究过程的不足之处进行反思。第四个环节主要是进行成果提炼，推广和应用研修成果。

［微视频］
微课：课例研修成果提炼（下）

3. 教研沙龙

教研沙龙是一种较为自由的教研活动形式，指面临共同问题或具有共同话题的语文教师聚在一起，自由发言，共同研讨。教研沙龙有正式和非正式两种形式。

正式的教研沙龙，需要确定沙龙主题、参与人员与发言要求。参与正式沙龙的语文教师，需要事前准备并遵守沙龙的发言规定；非正式的教研沙龙采用自愿参加方式，虽有一定研究主题，但讨论内容较为开放，其目的是聚合不同语文教师的智慧，在大家的自由发言中发现智慧的闪光点，相互激活和启发，形成新的思想与改革举措。语文教研组组织教研沙龙时，可根据情况灵活选用不同的沙龙形式。

4. 在线教研

在线教研，即利用现代信息技术在网络上开展教研活动。这种教研活动一般要在网络上设置教研社区，通过论坛等多种方式及时交流、互动。在线教研具有及时性、灵活性等特点，是未来教研活动的重要形式。

二、语文教师的科研

科研，是科学研究的简称。语文教师的科研，是指语文教师立足语文教学实际，根据语文教学的理想追求或实际存在的主要问题，结合语文教学改革的发展趋势和学生身心成长的主要规律，以科学的研究方式探索语文教与学的新思想、新思路和新方法，以不断更新语文教与学理念、改善语文教与学实践、提高语文教与学质量的研究与实践活动。

教育科学研究的选题要有科学性。科学性的内涵有两个方面：一是指选题要有科学理论依据，科学理论对选题起到定向、规范、选择和解释的作用。离开科学理论，选题的起点就会降低、研究的盲目性就会增大。二是选题要以一定的事实为依据，这是选题的实践基础。研究课题是从实践中产生的，具有很强的针对性，实践经验同时为课题的形成提供一定的、确定的依据。选题有了理论依据和事实依据后，也就具备了科学性。应该看到，选题的理论基础和实践基础制约着选题及其研究的全过程，影响着选题的方向和水平。

（一）语文教育科研的操作策略

语文教师在开展教育科研时，除采用一般的文献研究法、行动研究法、案例研究法、调查访谈法、实验研究法等方法外，在具体实施过程中，可根据以下六个关键环节推进教育科研。

1. 确立研究主题

研究主题是指研究的主要方向、领域或核心问题。语文教育科研的第一步，是确立研究主题，明确研究方向，聚焦研究问题。中小学一线教师的语文教育科研要避免"假大空"，研究主题应多来自教学实践，其核心是解决现实教育问题，提高教与学质量。

基于这一思路，语文教师可在以下"六个点"上确立研究主题：一是"疑难点"，即在教育教学的疑难之处确立研究主题，以解决教学难题；二是"聚焦点"，即在师生共同关注的热点问题上确立研究主题；三是"矛盾点"，即以教育教学中的"矛盾"为素材，提炼研究主题；四是"薄弱点"，即分析现有研究成果，从现有研究的薄弱处入手，确立研究课题；五是"空白点"，即根据教育教学改革的需要，在前人没有研究的领域内确立研究主题；六是"差距点"，即在教育理想与教育现实之间的差距点上确立研究主题。

此外，还可以从以下四个方面寻找或选择教育科研课题：（1）从教育政策中寻找教育科研课题。在不同的发展时期，国家都针对教育的有关问题制订和颁发各种政策文件，这些文件是指导教育改革的纲领性文件，这些文件的精神是政府行为和国家意志在教育方面的集中体现。在教育工作中如何贯彻文件精神，本身就是教育科研应该选择的课题。（2）从"移植"中寻找教育科研课题。所谓"移植"，就是借此学科的理论研究彼学科的问题。不同的学科讨论问题是不同的，但在思维方式、思维程序上却可能是相通的。我们在其他学科中发现的新的研究方法、思维方法，可以受它们的启发，或用它们研究自己学科中的问题，这样就可能发现新的研究项目，产生新的研究思想，从而找到新的研究论题。（3）从错误纠正中寻找教育科研课题。科研史上，许多研究成果都是从发现他人错误，产生思考并纠正而产生的。"问题是接生婆，它能帮助新思想的产生。""失败是成功之母""错误是正确的先导"。善于发现他人在理论或实践中的错误，思考怎样纠正错误，这本身就是在选择研究课题。（4）从争议中寻找教育科研课题。有争议的问题，往往就是最有价值的热点问题。这种有争议的问题应该成为教育科研的首选课题，这种课题往往有比较大的讨论空间。而且争论双方的交锋点，可以将问题的关键和核心直接揭示出来，呈现在自己面前，使自己可以对问题的重要环节有直接的把握。而且，从大家正在争议的问题入手开展研究工作，可以直接让自己与研究界对话，从而确保研究工作的前沿性和针对性。

研究主题确立后，可逐步聚焦研究主题并形成研究课题。一些研究主题可以直接作为课题的名称，但多数研究主题必须经过概括提炼或进一步具体化，才能成为研究课题。如"语文课堂的有效性"，既可以作为研究主题，又可以直接作为课题名称，即"语文课堂的有效性研究"；而"课堂对话"这一研究主题，只规定了研究领域和方向，还需要进一步具体化，才能成为课题名称，如"课堂对话的有效性研究""课堂对话的评价研究""课堂对话的引导艺术研究"等。

研究课题的名称要能揭示研究的主要内容与发展方向，内容表述要具体清晰，不能模糊含混或"大而不当"，字数一般不超过25个字。如"现代文阅读教学中的审美能力培养研究"，表述简明，且对研究内容与研究方向进行明确规定，如果感觉这一课题太大，需要研究的内容太多，难以驾驭，那么也可以进一步缩小其研究范围，将课题变为"现代小说阅读教学中的审美能力培养研究"等。

2. 设计研究方案

确立具体的研究课题以后，要有计划地开展教育科研活动，还必须设计研究方案。研究方案是对课题研究的原因，课题关键词的主要内涵，课题研究的目标、内容、成效、实施办法、保障措施等的系统说明。

一份好的研究方案一般要回答清楚四个问题，即为什么研究、研究什么、如何研究、怎么评估和保障研究。"为什么研究"一般指"问题的提出"，重点阐释课题研究的背景、价值与意义；"研究什么"一般包括"课题内涵""研究目标""研究内容"三个方面;"怎么研究"一般包括"研究假设""技术(理论或实践)路线""研究方法"和"实施阶段与步骤"等;"怎么评估和保障研究"一般包括"研究成效""评估手段"和"保障措施"等。在展开具体的研究与实践活动之前,把这四个方面的问题梳理清楚,形成清晰具体的研究方案,能够使教学研究活动了然于胸、有的放矢,提高研究与实践效益。如《"提高小学生阅读能力的研究与实践"课题实施方案》,由"课题的提出及成因分析""课题的界定""研究的目标和任务""课题研究的可行性分析""研究内容""研究思路""研究方法""研究步骤和具体做法""推进措施""预期成果""保障条件"等部分构成,对"为什么研究""研究什么""怎么研究""如何评估和保障研究"四个问题进行具体阐释。

研究方案的整体架构要清晰明确;研究目标、研究内容、技术路线、研究方法和实施步骤等要具体实在,具有可操作性;语言表述要明白晓畅、朴实准确。研究方案是研究与实践活动的实施指南,研究活动一般围绕研究方案展开,但是语文教学是一个充满灵活与变化的过程,设计的研究方案不能一成不变、一劳永逸,它需要根据研究与实践的具体情况不断修正与完善,使之更具有现实意义、引领价值和可操作性。

3. 开展研究活动

在设计研究方案之后,要根据研究方案开展研究活动。中小学一线教师的语文教学研究活动一般包括五个方面的主要内容。一是现状调查活动。即通过观察、访谈、材料分析、问卷调查等方式,围绕研究的核心内容,把握研究现状,明确研究起点。二是信息反馈活动。即通过问卷调查、集体座谈、个别访谈、随机观察等方式,围绕课题研究的核心内容,及时反馈研究方案中预先设计的研究方法在实践活动中的可行性与实效性,并据此深化或调整。三是读书学习活动。围绕研究的核心内容,采用文献研究法检索和分析相关研究成果与实践经验,在形成文献综述的基础上,选用或总结有价值的理论或经验,通过创新性的研究与实践活动,形成本课题研究与实践的新理论、新思路与新做法。四是实践创新活动。即以新的理念、思路和方法改进实践,记录实践创新活动。就语文学科的科研而言,课例研究也是重要的研究方式。五是反思改进活动。即反思语文实践的得失,形成新的研究与实践措施,继续开展新一轮的实践活动。

4. 搜集研究资料

搜集和整理研究资料是语文教育科研的重要任务。在开展研究活动时,要形成分类整理研究资料的良好习惯。研究资料一般按照六个类型进行整理:一是工作要览,包括研究方案、工作计划、活动安排、研究总结、工作简报等;二是现状资料,即反映研究基础的资料;三是学习资料,即学习的书籍、杂志、文章以及培训等活动的文字记录、照片等;四是活动资料,主要包括活动方案、活动实录、活动总结或活动简报等;五是信息反馈,包括学生、家长、同行等的信息反馈资料;六是成果资料,包括心得体会、理论提升和经验总结等研究成果。收集研究资料时,要标明资料时间、适用范围、提供人员等,特别是要保存好研究过程中的原始资料,以供研究、总结之用。

5. 梳理研究成果

在进行语文教育科研时，要养成整理和分析原始资料，记录点滴感悟，梳理研究过程，提炼新思想和新经验的良好习惯。一线语文教师的研究成果主要有三类：一是记录性成果，这类成果主要记录研究与实践过程，包括备课资料、教学录像、教学实录、改进实录等，这些是从事研究与实践的第一手资料；二是提炼性成果，这类成果主要是在改革实践活动中提炼形成的，包括教育日志、教育叙事、教育案例、教育随笔、教育论文、研究报告等，是来源于实践又高于实践的研究成果；三是实效性成果，一线教师从事研究的主要目的是改进教学实践，其重要成果是实践的成效。一线语文教师在梳理科研成果时，应综合考虑记录性成果、提炼性成果和实效性成果的关系，促进三个方面成果的相辅相成和彼此印证，使研究成果具有实践根基和改进现实的价值。

6. 推广研究成果

推广研究成果，是语文科研的重要一环。在总结出好的理念、思路与做法后，语文教师要善于通过文本成果、音像成果、教研活动和现场会等方式推广研究成果。

（二）科研成果的表达

语文科研成果的表达，是指对语文教学研究过程进行叙述、分析、反思、理论建构或经验提升等的过程。在这一过程中形成的文本或音像资料等，统称为研究成果。语文科研成果主要有文本和音像等表达形式，本节主要介绍文本成果的表达形式，有以下五种。

1. 教育随笔

教育随笔是借用随笔的表达方式，对教育现象或事件发表感想或进行评论的一种成果表达形式。教育随笔要有对基本事件和现象的描述，描述时要重点突出，核心内容收敛度要高；有集中而鲜明的观点，观点与核心事件或现象的吻合度要高；有多个角度的分析和说理，在这个过程中要讲道理，说理念，摆事实，谈做法；能从这一具体的事件展开，由点到面，增加随笔的厚重感；能运用多种表达方式，增强随笔的感染力。

下面是一位刚从事语文教学不久的年轻教师的教育随笔：

接近两年的语文教育教学工作，使我深深地体会到人民教师是非常辛苦而又幸福的职业。师爱是人类复杂情感中最高尚的情感之一，它凝结着教师无私奉献的精神；师爱是"超凡脱俗"的爱，这种爱超越血缘和亲情，很少有私利与目的，然而这种爱却有一股巨大的力量。

一天，上课铃声响了，我走进教室后习惯性地扫视了一圈后，笑着说："同学们，老师要检查一下昨天布置的作业，看看哪位同学想把《我们爱你啊，中国》这一课背给大家听？"我每次都把全班学生分为三个等级检查作业，各个等级分别找几名学生背课文，每次抽查作业时，多数学生的表现都很好，但这次令我很失望。我提问了几名中等偏上的学生，他们竟然没背下来，但当我让公认的学习成绩较差的学生小耀站起来背课文时，多数同学的表情都显得很不自然，他们也许在想成绩好的同学都没背下来，他能背下来吗？但让我和其他同学感到吃惊的是，小耀竟然背下来了，这时在我的带动下，班级中响起了热烈的掌声，我感到非常高兴。从同学们的眼神和小声的嘀咕中，我看出了他们心中的疑惑。从这以后他们学习的积极性更高了。

刚开学时，我就感到小耀是个行动力差的孩子，课堂上夸夸其谈，但课后作业却做得邋邋遢遢。在接下来的几周中，我也真正"领教"了他的作业：铅笔描红笔画不到位，田字格写字歪歪斜斜，拼音格里的拼音"上天入地"，作业中错字连篇。我很快就熟悉了他的字，能够一下认出。此刻，我望了小耀一眼，他正一脸得意，身子坐得很直。课间10分钟，我埋头批改作业，几乎全是打钩，等批到小耀的作业时却停住了，我让其他同学把他"请"到我的身边站着面批，他的作业本上有两个错别字，我用红笔重重地圈了出来，一脸严肃地说："千叮咛，万嘱托，不要写错别字！要仔细检查！"声音不高，分量却很重。说完，我抬头冷冷地看了小耀一眼，想从他脸上找到悔过的表情。他没有说什么，只是低下头，好像在说我以后一定好好写字。第二次的作业出乎我的意料，小耀写得特别工整。我在他的作业本上工工整整地写了一个"优"，还特意画上一张迟到的笑脸。此后，这样的"特批作业"多了起来，作业本上又多了许多丰富的内容：一面面鲜艳的小红旗，一个个可爱的笑脸。

作为一名语文教师，我有责任引领他们走进知识的殿堂，学到更多的知识；我有责任引领他们张开理想的风帆，驶向梦中的彼岸；我有责任引领他们插上智慧的翅膀，翱翔在无尽的天空。

上述文字深得随笔写作的要领。写作者讲述了自己帮助一个学习困难学生小耀进步的过程，随笔重点描述小耀背书、教师面批小耀作业的过程以及小耀学习进步的事实。随笔虽然对教师、学生的神情、语言、动作、心理描述着墨不多，但都很生动，增强了随笔的文学色彩和感染力。这篇随笔并非一般性地描述基本事件和现象，而是从中抽象出师爱的内涵以及对于学生的成长进步推导出"师爱的巨大力量"这一基本观点。随笔的开头和结尾，前后呼应，通过强烈的抒情与议论彰显这一观点，丰富了随笔的内容、深化了随笔的意义、增强了随笔的感情色彩。

2. 教育案例

教育案例是指有问题或疑难情境在内的真实发生的典型性事件。一则成功的教育案例应包括以下内容：一是有一个或几个具体事件与具体情境；二是在事件与情境中有一个或多个真实的问题；三是有解决这些问题的方法和技巧；四是有一定的理性思考和对实践活动的反思等。在行文结构上，一般由标题、引言、背景、事件、反思与讨论等构成。运用教育案例这一成果表达形式时，要结合教学实践中的重点与难点，突出一个鲜明的主题和解决问题的若干策略，有分析和反思，并有一定的可读性。

请看下面的教育案例：

我执教统编小学语文教材四年级下册课文《挑山工》时，多数学生都认为挑山工憨厚朴实，这和教师预设的答案一致。可是，有位学生站起来说："我认为挑山工都很憨厚朴实的观点不恰当，有的挑山工也很狡猾。"接着他举例说自己旅游时被挑山工欺骗。这个学生的质疑出乎我的预料。但我没有断然否定，而是抓住这个契机调整预定的方法，让学生展开讨论。最后我微笑着说："同学 A 说挑山工用自己的辛勤劳动维持生活，用自己的劳动为旅游者服务，因此说他们憨厚朴实显然是没有错的。但同学 B 的意见也有一定的道理，因为现实生活中确实有那样的人。所以请大家考虑同学 A 的说法是否应该略作调整？通过讨论，大家将同学 A 话中的'都'字改为了'一般'，这样就更加准确客观。

反思我的教学时，这个教例涉及三个教学层次：第一，同学 A 的答案与我的预设一致，但这个认识存在问题；第二，同学 B 发现了其中的问题，用事实否定我的预设和同学 A 的答案；第三，我认同了同学 B 的认识，并引导大家通过讨论，很好地解决了这个问题，使大家对挑山工的认识更趋于准确客观。这样的教学设计充分考虑了课堂教学的动态性、变化性、变通性，师生的互动性，并能容纳非预设性，而且，在预设中应该有所生成。这就要求教师凭着自己的教育机智，有效地引导学生提出新问题、发表新见解、作出新答案，让思维进入创新状态。

上面这个教学案例围绕怎样认识挑山工的性格特征，展开了一场师生互动的对话。既有真实的问题，又有解决问题的方法和技巧，并通过反思，得出在教学中运用科学预设的原则：教学设计要充分考虑课堂教学的动态性、变化性、变通性，师生的互动性，并能容纳非预设性，而且，在预设中应该有所生成。这样才符合教育案例的写作要求。

3. 教育故事

教育故事是叙述教育过程中的典型事件，以此抒发教育感想、提出教育主张或介绍教育经验的成果表达形式。选用教育故事这一成果表达形式时，首先要选择有价值的故事。有价值的故事一般集中在矛盾（问题）明显、挑战性强、或普遍关注的事件上。在叙述教育故事时，要聚焦一个主题或一个核心事件，详细描写故事中的几个关键环节，描述与主题密切相关的细节如语言、行为、表情、情境等，采用夹叙夹议的叙述方式，并对故事进行分析，要概括从教育故事中获得的启示、经验等。

请看下面这则用第三人称写的教育故事：

一位教师在结束了一个诗歌单元的教学之后，让学生以《铺路石》为题尝试写一首诗。一位同学说："我可以从天上写起吗？"教师不假思索地回答："铺路石铺在地上，怎么可以从天上写起呢？请注意，写作思路一定要规范，整理一下思路赶快写吧。"过了一会儿，这位同学又站起来说："老师，我仍然按照我的思路写了这首诗，我给大家读一读可以吗？"见学生不肯就范，教师觉得触犯了自己的尊严，心里很不高兴，迟疑了一下后，不耐烦地说："别耽误大家的时间。"……教师不给学生朗读的机会，这位学生只好在课后拿给同学们自由传阅：

铺 路 石

我是女娲补天时落下的一块五彩石。
我的伙伴自由地飞在天上,
我孤独地躺在地上。
那么多人从我身上踩过,
那么多车从我身上碾过,
我开始抱怨自己怀才不遇。
……
有一天,
我突然意识到,
我的伙伴点缀着美丽的星空,
我铺展在广袤的大地,
这不都在实现自己的价值吗?
每当夜深人静的时候,
我和我的伙伴遥隔万里诉说着衷肠。

上面这首诗视觉独特,立意深远,却遭到教师的主观拒绝。这个故事说明,我们的一些教师在教学中总想牵着学生的鼻子走,总想把学生的思维纳入教师既定的框架中。当前实施新课程,提倡转变学习方式,教师应该遵循"道而弗牵,强而弗抑,开而弗达"的教学原则,为学生自主、合作、探究式的学习营造良好的教学氛围。

以上这个教育故事紧扣《铺路石》的题目写诗这一中心事件展开,教师对写诗的要求、学生不按要求写出的诗以及教师对学生违背要求的态度都描绘得有条有理、形象生动。最后对故事展开议论,批评束缚学生思想的教学态度和教学行为,提出"为学生自主、合作、探究式的学习营造良好的教学氛围"的正确主张。这能够使听故事的人从叙议结合的故事中获得启示和经验,这个教育故事的写作是规范的。

4. 教育论文

教育论文是以议论方式进行成果表达的一种形式,其基本要求与议论文类似,主要包括"是什么""为什么"和"怎么办"等内容。"是什么"主要提出论文观点,并对这一观点进行阐释;"为什么"主要是对提出这一观点的理由、价值和意义进行阐释;"怎么办"主要是指践行这一观点的理念、思路和策略等。规范性的学术论文一般由标题、作者、摘要、关键词、正文、注释和参考文献等构成;撰写教育论文时,要做到观点鲜明、论据充分、分析透彻、思路清晰、有理有据;要能理论联系实际,避免空谈;要言之凿凿,避免胡编乱造;在语言表述上,要力求准确、规范、简明、得体,有一定的归纳和概括。

5. 研究报告

研究报告是对整个研究活动与研究成果进行总结、论说的成果表达形式。好的研究报告要回答"为什么研究""研究什么""怎么研究""研究成果是什么"和"实践效果如何"等问题。和研究方案相比,研究报告要重点围绕研究课题中的关键词和核心要素,总结本研究中的新认识、感受的新问题、解决问题的新措施和新措施背后的理念等,突出研究成果与研究成效等重点内容。例如,《基于大概念的任务群学习设计研究》的研究报告,就应突出如下重点:任务群学习中准确定位和运用大概念的重要性;如何准确定位任务群学习中的大概念;如何运用大概念设计学习方案;如何判定学习方案设计得好或不好。

三、正确处理教研与科研的关系

教研与科研是中小学语文教师的两种研究形态,这两种研究形态具有共性,但在程度和规范性要求等方面存在差异。

教研和科研都属于研究范畴,其共同点主要体现在四个方面。一是问题意识。教研和科研的研究主题都源于问题,其研究过程都是解决问题的过程,其研究结果都是为解决问题提供较为具体的方案。二是实践意识。中小学的语文教研和科研需要遵循"源于实践,为了实践,服务实践"的思路,教研和科研的原动力都来自教学实践的困境与超越,研究过程都与教学实践的改善紧密相连。正如宁鸿彬老师不断推进的教学改革一样,他的五期教学改革都是在植根实践的过程中尝试的新的教学改革举措,然后为改进教学实践服务。从这一角度看,宁鸿彬老师推进的所有教改实验,既是教研又是科研,是教研与科研的有机融合。三是参与意识。中小学的语文教研和科研,都遵循"行动即研究"的思路,要求教师们树立主动参与的意识,在行动研究中整合"课题""课堂"和"课程",避免坐而论道。因此,"三课"整合中的参与和行动,既是教研的重要任务,也是科研的应有之义。四是质量意识。教研和科研都以提高语文教学质量为重要追求,以寻求提高质量的途径与方法为重要研究内容,以是否能够提高质量为衡量标准。因此,"质量"是贯通教研和科研的桥梁。

但是,从中小学目前的运行体制看,教研和科研分属不同部门管理,遵循不同的规范和要求,其区别也主要体现在四个方面。一是规范性要求有差异。教研活动主要按照教研计划推进,对教研过程一般不做过多的严格的研究性规范要求;科研活动需要严格按照研究方案展开,研究过程与研究成果表达的规范性要求较高。二是创新要求有差异。教研重在解决实际问题,研究出的改革举措强调实用和实效,在创新性上不做过多要求;科研既要解决实际问题,又要有较强的创新性,需在新想法的指引下采取新的举措推进教学改革,创新性是衡量科研水平的重要标志。三是理论要求有差异。教研活动多运用已有的理论解决教学中的问题,其基本要求是结合自身实际有效有序地运用新理论。中小学的科研在理论要求上有两个层次:首先是创造性地运用理论,在运用中创造,在创造中运用;其次是生成新理论，有条件的研究者可以根据教学改革的需要，综合多种已有理论创造新理论。四是成果表达有差异。教研注重教学行为的改进和教学成效，对文本成果及其表达质量不做过多要求；教育科研既注重成效，也极其注重高质量的文本成果。

　　教研和科研在实际工作中可以合二为一，大问题的小研究就是教研，小问题的深研究就是科研。以科研的思路推进教研，能够提升教学研究的品质；以教研的思路细化科研，可以提高科研的实践改革价值。从宁鸿彬老师的语文教师发展历程看，由教研到科研，再到科研与教研的融合，是语文教师的研究成长之路。正如胡明道老师所说："研究，究其本质而言，就是一种探求事物真相、性质、规律的行为。中学教师的研究虽也涉及了探求教学的本真价值及性质，但其重心却是教学实践的规律及策略。从广义上说，中学的教学研究，经历了'集体备课''质量分析''经验总结''个体研究''课题研究'等阶段，亦即经历了从自发、分散、零星的重知识传授的粗放型研究到以专业化课题为主轴研究的过程。研究的内容也从纯技术研究发展到构建文化生态的研究；从仅仅对教材的研究发展到对教学行为的研究；从重讲授教法的研究发展到对学生学习心态及学习方式的研究；从重复狭隘的经验研究发展到更新理念、培育探究状态的研究。"① 由此看来，教研和科研的融合发展，能为语文教师的成长提供源头活水与不竭动力。

实践运用

● 实践任务 ●

　　任务一：根据教研内容与形式的确定和选择要求，请在高中二年级上期为语文备课组设计一次专题研讨活动，撰写活动方案。

　　任务二：请收集 3 篇教育故事，与同学分享并评析，然后结合自己的实习经历撰写一则教育故事。

● 实践指要 ●

　　独立完成任务后，与同学、教师一起研讨，分析自己的教研活动方案或教育故事的优点与不足，并根据本章中的相关提示修改教研活动方案或教育故事。

反思调节

● 学习反思 ●

　　请核对和填写表 17-1，看看自己有哪些收获，哪些方面还需要继续努力。

---

① 胡明道. 教学研究与反思型教师的培养［J］. 中学语文教学，2010（12）：5-6.

表 17-1 学 习 反 思

学习内容	实现程度			改进建议	备注
	未实现	实现	充分实现		
把握教研的主要内容与形式					
把握教育科研的操作策略					
能运用科研成果的表达形式					
理解教研和科研的关系					

备注：请在"实现程度"的相应地方画"√"，如果某一学习内容"未实现"，请简要记录你的改进建议。

● 自我调节 ●

根据改进建议，你将会_____

_____。

🍃 推荐阅读

1. 刘永康. 语文教学方法研究的"三性"：50 年来我对语文教学方法的探赜索隐 [J]. 语文教学通讯，2018（2）：8-12，7.

2. 白碧慧. 课程教改中的行动研究：以"小学语文教学与研究"为例 [J]. 教育现代化，2017，4（19）：21-24.

3. 董蓓菲. 一项持续 30 年的行动研究：与语文特级教师李吉林的对话 [J]. 全球教育展望，2008（6）：22-24.

后　记

　　党的二十大报告提出："坚守中国文化立场，提炼展示中华文明的精神标识和文化精髓，加快构建中国话语和中国叙事体系，讲好中国故事、传播好中国声音，展现可信、可爱、可敬的中国形象。"《语文课程与教学新论（第3版）》是在前两版的基础上，更好地提炼和展示出的中国语文教育话语和案例体系。这一版根据我国《教师教育课程标准（试行）》《义务教育语文课程标准（2022年版）》《普通高中语文课程标准（2017年版2020年修订）》等的基本要求，结合统编教材和中小学语文教育教学实际修订完成的。这次修订，是我国10多所高师院校"语文课程与教学论"的专家齐心协力攻克难关的结果，凝聚相关专家的心血与智慧。具体的分工如下表所示：

	修订章节		修订负责人
	绪论		刘永康
上编：语文课程标准与教材研究	第一章	语文课程标准研究	余虹　刘倩岚
	第二章	语文课程的性质、功能与目标	付煜　白燕萍
	第三章	语文课程评价研究	张先华
	第四章	语文课程资源研究	何夕林
	第五章	语文教材研究	陈元辉
中编：语文教学设计与实施	第六章	语文教学设计	许书明
	第七章	语文课程的学习方式与教学方法	张伟　陈岚
	第八章	识字写字教学	刘千秋
	第九章	阅读教学	李华平
	第十章	写作教学	胡斌
	第十一章	口语交际教学	张华
	第十二章	语文基础知识教学	刘永康
	第十三章	语文实践活动	叶军

续表

修订章节			修订负责人
中编：语文教学设计与实施	第十四章	选修课教学	赵建明
	第十五章	中职学校的语文教育	沈嫒元
下编：语文教师	第十六章	现代语文教师的专业发展研究	张华
	第十七章	语文教师的教研与科研	张伟　张逸佳

在教材编写和修订的过程中，我们得到四川师范大学各级领导，特别是文学院党委书记袁耀林、院长刘敏、副院长毛娟等的大力支持。在编写和修订过程中，我们参考和融汇当前语文教育理论与实践研究的前沿成果，引入许多一线教师的优秀教学案例，得到高等教育出版社多位编辑的热情关怀与指导。这次修订，是各级领导、理论工作者、一线教师和出版专家协同攻关的结晶。在此，我们向为编写和修订这部教材作出过贡献的所有领导、专家、一线语文教师和高等教育出版社的各位编辑表示衷心的感谢！

由于时间和水平的限制，教材中难免会有不足，敬请阅读者和使用者批评指正！我们将在您的指导和帮助下，不断提高这部教材的专业水平和使用质量。

编者

2024 年 8 月

郑重声明

高等教育出版社依法对本书享有专有出版权。任何未经许可的复制、销售行为均违反《中华人民共和国著作权法》，其行为人将承担相应的民事责任和行政责任；构成犯罪的，将被依法追究刑事责任。为了维护市场秩序，保护读者的合法权益，避免读者误用盗版书造成不良后果，我社将配合行政执法部门和司法机关对违法犯罪的单位和个人进行严厉打击。社会各界人士如发现上述侵权行为，希望及时举报，我社将奖励举报有功人员。

反盗版举报电话　（010）58581999　58582371
反盗版举报邮箱　dd@hep.com.cn
通信地址　北京市西城区德外大街4号
　　　　　高等教育出版社知识产权与法律事务部
邮政编码　100120

读者意见反馈

为收集对教材的意见建议，进一步完善教材编写并做好服务工作，读者可将对本教材的意见建议通过如下渠道反馈至我社。

咨询电话　400-810-0598
反馈邮箱　gjdzfwb@pub.hep.cn
通信地址　北京市朝阳区惠新东街4号富盛大厦1座
　　　　　高等教育出版社总编辑办公室
邮政编码　100029